JN426873

송자대전

한국고전번역원 한국문집번역총서

송자대전 4

宋子大全

송시열 지음

宋時烈

정문채 옮김

박대현

일러두기

1. 이 책은 선역(選譯)한 《국역 송자대전》(1981~1988)의 내용을 수정하여 번역하고 미번역 부분을 모두 번역한 《송자대전》 완역서이다. 《국역 송자대전》의 역자와 그 약력은 책 말미에 소개하였다.
2. 이 책의 번역 대본은 한국고전번역원에서 간행한 한국문집총간 108~116집 소재 《송자대전(宋子大全)》으로 하였다. 번역 대본의 원문 텍스트와 원문 이미지는 한국고전종합DB(http://db.itkc.or.kr)에서 확인할 수 있다.
3. 역주는 내용이 간단하면 간주(間註)로, 길면 각주(脚註)로 처리하였다.
4. 한자는 필요한 경우 이해를 돕기 위하여 넣었으며, 운문(韻文)은 원문을 병기하였다.
5. 문장부호는 '한글 맞춤법'에 규정된 용법을 따랐으며, 그 밖에 새로 만들거나 용법을 달리하여 사용한 부호는 다음과 같다.

   …… : 번역문에서 원문의 '云云'을 처리할 때, 각주에서 긴 인용문을 처리할 때, 각주의 표제어가 네 어절 이상일 경우 생략되는 말을 처리할 때 사용한다.

   - - : 본문에서 소자(小字) 원문 주(註)의 처음과 끝에 사용한다.

차례

송자대전 제11권

소疏

송자대전 제12권

소차 疏箚

송자대전 제13권

소차 疏箚

송자대전 제14권

소 疏

송자대전 제15권

소차 疏箚

송자대전 제16권

소차 疏箚

송자대전 제17권

소차 疏箚

송자대전

제11권

소 疏

조경의 상소[1]가 나온 뒤에 대죄하는 상소 신축년(1661, 현종2) 5월 17일

趙絅疏後待罪疏 辛丑五月十七日

삼가 아뢰옵니다. 신은 그동안 범한 죄가 몹시도 무거워 사방에서 엄준한 비판이 가해졌기에 비록 향리에 있었지만 언제나 두려움에 몸 둘 바를 몰랐습니다. 그런데 요즈음 삼가 들으니 중신(重臣)이 상소를 올림에 따라 다툼의 단서가 다시금 생겨나 점점 그 범위가 확대되어 진정될 기미가 없다고 합니다. 일이 이렇게 된 근본 이유를 궁구해 보건대 기실 모든 것이 신 때문인지라, 신은 더욱 두려워 몸 둘 바가 없어 서둘러 상소를 올려 스스로의 죄를 표명하려고 하였습니다. 그러나 불행히도 신이 상사(喪事)를 당한 뒤로 신의 자식도 전염병을 앓게 되어 사사로운 정에 쫓긴 나머지 직접 치료를 하고 있는 실정입니다. 비록 성상의 하교로 말미암아 곧바로 거처를 옮겼으나 오히려 대변에 지엄한 성상을 번독하게 할 수 없어 지금까지 그냥저냥 계속 시일을

1 조경(趙絅)의 상소 : 1659년 이른바 기해예송(己亥禮訟)에서 윤선도를 비롯한 남인들은 삼년복을 주장하고 우암을 비롯한 서인들은 기년복을 주장하였는데, 결국 기년복이 채택됨에 따라 남인들은 조정에서 쫓겨나고 윤선도는 삼수(三水)로 유배되었다. 1661년 가뭄이 들자 현종은 원옥(冤獄)을 심리(審理)하여 사면을 시행하였는데, 윤선도만 그 심리 대상에서 제외되었다. 그러자 조경이 상소하여 윤선도의 죄는 오직 종통(宗統)과 적통(嫡統)의 설로 효종을 위해 편든 데에 있다고 하면서, 예송에서 윤선도가 충심으로 자신의 의견을 개진했던 점을 헤아려 사면해 줄 것을 청하였다. 《顯宗實錄 2年 4月 21日 · 23日, 5月 16日》

끌면서 아무 말 못 하고 있는데, 그 기간이 지금 벌써 반달이나 되었습니다.

이에 감히 하늘과 같은 위엄을 범하면서 위태로운 심정을 토해 내니, 삼가 바라건대 밝은 성상께서는 서둘러 신의 죄를 다스려 사람들의 비난에 답하고 떠도는 의론을 잠재워 주소서. 그리해 주신다면 너무도 다행이겠습니다.

두 번째 상소 신축년(1661, 현종2) 5월 21일

二疏 辛丑五月二十一日

삼가 아룁니다. 신이 어리석음을 무릅쓰고 소회를 토로하여 형장에 복주되기를 빌었는데, 자애로운 성상께서는 허락지 않고 곡진한 위로와 포용을 베풀어 주시는 한편 재차 면유하겠다는 하교를 내려 주셨으니, 죄 지은 천한 신이 어찌 그것을 감히 감당할 수 있겠습니까. 신이 곱절이나 더 당혹스러워 더욱 어찌할 바를 모르겠습니다. 대개 신은 오늘날 벌어지고 있는 재앙의 빌미입니다. 신을 공격하는 이야기에 혼이 나갈 뿐 아니라 서로를 자극하는 논의 앞에서 특히나 마음이 꺼질 듯이 두려워, 항상 귓가를 때리는 우렛소리로 깜짝 놀라는 것 같은 기분입니다. 신은 이러한 이유로 근교에서 배회하고 있으니, 이 또한 심히 제멋대로인 것이 아니겠습니까.

삼가 바라건대 밝은 성상께서는 신의 처지를 양찰해 주셔서 비록 차마 주벌을 내리지 못하시더라도 서둘러 직명을 삭탈하고 이어 고향 산천으로 돌아가 골짜기에서 죽게 해 주소서. 그리해 주신다면 시종일관 생성해 주시는 전하의 지극한 은혜일 것입니다. 신이 아무리 분골쇄신하더라도 어찌 만분의 일이나마 그 은혜에 보답할 수 있겠습니까. 신은 지극히 두려운 심정을 가누지 못하겠습니다.

세 번째 상소 신축년(1661, 현종2) 5월 29일

三疏 辛丑五月二十九日

삼가 아룁니다. 죄지은 신이 재차 사대(賜對)의 은혜를 입었으니 지극한 영광이자 행운입니다. 이렇게 고향 산천으로 돌아가 죽게 되더라도 더 이상 무슨 유감이 있겠습니까. 다만 성상께서 간절하고 애틋한 마음 그 이상으로 신을 만류하셨음에도 신은 감히 명을 받들지 않았으니, 이렇게까지 이른 신의 죄를 볼 때 더욱 만번 죽어 마땅합니다. 다만 생각건대 신의 마음과 상황은 이미 지척의 거리에서 성상께 모두 말씀드렸고, 밝은 성상께서도 이미 그것을 굽어살펴 주셨습니다만 오히려 여전히 고향으로 돌아가도록 흔쾌히 허락해 주지 않고 다시 며칠 동안을 머물게 하셨습니다. 전하께서 바로 놓아주지 못하는 뜻을 신 또한 헤아리고 있으나 끝내 감히 머물 수 없어 기꺼이 거듭 죄를 범하는 것이 어찌 신이 하고자 하는 바이겠습니까. 신의 상황은 가히 슬프다고 할 만합니다. 성상이 계신 대궐을 바라보노라니 성상의 모습은 점점 멀어지는데, 소장을 대하며 흐르는 눈물 속에 무슨 말을 해야 할지 모르겠습니다. 신은 지극히 슬픈 마음을 가누지 못합니다.

네 번째 상소 신축년(1661, 현종2) 6월 1일

四疏 辛丑六月一日

삼가 아룁니다. 신이 재차 사대(賜對)의 은혜를 받아 신이 처한 상황에 대해 대략 진달하고 난 뒤 내심 성상께서 아랫사람을 보살피는 인자한 마음으로 조금이나마 헤아려 살펴 주실 줄로 생각하였습니다. 그런데 어제 사관이 오는 편에 삼가 성상의 비답을 받들어 보니 더욱 간절하게 신을 머물러 두도록 하시면서 신자(臣子)로서 감히 들을 수 없는 분부까지 하셨습니다. 삼가 조심스레 짐작해 보건대 신이 진대할 당시 하늘 같은 성상의 위엄에 떨리고 두려워 하나하나 상세하게 진달할 수 없었기 때문에 전하께서는 오히려 신을 머물러 두게 할 수 있다고 여기시게 된 것 같습니다. 이에 신이 다시 어리석음을 무릅쓰고 미처 다 하지 못한 말씀을 모두 올릴 것을 청하니, 삼가 바라건대 자애로운 성상께서는 긍휼히 여겨 살펴 주소서.

신이 지난해 멀리서 자문을 구하시는 분부를 받들던 날에는 말을 구성하기가 매우 어렵고 글의 주제를 세우는 데 혐의할 바가 많다는 사실을 모르지 않았습니다. 그러나 성상의 일월과 같은 밝음과 천지와 같은 인자함을 믿었고 또 심중에 딴마음을 품지 않았다고 자부했기 때문에 헤아리지도 않고 입에서 나오는 대로 경솔하게 진달하였던 것입니다. 그런데 뜻밖에도 윤선도(尹善道)가 이를 기화로 있는 힘을 다해 으름장을 놓았고 이어 대간에게 탄핵을 당해 끝내는 북녘땅에 유배되기까지 하였습니다.[2] 윤선도가 좋지 못한 마음을 가졌다 하더라도 신의 망언이 없었다면 어찌 그런 일이 있었겠습니까. 이 점이 바로 신이 항상 자책하게 되는 까닭입니다. 그때 신이 올린 헌의와 윤선도가 올린 상소에 대해서는 이미 성상께서 열람하셨으므로 지금 군이 다시 번거롭게 말씀드릴 필요는 없을 것입니다. 그런데 요즘 들어 갑자기 들리는 소문에 깜짝 놀랄 만한 말이 도성에 유포되고 있다고 하기에 신이 급히 윤선도가 지은 입설(立說) 한 통을 구해 본 결과, 그중에는 신을 전적으로 부도(不道)한 마음을 품은 자라고 한 것이 있었습니다. 윤선도의 이 주장이 집집마다 전해져 사람들이 외우다시피 하고 있으니, 신이 무슨 심경을 가지고 천지 사이에 몸을 두겠습니까.

신이 당초에 인용한 '단궁 문(檀弓免)'과 '자유 최(子游衰)'의 설[3]은

2 윤선도(尹善道)가……하였습니다 : 1659년 효종이 승하하자 자의대비(慈懿大妃)의 복상(服喪) 문제를 두고, 허목(許穆)과 윤선도를 비롯한 남인의 삼년복설(三年服說)과 우암을 비롯한 서인의 기년복설(期年服說)이 첨예하게 대립하다가 기년복설이 채택되었다. 다음 해 4월 18일에 윤선도가 다시 상소하여 우암의 주장을 조목조목 비판하고 특히 우암의 주장에 종통과 적통을 분리해 임금을 비하하는 이종비주(二宗卑主)의 문제점이 있음을 적시하였는데, 서인들이 이 상소에 예설(禮說)을 빙자하여 서인을 제거하려는 의도가 있다고 공격하여 윤선도를 삼수(三水)로 귀양 보내게 하였다.

3 단궁……설 : 사가(私家)의 후계자의 경우에는 반드시 적장자(嫡長子)와 적장손(嫡長孫)의 계통으로 이어야 함을 강조할 때 제기하는 설로, 《예기》 〈단궁 상(檀弓上)〉에 이 내용이 자세히 나온다. 노(魯)나라 대부 공의중자(公儀仲子)라는 사람이 적손을 버리고 적자의 아우를 후사로 삼자, 단궁이 그것은 예가 아니라고 여겨 공의중자의 초상에 문상하면서 법도에 맞지 않는 문(免)을 하고 감으로써 그의 무례함을 조롱한 것이 '단궁 문'의 고사이다. 문은 고대 상복(喪服)의 하나로, 관(冠)을 벗고 괄발(括髮)하며 한 치 넓이의 흰 베 조각을 머리에 두르는 것이다. 이는 먼 친척이나 타국에서 죽은 친구를 조상(弔喪)할 때의 예법인데, 공의중자가 장남이 죽었을 때 장남의 자식인 손자를 제쳐 놓고 자기의 다른 자식을 후계자로 삼았으므로, 단궁이 일부러 친구인 공의중자의 적자가 타국에서 죽어 상주(喪主)도 없는 경우에 조상하는 것처럼 이례적인 차림의 상복을 하고 조문하여 희롱한 것이다. 또 사구(司寇) 혜자(惠子)의 상에

단지 장자(長子)가 장자 되는 것은 생존 유무를 막론하고 차이가 없다는 뜻을 밝히려고 한 것일 뿐인데, 지금 윤선도는 이에 "적손(嫡孫)을 세워야 한다."라는 설을 끌어다 붙이고는 대놓고 가리키는 사람[4]을 두면서 신의 죄안(罪案)으로 삼고 있습니다. 아, 신이 만일 조금이라도 이런 생각을 가졌다면 온 나라 사람들이 신을 시조(市朝)에서 재빨리 주륙했을 뿐만 아니라 또한 상천이 진노하여 필시 하루도 넘기지 않고 바로 죽여 버리고 말았을 것입니다. 그리고 신이 만일 간사한 마음을 가지고 '가리키는 사람'에게 두마음을 품었다면 철저하게 비밀을 지키면서 오히려 남이 혹시라도 알까 봐 두려워해야 하는데, 어찌 문자로 나타내어 군부(君父)와 조정에 바칠 수 있겠습니까.

그리고 윤선도는 근년의 천재지변이 대부분 신 때문에 일어난 것이라고 하였는데, 이는 신의 죄가 위로 하늘에 닿았다는 이야기가 됩니다. 신이 초야에 묻혀 있을 때도 이와 같은데, 더구나 조정에 있다면 하늘의 진노가 또 어떠하겠습니까. 이 같은 이야기가 비록 한두 사람에게서 나왔다고 하더라도 뭇사람이 입으로 전송하여 미담으로 삼고 있으니, 신이 아무리 미련하더라도 어떻게 인간 세상에 얼굴을 들고 살 수가 있겠습니까. 상홍양(桑弘羊)이 열을 지은 점포에서 물건을 판매하게 한 행위를 두고도 한(漢)나라 신하들은 오히려 상홍양을 삶아 죽여야 하늘이 비를 내린다 하였는데,[5] 더구나 신은 선왕에게 불충하여

자유(子游)가 일부러 예(禮)가 아닌 마최(麻衰)와 수삼의 요질(腰絰) 차림으로 조문함으로써, 사구 혜자가 서자를 세운 것을 기롱한 것이 '자유 최'의 고사이다.

4 가리키는 사람 : 적손을 후사로 세워야 한다는 설과 관련하여 소현세자의 아들인 이석견(李石堅)을 가리킨다.

그 재앙을 불러들였고 보면 그 죄가 또한 어떠하겠습니까.

심지어 조경(趙絅)의 상소에서는 또 윤선도의 설이 효종(孝宗)의 편에 선 것이라고 했다 하니, 이렇다면 결국 신이 고제(高帝)의 신자로서 여록(呂祿)과 여산(呂產)을 편든 꼴[6]이 되는 것입니다. 그 죄가 어찌 이 몸만 주륙을 받고 끝날 일이겠습니까. 또 윤선도가 전하를 권면하여 선왕에게 효도를 다하도록 했다고 하니, 이는 신이 불효하는 방법으로 전하를 인도한 결과가 되는 것입니다. "우리 임금은 해내지 못할 것이다."라고만 해도 적(賊)이라고 부르는데, 더구나 불효를 가지고 군부를 종용한 자는 어떻겠습니까.

그리고 신이 시골에 있으면서 언뜻 듣건대 도성 안에 떠도는 이야기에, 신이 효종대왕은 사당에 들어갈 수 없다는 말을 주창하였다고 합니다. 그 말을 듣고 신은 놀란 나머지 죽고 싶은 심정이었으나 멀리서 전해 들은 내용이라서 꼭 확실하지는 않을 것이라고 스스로 위로하였

5 상홍양(桑弘羊)이……하였는데 : 상홍양은 한(漢)나라 무제(武帝) 때 사람으로, 천하의 소금과 쇠를 모두 관장하여 평준법(平準法)을 시행하고, 또 관리들은 곡식을 바쳐 관직에 보임(補任)되게 하고 죄인들은 곡식을 바치고 속죄할 수 있게 해 줄 것을 청하였다. 그런데 그때 날이 가물자 복식(卜式)이 말하기를 "현관(縣官)은 마땅히 백성들이 바치는 조세를 받아서 먹고 입을 뿐인데, 지금 상홍양은 관리들로 하여금 시장에 열을 지은 점포에 앉아서 물건을 팔아 이익을 추구하게 하니, 상홍양을 삶아 죽여야 하늘이 비를 내릴 것입니다."라고 하였다. 《資治通鑑 卷20 漢紀 世宗孝武皇帝》

6 고제(高帝)의……꼴 : 한 고조(漢高祖) 유방(劉邦)이 죽자 여 태후(呂太后)가 여씨를 왕으로 봉하는 등 정권을 농단하여 유씨(劉氏)가 위태롭게 되었다. 여 태후가 죽은 뒤 장군 주발(周勃)이 한나라 왕실을 안정시키기 위해 군문(軍門)에 들어가 "여씨를 위하는 자는 오른쪽 어깨를 드러내고, 유씨를 위하는 자는 왼쪽 어깨를 드러내라."라고 하니, 군중이 모두 왼쪽 어깨를 드러내어 유씨를 돕겠다고 하였다. 《史記 呂太后本紀》

는데, 정작 올라와서 자세히 들어 본 결과 이는 항간에서 서로 전하는 정도에 그치는 것이 아니라 대신들까지도 놀라서 신과 친한 자에게 물어보았다 합니다. 이것이 꼭 윤선도와 조경의 입에서 나온 것이라 단언할 수는 없어도 신을 미워하는 자가 그런 말을 지어내어 그 사이에서 부회(傅會)한 것만은 분명합니다. 아, 옛날부터 남의 신하로서 악명(惡名)을 입은 자가 한없이 많았지만 어찌 신처럼 심한 경우야 있었겠습니까. 또 신이 전에 부름을 받고 달려온 것이 무술년(1658, 효종9) 가을이었는데 실로 선왕의 병환이 회복 단계에 들어선 때였습니다. 그런데 윤선도의 상소는 또 선왕의 병환을 신의 큰 죄로 삼고 있으니, 신이 비록 감히 그렇지 않다고 말씀드릴 수는 없어도 그 말을 받아들여 죄로 여겨야 한다는 말은 신이 진실로 감히 알지 못하는 바입니다.

이런 말들에 대해, 신이 성상께서 굽어살펴 주시지 못하리라고 여겨 반드시 물러가려고 하는 것이 아닙니다. 지난해에는 이미 윤선도의 상소가 있었고 올해 또 조경의 상소가 있었는데, 조경의 말이 윤선도의 말보다 더욱 심각하고 윤선도가 올해 한 이야기가 지난해에 했던 말보다 더욱 심각하기 때문입니다. 이는 주자(朱子)의 "걸핏하면 남에게 찬역(簒逆)의 죄명을 덮어씌워 친족을 멸하는 지경에 빠뜨린다."라는 말[7]과 불행하게도 가깝다 하겠습니다. 무릇 말이란 입에서 나와 끝없이 전개되는 것인데, 앞으로 또 어떤 사람이 무슨 말을 지어낼지 모르

7 주자(朱子)의……말 : 《회암집(晦庵集)》 권29 〈답황인경서(答黃仁卿書)〉에 실린 말로, 송 영종(宋寧宗) 때 한탁주(韓侂胄)가 재상 조여우(趙汝愚)를 축출하고 군소(群小)들이 날뛰는 것을 보며 주희가 "이 소인들은 걸핏하면 남에게 찬역의 죄명을 덮어씌워 친족을 멸하는 지경에 빠뜨리고 실로 자신의 일시적인 이로움만을 생각하고 다시는 나라 위하는 생각을 하지 않으니 이는 한심한 것입니다."라고 한 것을 가리킨다.

겠습니다. 없는 것을 있다고 하고 터럭을 태산이라고 하는 등 강한 자가 주창하면 약한 자가 화답하여 그 말들이 한 덩어리로 뭉쳐져 깨뜨릴 수 없이 견고하게 되면, 밝은 성상께서 비록 신의 목숨을 살리려 하셔도 또한 마음대로 되지 않을 것입니다. 이 때문에 신이 이리저리 방황하며 아무리 생각해 보아도 일단 물러가는 것 외에는 다른 방책이 없어서 지극히 간절한 성상의 전교를 받고서도 끝내 감히 머무르지 못하는 것입니다.

아, 신은 전에 받은 은혜만도 이미 망극합니다. 그런데 근일에 와서는 전하께서 신이 전염병이 있는 지역에서 함께 섞여 사는 것을 염려하여 속히 성지(聖旨)를 내려 그곳으로부터 벗어나 피신하게 하시고, 천한 자식이 병으로 죽어 가 구제할 수 없게 됨을 딱하게 여기고 또 의약을 보내라는 명을 내리셨으며, 다시 경연에 납시어 자주 묻는 등 신의 부자로 하여금 다 위급한 상황에서 빠져나오게 하셨습니다. 신의 부자가 분골쇄신한다 하더라도 어떻게 만분의 일이나마 그 은혜에 보답을 할 수 있겠습니까. 그렇다면 성교(聖敎)가 없었다 하더라도 어찌 일각인들 도성을 떠나서 잠시라도 종남산(終南山)이 다하도록 장수하시라는 축원을 그만두고 싶겠습니까. 그러나 끝내 그렇게 할 수 없는 사정이 또한 슬픕니다. 삼가 바라건대 성상께서 애긍히 여기고 민망히 여겨 끝내 물러가기를 허락하심으로써 신이 더 이상 성상의 뜻을 거역하는 죄를 짓지 않게 해 주소서. 그리해 주신다면 신이 받는 후한 은혜가 또 더할 나위 없을 것이니, 신은 크게 원하는 바입니다.

신은 또 스스로 논열할 말씀이 있습니다. 신의 자식은 어질지 못하고 또 제대로 가르치지도 못하였는데, 저번에 감히 선금(船禁)을 범하였습니다. 이미 범죄 사실이 있는데 어떻게 감히 요행히 면할 수 있겠습니까. 혹시라도 요행히 면하면 그 죄가 더욱 커질 것입니다. 듣건대 연신(筵臣)이 진달하기를 "그는 바로 아무개 신하의 자식이다."라고 하고 또 거상 전에 범한 것이라 하면서 전례를 끌어대는 바탕으로 삼고 있다고 하였습니다. 신의 자식이 비록 사친(私親)의 상을 당하였다고 하더라도 예의와 형률에 근거해 보건대 남의 후사가 된 자는 생부를 백부나 숙부라 하고 부장기(不杖期)의 복을 입도록 되어 있으니, 어떻게 상사를 만났다고 하면서 그 죄를 모면할 수 있겠습니까. 이는 관중역문(關中役文)의 폐단[8]을 여는 일이 될 뿐만 아니라 윤리상으로도 크게 온당치 못하며 국법이 무너지는 것도 이러한 데에서 연유하지 않는다고 단언하지 못할 것입니다. 신은 이 점에 대해 크게 두려워하며 깊이 우려하고 있습니다. 삼가 바라건대 성상께서는 속히 해당 관리에게 명하시어 경(經)에 의거하고 율(律)을 상고하여 전례대로 처단케 하소서. 그리하시면 매우 다행이겠습니다. 이 일이 사소하다고는 하나 역시 인륜을 밝히고 조정의 기강을 정돈하는 단서에 관계되기 때문에 신이 이 점까지 아울러 감히 진달합니다. 감히 자신의 행동이 정직하다고 하면서 명성을 얻으려는 계책이 아니며 단지 사의(私義)에 편안함만을 구하기 위해 이러는 것도 아닙니다.

신은 또 크게 한스럽게 여기는 바가 있습니다. 신이 엊그제 입시할 때는 한가한 시각으로 조용했다고 할 만하니 진달하고 싶었던 일을 남김없이 다 말씀드렸어야 하는데 아직도 남은 말씀이 있고 보면 신의

8 관중역문(關中役文)의 폐단 : 글을 볼 적에 자기 마음대로 해석하는 것을 말한다. 정이(程頤)가 장재(張載)의 문인들이 글을 볼 적에 자기들 마음대로 해석하여 고경(古經)의 내용이 이렇게도 되고 저렇게도 되게 한다고 비난하였다. 《朱子大全箚疑》

죄 만번 죽어 마땅합니다. 그런데 지금은 궁궐 문이 점점 멀어져 마무리를 지을 길이 없으니, 또렷한 단심이 골수에 맺혀 있을 뿐입니다. 그러나 전하께서 신이 이미 진달한 것을 가지고 헤아리신다면 다 말씀드리지 못한 것도 아마 성심(聖心)으로 분명히 아실 것으로 사료됩니다. 삼가 바라건대 전하께서는 유념하소서. 신은 대궐을 바라보고 전하를 사모하며 흐르는 눈물을 가누지 못하겠습니다.

다섯 번째 상소 신축년(1661, 현종2) 6월 19일

五疏 辛丑六月十九日

삼가 아룁니다. 신은 이달 1일에 한강 밖에서 소장을 올린 다음 도성을 떠났는데, 또한 차마 발걸음이 떨어지지 않아 걸음이 한없이 더디었고 게다가 병까지 발작해서 어제야 집에 돌아왔습니다. 그런데 삼가 성상의 비답을 받들건대 자애로운 성상께서는 오히려 신으로 하여금 발길을 돌려 조정으로 돌아오라고 하셨습니다. 아, 전하께서 신에게 사랑을 베푸심이 이토록 지극한데 신이 이미 고향으로 돌아왔지만 어찌 감히 느긋해하며 조금이라도 마음이 편할 수 있겠습니까. 다만 신의 처지가 몹시 위태로운 점에 대해서는 이미 탑전(榻前)에서 대략 진달하였고 또다시 소본(疏本)에서 모두 말씀드렸습니다.

아, 신의 죄명이 어찌 이처럼 극에 이르렀단 말입니까. 가령 말한 사람이 시시한 사람이라면 '그런 말은 내가 걱정할 거리도 되지 못한다'고 일단 자위하겠습니다. 하지만 조경(趙絅) 같은 이는 세 조정에 걸쳐 오랜 인망이 있던 사람으로서 청직(淸直)을 자임하고 있으며 그가 하는 논의는 세상에서 중요하게 여겨지고 있으니, 신이 뛰어난 언변을 가졌다고 한들 무슨 수로 사람들에게 스스로 해명하겠습니까. 그러므로 집에 있으면 홀연히 세상을 살 생각이 없고 나가면 망연하여 갈 곳이 없으며 사람을 마주하고 말하려 하면 이마에 땀부터 납니다. 이처럼 사는 것은 참으로 죽는 것만 못하다고 여긴 지 오래입니다. 이런 까닭에 그동안 성상의 비답이 지극히 절절하였으나 신이 끝내 감히 명을 받들지 못하였으니, 신의 죄가 이에 이르러 더욱 커지게 되었습니다.

아, 사소한 신의를 신이 어찌 옳지 않다고 생각하여 하지 않는 것이겠습니까. 신이야말로 용렬하고 나약하여 스스로 판별하지 못하는 까닭에 수치스러움을 참고 원통함을 품은 채 미련하게도 구차히 살고 있는 것입니다. 신이 평소 수립한 바가 이와 같은데 다른 것이야 말해 무엇 하겠습니까. 그러나 이미 형장을 모면하고 다시 직명을 갖는 것은 사리로 헤아려 볼 때 실로 온당치가 못합니다. 삼가 바라건대 전하께서는 곡진하게 양찰하여 신의 본직과 겸임한 성균관(成均館)・비국(備局)의 직책을 아울러 체차하심으로써 신으로 하여금 야인의 복장으로 살다가 골짜기에 파묻혀 죽게 해 주소서. 그리하면 실로 천지 부모께서 시종 돌보아 주시는 은혜라 하겠습니다. 신은 간절히 기원하는 지극한 마음을 가누지 못하겠습니다.

성상께서 비답의 말단에 유시한 일에 관해서는 그것이 전하께서 신을 불쌍히 여겨 너그럽게 용서해 주시는 지극한 뜻임을 잘 알고 있습니다. 그러나 법령이 일단 정해져 있고 보면 마음대로 처리하기는 어려운 법입니다. 옛날에 있었던 일을 기억하건대 인조대왕(仁祖大王) 초년에 고(故) 상신(相臣) 이시백(李時白)이 우연히 뇌물 수수의 금법을 범하였는데, 인조께서 그의 아비 연평부원군 이귀(李貴)에게 "지금 경의 아들이라 해서 용서한다면 법이 시행되지 않는다."라고 하셨습니다. 당시 이시백은 어미의 상중이었는데도 끝내 형관의 처분을 따랐습니다. 이귀 부자의 훈공이 그처럼 컸는데도 법은 반드시 시행되었으니, 여기에서 사사로움 없는 거룩한 대성인(大聖人)의 마음을 볼 수 있습니다. 지금 신의 부자는 하찮은 미물 같은 존재로서, 이귀의 부자와 비교한다면 땅벌레와 고니의 차이 그 이상인데, 도리어 죄를 요행히 모면하게 된다면 어찌 너무도 그릇된 일이 아니겠습니까.

또한 우러러 생각건대 인조대왕께서는 성심(聖心)이 환하게 트여서 아랫사람들에 대해 미운 감정이나 거리를 두는 마음이 없어 지성으로 신임하였기 때문에 이렇게 할 수 있었습니다. 그리하여 마침내 이귀의 부자 형제가 처음부터 끝까지 잘 보전하여 경사스러운 일이 자손에게까지 미치게 되었으니, 이 어찌 임금과 신하가 원하는 바가 아니겠습니까. 삼가 바라건대 전하께서는 신의 말이 진심에서 우러나온 것이고 정직하다는 명성을 얻기 위한 의도가 아니라는 점을 살펴 주소서. 그리하여 속히 해당 조(曹)로 하여금 경전을 고찰하고 율법을 상고하여 천한 자식의 죄를 다스리게 하신다면, 성조(聖祖)와 신손(神孫)이 서로 똑같은 법도를 유지하게 되어 무너진 기강이 전폐되는 지경에는 이르지 않을 뿐만 아니라 신의 사적인 의리도 조금은 편안해질 수 있을 것입니다. 신은 간절히 기대하는 마음을 가눌 수 없습니다.

신은 여러 번 성상의 귀를 번거롭게 하였으므로 그 죄가 용서되기 어렵다는 것을 모르지 않습니다만, 그런데도 이와 같이 하는 것은 진실로 까닭이 있기 때문입니다. 옛날 주(周)나라 선자(單子)는 진(陳)나라를 지나가다가 방죽과 교량이 정비되지 않은 것을 보고서 그 나라가 반드시 멸망하고 말 것을 알았습니다.[9] 기미를 아는 선비는 오히려 미세한 것에서도 일국의 흥망을 살펴보는데, 더구나 큰 법령의 경우이겠습니까. 이것이 바로 신이 크게 두려워하여 감히 스스로 그만두지 못하는 이유입니다. 삼가 원하건대 전하께서는 유념하소서. 신은 매우 간절하고 황공한 마음을 가누지 못하겠습니다.

9 옛날……알았습니다 : 선자는 선양공(單襄公)을 가리키는데, 이 일화는 《국어(國語)》 〈주어 중(周語中)〉에 수록되어 있다.

대신이 조경의 일 때문에 인책하고 들어가므로[10] 대죄하는 상소 신축년(1661, 현종2) 9월

因大臣以趙絅事引入待罪疏 辛丑九月

삼가 아뢰니다. 지난번 전하는 말을 듣건대, 영상과 좌상이 동시에 인책하고 들어가서 밝은 성상께서 근심하시고 중외 간이 경악하였다고 합니다. 신은 전야에 묻혀 사는 처지로 그렇게 된 이유를 알지 못하였으나, 곧이어 들으니 그 일이 사실은 신 때문에 일어난 것이라고 하였습니다. 이에 신은 놀랍고 두려워 몸 둘 바를 알지 못하였는데, 얼마 뒤 다시 듣건대 영상이 끝내 자리를 떠났다고 하니, 비록 신의 머리칼을 뽑아 그 숫자를 세더라도 신이 범한 죄가 그보다 많을 것입니다. 청컨대 신이 형장에 복주됨으로써 나라 사람들의 비판에 답하고 조정의 기강을 엄숙하게 하도록 하소서. 삼가 바라건대 밝은 성상께서는 서둘러 담당 관사에 명하여 신의 죄를 따지고 바로잡게 해 주소서. 그리해 주신다면 너무도 다행이겠습니다. 신은 두렵고 떨리는 지극한 심정을 가누지 못합니다.

10 대신이……들어가므로 : 1661년에 조경(趙絅)이 기해예송으로 삼수(三水)로 유배된 윤선도(尹善道)를 옹호하는 소장을 올림에 따라 조경을 처벌해야 한다는 논의가 일어나자, 영의정 정태화(鄭太和)와 좌의정 심지원(沈之源)이 함께 조경을 비호하였는데, 양사(兩司)와 갈등이 극렬해지자 조정의 혼란을 야기한 책임을 들어 인책하고 물러나기를 청한 것이다. 《顯宗實錄 1年 4月 18日, 2年 4月 21日·24日, 5月 11日》

두 번째 상소 신축년(1661, 현종2) 11월

二疏 辛丑十一月

삼가 아룁니다. 신은 죄와 허물이 무겁고 커서 어리석음을 무릅쓰고 스스로 논열하였는데, 자애로운 성상께서는 긍휼히 여겨 주벌하지 않았을 뿐 아니라 도리어 불러들이라는 명을 내려 주시니, 신이 감격으로 몸이 떨려 더욱더 어찌할 바를 모르겠습니다. 대저 조정이란 공론(公論)이 있는 곳이고 명법(明法)이 나오는 곳으로, 덕이 있는 자에게 벼슬을 명하고 죄가 있는 자를 토벌하는 일은 비록 임금일지라도 마음대로 낮추었다 높였다 할 수가 없습니다. 지금 신이 실로 전하로부터 다시 살려 주시는 자애로운 은혜를 입었으나 허물을 무릅쓰고 구차히 처벌에서 벗어나는 것은 실로 원하는 바가 아닙니다. 다만 자애로운 성상께서 이미 크나큰 은혜를 베풀어 주셨는데 천한 신이 한결같이 죄를 청하는 것 또한 분의상 편안한 바가 아니므로 묵묵히 그대로 시일만 보낸 채 답답해하며 어느 누구에게도 말하지 못하였습니다.

지금 또 삼가 대신(臺臣)이 판서 이일상(李一相)을 공격한 계사에 대해 들었는데, 그 가운데 영곡(營穀)에 대한 한 가지 조항[11]에 있어서는 신 역시 그와 유사한 일을 행한 적이 있습니다. 그런데 신이 미처

11 대신(臺臣)이……조항 : 1661년 9월 17일 지평 이지익(李之翼)이 인피하며 올린 계사에 "일찍이 호서(湖西)에서 방백에게 간청하여 군영의 미곡을 아산현(牙山縣)에서 받아 내어 배를 이용해 집으로 운반한 뒤, 그 적곡(糴穀)을 전의현(全義縣)에 이록(移錄)시켜 황조(荒租)로 대납(代納)하고는 민간에 나누어 주어 미곡으로 바꿔서 징수하게 하였다."라고 하며 이일상을 비판하였다. 《顯宗實錄 2年 9月 17日》

그 죄를 자백하기도 전에 이어서 연신(筵臣)이 신을 거론하며 아뢰었다는 말[12]을 들었습니다. 이는 신이 죄가 있는데도 스스로 덮어 두다가 결국 공론으로 말미암아 비로소 분명하게 거론된 것이니, 신의 죄는 이에 더욱 커졌습니다. 삼가 바라건대 밝은 성상께서는 신의 직명을 서둘러 삭탈하시고 이어 유사에게 명하여 이일상과 함께 동일한 죄안으로 판결하게 해 주소서. 그렇게 해 주신다면 신의 마음이 편안해지고 도리에도 어긋나지 않게 되어 전혀 유감이 없을 것입니다. 또 신이 온 나라가 함께 경축하고 있는 이때 혼자서만 무거운 죄를 저질렀다는 이유로 감히 기뻐서 손뼉 치는 신자(臣子)의 마음을 담은 한마디 글조차 바치지 못하고 그저 죄를 자백하는 글만을 누차 아뢰어 성상의 귀를 어지럽혔으니, 신의 상황이 또한 애처롭습니다. 신은 몹시 두렵고 떨리는 마음을 가누지 못합니다.

12 연신(筵臣)이……말 : 연신은 홍명하(洪命夏)이다. 지평 이지익이 이일상을 비판하자 홍명하가 "송시열도 이런 일을 한 적이 있는데, 이치에 어긋나는 일이었다면 송시열이 어찌 했겠습니까."라는 말로 이일상을 비호한 것을 가리킨다.《顯宗實錄 2年 9月 15日》

소명에 나아가지 못하여 인책하고 사직하는 상소 신축년(1661, 현종2) 12월

未赴召命引罪辭職疏 辛丑十二月

삼가 아뢰니다. 신이 누차 죄를 실토하는 글을 올려 견책이 내려지기만을 기다렸는데, 성상께서는 넓은 도량으로 포용하여 으레 용서해 주시고 이어 올라오라는 명을 내리셨습니다. 죄가 있는 상황에서 요행으로 죄를 면하는 것도 안 될 말인데, 분외(分外)의 은혜까지 더해 주시니 어찌 감당할 수 있겠습니까. 다만 신은 누차 소명을 입을 때마다 재차 대궐로 나아가서 총애와 보살핌에 감사의 뜻을 표하고, 그 결과 구구한 정성을 조금이나마 펼 수 있게 되기를 간절하게 바랐습니다.

그런데 신이 상사를 당한 뒤로 예전부터 앓아 왔던 질병이 발작하였으며, 그런 와중에 시신을 매장하는 일에 매달리느라 감기에 재차 걸리고 큰 종기마저 앓게 되어 거의 죽을 뻔한 것이 여러 번이었습니다. 위독한 상황에서 기운을 내리는 약을 너무 과도하게 쓰느라 기혈(氣血)이 손실되는 것도 생각지 못하였습니다. 지금 종기 증세는 조금 가라앉았지만 온몸이 나른하여 밤낮으로 축 처져 있는 상태로 음식을 전혀 먹지 못하고 있습니다. 이러한 기력으로 어찌 자리에서 일어나 길을 나설 가망이 있겠습니까. 신은 융숭한 은혜를 저버리고 밝은 시대를 스스로 등졌으니, 멀리서 성상이 계신 곳을 바라보면서 다만 눈물만 흘릴 뿐입니다. 삼가 바라건대 밝은 성상께서는 특별히 애긍하게 여겨 주시어 원래 내렸던 은혜로운 명을 뒤미처 중지하고 이전의 본직과 겸직을 모두 체차하여 편안한 마음으로 죽을 날을 기다리게 해 주소서.

그리해 주신다면 너무도 다행이겠습니다. 신은 지극히 두렵고 떨리는 마음을 견디지 못합니다.

음식물을 사양하는 상소 임인년(1662, 현종3) 2월

辭食物疏 壬寅二月

삼가 아룁니다. 신은 능력이 박약하고 계책이 졸렬하여 생계를 도모하지 못한 데다가 기근마저 거듭되어 스스로 살길이 더욱 막막한 실정이므로, 죽음에서 벗어날 계책이라면 세세한 것을 가리지 않고 무엇이든 최선을 다하였습니다. 이는 이치와 형세상 당연한 것이라 특별한 일은 못 되는데도 뜻하지 않게 개인적인 사정이 성상의 귀에 전해져 마침내 주급(周急)하라는 명이 내려지게 되었습니다. 아아, 선비가 되어 서책을 저당 잡히고 파는 것은 물론 늘 있는 일은 아니지만 현재 이것조차 없어 길에 죽어 뒹구는 자가 어찌 한량이 있겠습니까. 저들의 입장에서 신을 본다면 저들이 비록 신을 부유하다고 말하더라도 지나친 일은 아닐 테니, 신이 무슨 마음으로 혼자 이렇게 성상의 은혜를 입는단 말입니까. 또 생각건대 남에게 가난하다고 말하는 것은 실로 고인도 몹시 부끄러워했던 일입니다. 그런데 미천한 신하의 오늘 이 일은 그 상황의 혐의쩍음이 말하는 것에만 그치지 않습니다. 비록 이웃에 사는 사람이 이를 통하여 조금의 도움을 준다고 해도 부끄러움을 견디지 못할 텐데, 하물며 이렇게 헤아릴 수 없는 과분한 은혜가 내려진다면 다만 신의 입장에서 두려워 땅속으로 들어가고 싶을 뿐이 아니라 사방의 비웃는 말을 어떻게 해명하겠습니까.

또 삼가 생각건대 신이 받은 은총은 이미 지극하여 다시 보탤 것이 없습니다. 죄가 있으면 누차 참작해 주시고 허물이 있으면 반드시 숨겨 주시니 비록 신이 스스로 죽고 가문을 멸절시킨다 하더라도 그 은혜의 만분의 일도 보답하지 못할 것입니다. 그런데도 마침내 다시금 자애로운 어미가 병든 자식을 대하는 마음 그 이상으로 곤궁할까 염려하는 마음으로 진념해 주시니 미천한 신과 같은 자가 또 어찌 감히 분수에 벗어나는 복록을 감당할 수 있겠습니까. 재앙이 곧바로 닥침에 사람과 귀신의 질책을 끝내 피할 수가 없을 것이니, 그렇다면 전하께서 인을 행하는 것은 다만 재앙을 초래하는 일이 될 뿐입니다. 삼가 바라건대 자애로운 성상께서는 신의 충심을 곡진히 살펴 서둘러 명을 거두심으로써 신이 스스로 편안할 수 있도록 해 주소서. 그리해 주신다면 신은 비록 곡식을 빌리고 빚을 진다 하더라도 죽음에 이르지는 않을 것입니다. 또 신이 종전에 이러한 은혜를 받았을 때 한 번도 사양하지 않은 적이 없는데, 자애로운 성상께서 그때마다 허락하지 않으셨으므로 번독하게 고하는 것이 두려워 끝내 무릅쓰고 받았으니, 이는 결국 겉으로만 사양하는 꼴이 되는 것입니다. 그 때문에 신은 늘 마음에 편치 못하였는데, 오늘의 이 일은 또한 전일과 그 상황이 너무도 다릅니다. 만약 또다시 은혜로운 허락을 받지 못한다면 신은 장차 꼼짝 않고 손을 묶고 입을 닫은 채 죽을 뿐일 것입니다. 그렇게 한다면 그 정상이 또한 애처롭지 않겠으며, 이 또한 어찌 자애로운 성상께서 듣고자 하는 일이겠습니까. 삼가 바라건대 자애로운 성상께서는 애긍히 여겨 주소서. 또 신이 하는 일 없이 직명을 지닌 지 한 해가 넘었으니 이보다 사리에 어긋나는 일이 없습니다. 삼가 바라건대 그 모든 직책을 체차하여 그것을 조정에서 부지런히 일하는 현인들에게 주신다면 일은 순하고 사리는 마땅하여 공사 간에 큰 다행일 것입니다. 신은 두렵고 떨리는 지극한 마음을 가누지 못합니다.

벼슬에서 한가로이 물러나게 해 주기를 청하는 상소 임인년 (1662, 현종3)

乞許閑退疏 壬寅

삼가 아룁니다. 신은 소장에 대한 비답을 받자마자 감격스러운 마음과 두려운 마음으로 대궐을 바라보면서 몸을 구부린 채 눈물만 줄줄 흘렸습니다. 서둘러 소장을 올려 크나큰 은혜에 감사를 드린 지 하룻밤도 지나지 않아 성상의 유지가 연거푸 내려왔는데, 은근하고 간절한 말씀으로 신에게 올라오라고 유시하셨습니다. 신은 그 명을 듣고 두려워 더욱 어찌할 바를 알지 못하였습니다. 신의 잔약하고 병든 실상은 벌써 여러 번 외람됨을 무릅쓰고 아뢰었으므로 지금 다시 감히 번거롭게 하지 못합니다. 다만 그동안 범한 죄를 일일이 다 거론하지는 못하고, 오직 반성과 후회를 통해 지난 일을 속죄하는 것만이 누차 용서해 주신 성상의 은혜에 조금이나마 보답하는 길이 될 것입니다.

아아, 신이 낭패를 당한 뒤에 더 깊게 초야로 들어간 것은 그 모든 것이 편협한 기질을 조금이나마 변화시켜 취하여 쓰는 바가 있게 되기를 바란 것이었습니다. 그러나 노력이 깊지 못하여 변화될 기약이 없으므로 다만 이렇게만 있다가 죽을 것 같아 내심 스스로 슬퍼하였으나 또한 어찌할 바를 몰랐습니다. 이 때문에 스스로 산수의 사이에 마음대로 살면서 미록(麋鹿)과 같은 성품대로 살고자 작정하였습니다. 이어 생각건대, 옛날에 벼슬에서 물러나 은거하였던 신하 가운데 은일(隱逸)과 은휴(恩休)로 자호(自號)한 자들[13]이 있었습니다. 무릇 신하로서 다니고 거주하고 먹고 마시는 그 모두가 임금의 은혜로 이루어지는 것입니다만, 늙고 병든 이에게 관용을 베풀어 스스로 편안하게 살도록 하는 것은 은혜 가운데서도 특히나 큰 은혜입니다. 지금 자애로운 성상께서는 신에 대해 이미 주급(周急)해 주심으로써 골짜기에 버려져 죽는 상황에서 벗어나게 하셨으니, 만약 또 한가롭게 물러나는 것까지 아울러 허락하여 남은 생을 마치게 해 주신다면 끝까지 자애롭게 보살펴 주시는 은혜가 지극하고 지극할 것입니다. 그러면 신은 삼가 살아서는 축수를 하고 죽어서는 결초보은함으로써 융숭한 은혜에 만분의 일이나마 보답할 것입니다. 삼가 자애로운 성상께서는 긍휼히 여겨 살펴 주소서. 신은 은혜를 생각하고 두려워하는 지극한 심정을 가누지 못합니다.

13 은일(隱逸)과……자들 : 김안국(金安國, 1478～1543)과 김정국(金正國, 1485～1541)을 가리킨다. 김안국은 본관은 의성(義城), 자는 국경(國卿), 호는 모재(慕齋)이며, 한훤당(寒暄堂) 김굉필(金宏弼)의 제자이다. 기묘사화(己卯士禍)가 일어나자 이천(利川)으로 물러나 살면서 조그마한 서재를 지어 놓고는 은일이라는 편액을 내걸고 그곳에서 날마다 여러 학도와 더불어 학문을 강론하였다. 김안국의 아우인 김정국은 자는 국필(國弼), 호는 사재(思齋)인데, 그 역시 기묘사화가 일어난 뒤 고양(高陽)으로 물러나 살면서 서재를 지은 다음 은휴라는 편액을 내걸고 그곳에서 지냈다.

우찬성을 사직하는 상소 임인년(1662, 현종3) 3월

辭右贊成疏 壬寅三月

삼가 아룁니다. 신이 외람되이 크나큰 은덕을 받고 누차 잘못을 감추어 주시는 은혜를 입음으로써 나라에 비판하는 말이 많이 생겼습니다. 그러나 그럴 때마다 성상의 은혜는 갈수록 더해졌는데, 지금 뜻밖에도 의정부 찬성으로 새롭게 임명하시니 신이 비록 지극히 우매하고 지극히 완고하지만 어찌 성상이 계신 도성에서 분골쇄신함으로써 보잘것없는 미천한 정성을 표할 줄 모르겠습니까. 다만 생각건대 신은 성품과 자질이 몹시도 편협하고 지은 죄가 셀 수 없이 많으니 보통보다 10배의 노력을 가하지 않으면 죄를 용서받아 남은 사람들과 똑같이 되기가 어렵습니다. 말할 때는 신중히 할 것을 생각하고 행동할 때에는 걸려서 넘어질 것을 생각하면서 수십 년에 걸친 공부에 매진한 뒤에야 거의 그 보잘것없는 자질을 조금 변화시켜 다시 세상의 쓰임이 될 수가 있을 것이니, 그렇게 되면 혹 공사 간에 조금의 보탬이나마 될 수가 있을 것입니다. 그러나 신은 이미 노쇠하여 아침저녁으로 죽음을 기다리는 형편이니 장차 그렇게 할 수 있는 날이 없을까 근심스럽습니다. 삼가 듣건대 선유(先儒)가 사람과 사물의 본성을 다하는 성인의 도에 대해 논하기를 "앎이 밝지 않음이 없고, 처함이 마땅하지 않음이 없다."라고 하였습니다. 신과 같은 자는 그야말로 골짜기 속에 처하여 달콤한 잠을 자듯 그곳에서 눈을 감고 죽게 하는 것이 어울리며, 다시 맑은 조정에 누를 끼치게 해서는 안 되니, 이 또한 성상께서 사람과 사물의 본성을 다하는 일 가운데 하나인 것입니다. 신이 상황을 자세히 아룀으로써 성상의 귀에 그 내용이 들리기를 원하지 않는 것은 아니나, 또 목청을 돋우는 가운데 또 무슨 화기(禍機)에 저촉되고 또 무슨 죄가 더해질까 몰라서 머뭇머뭇하며 끝내 감히 그렇게 하지 못하니 더욱 답답할 뿐입니다. 삼가 바라건대 자애로운 성상께서는 새롭게 제수하신 은혜로운 명을 속히 거두어 어리석은 신의 분수를 편안케 해 주소서. 그리해 주신다면 천지처럼 생성해 주시는 후함이 그보다 큰 것은 없을 것입니다. 신은 너무도 구구하게 간청하는 마음 가눌 길이 없습니다.

행 호군 송준길과 함께 연명하여 진계하는 상소 계묘년(1663, 현종4) 1월 6일

與行護軍宋浚吉聯名陳戒疏 癸卯正月六日

삼가 아룁니다. 정월이 되어 만물이 새로워지는 이때에 삼가 생각건대 성학(聖學)이 날로 진취되고 성덕(聖德)이 날마다 새로워지며 탕반(湯盤)[14]과 무영(武楹)[15]을 늘 생각하고 순일(舜日)과 요천(堯天)이 거듭 밝아져서 천신(天神)의 온전한 복을 받고 성고(聖考 효종)의 밝은 영혼을 위로하며, 뭇 백성에 이르기까지도 큰 경사를 흠앙하여 태평성대를 노래하지 않는 자가 없으니, 이는 참으로 천년에 한 번 있는 기회라 하겠습니다. 신들은 조정의 반열과 떨어져 있어 연하(燕賀)를 하지 못하는 처지이나 감히 선송선도(善頌善禱)의 정성을 인하여 납약진계(納約進戒)하는 뜻[16]을 곁들일까 합니다.

14 탕반(湯盤) : 상(商)나라 탕왕이 목욕하던 탕조(湯槽)인데, 탕왕이 여기에 "진실로 어느 날에 새로워졌거든 나날이 새롭게 하고 또 날로 새롭게 하라.〔苟日新, 日日新, 又日新.〕"라는 명문(銘文)을 새겨 평생의 경계로 삼았다. 《大學章句 傳2章》

15 무영(武楹) : 대본에는 '武棼'로 되어 있다. 《대대례기(大戴禮記)》 〈무왕천조(武王踐阼)〉 등에 근거하여 '棼'를 '楹'으로 바로잡아 번역하였다. '무영'은 무왕이 즉위한 초기에 태사(太師)인 강태공(姜太公)에게 물어 경계의 글을 지어서, 자리와 궤(机)와 기둥〔楹〕과 지팡이 등에 새긴 것을 말한다. 《文選 卷28 新漏刻銘 李善註》 《大戴禮記 卷6 武王踐阼》

16 선송선도(善頌善禱)의……뜻 : 새해를 축복하고 경계하는 말을 올리는 것이다. '선송선도'는 저택의 낙성식에서 손님의 축사와 주인의 답사가 훌륭했다는 《예기》 〈단궁 하(檀弓下)〉의 고사에서 유래한 것으로, 앞으로 아름다운 일이 많이 있기를 서로

아, 전하께서 왕위를 계승하신 지 이제 벌써 5년이 되었습니다. 그러나 마침 시사(時事)에 어려움이 많고 성상의 체후가 편치 못하시어 제대로 정치에 힘쓰지 못했기 때문에 중외(中外)가 안일에 빠져 대소 관원이 나태해졌으므로 위로는 천심에 부응하지 못하고 아래로는 백성들의 여망에 보답하지 못한 채 오늘날에 이르렀으니, 치세를 이룩하지 못하게 될 뿐만 아니라 도리어 화란을 부를 걱정까지 있게 되었습니다. 아, 이것이 어찌 우리 성상께서 처음에 품으신 생각이었겠습니까. 신들은 얼굴을 마주 대할 때마다 탄식하며 끝내는 눈물을 흘린 뒤에야 그만두곤 했었습니다.

아, 우리 선왕께서는 바야흐로 큰 뜻을 가다듬어 제반 사업에 착수하셨는데, 기반을 미처 다지기도 전에 중도에 승하하여 이처럼 어렵고 큰 사업을 우리 전하에게 물려주시고 말았습니다. 그러나 전하께서는 학문이 아직 크게 이루어지지 못했고 지기(志氣)가 아직은 완전치 못하신 실정인데 밤낮으로 걱정하느라 병이 나기도 하고 크고 작은 일들을 대응하는 중에 실수가 드러나기도 하셨습니다. 이는 실로 하늘이 전하에게 불인(不仁)을 베푸는 것으로, 생각이 여기에 미치면 어찌 남몰래 애통해하고 깊이 원망하지 않을 수 있겠습니까.

그러나 신들이 전하에게 바라는 것은 단지 전하께서 더욱 마음에 경계를 가지면서 '내가 어린 나이로 갑작스레 보명(寶命)을 받았으니, 어찌 감히 조금이라도 스스로 나태하여 기업(基業)을 망칠 수 있겠는가.' 하시는 것입니다. 그리하여 혈기(血氣)가 정해지지 않았을 경우

송축하고 기도한다는 뜻이다. '납약진계'는 《주역》 〈감괘(坎卦) 육사(六四)〉의 "성심을 바치되 상대방이 쉽게 알 수 있는 곳으로부터 한다."라는 말에서 나온 성어이다.

여색에 대한 경계를 더욱 생각하고, 사의(私意)가 제거되지 못했으면 지공(至公)의 도리를 더욱 생각하고, 안일한 마음이 혹 생기면 짐독(鴆毒)의 두려움[17]을 더욱 생각하고, 사치할 마음이 혹 싹트면 귀신이 엿본다는 걱정을 더욱 생각하여 모든 일을 제대로 못 하고 모든 것에 미흡하다는 생각을 늘 가지면서 오히려 극복하지 못할까 염려하셔야 합니다. 그렇게 하시면 학업이 자연히 더욱 밝아지고 지기가 저절로 더욱 완전해질 것이니, 하늘이 전하를 온전하게 이루어 주기 위한 방도가 여기에 있지 않은 줄 또한 어찌 알겠습니까. 이는 실로 신들이 밤낮으로 간절하게 기원하는 것입니다.

그런데 어찌하여 근래에 들리는 것은 기원하는 바와 다르단 말입니까. 경연에 나아가시는 날이 없고 아랫사람을 접견하시는 일이 매우 드문가 하면 대신(臺臣)의 말이 혹 내외 친척에 관계되기라도 하면 일체 물리쳐 버리고는 아무리 원망을 초래하고 윤기(倫紀)를 어지럽히는 일이라 할지라도 아랑곳하지 않는다고 하십니다. 그런데 이것만으로도 이미 크게 안타까운 일이라 하겠는데 '사시(四時)에 한 가지 일에만 마음을 쓴다.'라는 것에 있어서는, 질병을 조심하고 수명을 보존하는 방법에 가장 방해가 되는 것입니다. 이른바 '사시에 한 가지 일에만 마음을 쓴다.'라는 것이 무엇이겠습니까.

옛날 진 평공(晉平公)이 병을 앓자, 자산(子産)이 말하기를 "군자에게는 하루에 사시가 있습니다. 아침에는 정사를 처리하고, 낮에는 자문

17 짐독(鴆毒)의 두려움 : 《춘추좌씨전(春秋左氏傳)》 민공(閔公) 1년 조(條)에 "적인(狄人)이 형(邢)을 침범하자, 관경중(管敬仲)이 제후(齊侯)에게 말하기를 '안일에 빠지는 것은 짐독과 같은 것이니 연연해서는 안 됩니다.'라고 하였다." 하였다.

을 구하고, 저녁에는 정령을 확정하고, 밤에는 몸을 편안하게 합니다. 이렇게 해서 그 기운을 절도 있게 발산하여, 그 기운이 막히거나 적체되어 몸을 피로하게 만들지도, 마음이 밝지 않아 온갖 일에 혼란이 있게 하지도 말아야 합니다. 그런데 지금은 사시를 똑같이 하여 병이 난 것입니다."라고 하였는데, 이에 대해 해설하는 이가 말하기를 "평공이 사시에 한 가지 일에만 마음을 썼다."라고 하였습니다. 또 진화(秦和)가 평공의 병을 보고 말하기를 "치료할 수 없습니다. 증상이 고혹(蠱惑)과 같다고 할 수 있으니, 미혹하여 의지를 잃어 생긴 병입니다. 양신(良臣)이 장차 죽을 것이고 하늘도 돕지 않을 것입니다."라고 하였는데, 해설하는 이가 말하기를 "양신이 임금의 잘못을 바로잡지 못하였기 때문에 장차 죽게 될 것이고 하늘의 보우를 받지 못할 것을 알았다는 말이다."라고 하였습니다. 이는 참으로 통렬하고도 지극히 간절한 이야기이니, 천고의 군신이 다 함께 경계하며 새겨야 할 바입니다.

신들은 성상께서 항상 이를 지극한 경계로 삼으실 줄로 생각합니다만 외방에서 전해 듣기로는 너무도 걱정되는 점이 있습니다. 모르겠습니다만 전하께서 한가한 중에 보시는 책은 무슨 책이며, 접견하시는 사람은 어떠한 사람입니까? 혹시 이 점에 대해 심각하게 경계를 하지 못하심으로써 중외의 의혹을 불러일으킨 것은 아닙니까? 전하 스스로는 설령 아무렇게나 행동하시려 한다 해도 유독 성고(聖考)와 양전(兩殿)께서 질병에 대해 걱정하시는 마음이야 생각하지 않을 수 있겠습니까. 옛말에 이르기를 "자식을 길러 본 뒤에야 부모의 은혜를 제대로 알 수 있다."라고 하였으니, 전하께서 원자(元子)를 사랑하시는 마음으로 우러러 성고와 양전의 마음을 생각하소서. 그리고 자산과 진화의 말을 가지고 아침저녁으로 스스로 경계하신다면, 반드시 깊은 못에 다다르고 얇은 얼음을 밟는 것 이상으로 척연(惕然)히 놀라고 두려워하는 마음을 갖게 될 것입니다. 그다음으로는 눈과 귀에 달콤한 것을 다시는 성상의 마음에 들이지 마시어 청명함이 몸에 깃들고 지기가 신령스럽게 되게 하소서. 그렇게 되면 어디고 온당치 않은 데가 없게 될 것입니다. 그렇지 않게 된다면 다시 무엇을 바라겠습니까.

신들은 또 생각건대 하늘로부터 품부받은 성덕(聖德)이 갖추어지지 않은 것이 없는데 무엇보다 성효(誠孝)가 돈독하고 지극하시니, 이것이야말로 인심을 굳게 결속하는 큰 근본이 되고도 남음이 있는 것이기 때문에, 아무리 우려되는 일이 눈앞에 가득해도 식자들은 이를 믿고 두려워하지 않았던 것입니다. 그런데 옛날 성군(聖君)으로서 선왕을 추모하는 자 중에는 "돌아가신 분을 생각하니 살고 싶은 생각이 없다."라고 말한 경우도 있고, 또 "날이 새도록 잠들지 못한 채 두 분을 그리워하였다."라고도 하였습니다. 대개 서리와 이슬이 내려 계절이 변할 때 마음이 서글퍼지고 처참해지는 것은 보통 사람의 심정에 있어서도 오히려 스스로 그만둘 수 없는 바인데, 더구나 효성스러운 성인의 경우이겠습니까. 보통 때도 오히려 스스로 생각을 그만둘 수 없는데, 하물며 제사 때를 당한 경우이겠습니까.

듣건대 저번 영릉(寧陵)의 천향(薦享) 때에 향축 단자(香祝單子)를 제때에 내리지 않음으로써 군색하고 창황한 나머지 예의가 구차스럽게 되었다 하니, 이는 이른바 "제사를 지냈지만 제사를 지내지 않은 것과 같다."[18]라는 경우입니다. 하늘에 사무친 전하의 애통함을 어디에서

18 제사를 지냈지만……같다 : 《논어》 〈팔일(八佾)〉에 "공자가 말하기를 '내가 제사에 참여하지 못하면 제사를 지내지 않은 것과 같다.'라고 했다."라는 말이 있다.

다시 펴겠습니까. 가령 성상의 체후가 좋지 못하셔서 그렇게 되었다 하더라도, 일에는 경중이 있고 예에는 대소가 있는 법입니다. 이런 일에 대해 조금이라도 해이한 생각이 있다면, 만사와 만물이 다시는 의지하여 근본의 터전으로 삼을 데가 없게 될 것입니다. 혹 억지로 일을 밀고 나가서 불세출의 공적을 이룬다 하더라도 오히려 지엽 말단의 공허한 결과가 되는 것을 면하지 못할 텐데, 더구나 그렇게 될 리가 전혀 없는 데이겠습니까. 아, 효성스러운 전하께서 어찌 그럴 리가 있겠습니까. 이는 필시 길에서 잘못 전해진 말일 것입니다. 그러나 만일 그렇지 않다면 신들은 놀랍고 근심스러운 마음을 금할 수 없으니 실로 어떻게 말씀드려야 할지 모르겠습니다. 혹 당시에 우연히 부득이한 일이 있었는데 외인이 미처 알지 못한 것은 아닙니까?

또 듣건대 제소(諸所)의 숙위(宿衛)를 즉각 나누어 내리지 않고 매번 일몰 때까지 지체하므로 제위(諸衛)의 장수 가운데 이 일 때문에 파면된 자도 더러 있었다고 합니다. 이 일은 위의 일에 비하면 참으로 경미하기 짝이 없는 일이나 그래도 원망을 초래하기에 충분한 일로, 작은 일이라고 해서 소홀하게 여길 수는 없습니다. 신들이 길에서 들은 일은 실로 헤아릴 수 없이 많으나 우선 그중에서 지극히 큰 것과 지극히 미미한 것 두 가지만을 거론했는데, 이를 미루어 보면 나머지야 알 수 있는 일입니다.

신들은 초야에 있는 몸이니 망녕되이 논하는 것이 온당치 않으나 구구한 정성을 실로 억제할 수 없어서 주저하고 생각하다 못해 끝내 글로 드러내게 되었으니, 그 죄는 만번 죽어 마땅합니다. 삼가 원하건대 전하께서는 조금 살펴 주소서. 새해에는 그 덕을 새롭게 하여 지금부터는 허물을 고치고 착한 일을 하시는 데 반드시 용맹스럽게 하소서.

그리하여 다시는 타습(惰習)을 그대로 따르면서 질병 탓으로 돌리지 마시고, 다시는 간신(諫臣)을 거절하면서 자지(慈旨) 때문이라고 핑계대지 마소서. 그리고 풍속을 교화할 적에는 반드시 유도(儒道)를 존중하는 일부터 먼저 하고 백성을 사랑할 적에는 반드시 경신(敬信)과 절용(節用)에 근본을 둠으로써 일국의 신민으로 하여금 눈을 씻고 새로운 정치 교화를 흔쾌히 보게 하시어 중흥하는 대업의 기초를 닦으소서. 그렇게만 된다면 매우 다행이겠습니다.

또 생각건대 호남에서 대동미(大同米)를 거두는 수량이 호서보다 많으니, 호남의 백성이 큰 흉년을 겪은 나머지 또한 매우 원망할 것입니다. 기억하건대 옛날 선조(先朝)에서 이 일이 언급되자 선왕께서 하교하기를 "우선은 이와 같이 감정(勘定)케 하고 지용(支用)이 넉넉해지면 또한 장차 헤아려서 견감하도록 하라."라고 하셨습니다. 그런데 어제 전 감사 이태연(李泰淵)의 말을 듣건대, 그 수량을 통계한 결과 수만 섬이 남는다고 하였습니다. 이와 같다면 속히 성고(聖考)의 유지를 따라 한 지방의 백성을 위무하는 것이 또한 옳지 않겠습니까. 이는 바로 신들이 당시에 직접 들었던 덕음(德音)이라 감히 아뢰는 것입니다.

신들에게는 또 개인적으로 간청드릴 일이 있습니다. 신 송시열은 한 해가 넘도록 관직을 맡고 있으면서 체직의 은전을 받지 못했는데 이는 일의 체모로 헤아려 보건대 매우 온당한 일이 아니며, 신 송준길은 병이 위중하여 죽어 가는 처지인데 성균관의 겸직을 아직도 몸에 지니고 있으므로 늘 황공하고 부끄러운 심정뿐입니다. 삼가 바라건대 성상께서 굽어살피시어 모두 체직시킴으로써 공사 간에 편하게 해 주소서. 그리해 주시면 다행스러운 마음을 금할 수 없겠습니다. 신들은 임금을 사랑하고 나라를 걱정하는 마음에서 간절히 기원하는 바입니다.

홍우원의 상소[19]가 나온 뒤 대죄하는 상소 계묘년(1663, 현종4) 8월

洪宇遠疏後待罪疏 癸卯八月

삼가 아뢰옵니다. 신이 지은 죄가 몹시도 무거워 나라에서 비판하는 말이 갈수록 깊어지고 있습니다. 이른바 종통(宗統)과 적통(嫡統)의 설[20]을 끝까지 추구하여 죄를 만들어 내면 무장부도(無將不道)[21]의 율법을 적용하더라도 오히려 가볍게 처분을 내리는 것이니, 신하로서 이러한 죄명을 지고서 어찌 하루라도 천지간에 용납될 수 있겠습니까. 이전에는 한 사람의 비난조차 극히 두려워 어찌할 바를 몰랐는데 하물며 이제는 비난하지 않는 이가 없으며, 또 이른바 청명(淸名)하고 직절(直節)하다는 어진 사대부들이 더욱 절절히 비난하니, 신이 비록 언변이 뛰어나다고 하더라도 어찌 그것이 사실이 아님을 스스로 해명할 수 있겠습

19 홍우원(洪宇遠)의 상소 : 1663년 4월에 당시 수찬 홍우원이 1차 예송(禮訟) 때 기년설(期年說)을 반대하다가 삼수(三水)로 귀양 간 윤선도(尹善道)를 구제하기 위해 우암을 비롯한 서인(西人) 일파를 논척한 상소를 가리킨다. 《宋子大全隨箚 卷3》

20 종통(宗統)과 적통(嫡統)의 설 : 1차 예송이 서인의 기년복으로 마무리된 뒤에 남인인 윤선도가 상소하여 송시열 등이 기년복을 주장하면서 임금의 종통과 적통을 나누어 임금을 낮추고 나라를 위태롭게 하였다고 비판했던 말을 가리킨다.

21 무장부도(無將不道) : 대역부도(大逆不道)와 같은 말로 쓰인 것이다. 춘추 시대 노 장공(魯莊公)의 아우인 숙아(叔牙)가 장공을 시해할 생각을 굳히자, 숙아의 아우인 계우(季友)가 숙아에게 독약을 먹고 자살하게 하였다. 이에 대하여 《춘추공양전》 장공(莊公) 32년 조에 "군친에게는 시해할 생각조차도 가져서는 안 된다. 가지기만 하여도 베어 죽이는 것이다.〔君親無將, 將而誅焉.〕"라고 하였다.

니까. 전하께서 비록 신을 애처롭게 생각하고자 하지만 곡진히 살려 주시는 과분한 은혜를 어찌 누차 받을 수 있겠습니까. 삼가 바라건대 전하께서는 서둘러 신의 죄를 다스리셔서 사람들의 말에 부응하고 크나큰 법을 밝히소서. 그리하신다면 너무도 큰 다행이겠습니다. 신은 당초 서둘러 스스로의 죄를 논열하고자 하였으나 신 때문에 조정이 안정되지 않았기에, 신은 더욱 두려운 마음이 생겨 감히 신의 성명으로 대번에 조정을 더럽히지 못하였습니다. 그런데 지금 얼핏 들으니 일이 이미 마무리되었다 하기에, 비로소 감히 번독함을 무릅쓰고 맑게 살펴 주시기를 바라는 바입니다. 신은 너무나 두렵고 떨리는 심정을 견딜 수 없습니다.

사직하고 김만균의 일[22]로 인책하는 상소 갑진년(1664, 현종5) 1월

辭職仍以金萬均事引咎疏 甲辰正月

삼가 아룁니다. 신은 죽을병이 걸려서 반쯤은 죽은 사람과 다름이 없으므로 여러 번 사직하였으나 윤허를 받지 못한 채 그럭저럭 시일을 끌며 지내다 보니 이제 또 해가 바뀌었습니다. 신은 놀랍고 당황한 나머지 마치 중죄를 범한 사람과 같은 심경입니다. 이에 앞서 신이 잇따라 사직하는 상소를 올려 반드시 윤허를 얻어 내고야 말겠다는 생각을 하지 않았던 것은 아닙니다. 그러나 스스로 생각건대 초개(草芥)와 같이 미천한 신의 입장에서 하늘과 같은 위엄을 지니신 성상을 번거롭게 하는 것은 또한 감히 할 짓이 아니기 때문에 묵묵히 은인자중하며 시일을 보냈던 것입니다. 하지만 다른 사람이 볼 때에는 신을 어떻게 생각하겠습니까. 가령 신이 조정에 몸을 담고서 힘을 쏟아 치적에 보탬이 되는 일이 있었다 하더라도 한 벼슬을 3년씩이나 차지하고 있는 것은 후세에 있어서 드문 일입니다. 더구나 초야에 있는 미천한 몸이 하는 일이라곤 농사나 짓는 것인데, 홍화(弘化)의 책임을 맡은 이공(貳公)의 직책[23]을 지닌 채 시일만 끌고 소임을 제대로 마치는 때가 없으

22 김만균(金萬均)의 일 : 1664년 수찬 김만균이 조모(祖母)가 강도(江都)에서 죽었다는 이유로 청사(淸使)가 왔을 때 행공(行公)하지 못하겠다는 소장을 올렸는데, 당시 승지였던 서필원(徐必遠)이 정축년(1637, 인조15) 난리 이후 부모가 참화를 당한 경우 이외에는 사직을 허락하지 않았다는 전례를 들어 김만균의 사직소를 들이지 않았다. 《宋子大全 附錄 卷7 年譜》《顯宗實錄 5年 1月 20日》

니, 이는 단지 신의 분의(分義)를 침범하는 것일 뿐만 아니라 또한 조정에서 일을 처리하고 드넓히는 도리가 아닙니다. 더구나 신이 길에서 전하는 말을 얼핏 듣건대 본부(本府)가 현재 동벽(東壁)에 빈자리가 있어 혹 구애되는 바가 있기 때문에 상께 여쭈어 처리하는 일까지 있다고 하니, 신은 더욱 황공하여 어찌할 바를 모르겠습니다.

그리고 신이 맡고 있는 성균관의 소임은 특별히 설치된 것으로, 날마다 유생들과 강론하고 연구하여 우리 성상의 인재 교육 정책을 도와야 마땅한데, 더욱이 어떻게 신처럼 형편없는 자가 멀리서 그런 직임을 헛되이 가지고 있을 수 있겠습니까. 또 신은 선왕조(先王朝) 때에 외람되게도 비국(備局)의 반열에 참여하여 간혹 감히 행렬을 따라다니긴 하였습니다만, 물러난 뒤에까지 신의 성명이 그대로 과적(窠籍)에 남아 있어 사대(賜對)할 때마다 으레 예람(睿覽)을 번독케 하리라고는 미처 생각하지 못했습니다. 신은 요즘에야 그런 사실을 알고는 더욱 감히 편치 못한데, 듣는 사람들의 의혹을 스스로 풀어 줄 길이 없습니다. 삼가 바라건대 성상께서는 곡진히 양찰하시어 신의 본직과 성균관 및 비국 등의 겸직을 아울러 삭제함으로써 편한 마음으로 죽게 해 주소서. 그리해 주신다면 천지처럼 생성하는 은혜가 이보다 더 큰 것은 없을 것입니다. 신은 지극히 민망하고 절박한 마음을 견디지 못하여 감히 만번 죽어 마땅한 죄를 범해 가면서 진심을 토로하여 머리를 조아

23 홍화(弘化)의……직책 : 《서경》 〈주서(周書) 주관(周官)〉에 "소사(少師)·소부(少傅)·소보(少保)를 삼고(三孤)라 하니, 삼공의 다음이 되어 조화를 넓혀 천지를 공경하고 밝혀 나 한 사람을 보필한다."라고 한 데서 온 말이다. 곧 이 자리는 조선의 경우 의정부 삼정승의 다음 벼슬인 찬성(贊成)에 해당하는데, 당시 우암은 우찬성의 직임을 띠고 있었다.

리고 바랍니다.

그런데 신은 근래에 들은 것으로 인하여 더욱 두렵고 떨리는 심정이니, 이는 사직해야 마땅할 뿐만 아니라 죄를 청하여 주벌을 기다려야 할 실상이 정말 있기 때문입니다. 신은 불행하게도 전란 당시 동기(同氣)[24]가 죽음을 당하는 비극을 맞았습니다. 지극히 원통하게 여기는 뜻이야 타고난 천성에 뿌리박힌 것이니 어찌 일각인들 잊을 수 있겠습니까. 신이 젊은 시절에 예경(禮經)을 읽어 보건대 공자가 형제의 원수를 갚는 의리에 대해 논한 것[25]이 있었는데, 그 이치가 매우 분명하였습니다. 무릇 사람이라면 누가 이런 마음이 없겠습니까. 신이 지난해 어리석음을 무릅쓰고 조정에 나갔던 날, 소임이 미관말직이 아니었기 때문에 피차 대소의 일을 간섭하지 않은 것이 없었는데 마음에 숨겨져 있는 것을 참을 수가 없었습니다. 그래서 감히 예경에 의거하여 죽음을 무릅쓰고 하소연한 결과, 우리 선왕께서 스스로 사의(私義)를 펴도록 허락하시면서 우리나라 쪽의 일이 아니면 간여하지 말게 하셨기 때문에 천신은 마음 놓고 종사(從仕)할 수 있었습니다. 그리하여 매양 성덕(聖德)을 흠앙하면서 생각하기를 '성인이 인륜을 지극하게 여기시므로 자신의 도리를 다하고 사물의 이치를 다하는 방법이 이와 같으니, 비록 대순(大舜)이 인륜을 살피고 사물을 밝힌 것과 〈홍범(洪範)〉에서 이륜

24 동기(同氣) : 우암의 형인 송시희(宋時熹, 1602～1627)이다. 26세 때인 1627년 관서(關西)를 유람하다가 수천 명의 오랑캐 기병(騎兵)이 침범해 들어오자 홀로 싸우다가 죽었다. 《宋子大全 卷201 伯氏學生公墓表》

25 공자가……것 : 《예기》 〈곡례 상(曲禮上)〉에 "아버지의 원수는 한 하늘을 함께 이지 않고 반드시 죽이며, 형제의 원수는 집으로 돌아가서 병기를 찾지 않으며, 벗의 원수와는 같은 나라 안에서 살지 않는다."라고 하였다.

(彝倫)을 펴고 황극(皇極)을 세운 것이라 하더라도 이보다 더 나을 수 없을 것이다.' 하였습니다.

그런데 이번에 마침 듣건대 근일에 종신(從臣 김만균)이 이런 의리를 대략 내세워 전하에게 간청하였는데, 조정에서는 그를 정위(廷尉)에게 내리고 끝내는 파직하기까지 하였다 합니다. 신은 생각건대 그 사람이 내세운 것이야말로 조손(祖孫)의 큰 윤기(倫紀)로서 주자가 이미 "복수는 5세(世)까지 할 수 있다."라는 설을 말한 적이 있고,[26] 또 "진실로 5세의 밖까지 미치지 않았으면 그래도 반드시 보복해야 한다."라는 훈계를 한 일이 있으니, 이것이 어찌 천경지위(天經地緯)로서 민멸할 수 없는 이치가 아니겠습니까. 이런 의리로 미루어 보건대, 저들 오랑캐의 일에 간여하고 싶어 하지 않는 것은 본디 인심에 있어서의 당연한 일인 데다가 그 사람이 고집하는 바가 또 그 아버지의 뜻을 받들려 하는 것이니, 죄가 없어야 마땅할 듯한데 오히려 죄를 면하지 못하였습니다.

돌아보건대, 신은 망녕되게도 감히 앞에서 내키는 대로 마구 행동해서 시의(時義)를 범하였으니, 그 죄의 경중을 논한다면 정위에게 내려 문죄하는 정도에만 그칠 일이 아닙니다. 그런데 어찌 이미 지나간 일이라 하여 편안히 조적(朝籍)에 끼어 있을 수 있겠습니까. 대개 신의 망녕된 생각에는 사람이 사람 구실을 하고 나라가 나라 구실을 하는 것은 단지 이 인륜이 있기 때문으로, 인륜을 버린다면 인류는 금수가 되고 중국은 이적(夷狄)으로 전락할 것이라고 여겨집니다. 그래서 아

26 주자가……있고 : 《회암집(晦菴集)》 권75 〈무오당의서(戊午讜議序)〉에 "복수는 5세가 지나면 다한다."라고 했던 주자의 말을 인용한 것이다.

무리 위급하여 존망이 달린 때를 당하더라도 밝은 임금과 어진 신하는 더욱 이를 밝히기 위해 힘썼고 감히 소홀하게 하지 않았던 것입니다.

그러므로 주 부자(朱夫子)가 일찍이 기록한 것을 보건대, 송(宋)나라 유공(劉珙)[27]에게 조부의 원수를 갚을 일이 있었는데, 그가 진강(鎭江)을 지킬 때에 오랑캐의 사신이 우호 관계로 이르러 큰 기를 배 위에 세우자 유공이 노하며 다른 기로 바꾸어 버렸습니다. 이에 접반사(接伴使)가 크게 두려워하여 매우 급히 찾았는데, 유공은 말하기를 "그 기를 나의 고을 경내에 세우려 하면, 나에게는 죽음이 있을 뿐이다." 하고는 경내를 벗어나서야 내주었다는 것입니다. 이때는 송나라가 결딴난 나머지 고종(高宗)이 자신을 '신(臣) 구(構)'라고 일컬었고 오랑캐의 사신이 이르면 자리에서 내려와 절을 하며 금주(金主)의 안부를 물을 정도였으니, 그 두려워하며 굴복한 정상이야 어찌 이루 다 말할 수 있었겠습니까. 그런데도 오히려 필부가 사의(私義)를 펴는 것을 이처럼 용납하였습니다. 이와 같이 하였기 때문에 윗사람도 믿고 의지할 바가 있게 되어 왕업을 계속 유지할 수 있었던 것입니다.

그런데 오늘날의 형세는 송나라 때와는 더욱 다릅니다. 그렇다면 공공연하게 전파하여 이 의리를 밝히지는 못하더라도 "고통을 참고 원망을 품은 채로 어쩔 수 없는 상황에 내몰려 이렇게 한다."라고 말함으로써 천하의 대방(大防)을 보존해야 마땅하니, 이렇게 할 경우 인심이 전적으로 어두워지고 천리가 모두 없어지는 지경에까지는 이르지 않을 것입니다. 그런데 지금은 온갖 힘을 기울여 그런 발언은 모조리

27 유공(劉珙) : 1122~1178. 자는 공보(共父), 시호는 충숙(忠肅)이다. 유자우(劉子羽)의 아들이다.

없애면서, 그 의기양양하게 호령하는 태도가 그야말로 주 부자가 탄식한 바와 같습니다.[28] 그러나 이렇게 할 적에는 그 속에 필시 말한 의리와 지극한 이치가 있을 텐데 신은 식견이 어두워 그 깊은 뜻을 엿보지 못하고서 이토록 심하게 남들과 의견이 어긋나게 되었으니, 더욱 감히 이 세상에 다시 설 수 없습니다.

다시 바라건대 자애로운 성상께서는 아울러 신의 정세를 양찰하여 속히 요청을 들어주심으로써 그 꽉 막히고 오활하고 망녕된 지조를 온전하게 해 주소서. 이 역시 성상께서 만물에 은덕을 베푸는 한 가지 일이라 하겠습니다. 신은 지극히 황공하고 떨리는 마음을 가누지 못하겠습니다.

신이 삼가 상고하건대 주자가 장주(章奏) 가운데 누설하고 싶지 않은 내용이 있을 경우에는 아래쪽에 '걸유중(乞留中)'이라는 세 글자를 썼는데, 지금 신도 감히 이를 외람되이 청합니다.

28 그……같습니다 : 남송(南宋)의 조정이 원수인 금(金)나라와 화친을 맺고 지난날의 치욕을 잊어버리자 주희가 "아픔을 참고 원통함을 품고서 어쩔 수 없이 이렇게 한다는 말로써 천하의 제방을 보존하는 자가 더 이상 없다."라고 비판한 것을 가리킨다. 《晦庵集 卷24 與陳侍郎書》

대죄하는 상소 갑진년(1664, 현종5) 5월

待罪疏 甲辰五月

삼가 아룁니다. 신이 한마디의 망발로 화의 기미를 촉발시킴으로써 대각의 비난과 유생들의 다툼을 초래하였습니다. 신은 병중에 이 사실을 듣고 떨리고 두려운 마음을 이기지 못하여 비록 궐 밖으로 달려가 엎드려 머리를 땅에 처박고 스스로의 죄를 자백하고자 하였으나 마땅한 방법이 없었습니다. 지금 해야 할 일은 신의 직책을 속히 삭탈하고 신을 엄중히 추궁함으로써 공론에 답하고 그로써 싸움을 일으켜 안정을 방해하는 자의 경계로 삼는 것이 최선입니다. 삼가 바라건대 밝은 성상께서는 살펴보고 처분해 주소서. 또 신이 전에 올린 소장에서 인용한 내용 가운데 유자우(劉子羽)의 일을 유공(劉珙)의 일이라고 잘못 말하였으니,[29] 비록 그 뜻이 그리 다르지는 않으나 임금께 고하는 말에

29 신이 전에……말하였으니 : 유자우는 북송(北宋) 말기의 사람으로 1127년 정강(靖康)의 난리 때 부친 유겹(劉韐)이 맞서 싸우다 전사하자 상을 치른 뒤 출사(出仕)하여 금나라 군대를 격파하고 촉(蜀) 지방을 지키는 데 크게 기여한 인물이다. 유공은 유자우의 아들이다. 유자우가 진강 지부(鎭江知府)로 있을 적에 부친을 죽음으로 몰고 간 원수 나라인 금(金)나라 사신이 와서 큰 깃발을 배 위에 세워 놓은 것을 보고는 분노하여 밤에 다른 기로 바꾸어 버린 일이 있다. 한편 1664년 수찬 김만균(金萬均)이 조모(祖母)가 강도(江都)에서 죽었다는 이유로 청사(淸使)가 왔을 때 행공(行公)하지 못하겠다는 소장을 올렸는데, 당시 승지였던 서필원(徐必遠)이 정축년(1637, 인조15) 난리 이후 부모가 참화를 당한 경우 이외에는 사직을 허락하지 않았다는 전례를 들어 김만균의 사직소를 들이지 않았다. 이에 대해 우암이 상소를 올려 상기한 유자우 일화로 김만균을 옹호하였는데, 이때 유자우를 유공으로 잘못 인용하였다. 《宋子大全 附錄 卷7 年譜》《顯宗實錄 5年 1月 20日》

어찌 조금이라도 착오가 있을 수 있겠습니까. 또한 깊이 두렵습니다. 삼가 바라건대 자애로운 성상께서는 서둘러 슬픈 간청을 들어주시어 사건의 단서가 점점 커지고 그런 말이 점점 새어 나가지 않도록 해 주소서. 그리해 주신다면 너무도 다행이겠습니다. 신은 너무도 두렵고 떨리는 마음을 가눌 수 없습니다.

두 번째 상소 갑진년(1664, 현종5) 11월

二疏 甲辰十一月

삼가 아룁니다. 신이 지난번 시의(時宜)를 생각지 못하고 함부로 말을 하는 바람에 풍파가 크게 일어나 오래도록 안정을 찾지 못하는 결과를 초래하였습니다. 이에 신은 두문불출한 채 두려운 마음으로 자신의 죄를 반성하면서 늘 '비록 재차 머리칼을 남김없이 뽑아낼지라도 그 수효로는 죄의 만분의 일도 대속하지 못할 것이다.'라고 생각하였습니다. 신이 그 당시 죄를 청하는 소장을 서둘러 올렸으나 자애로운 성상께서는 감싸 주며 즉시 윤허하지 않으셨으니 신은 응당 연이어 소장을 올려 끝내 윤허를 바랐어야 합니다. 그런데 하늘 같은 위엄을 누차 범할 수는 없었고 또한 당시 여론이 막 일어나는 시점에 감히 성명을 곧바로 노출함으로써 사람들의 이목을 놀라게 할 수도 없었기에 묵묵히 입을 닫고 억울해하면서 시일만 보냈습니다. 그런데 지금 삼가 들으니 밝은 성상께서 재난을 만나 놀라시어 구언(求言)하는 하교를 내리시기까지 하였다고 합니다.

신이 일찍이 보건대 송 효종(宋孝宗) 순희(淳熙) 8년(1181) 하늘의 기상이 어그러지고 겨울 우레까지 이어졌을 때 주 부자(朱夫子)가 경계한 내용은 형정(刑政)과 관련한 사항에서 벗어나지 않았습니다. 지금 우매한 신하의 일로써 말하자면, 망녕된 말로 조정을 잘못되게 한 죄는 끝내 용서받을 수 없는데 지금까지 처벌을 면하고 있으니 형벌이 제대로 이루어지고 있다고 말할 수 없습니다. 그런데도 또다시 초야에서 병든 채 묻혀 사는 천한 신으로 하여금 항상 융숭하고 높은 자품과 직분을 맡은 채로 한 해를 넘기게 한다면 또 어찌 정치의 체모상 마땅한 일이라 하겠습니까. 모르겠습니다만 중외 간에 응지 상소(應旨上疏)를 올린 신하 가운데 이미 이러한 말을 하는 자가 있었습니까? 만약 아직 없다면 지금이 바로 신이 스스로 성상께서 살피시도록 아뢰어야 할 때입니다. 그러므로 감히 만번 죽기를 무릅쓰고 이렇게 무례를 범하는 것입니다. 신은 지금의 이 이변이 갑자기 신 때문에 일어난 것이라고 감히 말하는 것은 아닙니다. 대개 성명하신 전하의 정형(政刑)이 문란해진 것이 실로 신 때문에 시작된 뒤로 그렇게 시일을 계속 끌어 하늘의 분노를 촉발하는 데까지 이르렀다고 생각합니다. 삼가 바라건대 밝은 성상께서는 서둘러 신의 직명을 체차하고 이어 신의 죄를 다스려 주시며, 그로 말미암아 조짐을 삼고 정형을 닦고 밝혀 재앙을 다스리는 단서로 삼으소서. 그리하신다면 신은 비록 형틀에서 복주되더라도 전혀 한이 없을 것입니다. 하물며 이보다 못한 경우겠습니까. 재차 바라건대 자애로운 성상께서는 처결해 주소서. 신은 너무도 두렵고 떨리는 심정을 가눌 수 없습니다.

의소 갑진년(1664, 현종5)

擬疏 甲辰

삼가 아룁니다. 신이 시골에 있으면서 관직을 갖고 있은 지 또 1년이 지났으니, 사의(事義)로 보건대 어찌 이와 같을 수 있겠습니까. 신은 지난겨울에 어리석음을 무릅쓰고 면직을 청했는데 때마침 조정이 신 때문에 소란스러워 대각(臺閣)이 텅 비고 삼공(三公)이 모두 사직을 청하는 사태까지 벌어졌었다고 합니다. 그런데도 신은 멀리 떨어져 있었기에 그런 줄은 전혀 모르고서 그 당시 감히 성명(姓名)을 조정에 드러내었으니, 지금 와서 생각하면 온몸이 새파래질 정도입니다. 그리고 이어 성상의 비답을 받들건대 또 "군신(君臣)이 서로 의심한다."라고 하교하셨습니다. 무릇 보잘것없는 신자(臣子)의 입장에서야 군부(君父)에게 의심을 받는 것이 본디 마땅하나, 신자로서 감히 군부를 의심하다니 고금 천하에 어찌 그런 이치가 있겠습니까. 더구나 신은 선조(先朝) 때부터 이루 다 헤아릴 수 없을 만큼 죄를 지었는데, 성상께서 불쌍히 여겨 "그 죄는 크지만 다른 마음은 없다." 하시고 백방으로 비호하여 곡진히 보전해 주셨으니, 신의 몸 어느 하나도 성상의 지극한 은혜에 적셔지지 않은 곳이 없습니다. 그런데 신이 어떻게 감히 잠시라도 감사하는 정성을 잊을 수 있겠습니까. 전하께서 이토록 인자함을 베푸시고 신이 이토록 성은에 감사하고 있으니, 아무리 동방삭(東方朔)처럼 갖은 술수를 부리는 사람이라 한들 의심이 어디에서 감히 싹트겠습니까.

신은 그런 하교를 받고 나서부터 황공하고 당황한 나머지 -원문 1,

2자 결락- 이루었으며, 집에 있을 때는 홀연히 잊은 것이 있는 듯하고 밖에 나가면 망연히 갈 바를 알지 못하는 심정입니다. 아, 전하는 신의 -원문 1, 2자 결락- 사람이 믿는 바는 하늘인데 만일 하늘에 신의를 얻지 못한다면 참으로 명(命)이 다하는 것입니다. 일찍이 《주역》을 보건대 "임금은 민속(民俗)을 살펴 자기 행동의 좋고 나쁨을 판단한다." 하였습니다. 삼가 바라건대 전하께서는 신에게 성은을 내려 주시는 그 심정을 가지고 신이 성은에 감사함이 망극하고 딴마음이 없다는 것을 살펴 주소서. 아, 하늘은 사람의 근본이니 궁한 처지에 놓여 있을 때 하늘을 부르짖지 않는 것은 인정이라 할 수 없습니다. 그렇기 때문에 감히 진심을 다 토로하면서도 그것이 만번 죽을죄를 범하는 것임을 스스로 깨닫지 못하는 것입니다.

신은 다시 절박하게 두려워지는 마음이 있습니다. 신과 이단상(李端相)은 형세상 세신(世臣)과 한사(寒士)라는 차이는 있으나 그 흐름을 같이하고 있지 않다고는 할 수 없습니다. 그러므로 매양 이단상을 노성하고 단아한 사람으로 여겼는데, 뜻밖에도 저번에 누누이 천한 신의 성명을 가지고 위로 성청(聖聽)을 더럽혔으니,[30] 이는 실로 평소에 기대한 바가 아니었습니다. 무릇 서필원(徐必遠)이 신을 공격한 일이

30 뜻밖에도……더럽혔으니 : 이단상이 서필원을 논척하면서 김우명(金佑明)이 우암과 불화 관계에 있다고까지 언급하였다. 이에 앞서 유상운(柳尙運)이 태학생으로서 서필원을 편들어 김만균(金萬均)을 논척하다가 비방을 받자, 유상운의 부친이 가는 곳마다 변명하기를 "이는 내 아들이 한 일이 아니라 바로 이단상이 시킨 것이다." 하였다. 이에 유상운의 이형(姨兄)이자 동서(同壻)인 이단상이 이것으로 사론(士論)에 죄를 얻을까 두려워한 나머지 마침내 상소하여 서필원 및 김우명이 우암과 사이가 좋지 못하다고 논하게 된 것이다. 《宋子大全隨箚 卷11》

적지 않다고는 하나 또한 신이 인심과 세도가 이처럼 극도에 이른 줄도 모르고 이에 감히 망언을 하였으니, 그의 말이 지나치더라도 신은 자복하기에 급급해야 마땅한데 어찌 감히 그를 탓하겠습니까. 더구나 성내는 것은 사람의 상정인데 어찌 깊이 허물할 것이 있겠습니까.

다만 기억하건대 우리 인조대왕께서 언젠가 여러 신하를 대하여 이르기를 "오늘은 바로 황상(皇上)의 탄신일이다."라고 하고 이어 눈물을 흘리며 오열하셨으므로 입시한 자들이 모두 비통해하였고, 또 기억하건대 효종대왕께서는 일찍이 상신(相臣)의 상소에 비답하기를 "지극히 통탄스러운 마음인데, 해는 저물고 길은 멀다는 생각이 든다."라고 하였습니다. 지금 두 성군의 세대와 그 사이가 얼마나 되기에 인심과 세도가 갑자기 이 지경에 이르렀단 말입니까. 신은 매우 통탄한 나머지 하늘에 호소하고 싶어도 호소할 길이 없었는데, 이단상이 아마도 신의 어리석음을 애달프게 여기고는 부지불식간에 그만 문자에 나타내고 만 듯합니다. 이로 인하여 여러 사람이 수군거리고 놀라워하는 눈초리가 사방에서 일어나며 오직 원인(遠人)에게 불충하게 될까만을 염려하고 정의(正義)가 혹시라도 존재하게 될까 염려하고 있으니 신은 실로 크게 의아하고 깊이 두려워하는 바입니다. 그러나 그런 사람 각각에 대해 비난하고 말이 나올 때마다 변명하려고 한다면 장차 기운이 다해 죽게 되고 말 것입니다. 신이 비록 망녕되다고는 하나 또한 이토록까지 일을 벌여 놓고 싶지는 않습니다.

국구(國舅) 형제의 설[31]의 경우는 과연 그 근거가 없지 않으니, 신이

31 국구(國舅) 형제의 설 : 현종(顯宗)의 장인인 김좌명과 그 아우 김우명 형제가 그들의 아버지인 김육(金堉)의 장사(葬事)에 천자(天子)의 무덤에만 설치할 수 있는

그 대강을 아뢰겠습니다. 지난 기해년(1659, 효종10) 봄에 신이 서연(書筵)에서 민유중(閔維重)과 함께 소대(召對)의 명을 받고 나아갔는데, 그때 민유중은 대간(臺諫)의 위치에 있던 때였습니다. 옛적에 사마광(司馬光)도 여회(呂誨)에게 소매 속에 지닌 탄핵문에 대해 물은 적이 있었는데,[32] 경솔하고 조급한 신이 어찌 아무 말도 안 하고 그대로 있었겠습니까. 그러자 민유중 역시 장차 논하려는 내용을 가지고 신에게 어떻겠느냐고 묻기에, 신은 그르다고 하지 않았습니다. 그러다가 탑전(榻前)에 이르러서 민유중이 드디어 국구가 설치한 수도(隧道)의 참람됨을 아뢰었는데, 선왕께서 미천한 신에게 하문하시기를 "-원문 1, 2자 결락- 또 오늘날 사대부로서 이것을 쓰지 않는 자가 있는가?"라고 하기에, 신이 대답하기를 "무식한 자가 한다면 -원문 1, 2자 결락- 집에서도 한다면 참으로 말할 수 없는 노릇입니다."라고 하였습니다.

그런데 물러 나와 듣건대 민유중이 계달한 것에 대해 다투어 서로 배척하면서 혹은 앞서는 찬성했다가 뒤에 와서 후회하는 자가 있는가 하면 무슨 일이 있다고 핑계하고 규피(規避)하는 자도 있었는데, 그중에서 가장 온건한 자는 정계(停啓)하자는 의론을 주장하는 정도에 불과하였습니다. 신의 생각에는 '이 일이 비록 국가의 존망이 걸린 바는

묘도(墓道)인 수도를 쓰자, 1659년 4월 민유중이 비판한 것을 가리킨다. 《孝宗實錄 10年 4月 8日》

32 옛적에……있었는데 : 왕안석(王安石)이 정권을 잡고 변법을 시행할 때 어사중승(御史中丞)으로 있던 여회가 그에 강력히 반대하였다. 입대(入對)하러 가는 여회를 사마광이 경연(經筵)에 나아가던 중에 만나 은밀히 묻기를 "오늘 말하려 하는 것이 무슨 일인가?" 하자, 여회가 답하기를 "소매 속에 가지고 있는 탄핵문은 바로 신참정(新參政)에 관한 것이다." 하였다고 한다. 《聞見後錄》

아니지만 민유중의 의론은 옳지 않다고 할 수 없는데, 정당한 것을 그르게 여기면 무슨 일을 할 수 있겠는가.'라고 여겨졌습니다. 그리하여 신은 실로 분개한 마음이 들었기 때문에 그들이 청망(淸望)에 오르는 것을 저지하기도 하고 외임에 보임하기도 하였으니, 그 일이 비록 민유중에게서 시작되기는 하였으나 종결된 것은 실제로 신에 의해서였습니다. 그러나 신이 처음에 생각하기로는 '민유중이 필시 그 계달을 엄하게 하여 반드시 주목(朱穆)이 옥갑(玉匣)으로 자기 아버지의 묘를 사치스럽게 치장한 조충(趙忠)을 다뤘던 것[33]처럼 할 것이다.'라고 하였는데, 정작 탑전에 들어가서 그가 계달하는 것을 들어 본 결과, 이내 주공(周公)의 충성(忠聖)됨을 인용하고는 아뢰기를 "고 상신 김육(金堉)은 일생 동안 충정(忠正)하고 근신(謹愼)하여 몸에 하자가 없었는데, 죽은 뒤에 걸맞지 않은 예법으로 장사를 지냈으니 개장하게 하고 김육의 아들 김좌명(金佐明)은 유사로 하여금 감죄(勘罪)하게 하소서."라고 하였습니다. 신은 안타깝게 여기면서 생각하기를 '민유중이 비록 대간의 체통을 잃기는 하였으나 그 말씨는 온유했다고 할 만하다.'라고 하였습니다.

대저 사람이 어버이에게 효도하려고 하면 무슨 일인들 못 하겠습니까. 그리고 이미 죽은 뒤에 아름다운 명예를 안겨 드리고 싶어 하는 마음은 또 살아 계실 때보다 심하니, 이는 누구나 갖고 있는 마음이라

33 주목(朱穆)이……것 : 후한의 주목이 영흥(永興) 1년(153)에 기주 자사(冀州刺史)로 부임한 후에 감찰을 엄히 하여 권귀(權貴) 및 환관들의 비리를 척결하는 데 주력하였다. 조충(趙忠)이라는 환관이 부친상에 여번(璵璠)과 옥갑 등 사치스러운 물건을 쓰자 주목이 관리를 시켜 조사토록 하니, 그 관리는 주목을 두려워하여 무덤을 파헤쳐 관을 쪼개기까지 하여 엄히 조사하였다. 《後漢書 朱穆列傳》

하겠습니다. 그런데 지금 민유중이 계달한 것을 보건대 김육을 그토록 존경했고 죽은 뒤에까지 편안케 하려는 뜻이 그야말로 장자(張子)나 주자(朱子)와 같았으며, 그 추존하는 뜻은 주공에 견줄 정도였으니, 그 훌륭한 명예를 선사한 것이 과연 어떻다 하겠습니까. 신은 생각하기를 '김좌명 형제가, 이렇게 했다는 것을 들으면 필시 감읍하기에 급급할 것이다.' 하였는데, 그 후에 듣건대 오고 가는 말들에 그렇지 않은 것이 있었다 하며 심지어는 신과 관련해서도 가볍게 넘길 수 없는 점이 있었다고 합니다. 그러나 신은 매양 생각하기를 '사람이 생각하는 것은 그다지 동떨어지지 않는 법인데 어찌 그럴 리가 있겠는가.' 하며 의심을 가지려다가도 그만둔 것이 여러 차례였습니다.

대개 인정으로 살피건대 국구는 민유중에 대해서 오히려 감사를 드려야지 유감을 가져서는 안 되는 입장입니다. 더구나 신은 민유중과는 차이가 있고 또 이미 초야에 물러나 있는 신세이고 보면 하찮은 미물과 다름이 없는데 어찌 거론할 대상에 들어가기나 하겠습니까. 그런데도 길에 떠도는 소문은 이루 헤아릴 수 없을 정도입니다. 심지어는 국구가 지난해 말미를 받아 내려왔을 때 신의 동정을 몰래 살피고 돌아갔다 하니, 아아, 사람들이 떠들어 대는 말이 어찌 이리도 망극하단 말입니까. 오늘날에 와서는 또 소문이 떠돌기를 "국구가 말하기를 '김시성(金是聲)이 사사로운 헌상을 한 것은 바로 군관(軍官) 이형백(李馨白)을 송시열에게 보내 의논을 거친 것이다.'[34]라고 하였다." 하니, 아, 역시 너무나 심한 말입니다. 설혹 국가에 큰 이익이 되는 일이라 하더라도

34 김시성(金是聲)이……것이다 : 1664년 11월 통제사 김시성이 김우명에게 복어(鰒魚)를 바쳤다가 파직당한 일을 가리킨다. 《顯宗實錄 5年 11月 28日》

신이 감히 관여하여 알지 못할 텐데, 더구나 이 일의 경우 김시성이 신에게 물었다 하더라도 신이 어찌 감히 가부를 논한단 말입니까.

옛말에 이르기를 "비간(比干)[35]을 대하는 자는 감히 아첨을 하지 못한다."라고 하였으니, 이는 진실로 신이 못난 소치이거니와 헛된 말의 번다함 또한 짐작할 수 있는 일입니다. 이 몇 가지 일만 보아도 나머지를 알 수가 있습니다. 선유(先儒)가 말하기를 "피해서는 안 될 때 피하는 것은 본래 사(私)이지만, 관여해서는 안 될 때 관여하는 것도 사일 뿐이다."라고 하였습니다.[36] 신과 국구의 경우 그 형세가 어찌 하늘과 땅 차이일 뿐이겠습니까. 그런데도 감히 그와 더불어 시비를 다투고 곡직을 계교한단 말입니까. 이는 감히 하지도 못할뿐더러 또한 해서도 안 되는 일입니다. 또 국구의 입장에서 말하더라도 그 지위가 얼마나 높은데 한낱 초개 같은 천한 선비에 대한 생각을 잊지 못한 채 늘 분노를 품으면서 불평한 마음을 가지고 있다면, 그 또한 체면을 손상하는 일이 아니겠습니까. 신은 그런 일은 필시 하지 않으리라는 것을 압니다.

그런데 말세의 습속이 문란해지고 사람들의 언론이 번다해졌으므로 저 이단상이 지나치게 염려하고 깊이 걱정한 나머지 성상에게 모두 알림으로써 국구의 형제가 나란히 교외로 나가고 대각(臺閣)이 안정되

35 비간(比干) : 은(殷)나라 주왕(紂王)의 숙부로, 주왕에게 무도한 정치에 대해 간(諫)하다가 심장을 가르는 혹형을 받고 죽었다. 《史記 殷本紀》

36 선유(先儒)가……하였습니다 : 선유는 장식(張栻, 1133～1180)을 가리킨다. 자는 경부(敬夫)·흠부(欽夫)이다. 그가 "군자는 난을 피하지 않고 또한 난에 들어가지도 않고 오직 도리에 마땅하게 할 뿐이니, 피해서는 안 될 때 피하는 것은 본래 사(私)이지만, 관여해서는 안 될 때 관여하는 것도 사일 뿐이다."라고 하였다. 《近思錄集解 卷10 政事》

지 못하며 의정부가 텅 비게 하였으니, 모르겠습니다만 이단상의 입장에서는 도리상 어떻게 했어야 하겠습니까. 신은 황공하고 위축되는 마음이 전일보다 만배나 됩니다. 그러나 조정에서는 관용을 베풀어 신에게 죄를 가하지 않고 있습니다. 그렇다면 신으로서는 그저 두문불출하며 허물을 반성하고 뜻을 편안히 하여 죽음을 기다리는 것이 마땅할 뿐입니다. 그러니 오직 이 직명이 고쳐지지 않는 한 일각도 마음을 놓을 수 없는 형편입니다. 삼가 바라건대 성상께서는 불쌍히 여기고 민망히 여기며 애긍히 여기고 염려해 주시어 속히 체직해 주소서. 그리해 주신다면 그런 다행이 없겠습니다.

음식과 직명을 사양하는 상소 을사년(1665, 현종6) 4월

辭食物及職名疏 乙巳四月

삼가 아뢰옵니다. 신이 고질병으로 반열에 가장 늦게 달려 나갔기에, 두렵고 떨리는 마음으로 그저 엎드려 처벌만을 기다리고 있었는데, 삼가 성상께서는 견책을 내리지 않고 도리어 사대(賜對)해 주는 은혜를 내림으로써 신으로 하여금 미천한 정성을 펼 수 있도록 하셨으니, 이미 넘치는 분수에 다만 감사하고 두려운 마음만 더할 뿐이었습니다. 그런데 얼마 뒤 또 음식을 내리라고 명하셨으니, 더욱더 두렵고 움츠러들어 어찌할 바를 모르겠습니다. 신은 본디 지니고 있는 양식이 있어 위로는 번거롭게 은혜를 받아야 할 정도는 아니고 아래로는 공적인 음식을 소모케 할 필요도 없습니다. 그러니 삼가 바라건대 서둘러 명을 거두어들이셔서 미천한 분수를 편안케 해 주소서. 또 신은 일전에 탑전에서 만번 죽을 것을 무릅쓰고 직명에서 벗어나게 해 달라고 청하였는데, 성상의 말씀이 간곡하여 윤허를 받지 못하였습니다. 이에 신은 물러나 엎드려 묵묵히 있은 채 호소할 곳이 없으니, 모르겠습니다만 오리와 기러기의 유무가 강호에 무슨 영향을 준다고[37] 이렇게까지 허락

37 오리와……준다고 : 이 세상에는 지금 훌륭한 인재가 많으니, 자신 한 사람쯤이야 벼슬자리에 있든 없든 아무 상관이 없으리라는 뜻의 자조적인 표현이다. 후한(後漢) 양웅(揚雄)의 〈해조(解嘲)〉에 "길을 얻은 자는 청운에 오르고, 길을 잃은 자는 구렁에 처박힌다. 아침에 권세를 쥐면 경상(卿相)이 되고, 저녁에 권세를 잃으면 필부(匹夫)가 된다. 이를 비유하자면 강호의 언덕이나 발해(渤海)의 섬에 네 마리의 기러기가 날아와 앉아도 많아지지 않고, 한 쌍의 오리가 날아가 버려도 적어지지 않는 것과 같다."라는 말이 나온다.

을 아끼시는 것입니까. 삼가 바라건대 밝은 성상께서는 미천한 충심(衷心)을 곡진하게 살피셔서 특별히 간청하는 바를 윤허해 주소서. 그리해 주신다면 그보다 더한 다행은 없을 것입니다.

온천에서 조정으로 가던 도중 물러나 돌아오며 억울한 무함에 대해 변론하는 상소 을사년(1665, 현종6) 5월

自溫泉赴朝中路退歸仍辨冤誣疏 乙巳五月

삼가 아룁니다. 못난 소신은 외람되게도 큰 덕화를 입어 일찍이 길에서 두 번이나 재촉해 부르심을 받았고, 행조(行朝)에 나아가서는 또 두 번이나 사대(賜對)하는 은혜를 입었습니다. 게다가 옥음(玉音)을 내리시어 어가(御駕)를 수행하여 서울로 돌아갈 것을 유시하셨는가 하면 어가가 출발할 때에는 또 승지로 하여금 간곡히 명을 전하게 하면서 '지기정의(知己情義)'라는 등의 말씀까지 해 주셨습니다. 이에 신은 창졸간에 당황한 나머지 감히 힘써 병든 몸을 이끌고 나아가겠다는 뜻으로 답변드렸습니다. 신은 본디 질병이 많은데도 치료할 만한 돈이 없어서 늘 한 번쯤 온천에 가 보고 싶었지만 또한 자력으로는 그렇게 할 수 없었습니다. 그런데 이번에 다행히도 성은을 입어 편하게 온천에 이르렀는데, 정말 만나기 어려운 기회라고 여겨졌기에 온천에서 며칠 동안 머물며 목욕을 하고 나서 비로소 서울을 향하여 올라갔습니다. 그러나 서둘러 길을 걷다 보니 근력이 떨어져 하루 내내 걷는 거리가 뻔히 바라다보이는 곳도 못 미치는 실정이었으므로 4, 5일 만에야 겨우 근기(近畿)에 도착하게 되었습니다. 그러나 더위에 시달린 나머지 묵은 병이 악화되어서 구토와 설사를 하며 정신까지 혼미해져 의식을 잃는 때까지 있게 되었으므로, 신은 애당초 계획을 세심하게 세우지 않고 별안간에 출발하였다가 이와 같은 일을 당하게 된 것을 매우 한스럽게 생각하였습니다.

그런데 이제 성상의 체후가 평상을 되찾고 모든 일이 경장(更張)되는 때에 누추한 몸이 풀 섶 사이에서 죽어서 유신(維新)의 청화(淸化)를 더럽힐까 염려가 되었습니다. 그리고 생각건대 성상께서 처음에 신으로 하여금 배종하지 말고 서서히 오게 하신 것이야말로 어찌 인자함을 곡진히 베풀어 길에서 죽게 하지 않으려고 하신 뜻이 아니었겠습니까. 따라서 지금 만일 성상의 위엄에 눌려서 엎어지고 자빠지면서 병든 몸을 이끌고 가다가 끝내 죽기라도 한다면 이 어찌 성상께서 베푸시는 인은(仁恩)의 뜻을 우러러 받드는 일이 되겠습니까. 그래서 신은 쓰러져 신음하면서 여러 날 생각해 본 결과 오직 이 실낱같이 붙어 있는 목숨을 유지하여 고향으로 돌아가서 죽는 것만이 실로 본분의 도리에 그래도 맞고 성상의 살리기 좋아하시는 덕도 손상하지 않으리라고 여겨졌습니다. 이런 까닭에 신은 올라가던 발길을 되돌려 조금씩 걸어서 돌아오게 되었는데, 헐떡이는 숨을 보전하여 고향까지 가게 될지는 신 스스로도 모르겠습니다.

그런데 신에게는 지극히 원통한 일이 있으니, 신이 일찍이 탑전에서 한두 가지를 아뢰려 하였으나 황공하여 감히 그렇게 하지 못하였습니다. 지금 병세가 이와 같은데 만일 하루아침에 갑자기 죽어 버리기라도 한다면 황천에서 원한을 품으며 개인적인 한이 끝없을 것이기 때문에 지금 감히 약간이나마 대략을 진달할까 하니, 삼가 바라건대 성상께서는 애긍히 살펴 주소서.

대저 군신의 의리라는 것이 얼마나 큰 윤기(倫紀)입니까. 이야말로 천경지의(天經地義)이며 인민의 병이(秉彛)로서 잠시라도 없어서는 안 됩니다. 이는 마치 사람이 원기(元氣) 속에서 호흡하다가 한 번이라도 숨이 끊어지면 이미 죽은 사람이 되는 것과 마찬가지입니다. 아무리 바다 너머 오랑캐라 하더라도 모두 이런 이치를 갖고 있으니, 진실로 효경(梟獍) 같은 기질과 사갈(蛇蝎) 같은 성품이 아니라면 그 누가 임금에게 충성하고 나라를 사랑하는 마음이 없겠습니까. 이는 반드시 증자(曾子)와 민자건(閔子騫)처럼 어질고 정자(程子)와 주자(朱子)처럼 학문이 깊어야만 이처럼 할 수 있는 것이 아니라, 자연히 그렇게 되어 막을 수 없는 것입니다. 신이 형편없는 존재이긴 하나 그래도 사람의 형체를 갖추고 있는데, 그런 이치가 어찌 신에게만 전연 없겠습니까. 단지 신의 몸이 하류에 처해 있어 뭇 악이 모두 집중된 나머지 한 사람이 비방하는 말을 지어내면 여러 사람이 화답하여 마치 쇠를 녹이듯, 없는 호랑이를 믿게 하듯 거짓을 기정사실화하므로 스스로 해명할 길이 없을 뿐이니, 신의 정상이 또한 가련하다 하겠습니다.

대개 나라에 원자(元子)가 탄생하는 경사가 있은 뒤로부터 국내의 백성들치고 기뻐서 뛰지 않는 자가 없었으며, 아무리 초야에 있는 소원한 사람이라 하더라도 모두 송축하는 정을 드러내었습니다. 그런데 신은 그때에 마침 대죄할 일이 있어 황공한 마음으로 움츠리고 있었으므로 끝내 감히 여러 신하와 함께 미천한 정성을 펴지 못하였으니, 이는 대체로 이치와 형세상 그럴 수밖에 없었기 때문입니다. 그런데 뜻하지 않게 이 일로 인하여 약간 비방하는 말이 있기에 신이 처음에는 듣고 놀랐으나 한편 생각하기를 '이는 다만 호사가가 우연히 발설한 것이고, 또 깊은 의도가 있는 것도 아니다.'라고 하였습니다. 그런데 시일이 경과함에 따라 점점 불어나 한 층 한 층 더해지고 말의 내용이 심도를 더해 가면서 가지에 가지를 치고 마디에 마디가 생겨 오늘날과 같은 상황이 되었는데, 신자(臣子)로서는 차마 듣지 못할 바가 있었습니다.

그리하여 심지어는 전일 허목(許穆)의 상소도 신 때문에 올려진 것이라고까지 하니,[38] 아, 양숙자(羊叔子)가 어찌 남을 독살하는 자라고[39] 사람들의 말이 이와 같단 말입니다. 신은 목을 찌르고 머리를 베어서라도 스스로 결백을 드러내고 싶지 않은 것이 아니었습니다. 그러나 또 스스로 생각해 보니, 하늘의 태양이 위에 있어 하나도 빠뜨리지 않고 덮어 주고 비춰 주고 있으니, 참소하는 자가 백 명이 있다 한들 걱정할 게 뭐 있겠는가 싶었습니다. 그래서 늘 이것으로 자신을 납득시켰습니다. 그리고 때로는 또 스스로 말하기를 "지금 세상에 남의 환영을 받지 못하는 자가 적지 않은데 유독 이 몸에만 이런 따위의 말들이 집중되는 것은 무슨 이유인가."라고 하며 항상 이 때문에 스스로 슬퍼하였습니다. 그리하여 집에 있을 때는 멍하니 잃어버린 것이 있는 듯하고 밖에 나가면 망연히 갈 곳이 없으며 남을 대하면 부끄러워서 낯을 제대로 들 수가 없습니다. 그래서 항상 '이처럼 살 바에야 차라리 죽는 게 낫다.'라고 여긴 지가 오래되었습니다.

38 심지어는……하니 : 《송자대전수차(宋子大全隨箚)》 권11 〈소(疏)〉에 의하면 "이 당시 허목이 상소하여 일찍 세자를 책봉하도록 청하면서 '국본(國本)을 정하지 않는 것은 나라를 위태롭게 하는 길이다.'라고 하였는데, 이는 대체로 우암이 원량(元良)을 좋아하지 않는다고 여겼기 때문이다."라고 하였다.

39 양숙자(羊叔子)가……자라고 : 양숙자는 진(晉)나라 장수인 양호(羊祜)로, 숙자는 그의 자(字)이다. 양호는 오(吳)나라 장수 육항(陸抗)과 절친하였는데, 각각 적국의 장수로서 국경에서 마주 대하고 있을 때, 육항이 양호에게 술을 보내니 양호는 의심 없이 마셨다. 또 육항이 병이 들었을 때 양호가 약을 보내자, 육항은 "어찌 사람을 독살하는 양숙자이겠는가." 하며 보내온 약을 의심 없이 마셨다는 고사가 있다. 《三國志 陸抗傳》 여기서는 자신이 결코 다른 마음을 가지고 나쁜 짓을 할 사람이 아님을 강조한 말이다.

신과 친한 자들이 신의 이와 같은 사정을 보고 서로 마음을 느긋하게 갖도록 권하면서 "어찌 이렇게까지 되었는가. 성명(聖明)의 세상에 참소하는 말이 어찌 먹히겠는가."라고 하였습니다. 신은 말하기를 "나는 성상께서 나를 의심하여 나에게 죄를 주리라고는 생각하지 않는다. 다만 신하로서 이런 악담을 듣게 되었으니, 이 점이 망극할 뿐이다. 이는 불의(不疑)가 금을 훔쳤다는 일이나 언박(彦博)이 비단을 뇌물로 바쳤다는 일[40]과 같으니, 이같이 비방하는 말들이야 백 대의 수레에 실을 만큼 많다 하더라도 무슨 관계가 있겠는가."라고 하였습니다. 그래서 저번에 '곤수(閫帥)가 사사로이 예물을 바친 것은 실로 송시열에게서 말미암은 것이다.'라는 설[41]이 있었을 때에도 신은 변명하지 않고 웃어넘겼던 것입니다. 그러나 오늘날 이러쿵저러쿵하는 설을 듣고도 아무런 생각도 없이 태연히 있게 되면 이는 반드시 참으로 이런 일을 했다고 인정하는 것이 되고도 남는다 하겠습니다. 사정이 이렇고 보면

40 불의(不疑)가……일 : 한(漢)나라 때 직불의(直不疑)가 낭관(郎官)으로 있던 어느 날, 같은 집에 있던 어느 낭관이 고향을 가면서 금이 들어 있는 다른 낭관의 짐을 자기의 것으로 착각하고 그만 가지고 갔다. 그 금을 잃은 낭관이 직불의를 의심하자 직불의는 금을 사다가 보상하였는데, 뒤에 고향에 갔던 낭관이 금을 돌려주자, 금을 잃었던 낭관이 크게 부끄러워하였다고 한다. 《漢書 直不疑傳》 송(宋)나라 때 문언박(文彦博)은 어진 정승으로 유명하였다. 그런데 인종(仁宗)의 장 귀비(張貴妃)가 상원연(上元宴) 때 등롱금(燈籠錦) 즉 등롱의 형상을 넣은 비단으로 지은 옷을 입고 말하기를 "이것은 문언박이 바친 것이다." 하였고, 또 당개(唐介)는 "문언박이 등롱금을 장 귀비에게 뇌물로 주었다."라고 모함하였다. 그러나 실제로 문언박은 뇌물을 바친 일이 없었다. 《宋史 文彦博列傳》

41 곤수(閫帥)가……설 : 1664년 11월 통제사 김시성(金是聲)이 김우명(金佑明)에게 복어(鰒魚)를 바친 일로 파직당했는데, 그 일을 우암과 상의했다는 소문을 가리킨다. 《顯宗實錄 5年 11月 28日》

신이 어찌 마음을 태우고 가슴을 썩이면서 때로 남몰래 울부짖지 않을 수 있겠습니까.

아, 신하로서 그 임금을 사랑하여 칭송하는 것이 한이 없겠지만 그중에서 큰 것을 논할 경우 어찌 종묘에 흠향하고 자손을 보존하는 일보다 더 큰 것이 있겠습니까. 신이 우리 성고(聖考)에 대하여 흠앙하고 숭모하는 것이 어찌 70제자가 공자에게 심복하던 정도에 그치겠습니까. 그래서 매양 생각하기를 '그 성대한 덕과 지극한 선은 비록 만세가 지난다 해도 체천(遞遷)될 수 없다.'라고 하였습니다. 그런데 지난해에 누군지 모르는 사람이 유언비어를 조작하여 "송시열이 일찍이 효종대왕은 사당에 들어가는 것이 부당하다고 했다."라고 하였으니, 이는 신이 군부에 대하여 종묘에 흠향시키지 않으려고 한 것이 됩니다.

게다가 오늘날에는 또 이런 비방이 있게 되었으니, 이는 신이 군부에 대하여 그 자손을 보전하지 못하게 하는 꼴이 되고 만 것입니다. 신의 죄악이 어찌 이 지경에까지 이르렀단 말입니까. 이에 생각이 미치며 참으로 하늘에 호소하려 하나 그 길이 없습니다. 오늘날 신이 할 수 있는 일이라곤 단지 문 닫고 들어앉아 허물을 뉘우치며 입을 다물고 말라 죽음으로써 사람들의 말에 응답하는 것뿐, 이 밖에는 진실로 달리 자처할 길이 없습니다. 삼가 바라건대 성상께서는 불쌍히 여기고 돌보아 주어 신이 가진 직명을 속히 체차하도록 명하심으로써 신으로 하여금 안심하고 물러가서 여생을 마칠 수 있게 하소서. 이렇게 한다면 실로 성상께서 시종 생성해 주시는 지극한 은혜가 될 것입니다. 신은 너무도 황공하여 떨리는 마음을 견딜 수 없습니다.

고향에 돌아온 뒤 사정을 진달하고 소명을 사양하는 상소
을사년(1665, 현종6) 6월 11일
還鄕後陳情辭召命疏 乙巳六月十一日

삼가 아뢰옵니다. 신은 행조(行朝)에서 은명(恩命)에 감격하여 어리석음을 무릅쓰고 앞으로 나아갔으나 미처 도성 문에 이르기도 전에 병이 발작해서 사정을 진달하고 되돌아왔으니, 그 죄는 실로 만번 죽어 마땅하므로 주벌을 달게 받을 각오를 하였습니다. 그런데 도리어 성상께서 곡진하게 용서해 주고 남다른 대우를 해 주며 특별히 사관을 보내 비지(批旨)로 유시해 주셨으니, 이는 상도가 아닌 일로서 그 영예가 이미 재앙을 부르고 있다 하겠습니다. 게다가 삼가 성교(聖敎)를 읽어 보건대 윤음(綸音)이 다정하고 일깨움이 간곡하여 군신 사이에 의(義)로 제재하는 뜻이 아닌 것 같았습니다. 모르겠습니다만 무슨 까닭에 신의 죄는 더욱 커지기만 하는데 성상의 은혜는 더욱 융성해지는 것입니까. 신은 감격하고 황공하여 보답할 길이 없으므로 그저 죽기만을 생각할 뿐이나 그렇게 하지도 못했습니다.

아, 신은 실로 일개 죄인입니다. 신은 대대로 국은을 받아 녹위(祿位)가 끊이지 않았는데, 신의 몸에 이르러서는 우리 인조대왕으로부터 소명(召命)이 계속되고 유지(諭旨)가 간절하였으며, 우리 성고(聖考)의 세대에 이르러서는 그 입은 은혜가 군신이 있은 이래로 일찍이 없던 것이었습니다. 그리고 우리 전하께서는 또 잘못을 포용하는 아량을 보여 주어 신으로 하여금 목숨을 보전하게 하시니, 동등한 신분 이하의 사람에게도 오히려 갚을 바를 알지 못할 텐데 더구나 군부(君父)에 있어서이겠습니까. 따라서 신은 전하가 계신 곳에서 몸을 맡겨 말라 죽기를 기약해야 마땅합니다. 그러나 신은 본래 기반이 약하고 외로운 형편인데 유언비어에 지기(志氣)를 상실하고 심한 비방에 놀란 나머지 오직 물러갈 것만을 생각하여 감히 은혜로운 대우를 저버렸으니, 이는 성조(聖朝)에 죄를 지은 것일 뿐만 아니라 실로 선조(先朝)의 죄인도 되는 것입니다. 그렇지만 신의 정상을 차분히 살펴보면 애처롭게 여길 수는 있을지언정 미워할 만한 것은 없습니다.

신이 스스로 헤아려 보건대 처지의 위태로움이 서리를 맞은 풀 그 이상의 수준인데, 믿는 것은 오직 성명(聖明)께서 위에 계셔서 죄가 있고 없는 것을 환하게 살펴 주시는 것뿐입니다. 이런 까닭에 전려(田廬)에서 살면서 안심하고 태평성세를 누리고 있는데, 스스로 생각하기를 '이와 같이 하여 여생을 마치는 것도 충분히 크나큰 성은을 만에 하나라도 보답하는 길이 되는 것이다.' 하였습니다. 오직 아침저녁으로 엎드려 바라는 것은 그저 성상께서 불쌍하게 생각하고 직명을 체차하도록 허락해 주시는 일이니, 그렇게 해 주시면 마음에는 근심이 없고 몸은 기롱을 면하여 마치 사슴이 들판 풀 속에서 스스로 편안히 지내듯 할 것입니다. 이는 실로 성조에서 늙은 신하를 우대하는 큰 은혜가 되는 동시에 뭇 일을 처리하는 좋은 방법이기도 합니다. 그런데도 성상께서는 시종일관 허락하지 않으시니, 이것이 어쩌면 혹시 '그에 대한 비방이 심각하긴 하나 오직 내가 있으니, 어찌 감싸 주고 씻어 주고 해서 그로 하여금 여러 신하의 대열에 끼게 해 주지 않을 수 있겠는가.' 라고 생각하여 그러시는 것입니까? 그렇다면 밝은 성상께서 신을 위해 계책하시는 것이 지극하다고 하겠습니다. 그러나 신은 전일 진달한 것 외에 또 별도로 무함을 당한 바가 있었으나 해괴하고 상서롭지 못하여 감히 진달하여 죄를 청하지 못하였으니, 신은 실로 답답할 뿐입니다. 아, 신이야말로 버려진 사람이며 욕된 사람이며 사람 축에도 끼이지 못하는 사람입니다. 향리의 사람들이 간혹 위로하여 말하기를 "이는 불행의 소치에 불과하니 자신에게 무슨 관계가 있기에 이것으로 폐인이 되려 하는가."라고 하지만, 이것은 인사 간에 범상히 하는 말일 뿐입니다. 비록 온 나라 사람들이 모두 이처럼 말한다 하더라도 신의 도리로서는 단연코 스스로 용서할 수 없는 일입니다.

무릇 어떤 사람의 가정 내에 있었던 너저분한 말을 가지고 이웃 사람들이 거리에서 숙덕인다 하더라도 그것만으로도 이미 겁이 나고 부끄러워서 문을 나가고 싶어 하지 않을 것입니다. 더구나 지금은 비난하는 자가 보통 사람들 정도에 그치지 않으며 점점 눈덩이처럼 불어나 매양 말의 내용을 바꿔 가며 추호만 한 일을 태산보다 크게 만들고 있는 형편인데, 신이 그런데도 감히 스스로 죄가 없다 하여 맑은 조정에 무릎쓰고 나갈 수 있겠습니까.

저번에 신이 행조에 달려갔던 것도 감히 하지 못할 바였으나, 다만 지극히 융성한 은명을 끝내 감히 저버릴 수 없었기 때문에 감히 호위하는 대열의 뒤에 뻔뻔히 얼굴을 내놓기는 하였습니다마는, 아마도 여러 사람이 적지 않게 손가락질을 하였을 것입니다. 이 일이 있은 뒤로부터는 더욱 호소하여 면직을 청하고 싶기만 합니다. 그리고 지난해 있었던 한차례의 풍파[42]는 신으로 인하여 일어난 일로서 그 여파가 아직도 잠잠해지지 않았는데, 또 이단상(李端相)의 상소로 파란이 일어 사건이

42 지난해……풍파 : 1662년 여름에 홍우원(洪宇遠)이 상소하여 윤선도(尹善道)를 두호(斗護)하고 우암을 배척한 일로 조정이 시끄러웠던 일을 말한다.

점점 커지고 있습니다. 그러므로 신은 갑절이나 더 두려운 마음이 들어 감히 신의 이름으로 조정을 번독하게 하지 못하겠습니다. 그러나 위축되고 까무러칠 듯한 심정으로 말하면 다른 사람이 알 수 없는 점이 있습니다.

아, 신의 하자가 이와 같고서야 쓸 만한 재질이 있다 하더라도 스스로 세상에 설 수 없습니다. 그런데 더구나 신은 당초에 조그마한 장점도 없는데 성상께서는 끝내 버리려 하지 않으시니, 이는 천신만이 감히 알지 못하는 바가 아니라 식견이 있는 자 또한 의심이 없을 수 없는 일이라 하겠습니다. 신은 두려워지기만 할 뿐입니다. 그러나 혹시라도 세월이 흘러서 의심과 분노가 다 없어지고 시비가 모두 사라진 뒤에 모든 대부(大夫)와 국인(國人)들이 신을 용서할 만하고 포용할 만하다고 한다면, 신 또한 힘써 쇄신하고 진부한 장구(章句)로나마 외람되이 다시 용안을 가까이하게 될 것입니다. 이것이 비록 황하가 맑아지기를 기다리는 것처럼 어려울 것 같기는 하나, 그래도 다행히 그런 날이 오게 된다면 그때 가서 다시 과분한 은혜를 받는다 해도 늦지 않을 것입니다. 신은 늘 이런 마음을 가졌기 때문에 전일 탑전에서 약간 그 단서를 드러내어 면직을 바라는 뜻을 토로하였습니다만, 지척에 계신 성상의 위엄이 두려워서 곡절을 다 말씀드리지 못하였습니다. 그런데 이번에 성상께서 열성으로 교유(教諭)하시니, 신은 참으로 황공하여 더욱 몸 둘 바를 모르겠습니다. 삼가 바라건대 성상께서는 신이 그간 말씀드린 뜻을 양찰하시어 속히 직명을 삭제하도록 명해 주소서. 그리해 주시면 매우 다행이겠습니다. 신은 지성으로 기원하는 마음을 가누지 못하겠습니다.

왕명에 응하여 재이를 그치게 할 계책을 올리는 상소 을사년(1665, 현종6) 11월

應旨進弭災之策疏 乙巳十一月

삼가 아룁니다. 신은 이달 3일 삼가 유지(有旨)를 받들건대, 속히 소명(召命)에 응하여 달려오되 그 전에 먼저 실봉(實封)을 갖추어 재이를 그치게 하는 데 대한 계책을 올리라 하였으므로, 명을 받들고 놀란 나머지 몸 둘 바를 알지 못하였습니다. 신은 고질병이 몸을 휘감아 죽을 날이 임박한 데다가 올겨울에는 위태로운 증세가 갖가지로 출현하여 문을 닫고 자리에 누워 남들과 서로 교류하지 않고 있으며 남들도 무슨 일로 교류하는 일이 없습니다. 그 때문에 귀머거리와 같고 장님과 같아서 이웃에서 일어나는 길흉사도 들어 아는 일이 없는데, 더구나 성궁(聖躬)의 득실과 조정(朝政)의 시비에 대한 것을 무슨 방법으로 보고 듣겠습니까. 혹시 보고 듣는다 하더라도 그 득실과 시비의 근원을 또한 어찌 신 같은 자가 제대로 파악할 수나 있겠습니까. 신이 어찌 감히 모르는 것을 억지로 아는 체하여 억측으로 만든 설을 올려서 안으로는 본심을 속이고 위로는 성상을 속이겠습니까.

다만 신이 젊은 시절에 정주(程朱)의 글을 읽었는데 재이에 대해 논한 방도가 매우 자상하게 구비되었으니, 이는 비유(鄙儒)나 속사(俗士)가 책임이나 메우려고 형식만 갖추어 말한 설 따위와는 비교가 되지 않습니다. 그래서 감히 아래에 갖추어 열거하였으니 전하께서 시험 삼아 보아 주신다면 총명을 넓히고 덕업을 보익하며 재이를 바꾸어 상서롭게 하는 방도가 여기에서 벗어나지 않을 것입니다. 삼가 원하건대 성상께서는 유념하여 살피소서.

그리고 삼가 생각건대 신의 직명이 체직될 기약이 없으니, 신은 밤낮으로 걱정만 하며 어찌할 바를 모르겠습니다. 생각해 보건대 전하께서는 아랫사람들을 따뜻하게 보살펴 주는 인자한 마음이 지극하시면서도 유독 소신에게만은 그 은덕을 입혀 주지 않으시는 듯합니다. 신이 얼마나 쓰디쓴 말과 슬픈 간청으로 성청(聖聽)을 번독하게 하였는데 아직까지도 허락을 받지 못하고 있단 말입니까. 이는 공적으로 손상이 가는 동시에 신에게 죄가 쌓이는 결과가 되는 것이니, 신은 실로 안타깝기만 합니다. 삼가 바라건대 성상께서는 특별히 인자한 은혜를 베푸시어 신의 말이 진실로 진정에서 나오고 거짓으로 꾸민 것이 아니라는 점을 굽어살펴 주소서. 그리하여 특별히 체직을 허락하고 아울러 겸직까지 개차해 주시면 그런 다행함이 없겠습니다.

송(宋)나라 영종(英宗) 때 큰 물난리가 발생하자 정자(程子)가 그 아비 태중(太中)을 위하여 상소하였는데, 그 대략은 다음과 같습니다.

"조정의 기강이 형편없이 풀어져 제멋대로입니다. 근본이 되는 자리가 애당초 이와 같은데 다스려짐이 장차 어떻게 가능하겠습니까. 백성의 생활이 날로 궁핍해지는데 그들을 곤궁하게 하고 도탄에 빠지게 하는 길이 또 한 가지가 아닙니다. 그래서 그들을 치평(治平)으로 몰아 따라오게 하기는 어렵게 된 반면 악으로 인솔하며 추종하게 하기는 쉽게 되었습니다. 이익만을 생각하여 뜻을 움직이니, 틈을 타면 간궤(姦宄)가 싹트고 기한(飢寒)에 쪼들리면 도적이 되며 간웅(奸雄)이 한번 소리치면 반드시 곳곳에서 호응할 형세입니다. 지금처럼 무사할 때에도 오히려 힘이 그를 제어하지 못할까 걱정이 되는데, 더구나 어수선하게 일이 많을 때이겠습니까. 이로 보건대 천하의 형세가 편안하다 하겠습니까, 위태롭다 하겠습니까? 이 모두가 위망(危亡)에 이를 수 있는 형세인데, 아직 이렇게 되지 않은 것만도 천만다행이라 하겠습니다. 그러나 다행히도 우연히 그렇게 된 일이 얼마나 오래가겠습니까. 원하건대 폐하께서는 사직(社稷)을 위하는 일에 마음을 쓰고 생민(生民)을 돌보는 일에 생각을 기울이시며 구차하게 편하려고만 하는 폐단을 거울삼고 영원히 유지될 계책을 생각하소서."

신종(神宗) 때에 혜성(彗星)이 나타나자 정자가 여공저(呂公著)를 위하여 다음과 같이 상소하였습니다.

"성인이 이르기를 '망할까 염려하는 자는 계속 보존해 유지할 것이요, 난리를 염려하는 자는 다스리는 효력을 얻게 될 것이다.' 하였습니다. 옛날부터 지금까지 어찌 일찍이 위망할까 걱정하던 사람 중에 위망에 이른 자가 있었겠습니까. 근세 이래로 자책하는 조서와 스스로 혁신하겠다는 말이 또한 있었으나 혹시라도 임금의 지성에서 나온 것이 아니라면 온 천하가 한갓 허언으로 생각할 텐데 어떻게 천심을 감동시켜 재변(災變)을 그치게 할 수 있겠습니까. 신은 원컨대 폐하께서는 이 하늘의 경계를 계기로 분연히 고쳐서 상(商)나라 고종(高宗)이 이변에 대처해 실행했던 일을 생각하시고 후대의 허식을 거울삼으소서. 그리하면 오늘날 재이를 사라지게 할 뿐만 아니라 장차 큰 기업(基業)을 무궁히 보전할 것입니다."

효종(孝宗) 때 겨울에 우레가 치는 변고가 있자, 주자(朱子)가 다음과 같이 차자를 올렸습니다.

"요즘 겨울 날씨가 너무 온화하고 천둥 번개가 치니 새해의 일이 걱정됩니다. 신은 과거의 자취를 추적하여 그 원인을 깊이 찾아보았습니다. 생각건대 덕을 존숭함이 하늘에 이르지 못한 것이 있는 것은 아닙니까, 덕업을 넓힘이 땅에 미치지 못한 것이 있는 것은 아닙니까, 정사를 시행하면서 큰 것을 혹 거행하지 못하여 작은 것이 매일 바가 없는 것은 아닙니까, 형벌의 시행에 있어 소원한 자는 혹 부당하게 처벌을 받고 친근한 자는 혹 요행히 죄를 면하지나 않습니까, 혹시 군자인데도 등용되지 못하고 소인인데도 제거하지 않은 경우가 있습니까, 대신(大臣)이 혹시 직책을 잃고 천한 자가 권병(權柄)을 훔치기라도 한 것은 아닙니까, 정직하고 신실한 말은 드물게 들리고 아첨하고 아부하는 말만 깔려 그런 것은 아닙니까, 덕의(德義)의 풍조는 드러나지 않고 더럽고 천한 자가 횡행하지나 않습니까, 뇌물이 혹 위에 유행하고 은택이 아래에 미치지 못하는 것은 아닙니까, 남은 가혹하게 책망하면서 자신을 반성하는 것이 지극하지 못한 것은 아닙니까? 필시 이런 몇 가지 일이 있은 다음에야 재이를 초래하는 것입니다.

신은 원하건대 폐하께서는 정무를 보살피는 여가에 마음을 비우고 생각을 고요히 하여 시험 삼아 앞의 몇 가지 조목을 가지고 자신을 돌이켜 보고 일에 징험하면서 깊이 자성해 보십시오. 그러면 고요한 가운데 아무리 미세한 것이라도 다 살필 수 있을 것이니, 모든 득실의 단서에 대해 어떤 것이 있는지의 여부와 계속 보존할 것과 고쳐 나가야 할 것이 무엇인지 실상이 모두 밝혀질 것입니다.

그런 다음에 근신 중에서 통명하고 정직한 자를 택하여 그들로 하여금 각각 아는 사람 가운데 유식하고 과감하게 말하는 선비를 인솔하여 대궐 문에 나오게 하고, 사방에서 올라오는 말이 있거든 모두 살펴 그중에 숨김없이 충성을 다한 것들을 거론하여 폐하에게 보고하게 하소서. 그렇게 되면 하늘과 사람 사이에 견고(譴告)할 길이 있게 되어 앞으로는 앞에 나와 진술하게 될 것입니다. 그런 다음에 모든 일을 조리있게 총괄하고 경중에 따라 처결하여 차례대로 시행해 나가 하루 사이에 구름이 사라지고 안개가 흩어져 요천(堯天)·순일(舜日)이 확연히 청명해지도록 하신다면, 상제와 귀신이 위엄과 노여움을 거두어 만백성이 모두 아름다운 은택을 받게 될 것입니다."

영종(寧宗) 때에 자주 재변이 있자, 주자가 다음과 같이 차자를 올렸습니다.

"상제가 진노하여 재변이 자주 발생합니다. 이때야말로 두려운 마음으로 스스로 반성해야 할 때이니, 이런 큰 역사를 일으켜 견고하고 경동(警動)하는 뜻을 어기는 것은 마땅하지 않습니다."

영종 때 또 겨울에 우레가 울리고 궂은비가 내리자, 주자가 다음과 같이 차자를 올렸습니다.

"삼가 원하건대 폐하께서는 극기(克己)하여 스스로 새롭게 하고 아침저녁으로 생각하고 반성하시어, 마음을 쓰고 생각을 내며 말을 하고 일을 행할 때에 항상 황천의 상제가 위에 임해 있고 종사(宗社)의 신령이 옆에 지키고 있는 것처럼 하여 늠연히 다시 감히 조금이라도 사의(私意)가 그 사이에 싹터서 견고를 번거롭게 하지 말도록 하소서. 그리고 중외의 대소 신료들을 신칙하여 서로 공경하고 협력하며 밤낮으로 모의하여 천의(天意)의 소재를 찾아 번갈아 폐하를 보좌하도록 하소서. 그러면 재해가 날로 제거되고 복록이 날로 찾아오게 될 것입니다."

신은 삼가 상고하건대 지금까지 참혹한 재변으로는 한(漢)나라 성제(成帝) 시대만 한 적이 없었습니다. 그런데 당시에 글을 올려 일에 대해 말하는 자들은 모두 왕씨(王氏)를 허물하였는데, 그 뒤에 왕망(王莽)이 끝내 한나라를 찬탈하자 후세에서는 모두 그 말을 신빙성 있게 받아들였습니다. 그러나 신이 살펴보건대 성제는 내폐(內嬖)에 미혹된 나머지 그 내폐가 질투하며 밥을 먹지 않자 자신도 밥을 먹지 아니하였습니다. 또 성제에게 후사가 없을 때 후궁 두 사람이 아들을 낳았는데 그 아들을 스스로 모두 죽이고는 상자에 담아 몰래 묻게 함으로써 총애하는 여자의 마음을 기쁘게 하였습니다. 그리하여 마침내는 후사가 끊기는 지경에 이르렀는데, 자신도 병이 없이 갑자기 죽고 그 총애받던 여자 또한 유사(有司)에게 처벌당하였습니다. 이것을 가지고 말한다면 당시 하늘의 경계가 어찌 전적으로 멀리 수십 년 이후에 있었던 왕씨에게만 말미암고 눈앞에 있는 유혹에서는 말미암지 않았다고 할 수 있겠습니까.

무릇 왕망이 변을 일으킨 일이 큰일이긴 하나 그런 변고는 대대로 있었던 일이기 때문에 정자는 말하기를 "예(羿)와 왕망은 그래도 변명할 말이 있겠지만, 아버지로서 그 자식을 죽여 조종(祖宗)의 후사를 끊고 찬탈의 화를 재촉하기까지 하였으니, 이 일이 어찌 더욱 하늘의 노여움을 초래하기에 부족한 것이겠는가. 그런데도 당시와 후세에서는 모두가 당시의 변을 오로지 왕씨에게만 돌리고 임금 된 자는 재변을 만나면 모두가 자신을 반성하지는 않고 오직 지엽적인 것에만 허물을 돌렸기 때문에 재변을 그치게 하는 방도는 구하려 하면 할수록 더욱 요원해져 결국은 패망에 이르게 되었으니, 두려워하지 않을 수 있겠는가." 하였습니다. 따라서 정자와 주자의 재변을 그치게 하는 데 대한 설을 보건대 반드시 임금의 몸에 근본을 두고 백성을 구휼하는 일을 급선무로 삼았습니다. 이는 소루한 것 같으나 실은 주밀하고, 쉬운 것 같지만 실제로는 어려운 것입니다. 전하께서 혹시 이상의 몇 가지 조목에 대해 깊이 유념하신다면 종묘사직에 매우 다행이겠습니다.

어소를 옮기지 말 것을 청하는 상소

請勿移御疏

삼가 아룁니다. 미천한 신의 병이 추위를 만나 그 증세가 더 극렬해졌습니다. 그리하여 세 번의 정단(呈單)과 한 번의 상소로 직명을 체차해 주시기를 바랐는데, 성상께서는 허락하지 않고 갈수록 애틋한 비답을 내려 주셨습니다. 이는 필시 밝은 성상께서 신이 관례대로 병을 핑계 대는 것이지 꼭 그 정도의 고질병은 아닐 것이라 생각하셨기 때문일 것입니다. 이에 신은 실로 답답하고 근심스럽습니다. 신이 맡은 직분은 비록 아침저녁으로 쉼 없이 해야 할 힘든 일은 없으나 그렇다고 또 한가하고 군더더기인 자리도 아닙니다. 5개월 동안 이 자리가 한갓 병을 요양하는 곳이 되었으니 그것이 조정의 입장에서는 그다지 큰 손익이 없겠지만 신의 사적인 의리로는 대단히 불안합니다. 은총이 비록 크나 부끄러움과 두려움이 갈수록 더해집니다. 삼가 바라건대 밝은 성상께서는 곡진하게 양찰하여 속히 체직을 허락해 주소서. 또 신은 달마다 녹봉을 받고 있는데, 아무 일도 하지 않고 밥을 먹는 것이 더욱이 부끄럽습니다. 바라건대 해당 조에 명을 내려 지급을 더 이상 하지 말도록 해 주소서. 그리해 주신다면 신은 편안한 마음으로 삼가 엎드려 죽을 날을 기다릴 것입니다. 신은 구구한 간청을 이기지 못합니다.

어제저녁 삼가 사관이 어소(御所)를 옮기는 일로 성지(聖旨)를 들고 와 헌의하도록 하였는데, 신은 그때 한창 오한에 시달리느라 바로 명을 받들지 못하였는지라 더욱 황공한 마음이 더해졌습니다. 다만 신은 반드시 아뢰어야 하는 소회가 있습니다. 신이 삼가 보건대 어소를 옮기자는 의론은 대개 궐내에서 생긴 변괴로부터 출발한 것입니다. 그러나 예로부터 제왕이 이러한 일에 대처할 때 애초부터 마땅한 방도가 있었으니, 자리를 옮겨 숨바꼭질하는 모습을 흉내 낸다는 것은 듣지 못하였습니다. 상곡(祥穀)과 구치(雊雉)는 요망한 무리 가운데 큰 것으로서 태무(太戊)와 고종(高宗)이 없앴는데[43] 그때 말한 것은 "잘못된 정사를 수습하고 그 의를 바르게 하라."라는 것일 뿐이었으니 어찌 오늘날의 의론 같은 것이었겠습니까. 또 일찍이 듣건대 소자(邵子)가 말하기를 "귀신이 사람을 무서워하는 것은 사람이 귀신을 무서워하는 것과 같다. 선(善)을 많이 쌓으면 양(陽)이 많아져서 귀신이 더욱 무서워한다."라고 하였고 장자(張子)는 말하기를 "이단에 협박당하지 않고 나아가고 나아가 그치지 않는다면, 물건의 괴이함을 굳이 분별하지 않아도 1년이 못 되어 우리 도가 이길 것이다."라고 하였으니, 이는 진실로 유명(幽明) 간의 일을 관통한 것이며 만물의 정을 분류한 것으로서 쳐도 부서지지 않는 확론인 것입니다. 태양은 뭇 양기의 으뜸이며 인군은 실로 그 덕에 짝하기 때문에 임금에게 임금의 덕이 있다면 음사(陰邪)가 감히 범할 수 없겠지만, 만약 마땅한 덕을 갖추지 않고 피하기만

43 상곡(祥穀)과……없앴는데 : 상(商)나라 태무(太戊) 때 박(亳) 땅에 상상(祥桑)과 상곡이 아침에 자라나 날이 저물 때 한 아름이 되었다. 태무가 이척(伊陟)에게 물으니 "요사한 것은 덕(德)을 이기지 못하니, 덕을 닦으십시오."라고 하였다. 태무가 선왕의 정사를 닦은 지 이틀 만에 상상과 상곡이 말라 죽었다고 한다. 《史記 殷本紀》 또 상나라 고종(高宗)이 제사 다음 날 또 올리는 제사인 융제(肜祭)를 올리는 날에 꿩이 제정(祭鼎)에 날아와 울었는데, 신하 조기(祖己)가 왕이 덕을 잃어 이런 재변이 생겼다 하여 왕을 도의(道義)로 훈계하여 덕을 닦기를 권면한 결과 상나라가 중흥하였다. 《書經 高宗肜日》

일삼는다면 사람이 가는 곳에 귀신 또한 따라갈 것이니 어디 간들 피할 수 있겠습니까.

옛날 후 부인(侯夫人)이 정 태중(程太中)을 따라 관아에 갔을 때 공관에 괴이한 일이 많았는데, 그때 집안사람들이 어떤 물건이 부채를 흔들어 댄다고 하자 부인이 말하기를 "열이 나서 그런다."라고 하였고, 또 "무슨 괴물이 북을 칩니다."라고 하자, 부인이 "북채가 있느냐? 그것을 주어라."라고 하였는데, 이때부터 집안사람들은 감히 괴이한 일을 말하지 않았고 괴이한 일도 역시 일어나지 않게 되어 마침내 편안하게 살 수 있었다고 합니다. 아아, 그분이 이정(二程) 선생을 낳은 것은 당연합니다. 신은 원컨대 전하께서는 소자와 장자의 말을 마음에 새기고 태무와 고종을 본받으며 후 부인의 일을 자애로운 양전(兩殿)에 아뢰소서. 무릇 도로써 부모를 깨우치는 것은 참으로 효 가운데 큰 것입니다. 《주역》에 말하기를 "자신의 행위를 살피는 임금이니, 군자면 허물이 없으리라."라고 하였는데, 공자가 그에 대해 주석을 내어 말하기를 "자신에게서 나온 행위의 선악을 알려거든 백성의 선악을 보면 된다."라고 하였습니다.[44] 무릇 임금의 일거수일투족은 만민이 보고 본받는 것인데, 지금의 거조는 바른 의리로 사물을 본떠 백성들에게 의심하지 않음을 보여 주는 도가 아닌 듯하므로 신이 삼가 전하를 위하여 거듭 아뢰는 것입니다. 지금 밝은 성상께서 날마다 경연에 나아

44 주역에……하였습니다 : 《주역》 〈관괘(觀卦) 구오(九五)〉에 "자신의 행위를 살피는 임금이니, 군자면 허물이 없으리라.〔觀我生, 君子, 无咎.〕"라는 말이 나오고, 그 〈상전(象傳)〉에 "자신에게서 나온 행위의 선악을 알려거든 백성의 선악을 보면 된다.〔觀我生, 觀民也.〕"라는 말이 나온다.

가시어 학문이 날로 새로워지는데 반드시 예법을 견지하여 신이하고도 간악한 것을 끊어 내신다면 성명(性命)을 밝히고 중화(中和)를 지극하게 하실 것입니다. 신은 성상께서 오늘의 의론에 흔들리지 않을 것을 잘 알면서도 이렇게 말하니 분수도 모르고 함부로 행한 죄는 만번 죽어도 남음이 있습니다. 삼가 바라건대 밝은 성상께서는 충성을 다하고픈 정성을 애긍히 여기시고 분수를 망각한 죄를 용서해 주소서. 신은 너무도 두렵고 떨리는 마음 견디지 못합니다.

송자대전

제12권

소차
疏箚

음식물을 사양하는 상소 병오년(1666, 현종7) 1월

辭食物疏 丙午正月

삼가 아룁니다. 이제 다시 한 해가 새로 시작되었습니다. 신의 나이는 더 들어가고 그럴수록 죽을 날은 점점 더 닥쳐오니, 이런 와중에 바라는 것은 직함으로부터 벗어나 초야에서 편안한 마음으로 죽음을 맞이하는 것일 뿐입니다. 신은 삼가 생각건대, 성운(星運)이 한 바퀴 돌면 인간의 일이 변화하고, 성심이 지극하면 하늘의 뜻이 변화합니다. 신은 삼가 이러한 생각을 지녔기에 이미 고갈되어 버린 문사(文思)를 거듭 쏟아 내어 한창 면직을 기원하는 글을 짓고 있었는데, 그러던 차에 느닷없이 도신(道臣)을 통해서 신에게 음식물의 은전을 내린다고 하는 성지(聖旨)를 받들게 되었고, 신은 그 명을 듣고 감격에 겨운 나머지 저도 모르게 눈물을 떨구고 말았습니다. 신은 삼가 생각건대 성상의 은혜는 지극하고 또 지극하지마는, 성상께서 혹여 신이 늙고 병들었다는 생각으로 휼전을 베푸시는 것이라면 사방에 늙고 병든 자는 저 말고도 많으며, 혹여 신이 벼슬을 내놓고 물러가 쉬고 있다는 생각으로 뒤이어 염려해 주시는 것이라면 옛 신하 가운데 벼슬을 내놓고 물러가 쉬고 있는 자는 저 말고도 한두 사람이 아닙니다. 더구나 지금은 여항의 백성들이 굶주림에 허덕이는 가운데 도적마저 여기저기 출몰하고 있는 실정이니, 이런 와중에 신 혼자만 밥을 먹는 것은 의리상 차마 하지 못할 일이며, 또 먹는다손 치더라도 차마 목구멍으로 넘기지 못할 것입니다. 이러한 이유로 옛사람은 "온 나라의 굶주린 자에게 하사해 주시기를 원합니다."[1]라고 말한 것이며, 정자(程子) 역시 이러한 까닭으로 당시 재상이 하사한 선물을 받지 않은 것입니다.[2] 정자는 "심한 추위와 무더운 장마에 농부들이 밭 갈고 김매어서 생산한 곡식을 내가 먹고 있는데, 한가롭게 세월을 보낸다면 이는 바로 천지간의 한 마리 좀 벌레가 되는 것이다."라고 하였습니다.[3] 하늘로부터 큰 임무를 받은 어질고 거룩한 인물이 전답에서 거둔 곡식을 먹으며 살면서도 이렇게 두려워하였는데, 하물며 미천한 일반인이 감히 국고(國庫)의 곡식을 만분의 일이라도 소모한다면 금도와 분수를 뛰어넘는 죄가 응당 어느 정도이겠습니까. 옛글에 이르기를 "채찍이 아무리 길다 해도 말의 배에 닿지는 못한다."라고 하였는데,[4] 지금 목전의 상황은, 백성들을 구휼하

1 온……원합니다 : 656년 당(唐)나라 고종(高宗)이 시신(侍臣)에게 백성을 기르는 방도를 묻자 내제(來濟)가 "옛날에 제 환공(齊桓公)이 출타하였다가 추위와 굶주림에 시달리는 노인을 보고는 명하여 음식을 하사하자, 그 노인은 '온 나라의 굶주린 자들에게 하사해 주시기를 원합니다.'라고 하였고, 옷을 하사하자, 노인은 '온 나라의 추운 자들에게 하사해 주시기를 원합니다.'라고 하였습니다." 하였다. 《資治通鑑 卷200 唐紀 16》

2 정자(程子)……것입니다 : '정자'는 북송(北宋)의 학자 정이(程頤)이고, '당시 재상'은 북송의 문신 여대방(呂大防)이다. 정이의 이 일은 《이정유서(二程遺書)》 권21 상 〈사설(師說)〉에 보인다. 여대방이 정이에게 비단을 선물하자 정이가 그것을 사양하며 "공이 나에게 선물을 준 것은 내가 가난하기 때문이다. 그러나 공이 재상의 지위에서 능히 천하의 현인들을 추천하여 재주에 따라 임용한다면 천하가 그 혜택을 받게 될 것이다. 어찌 나만 가난한가. 천하에 가난한 사람이 또한 많으니, 공이 가진 비단은 물론 많으나 그것으로 구제할 수는 없을 것이다."라고 하였다.

3 정자는……하였습니다 : 정이의 이 말은 《이정유서》 권17에 보인다.

4 옛글에……하였는데 : '옛글'은 《춘추좌씨전(春秋左氏傳)》 선공(宣公) 15년 기사를 가리킨다. 인용된 말은 초(楚)나라의 위협에서 송(宋)나라를 구제하려는 진(晉)나라 제후를 향해, 아무리 큰 능력을 갖추었다고 해도 하늘의 뜻을 어기면서까지 일을 해결할 수는 없다는 뜻으로 진나라 대부가 제시한 비유이다.

는 정사에는 물자가 부족한 근심이 있고 벼슬을 하고 있는 관원들에게는 풍족한 봉록에 따른 호사가 없는 형편이니, 오늘날의 채찍이 길다고 할 수 있겠습니까.

삼가 바라건대 밝은 성상께서는 미천한 신의 이 말이 진심에서 비롯되었다는 점을 굽어살펴 내리신 명을 특별히 거두어 신의 마음을 편안하게 해 주소서. 그리해 주신다면 천만다행이겠습니다. 신이 하늘과 같은 성상의 위엄을 모독하면서까지 은혜로운 체직을 기원하는 것이 가히 번거로우면서도 곤욕스러운 행동이라고 말할 만하나, 천하의 이치는 궁하면 변하게 마련이니, 삼가 바라건대 자애로운 성상께서는 특별히 애처롭고 가련하게 여겨 서둘러 이 슬픈 간청을 윤허해 주소서. 신은 지극히 두려운 심정을 감당치 못하겠습니다.

온양 행궁에 나아가 대죄하는 상소 병오년(1666, 현종7) 4월
詣溫宮待罪疏 丙午四月

삼가 아룁니다. 보잘것없는 소신이 떠들썩한 논쟁을 벌이다 무장부도(無將不道)하다는 지목을 한 몸에 받아,[5] 급기야는 대신을 불안하게 하고[6] 동료[7]를 낭패한 지경에 빠뜨렸습니다. 그리하여 야단법석인 상태가 수개월간 이어져 그 여파가 여전히 가라앉지 않고 있는 실정이니, 신이 비록 목숨이 버려지고 신의 친족이 멸절된다고 한들 어찌 그것으로 족히 신인(神人)에게 조금이라도 사죄가 되겠습니까. 이런 상황에서 대가(大駕)가 남쪽으로 행차한다는 소식을 듣고는 곧바로 행궁(行

5 떠들썩한……받아 : 1659년(효종10) 5월 4일 효종이 승하하자 인조의 계비인 자의대비(慈懿大妃)가 효종을 위해 삼년복을 입어야 하는지 기년복(朞年服)을 입어야 하는지를 놓고 논쟁이 벌어졌는데, 이때 삼년복을 주장한 남인(南人)의 윤휴(尹鑴)와 허목(許穆) 등에 맞서 우암은 1660년 3월 23일 헌의(獻議)를 올려 기년복의 정당성을 주장하였다. 결국 서인의 뜻을 따라 기년복이 채택되었는데, 1666년 3월 23일 유세철(柳世哲)을 비롯한 천여 명의 영남 유생들이 상소하여 우암을 두고 종통을 어지럽힌 자라고 비난하였다. '무장부도하다는 지목'이란 이것을 가리킨다. 《顯宗實錄 7年 3月 23日》《宋子大全 卷26 大王大妃服制議》

6 대신을 불안하게 하고 : '대신'은 영의정으로 있던 정태화(鄭太和)를 가리킨다. 그는 기해예송(己亥禮訟)이 벌어졌던 1659년 당시 우암을 비롯한 서인들이 주장하던 기년설(朞年說)을 지지하여 이를 시행시킨 인물이기에 이렇게 말한 것이다. 《宋子大全 附錄 卷5 年譜》

7 동료 : 송준길(宋浚吉)을 가리킨다. 이 소장이 제출되던 당시 송준길은 온양 행궁으로 가서 입대(入對)하고 환궁하는 어가를 호종하다가 병으로 인하여 천안(天安)에 이르러 뒤처졌다. 《宋子大全 附錄 卷5 年譜》

宮) 아래로 달려가 길 위에 엎드려 거듭 형벌을 내려 달라고 청하고 싶었으나, 심각한 고질병으로 얼마 남지 않은 목숨마저 거의 끊어지려 하였기에 은혜로운 소명을 세 번이나 받았음에도 여전히 병상에 누워 있을 수밖에 없었습니다. 그런데 환궁할 시기가 되어 대가를 호위하는 경계가 이미 발동되었다는 소식이 어제 들려왔습니다. 이에 신은 죽음을 무릅쓰고 기운을 내어 엉금엉금 기어 앞으로 나아가 이제야 당도하게 되었으니, 명을 어긴 죄가 또 용서할 수 없는 지경에 이르렀습니다. 신은 언제나 스스로를 실로 코나 머리도 보이지 않을 만큼 더러운 뒷간 속에 몸이 완전히 잠겨 있는 존재로 생각해 왔습니다. 그러니 비록 자애로운 성상께서 그 몸을 강물로 씻겨 주고 난향으로 쐬어 주신다고 해도 그 악취는 사라지지 않고 여전히 남아 사람들이 코를 막을 것이니, 어찌 감히 깨끗하고 지엄한 그곳 아래로 함부로 나아갈 수 있겠습니까. 신은 거적 위에 엎드린 채 두려움에 떨면서 오직 큰 주벌이 내려지기만을 기다리고 있으니, 삼가 바라건대 밝은 성상께서는 우선 신의 직책을 삭탈하고 속히 신의 죄를 다스림으로써, 형벌과 상여를 구차히 하지 않는다는 뜻을 보여 주소서. 그리해 주신다면 매우 다행이겠습니다. 신은 지극히 떨리고 두려운 마음을 견디지 못하겠습니다.

성환에 도착하여 뒤처진 뒤에 사직하는 상소 병오년(1666, 현종7) 4월 26일

到成歡落後辭職疏 丙午四月二十六日

삼가 아뢰니다. 소신은 만번 죽어도 아까울 것이 없는 몸인데 인자한 하늘 같은 성상으로부터 다시 살게 해 주시는 은혜를 입었습니다. 여러 번 소명을 내리고 또 가까이에서 시종하도록 하시니, 융숭하고 두터운 그 은혜는 하늘처럼 끝이 없었습니다. 신이 이에 감격하고 그 은혜를 뼈에 새겨 분골쇄신을 다짐하였습니다. 게다가 다시 옥음(玉音)을 직접 받들었을 때 신에게 서울까지 따라와 원자(元子)를 보양하라고 하셨는데, 정성스럽고 간절한 그 말씀은 미천한 신이 감히 받들 수 있는 성격의 것이 아니었습니다. 신은 목석이 아니기에 어찌 미련함을 고집한 채 끝내 성상의 뜻을 저버릴 수 있겠습니까. 더구나 임금이 수레에 타고 있을 때 아랫사람들이 손발이 부르트도록 수고를 다하는 것은 옛날의 의리인 것입니다.[8] 신이 그 점을 모르는 것은 아니나, 신이 수일간에 걸쳐 서둘러 길을 달려온 나머지 숙환이 점점 심해졌고, 이에 얼마 남지 않은 목숨을 겨우 부지하고 있는 상황이라 가까운 거리조차

8 임금이……것입니다 : 《춘추좌씨전(春秋左氏傳)》 성공(成公) 2년에 나오는 고사를 가리켜 말한 것이다. 기원전 589년 제(齊)나라와 진(晉)나라가 제나라 부근의 안(鞍) 땅에서 진을 치고 교전을 벌일 당시, 진나라의 어자(御者)인 해장(解張)은 손과 팔꿈치에 화살이 박히는 부상을 당하고도 끝까지 고통을 참아 내며 제후의 수레를 몰았고, 그 수레의 오른쪽을 맡은 정구완(鄭丘緩)은 길이 험한 곳을 만나면 반드시 내려 수레를 손으로 미는 수고를 마다하지 않아 결국 제나라 군대를 물리쳤다.

당도하기 어렵습니다. 그에 더하여 절박한 개인적 사정을 이미 외람되게도 성상께 진달한 바가 있는데,[9] 이것은 비록 법례(法例)에 걸맞은 행위는 아니지만 옛 성인이 단 한 번도 상중(喪中)에 있는 사람의 슬픈 감정을 억눌러 출사를 강요한 적이 없었음을 보면, 깊고 지극한 인덕(仁德)을 지니신 전하께서는 의당 속속들이 양해해 주실 것입니다. 신이 만약 억지로 몸을 움직이고 무리하게 감정을 억누름으로써 전신을 요동치게 만들고 마음을 졸이게 만든다면, 반드시 광증이 발작하여 주위의 이목을 놀라게 할 것이고, 그렇게 되면 결국 어가를 끝까지 모시지 못하는 것과 똑같아질 테니, 그로써 어찌 아랫사람의 처지를 보살펴 주시는 인자한 성상의 지극한 뜻을 우러러 받들 수 있겠습니까. 한편으론 거의 끊어져 가는 목숨을 부지하고 한편으론 형제의 위급함을 도우려는 마음을 실현하고자 하였기에 신이 겨우 직산(稷山)의 경계를 지나는 길에 감히 더 이상 앞으로 나아가지 못합니다. 멀리 성상이 계신 막차(幕次)를 바라보며 구구한 연모의 감정을 이기지 못하고 우두커니 서 있으면서 저도 모르게 줄줄 눈물이 흐릅니다. 신이 결국은 밝은 하교를 받들어 부응하지 못하게 되었으니, 죄가 더욱 큽니다. 삼가 바라건대 신의 직명을 체차하고 이어 신의 죄를 다스림으로써 명을 어기고 따르지 않는 자의 경계로 삼으소서. 신은 지극히 두렵고 떨리는 마음을 이기지 못하겠습니다.

9 절박한……있는데 : 1666년 4월 현종이 온양 행궁에 있으면서 우암을 불렀을 때, 우암이 누이의 병이 위독하므로 병이 조금 나으면 나아가겠다고 대답한 것을 가리킨다. 《宋子大全 附錄 卷5 年譜》《承政院日記 顯宗 7年 4月 26日》

세자이사를 사직하는 상소 병오년(1666, 현종7) 12월 8일

辭貳師疏 丙午十二月八日

삼가 아룁니다. 하늘이 종묘를 보우하사 우리 원자(元子)[10]를 내려 주셨는데, 한 해가 새로 시작되는 봄날 책봉을 받을 시기가 되매 신과 사람이 기뻐하고 동식물이 환희에 찼습니다. 이에 신이 비록 쇠약하고 병든 몸이지만 대궐로 달려 나가 화려한 그 의례를 볼 수 있기를 진실로 바랐고, 그렇게 되면 돌아가 성고(聖考)께 보고할 때 더 이상의 여한이 없을 것이었습니다. 그러한 생각이 언제나 마음속에서 떠난 적이 없었는데, 이번에 은혜를 입어 외람되이 세자이사(世子貳師)의 직임을 받게 되었습니다. 직분상 마땅히 그 반열에 참여하여 옥 같은 자질을 우러러볼 수 있다면 더 이상 비할 바 없는 영광일뿐더러 동시에 그동안의 염원과도 들어맞는 일이므로, 당연히 서둘러 소명에 응하여 택일을 기다려야 합니다. 그러나 신의 보잘것없음은 나라 사람들이 알고 있는 사실로서 비록 범상한 제수라 하더라도 받들기 어려울 텐데, 하물며 지금 대례(大禮)를 목전에 둔 상황에서 거기서 일을 담당하는 것을 모두가 영광된 일로 여기고 있으니, 어찌 못나고 비루한 몸으로 그 반열을 더럽힐 수 있겠습니까.

또 신이 삼가 듣건대 세자를 보양(保養)하는 도는 오직 덕 있는 이를 가까이하여 악행을 보지 않게 하는 것일 뿐이라고 하는데, 군부(君父)의 적통(嫡統)을 몰래 빼앗는 것보다 더 큰 악행이 어디에 있겠습니까.

10 원자(元子) : 훗날의 숙종(肅宗)이다.

이는 천지간에 용납하지 못하는 것이며 춘추대의상 반드시 주벌(誅罰)되어야 할 것입니다.[11] 그런데 신이 불행히도 이러한 악명(惡名)을 입었으니, 비록 밝은 성상으로부터 다시 살려 주시는 자애로운 은혜를 입어 아직까지 목숨을 부지하고 있다고는 하나, 여론이 뜻대로 되지 않는 상황에 불만을 느껴 국론의 비판 강도가 갈수록 깊어지고 있습니다. 그러므로 비록 신이 이미 조정에 몸을 담고 있다 하더라도 뛰어난 신료를 세밀하게 뽑아야 할 이런 날에는 의당 신을 쫓아내기에도 겨를이 없어야 마땅한데, 하물며 감히 얼굴을 쳐들고 함부로 나아갈 수 있겠습니까. 삼가 바라건대 밝은 성상께서는 보잘것없는 이 충심을 헤아려 주시어 이미 내린 명을 속히 거두고 마땅한 사람에게 다시 제수하심으로써, 공적으로나 사적으로나 편하게 해 주소서. 그리해 주신다면 몹시 다행이겠습니다. 신은 지극히 두렵고 떨리는 마음을 견디지 못하겠습니다.

11 춘추대의상……것입니다 : 《춘추공양전(春秋公羊傳)》 장공(莊公) 32년에 "임금과 부모에 대해서는 장차 도모할 의사가 없어야 하니 장차 도모할 의사가 있으면 반드시 주벌한다.〔君親無將, 將而必誅焉.〕"라고 한 것을 가리킨다.

사직하고 겸하여 소회를 진언하는 상소 정미년(1667, 현종8) 1월
辭職兼陳所懷疏 丁未正月

삼가 아룁니다. 새해가 되었으니 성상의 마음에 비색함이 사라질 것입니다. 더구나 상제(上帝)가 동방에서 나와 장차 성대한 의식이 거행되려 하니[12] 온 나라 신민들이 모두 떼 지어 우르르 몰려나오고 싶어 합니다. 그런데 보잘것없는 신의 경우는 오랫동안 주제넘게 영화와 은총을 차지하고 있는 상황에서, 어제 받든 성상의 비답에서는 간곡한 말씀이 더욱 지극하였으니, 오늘날에 있어 어찌 감히 처음에 가졌던 마음을 끝까지 고수하여 융숭한 성은을 저버릴 수 있겠습니까. 그러나 미천한 신의 나이가 이미 예순을 넘어 뼈와 근육이 모두 쇠약해졌으므로 억지로 움직일 수 없는 형편인 데다가 질병까지 점점 심해져 죽을 날이 날로 박두하고 있는 실정입니다. 따라서 설사 신이 밤낮 공무에 힘써야 하는 자리에 있더라도 마땅히 야행(夜行)의 경계[13]를 생각하고 지준(池蹲)의 비난[14]을 두려워하면서 하루가 다 가기 전에 물러나야 합니다. 하물며 애꾸눈이이며 절름발이인 자를 대로에서 불안한 모습으로 다니게 해서야 되겠습니까. 그렇게 한다면 식견 있는 사대부는

12 상제(上帝)가……하니 : 왕세자의 책봉 의식이 거행되려 한다는 말이다. 1667년 1월 22일 숙종은 일곱 살에 왕세자로 책봉되었다. 《顯宗實錄 8年 1月 22日》

13 야행(夜行)의 경계 : 늙고 병들었는데도 염치없이 자리에서 물러날 줄 모르는 것에 대한 경계를 가리킨다.

14 지준(池蹲)의 비난 : 못가에 웅크리고 앉아 있는 것에 대한 비난이란 말로, 역시 늙고 병들었는데도 물러날 줄 모르는 것에 대한 비난을 가리킨다.

물론이고 천한 하인이나 예졸(隸卒)조차도 뒤따라오면서 비웃고 손가락질할 것입니다.

그리고 지금 원자(元子)의 진학 문제야말로 늦출 수 없으니, 속히 도덕과 학술을 갖춘 인물을 널리 선발하여 사보(師保)의 직위에 채워 넣는 것이 마땅한데, 어떻게 죄명이 극히 무거워 온갖 주벌이 온통 집중되고 있는 몸이 그 사이에서 주제도 모르고 함부로 날뛰도록 할 수 있겠습니까. 또 신은 듣건대 먼 외방의 소식이 먼저 이르자 대소 신료들이 서로 경하하며 모두 목전의 분란이 해결된 것을 다행으로 여긴다[15]고 하는데, 어리석고 망녕된 신의 소견으로는 삼가 한심하여 통곡을 금치 못하는 바입니다. 신이 이왕 바다에 빠져 죽지도 못하였으니, 오직 그 몸을 영화롭게 하지 않고 나무를 안고 말라 죽는 것만이 오히려 조금이나마 마음을 위안할 수 있는 길이 될 것입니다.

또 신은 생각건대 옛날 주자(朱子)가 경원(慶元) 기미년(1199)에

15 먼……여긴다 : 1664년 8월에 병자호란 때 청나라에 포로로 잡혀갔던 안추원(安秋元)이란 자가 탈출을 감행하자 조정에서 그를 본토로 받아 준 사건과 1666년에 최선일(崔善一)이란 자가 청나라에서 수출을 금지한 유황을 몰래 매입하다 발각된 사건, 이 두 사건의 진상을 조사하기 위해 1666년 7월 청나라 사신들이 조선에 왔다. 그들은 그중 안추원의 일을 특별히 더 문제 삼아 영의정 정태화(鄭太和)와 좌의정 홍명하(洪命夏)가 그 사실을 알고도 알리지 않았다 하여 사형을 고집하였으나, 현종이 모든 책임을 자신에게 돌려 사형을 감하게 해 달라고 하였다. 이 문제를 해결하기 위하여 그해 9월에 허적(許積)이 진주사(陳奏使)로 청나라에 파견되었고, 청나라에서는 감죄의 대가로 벌금을 바치도록 하였다. 12월 25일 허적 일행이 돌아오는 길에 조정에 이 소식을 먼저 보고하자, 문제가 잘 일단락되었음을 기뻐하는 입장과 현종에게 치욕이 돌아가게 하였다고 분개하는 입장으로 조정의 여론이 둘로 나뉘었다.《顯宗實錄 5年 8月 12日, 7年 1月 15日·7月 10日·12日, 8年 1月 1日》

지은 시에서 “이 도가 끝내 막히지 않으리라는 것을 너무도 잘 알고 있으니, 내년의 간지가 또다시 군탄이네.〔極知此道無終否 明年太歲又涒灘〕”라고 하였는데, 여기서 ‘군탄(涒灘)’이란 곧 고갑자(古甲子)에서 신(申)을 일컫는 말로, 송 태조(宋太祖)의 국운을 열었던 시기가 바로 경신년이었기 때문에 주자가 이렇게 시를 지어 슬피 눈물을 흘렸던 것입니다.[16] 삼가 생각건대 우리 홍무(洪武)의 무신년(1368)이 또 내년에 들었고[17] 군탄의 이름도 거기에 마침 서로 부합하니, 우로(雨露)의 은택을 입은 우리 모두는 하나같이 슬피 추모하는 마음이 일어납니다. 더구나 우리 성상께서는 공북(拱北)의 계통을 받들고 필동(必東)의 뜻을 계승하셨으니,[18] 발분하고 감회가 생겨 큰일을 해 보고자 하는 마음을 필시 억누를 수 없을 것입니다. 이에 지략과 재능이 있는 선비치고 조정에 서기를 원하지 않는 자가 없을 테니, 이러한 상황에서 신과 같이 노쇠한 자는 더욱이 물러나 가만히 지내는 것이 마땅합니다.

또 신은 지난달부터 한질(寒疾)에 걸려 지금까지 한 달이 넘도록

16 주자(朱子)가……것입니다 : 송나라 학자 주희(朱熹)의 시 〈성은을 입어 치사하려는 뜻을 이루자……다시 한 수를 읊다〔蒙恩許遂休致……復賦一首〕〉의 5구와 8구를 인용한 것이다. ‘군탄’은 고갑자로 경신년을 가리키는데, 1200년이다. 960년 경신년에 건국되었던 송나라가 훗날 금(金)나라에 밀려 남쪽으로 수도를 옮긴 채로 다시 경신년을 맞이하게 된 현실을 탄식한 것이다. 《晦庵集 卷9》

17 우리……들었고 : 홍무(洪武)는 명(明)나라 태조(太祖)의 연호이다. 명나라가 개국한 무신년(1368)이 내년에 다시 돌아온다는 말이다.

18 공북(拱北)의……계승하셨으니 : 임진왜란 중에 원군을 파병해서 나라를 위기에서 구해 준 명나라에 대해 변함없는 존모와 충성을 바치겠다는 선왕의 의지를 계승하여 왕위에 올랐다는 말이다. ‘공북’은 천자국 명나라에 대한 제후국 조선의 존모를 가리키고, ‘필동’ 역시 명나라에 대한 조선의 변함없는 충성 의지를 가리킨다.

가슴이 몹시 답답하여 멋대로 의술을 실시하였는데, 점점 치료하기 어려운 지경에 이르렀습니다. 비록 그동안에 저지른, 명을 어긴 죄를 양관(兩觀)[19] 아래에서 직접 아뢰고 싶어도 참으로 그렇게 할 수가 없습니다. 삼가 바라건대 전하께서는 신의 안타깝고 다급한 상황을 헤아리시어, 새로 내린 명에서 속히 벗어날 수 있도록 허락해 주실 뿐 아니라, 동시에 본직인 찬성(贊成) 및 겸직인 성균관과 비국(備局)의 직임을 모두 삭제하여 미천한 신의 분수를 편안하게 해 주소서. 그리해 주신다면 매우 다행이겠습니다. 신은 지극히 황공하고 간절한 심정을 금치 못합니다.

19 양관(兩觀) : 춘추 시대 노(魯)나라의 궐문(闕門)으로, 공자가 소정묘(少正卯)를 처형한 곳이다. 여기에서는 엄중한 처벌을 내리는 공간을 의미한다.

사정을 아뢰고 대죄하는 상소 정미년(1667, 현종8) 2월 9일
陳情待罪疏 丁未二月九日

삼가 아룁니다. 신은 고질이 된 질병 때문에 누차 조정의 뜻을 사양하여 급기야는 세자 책봉례를 거행하는 반열에조차 참여하지 못하였으니, 명을 어긴 죄가 애당초 이미 용서되기 어려웠습니다. 그런데 이번에 삼가 듣기로 조정 신하들이 일을 논하다가 많은 수가 무거운 견책을 받았다고 합니다. 신 또한 일찍이 그 일에 대해 망녕되이 언급한 적이 있으므로 국법으로 헤아려 보건대 응당 그들과 같은 죄목으로 처벌을 받아야 합니다. 삼가 바라건대 밝은 성상께서는 신의 죄를 소급해 논하여 그 신하들과 함께 똑같이 유배형을 받도록 하심으로써 공평하고 명백한 정사를 천명해 주신다면 몹시 다행이겠습니다.

신은 늙고 병들어 거의 죽은 목숨이라 명예와 절조에 대해 아무런 의지가 없는데, 지금 마치 황보규(皇甫規)의 심정[20]에서 나온 듯한 말을 이렇게 무릅쓰고 아뢰게 되었으니, 사람들이 필시 크게 비웃을 것입니다. 이 점은 신이 삼가 부끄럽지만, 성상이 살피시는 아래에서 어찌 감히 거짓으로 속이는 짓을 할 수 있겠습니까. 대개 신이 당초 면직되

20 황보규(皇甫規)의 심정 : 명사(名士)들이 일제히 처벌을 당할 때 함께 연루되지 못하는 것을 수치로 여기고 그와 똑같이 처벌받고자 하는 심정을 가리킨다. 황보규는 후한(後漢)의 장수로, 당고(黨錮)의 화가 크게 일어나 진번(陳蕃), 이응(李膺) 등 당대의 명현(名賢)들이 다수 체포되자, 자신이 함께 처벌되지 않은 것을 수치로 여기고 스스로 상소하여 자신도 당인(黨人)임을 밝히고 함께 처벌받기를 청하였다. 《後漢書 皇甫規列傳》

기를 청하였을 적에 마침 그 일에 관해 듣고는 주제넘은 걱정을 하면서 '예전 고려조(高麗朝) 시절 거대한 위세에 눌려 그 예의(禮義)를 지키지 못하고 마침내 오랑캐 원(元)나라로 하여금 부자간의 송사를 처리하게 하고[21] 군신간의 옥사를 판결하게 하였으며,[22] 심지어는 배우자가 그 남편을 공공연히 고소하게 한 일[23]까지 있었으니, 이는 진실로 차마 말로 할 수 없는 일들이다. 지금 비록 대번에 그런 일이 생기지는 않겠

21 부자간의……하고 : '부자간'은 각각 고려의 제26대, 27대 임금인 충선왕(忠宣王)과 충숙왕(忠肅王)이다. 충선왕은 원(元)의 간섭기에 개혁 정치를 시행하고 연경(燕京)에 만권당(萬卷堂)을 설치하여 원과 문화 교류를 촉진하였다. 그러나 부왕인 충렬왕과 갈등이 심한 가운데 재위 7개월 만에 물러나기도 했고, 다시 왕위에 오른 뒤에도 연경에 머물며 전지(傳旨)로 고려를 다스리는 등 왕으로서의 역할에는 파행을 보였다. 충숙왕은 충선왕이 귀양 간 뒤로 충선왕의 정책을 고치고 옛 신하들을 내쫓느라 쉬는 날이 없었다. 1321년(충숙왕8) 4월 정묘일에는 원나라에 가서 아버지 충선왕을 무함하여 귀양 가게 만든 환관 백안독고사(伯顔禿古思)의 집에 머물렀으며, 동월 임신일에는 충선왕이 중히 여겼던 신하 권한공(權漢功)과 채홍철(蔡洪哲)에게 장형을 가하고 먼 섬으로 귀양 보냈다. 이에 대해 사신(史臣) 허응린(許應麟)은 "환관 백안독고사는 충숙왕에게는 같은 하늘 아래서는 함께 살 수 없는 원수이다. 그런데 원나라에 들어가서 백안독고사의 죄를 다스리지도 못하고 도리어 그의 집에 거처하였으며 그의 일족에게 노예의 신분을 면제하여 양민이 되게까지 하였으니 도대체 무슨 마음인가."라고 평하였다. 《高麗史 忠肅王世家2 8年》《高麗史節要 卷24 忠肅王 辛酉8年》

22 군신간의……하였으며 : 1278년(충렬왕4) 김방경(金方慶)이 몽고에 대하여 반역을 도모한다고 홍다구(洪茶丘)가 모함하자 충렬왕이 김방경을 대청도(大青島)에 유배 보냈는데 원 세조(元世祖)가 김방경이 무죄임을 밝히고 사면해 주었다. 《高麗史 金方慶列傳》

23 배우자가……일 : 충선왕의 비인 계국대장공주(薊國大長公主)가 자신보다 먼저 맞아들인 고려 사람 조인규(趙仁規)의 딸 조비(趙妃)를 질투하여 이를 원나라 황실에 모함하자, 원나라에서는 조인규와 조비를 원나라에 잡아가고 충선왕과 공주도 원나라로 불러들여 왕위를 다시 충렬왕에게 돌려주었다. 《高麗史 后妃列傳2》

으나, 오랑캐의 성품이란 예나 지금이나 다르지 않으니 이대로 구습에 젖어 점차 나아간다면 어찌 아주 오랜 뒤에 그런 일이 없을 것이라고 보장하겠는가.'라고 생각하였습니다. 이 때문에 삼가 지나친 염려를 견디지 못하여 감히 한 말씀을 드림으로써, 성상의 마음에 경각심이 생겨나 혹시라도 남을 베개 삼아 숙면을 취할 생각을 하지 않고 속히 자강하여 스스로 일해 나가는 방도를 마련하시기를 바란 것입니다. 보잘것없는 이 마음이 가히 애처로울 지경입니다.

그러나 이미 망언을 한 죄가 있는데도 요행히 혼자서만 처벌을 면하니, 실로 신이 감히 편안하게 여길 수가 없습니다. 다시 바라건대 밝은 성상께서는 신의 이 말이 거짓에서 비롯된 것이 아님을 살피시어 특별히 신의 요청을 윤허하여 그 마음을 편안하게 해 주소서. 다만 생각건대 제대로 알지 못하는 자들은 신을 두고 "저 죄를 입은 자들을 위하여 이 같은 허황된 말을 하는 것이다."라고 할 것입니다. 신은 비록 지극히 우매한 사람이지만, 개미가 나무를 흔드는 것이 가소로운 일이란 것쯤은 또한 알고 있기에 그러한 짓은 신이 하지 않습니다. 신이 방 안에서 거적을 깔고 있으면서 지극히 두렵고 떨리는 마음을 견디지 못하겠습니다.

황연의 소가 나온 뒤에 대죄하는 상소 정미년(1667, 현종8) 4월
黃壖疏後待罪疏 丁未四月

삼가 아뢰니다. 신이 일전에 스스로의 죄를 진술하는 소장을 올린 뒤 오직 유배형이 내려지기만을 기다리고 있었는데, 뒤이어 영남 사람 황연(黃壖)이 소장을 올려[24] 여덟아홉 사람의 죄상을 논하면서 마침내 신을 가장 먼저 처벌해야 할 자로 삼았다는 소식을 들었습니다. 신이 두렵고 떨려 머리가 목 위에 겨우 붙어 있는 것 같은 심정[25]으로 있다가, 생각지도 못하게 이전에 올린 소장에 대한 비답이 마침 이때에 내려져 특별히 형장(刑章)을 관대하게 하고 이어 용서해 주시니, 신은 거적 위에 엎드려 감격이 극에 달한 채 옷깃을 눈물로 가득 채웠습니다. 그러나 신이 이전에 범한 죄를 비록 용서받았지만 나중에 지은 죄는 더욱 큽니다.

대개 신은 유세철(柳世哲)이 상소를 올린 뒤로부터 무군부도(無君不道)하다는 비난을 한 몸에 받게 되었기에 마땅히 입을 다물고 묵묵히

24 영남……올려 : 1667년 2월 26일 영남 지역의 유학(幼學) 황연(黃壖)이 상소를 올려 가장 먼저 우암과 송준길을 향해 자신들과 논의가 맞지 않고 색목(色目)이 같지 않으면 현우(賢愚)를 따지지 않고 일체 물리치며 횡포를 부렸다고 비난하고, 뒤이어 조복양(趙復陽), 김만기(金萬基), 민유중(閔維重), 원만리(元萬里), 이민서(李敏敍), 김익렴(金益廉), 김수항(金壽恒), 김수흥(金壽興) 등도 비난하였다. 《顯宗實錄 8年 2月 26日》

25 머리가……심정 : 1196년에 여철(余嚞)이 주희를 처형할 것을 주장하는 상소를 올리자, 주희가 이에 대해 자신의 머리는 풀을 칠해 겨우 목에 달려 있는 지경이라고까지 언급하였다. 《朱子年譜考異 卷4》《朱子語類 卷107 33條》

그 비난을 받아들이면서 스스로 뉘우치고 있어야 했는데, 결국 그 사안에 대해 지극히 우려되는 심정을 이기지 못한 나머지 지난 다짐을 조금 깨뜨렸고, 그리하여 마침내는 커다란 견책을 받기에 이르렀습니다. 그가 한 말을 살펴보면 실로 모두 실제 사실을 밝혀낸 것으로 모함이 아닙니다. 신이 스스로 지은 일임을 생각해 본다면 곧장 죽음을 당하더라도 무엇이 아까울 것이 있겠습니까. 그러나 여러 날 귀를 기울이고 들어 보았지만 조정의 분부를 듣지 못하였으니, 어쩌면 밝은 성상께서 단지 옛 신하라는 이유로 다해 가는 목숨을 온전히 해 주고자 다시 깊은 자비를 베풀어 억지로 여론을 억누르는 것이 아닙니까? 그렇다면 크나큰 은혜는 비록 심히 망극합니다마는 미천한 신의 처지는 갈수록 몸 둘 바가 없게 됩니다. 삼가 바라건대 밝은 성상께서는 속히 유사에게 명을 내려 먼저 직명을 삭탈하고 법대로 죄를 다스리심으로써 나라 사람들의 비난에 답하소서. 그리하신다면 몹시 다행이겠습니다. 신은 너무나 두렵고 떨리는 심정을 견디지 못하겠습니다.

거듭 본직과 겸직을 사직하는 상소 정미년(1667, 현종8) 7월
申辭本兼諸職疏 丁未七月

삼가 아룁니다. 신이 지난번 행재소에 있을 때 두 번에 걸쳐 은혜로운 소명을 받았으나 병으로 인하여 명에 부응하여 나아가지 못하다가, 환궁하는 날 거의 기다시피 조금씩 앞으로 나아갔습니다. 그러고는 길가에 엎드려 아이들과 노인들 사이에 뒤섞인 채로 대가(大駕)와 호위병들을 올려다보았는데, 그것으로 충성을 다하려는 미천한 정성을 조금이나마 펼 수 있었습니다. 그런데 불행히도 혼자 살던 누이가 이달 초에 병으로 죽음을 맞이하였으니, 슬프고 경황없는 개인적인 정 때문만이 아니라 갓 흉사(凶事)를 겪은 터라 감히 대번에 성상이 계신 곳으로 가까이 갈 수 없었기에 평소의 소망이 끝내 좌절된 가운데 죄가 더욱 심해졌습니다. 신이 조용히 스스로 생각해 보건대, 그동안에 신이 지은 죄가 비록 믿는 것이 있어 끝까지 재범하는 경우[26]에 비할 바는 아니지만 또한 그 모두가 먼저 남에게 허점을 제공한 것이니, 사람들의 말은 당연한 것이며 모함이 아닙니다. 오직 관원 명부에서 이름을 삭제하여 초야에 숨어 사는 것만이 개인적 분수상 편안한 것입니다. 이러한 까닭에 신이 종전에 간절하게 요청한 것이 절박하고 지극하지 않았던 것은 아니나, 밝은 성상께서는 한결같이 윤허를 아끼시니, 신이 이런 상황에서 정말 어찌해야 할지 모르겠습니다. 신은 허물 있는 미천한

26 믿는……경우 : 대본에는 '故終'으로 되어 있다. 《서경》 〈순전(舜典)〉에 근거하여 '故'를 '怙'로 바로잡아 번역하였다.

몸으로 누차 성상을 번독하게 해서는 안 되는 줄 물론 알지마는, 다만 생각건대 병이 나서 아픈 경우 아비를 부르는 것이 아비를 존경하지 않아서가 아니니, 실로 곤궁하면 근본으로 돌아가는 것[27]은 사리와 형세상 당연합니다. 이에 감히 만번 죽어 마땅한 죄를 무릅쓰고 또 이렇게 애처롭게 호소합니다. 삼가 바라건대 자애로운 성상께서는 신의 사정을 굽어살펴 먼저 맡고 있는 본직과 겸직을 모두 개차하시고, 이어 신의 죄를 다스려서 태만히 명을 어기는 신하의 경계로 삼게 하소서. 그리하신다면 공적으로나 사적으로나 몹시 다행이겠습니다. 신은 너무도 두렵고 떨리는 심정을 이기지 못하겠습니다.

27 곤궁하면……것 : 사람이 곤궁한 처지에 빠지면 부모를 찾고 하늘에 하소연한다는 말이다.

두 번째 상소 정미년(1667, 현종8) 7월

二疏 丁未七月

삼가 아룁니다. 신은 지난달 분수 넘게 소장을 올려 직명을 벗을 수 있도록 해 달라고 빌었습니다. 신이 이미 누차 참람한 죄를 지은 상황에서 극형이 내려지기만을 기다리고 있었는데, 이번 달 22일 삼가 성상의 비답을 받아 보니 비천한 신의 간청을 윤허해 주지 않았을 뿐만 아니라 정성스레 유시하신 말씀이 또 신이 감당할 수 있는 성격의 것이 아니었습니다. 이에 신은 밤낮을 감동의 눈물로 허둥지둥 거리며 실로 어찌할 바를 몰랐습니다. 분수를 망각하고 번독하게 해 드린 신의 행동이 큰 죄가 된다는 사실을 너무나도 잘 알지만, 그럼에도 멈출 줄 모르고 가엽게 여겨 허락해 주시기를 바라는 이유는 사람들의 말 때문만이 아니라 기실 신이 초야에 묻혀 살면서 오랜 시간 관원 명부를 욕되게 하였기 때문이니, 신이 처한 곳은 용양위(龍驤衛)나 호분위(虎賁衛) 같은 한직에 그치는 자리가 아닙니다. 의정부의 동벽(東壁)은 실로 삼공(三公)을 보좌하여 덕화를 크게 넓히는 임무를 띤 곳이며, 더구나 겸임하고 있는 주연(冑筵)의 직임과 성균관의 직임[28]은 또 지극히 중요한 일을 처리하는 자리가 아니겠습니까. 어찌 신과 같은 자가 헛되이 그 직임을 받아 여러 해를 지냄으로써 조정의 체면을 무너뜨리도록 내버려 둘 수 있겠습니까.

28 겸임하고……직임 : 각각 세자이사(世子貳師)와 성균관 좨주(成均館祭酒)를 가리킨다.《承政院日記 顯宗 8年 9月 18日》

또 신은 조만간 죽을 몸이기에 성상과 대면하여 하직 인사를 올릴 더 이상의 가망도 없으니, 혹 모든 직임을 체차해 주시는 성은을 입어 눈을 감는 날까지 야복(野服) 차림으로 종사할 수 있도록 해 주신다면, 죽을 때까지 감사하는 마음 뼈에 새겨서 미소를 머금은 채 땅속으로 들어가게 될 것입니다. 밝은 성상께서는 어찌하여 윤허한다는 말씀을 아끼시어 신으로 하여금 얼마 남지 않은 인생을 기쁘고 즐겁게 살 수 있도록 해 주시지 않는 것입니까. 신의 병세가 점점 악화되어 죽을 날이 갈수록 닥쳐오기에, 거듭 주벌의 위엄을 피하지 않고 지극히 위태롭게 여기는 심정을 거듭 아뢰는 것이니, 삼가 바라건대 밝은 성상께서는 애처롭고 가련하게 여겨 재결해 주소서. 신은 지극히 두렵고 간절한 마음을 이기지 못하겠습니다.

세 번째 상소 정미년(1667, 현종8) 9월

三疏 丁未九月

삼가 아룁니다. 신은 비록 지극히 우매한 사람이지만 그래도 군부가 지극히 존엄하다는 사실쯤은 알고 있기에, 비록 긴박한 개인적 사정이 있다고는 하나 감히 곧바로 그 권위를 범해서 기어코 뜻하는 바를 얻어 낼 수는 없습니다. 그러나 군부의 권위는 비록 곧바로 범할 수 없지만, 어진 은혜로 자애롭게 감싸 주는 것 또한 신자(臣子)가 공통적으로 그리워하고 믿는 것입니다. 그러한 까닭에 신이 그동안 직명을 체차해 달라는 내용으로 무릅쓰고 호소한 것이 한두 번이 아니었고, 요즘에 와서는 걱정스럽고 두려운 처지로서 더더욱 감히 신의 성명으로 성상의 귀를 더럽혀서는 안 됨에도 불구하고 멈출 줄 모르고 연이어 소장을 올려 심중의 말을 더욱더 쏟아 내면서 가련하게 여겨 허락해 주시기를 바랐으니, 이는 감히 군부를 경외하지 않아서가 아니라, 실로 자애롭게 감싸 주는 어진 은혜를 우러러 믿었기 때문입니다. 그러나 미천한 정성이 성상의 마음을 움직이지 못한 까닭으로 가련히 여겨 허락해 주시는 은혜를 입지 못하였을 뿐만 아니라, 도리어 이어 소명(召命)을 받들게 되었습니다. 이에 신의 두렵고 걱정스러운 마음은 갈수록 심해져 밤낮으로 방황하며 어쩔 줄 몰랐습니다.

신은 삼가 듣건대 성인(聖人)의 치세에는 만물이 각각 제자리를 얻는 것을 최고의 일로 여긴다고 합니다. 신이 비록 지극히 미천한 존재이지만 또한 만물의 일원입니다. 매번 하늘과도 같은 성상의 위엄을 범하여 긴 세월을 죄 지은 몸으로 산다면 '제자리를 얻었다'고 말할 수는 없는 것입니다. 이 어찌 성인이 다스리는 세상에서 듣고자 하는 일이겠습니까. 신은 권위를 범하는 것이 커다란 죄가 된다는 사실을 알지만, 지금 또 멈출 줄 모르고 다시 이렇게 애처롭게 호소하며 마치 등에 짐을 지고 가는 벌레가 이미 무거운 짐을 져서 일어나지 못하는데도 다시 물건을 집어 들어 등에 지는 것처럼 미련을 버리지 못하니, 이 행위 자체는 몹시도 어리석지만 그 심정만큼은 실로 애처롭습니다. 삼가 바라건대 밝은 성상께서는 특별히 가련하게 여겨 주시어 신의 본직과 겸직을 일체 체차하여 미천한 분수를 편안케 해 주소서. 그리해 주신다면 몹시 다행이겠습니다. 신은 너무나 두렵고 떨리는 마음을 견디지 못하겠습니다.

치사를 청하는 상소[29] 무신년(1668, 현종9) 1월

乞致仕疏 戊申正月

삼가 아룁니다. 신이 작년 늦가을 재차 간절한 진심을 다 아뢰면서 직명을 벗을 수 있기를 바랐는데, 그때 번독하게 한 것이 한둘이 아니어서 그 죄는 주벌당해야 마땅하였습니다. 그런데 성상께서는 너그럽게 포용해 주며 도리어 위로하고 타일러 주는 은혜를 내리셨습니다. 그것은 신하의 분수로 볼 때 지극히 넘치는 것이라, 성상의 덕음(德音)을 경건히 받들면서 감동의 눈물만 흘릴 뿐이었습니다. 이에 신은 즉시 연이어 소장을 올려 속에 품은 진정을 모두 말씀드려야 했습니다. 그런데 초겨울부터 신의 집안에 전염병이 돌아 지금껏 말끔히 가라앉지 않고 있으니, 조정에서 벼슬하는 신하의 집안에 혹시라도 이러한 경우가 있다면 비록 긴급한 소장이라도 감히 올릴 수 없다고 하는 말을 신이 삼가 들었기에, 아무 말 않고 묵묵히 엎드려 있으면서 겨울 석 달을 보낸 것입니다. 이제는 한 해가 다시 시작하여 위태로운 마음 더욱 간절해졌기에 신은 부득이 집안사람들과 떨어져 산중에 머무르면서 감히 짧은 소장으로 지난날의 간청을 다시 드리게 되었습니다. 삼가 바라건대 자애로운 성상께서는 비방을 무릅쓰고 극형도 피하지 않는 신의 형편을 가련하게 여겨 특별히 간청을 들어주심으로써 미천한 처지를 다행스럽게 해 주소서. 그리해 주신다면 천만다행이겠습니다.

29 치사를 청하는 상소 : 우암이 62세가 되는 1668년 1월 11일에 올린 상소이다. 《顯宗實錄 9年 1月 11日》

또 신은 삼가 생각건대 나이가 차면 벼슬을 내놓고 쉬는 것이 비록 옛 제도이기는 하나, 사람들이 특별하게 여긴 일이 전적에 다수 실려 있습니다. 송(宋)나라 때 일로 말해 본다면, 태상 소경(太常少卿) 공승공(孔承恭)이 61세에 바로 치사(致仕)하기를 청하였는데, 태종(太宗)이 흔연히 허락하면서 "이는 세도(世道)를 권면하기에 충분하다."라고 하였습니다. 지금 신은 공승공보다 이미 나이가 한 살이 더 많고, 또 공승공은 조정에 있으면서 진력을 다하고 있었기에 그가 떠나는 것이 애석할 만하였는데도 당시 임금은 오히려 그의 청을 허락해 주었으니, 당시 사람들은 이를 아름다운 일로 여기고, 후세 사람들은 이를 원용하여 전례로 삼았습니다. 그런데 신의 경우에는 재야에 있으면서 하는 일도 없이 직명만 헛되이 지니고 있으니, 또 어찌 공승공에 비할 정도이겠습니까. 다시 바라건대 밝은 성상께서는 옛일을 오늘날 일의 준칙으로 삼고 인을 베풀어 모든 일을 재결하심으로써 속히 미천한 신으로 하여금 소원을 이루도록 해 주소서. 그리해 주신다면 크나큰 그 은덕에 대해 신은 응당 결초보은하겠습니다. 신은 너무나 두렵고 떨리는 심정을 이기지 못하겠습니다.

직명과 음식을 사양하는 상소 무신년(1668, 현종9) 2월
辭職名及食物疏 戊申二月

삼가 아뢰옵니다. 신은 이달 20일에 삼가 도신(道臣)이 전유한 성상의 비답을 받들었는데, 말씀이 재삼 간절하였고 끝에 가서는 또 속히 올라오라는 하교를 내리셨습니다. 신은 우매함을 무릅쓰고 직명을 삭제해 달라고 청하였다가 도리어 은혜로운 소명(召命)을 받들었고, 더구나 또 열성으로 위로해 주고 간절히 개진해 주셨으니 이는 군신이 있은 이래로 일찍이 없던 것이기에 신은 더욱 황공하여 감동의 눈물을 쏟았습니다.

주연(冑筵)의 직위를 맡겨 주신 데 대해서는 미천한 신의 마음이 저절로 북받쳐 지극히 걱정되는 심정을 금할 수 없습니다. 공자는 일찍이 신하가 임금을 섬기는 방도에 대해 논하면서 "마음으로 사랑하면서, 어찌 말하지 않으리오마는, 마음속에 간직하고 있으니, 어느 날인들 잊으리오."[30]라고 하였습니다. 더구나 우리 원자(元子)는 선왕께서 기대하던 후사이고 종묘사직의 복과 경사가 매여 있는 대상이며 신민의 우러름을 받는 대상이라, 한 번이라도 뵙고 보면 기뻐하고 송축하면서 몹시도 기뻐하지 않는 자가 없는데, 오직 신만은 불행하여 선도(先覩)하는 즐거움[31]을 누리지 못하니, 스스로를 돌아보며 깊이 슬퍼하는 가

30 마음으로……잊으리오 : 《시경》 〈소아(小雅) 습상(隰桑)〉의 구절로, 원래는 군자를 만난 즐거움을 노래하는 내용이다.

31 선도(先覩)하는 즐거움 : 다른 사람들보다 먼저 원자를 보는 영광을 말한다. 한유

운데 무어라 형언할 말이 없습니다.

신의 직명은 시강(侍講)에 관련되니 우매함을 무릅쓰고 반열에 나가서 옥같이 아름다운 그 자태를 볼 수 있다면 고향으로 돌아와 구렁텅이에 빠져 죽는다 하더라도 아무런 여한이 없겠습니다. 그러나 신은 죄가 수두룩하여 사람 축에 끼기 어려운 데다 질병이 위독하여 다만 죽음을 곁에 두고 있기에, 오직 사랑하는 마음만 지닌 채 조석으로 애를 태웁니다. 신은 매양 스스로 '끝내 이렇게 가다가 하루아침에 죽어 버리기라도 한다면, 어떻게 돌아가서 우리 성고(聖考)께 아뢰겠는가.'라는 생각을 하는데 이런 생각이 들 때마다 그저 눈물을 닦을 뿐이었습니다. 그런데 지금 성상의 비답을 받고 보니 더욱 깊은 비탄에 젖어 듭니다. 그러나 신의 상황에 대해서는 이미 그동안의 소장에서 모두 말씀드렸으니 일월처럼 밝은 안목을 지닌 성상께서 거의 살펴보셨을 것입니다. 삼가 바라건대 속히 직명을 고쳐 공적으로나 사적으로나 편하게 해 주소서. 그리해 주신다면 매우 다행이겠습니다.

신이 또 도신이 보낸 관문(關文)을 보건대 성지(聖旨)를 받들어 신에게 음식을 내린다는 것이었습니다. 신은 삼가 생각건대 자애로운 성상께서 신의 굶주림을 염려하여 이렇게 은혜롭게 부양해 주시니 큰 성은에 대한 감격으로 더욱 몸 둘 바를 모르겠습니다. 다만 생각건대 명철한 임금은 한 번 찡그리고 한 번 웃는 것조차도 아끼는 법입니다.[32]

(韓愈)의 〈여소실이습유서(與少室李拾遺書)〉에 "조정의 선비들이 목을 빼고 동쪽을 바라보면서, 마치 태평 시대에만 나타난다는 경성(景星)과 봉황이 처음 출현한 것처럼 다투어 먼저 보면서 흐뭇하게 여겼다."라는 말이 나온다.

32 명철한……법입니다 : 상벌(賞罰)을 신중히 행하는 것을 말한다. 전국(戰國) 시대 때 한 소후(韓昭侯)가 해진 바지를 잘 간직하라고 명하자, 모시는 자가 "임금께서는

신이 지닌 죄명으로 아직까지 목숨을 보존하고 있는 것만도 이미 망극한 은혜라 하겠는데, 더구나 이와 같은 특별한 은혜를 또 어떻게 감당하겠습니까. 신은 늙고 병든 서생으로서 제힘으로 먹고살 능력이 없음에도 편안히 앉아서 농부들이 경작해 놓은 것을 먹으면서 아침저녁 죽으로 끊임없이 입에 풀칠을 하고 있으니, 참으로 정자(程子)가 말한 천지간의 일개 좀 벌레라고 하겠습니다. 스스로의 분수를 생각해도 너무나 과분한데, 더구나 하늘로부터의 은혜가 초라한 신의 집에 함부로 내려지니, 어찌 재앙의 출현에 대한 걱정이 없겠습니까. 또 하물며 현재는 이웃이 다 같이 굶주려 애처롭게 호소하는 소리가 넘치고 있는데, 이런 와중에 홀연 신 혼자만 구휼하는 은혜를 입었다는 소식을 듣는다면 어찌 원망하고 분노하는 마음이 없겠습니까.

그리고 신은 일찍이 듣건대, 남제운(南霽雲)은 "내 비록 혼자 먹고 싶으나 의리상 차마 그렇게 할 수 없고, 비록 먹는다 하더라도 목에 넘어가지 않을 것이다."라고 말하였으며,[33] 옛날의 노인은 임금이 하사

또한 인자하지 못하십니다. 어찌 좌우의 신하에게 주지 않고 간직하라 하십니까." 하니, 소후가 "내가 들으니 '명철한 임금은 한 번 찡그리고 한 번 웃는 것도 아낀다.'라고 하는데, 지금 이 바지가 어찌 다만 찡그리고 웃는 정도이겠느냐. 나는 반드시 공이 있는 자를 기다려서 주려 한다."라고 한 데서 유래한 것이다. 《資治通鑑 卷2 周紀2 顯王 18年》

33 남제운(南霽雲)은……말하였으며 : 남제운은 당(唐)나라 장수이다. 남제운의 이 말은 당나라 문인 한유의 〈장중승전후서(張中丞傳後序)〉에 나온다. 안녹산(安祿山)의 난 때 장순(張巡)과 허원(許遠)을 따라 수양성(睢陽城)을 사수하다 식량이 떨어져 위기에 처하자 남제운은 하란진명(賀蘭進明)에게 찾아가 구원을 청하였는데, 하란진명은 장순 등이 공을 세우는 것을 시기하여 응하지 않고 도리어 음식상을 크게 차려 내와 남제운을 회유하여 부하로 삼으려고 하였다. 그러나 남제운은 굶주리고 있는 백성들을

하는 음식을 받을 때에도 오히려 "온 나라의 굶주린 자들에게 하사해 주시기를 원합니다."라고 하였습니다.[34] 삼가 바라건대 밝은 성상께서는 신의 감당할 수 없는 분수를 살피고 차마 먹을 수 없는 마음을 양찰하여 속히 은혜로운 명을 도로 거두심으로써 미천한 신의 분수를 편하게 해 주소서. 그리해 주시면 매우 다행이겠습니다.

신이 또 기억을 떠올려 보자면, 지난해에도 외람되이 이런 은혜로운 명을 받은 적이 있었는데, 그 당시 영남 유생이 매우 거세게 논박하자[35] 신은 '한편으로 논박을 받으면서 한편으로 은혜를 받는 것은 마땅한 일이 아닐 듯하다.'라고 생각하였기 때문에 진심을 다 드러내 사양을 청하였고, 이에 곧장 윤허해 주시는 은혜를 입었습니다. 이는 대체로 밝은 성상께서 신의 개인적 사정을 샅샅이 살펴 그런 식으로 편안하게 해 줄 방도를 생각하신 것이며 또 신의 청원이 가식에서 나온 것이 아님을 양찰하신 결과였는데, 비단 신만이 성상의 지우에 영광과 감격을 느꼈을 뿐 아니라, 이 소식을 들은 자들 모두가 아랫사람을 대우하는 전하의 정성과 사물을 처치하는 온당함을 우러러보게 되었습니다.

생각하며 해당 말로써 음식을 거절하고 손가락을 깨물어 혈서를 쓰고 돌아와 장순 등과 함께 장렬히 죽었다. 《韓昌黎文集 卷13》

34 옛날의……하였습니다 : 656년 당나라 고종(高宗)이 시신(侍臣)에게 백성을 기르는 방도를 묻자 내제(來濟)가 "옛날에 제 환공(齊桓公)이 출타하였다가 추위에 떨고 굶주리던 노인을 보고는 명하여 음식을 하사하자, 그 노인은 '온 나라의 굶주리는 자들에게 하사해 주시기를 원합니다.'라고 하였고, 옷을 하사하자, 노인은 '온 나라의 추운 자들에게 하사해 주시기를 원합니다.'라고 하였습니다." 하였다. 《資治通鑑 卷200 唐紀16》

35 그……논박하자 : 1667년 2월 26일 영남의 유학(幼學) 황연(黃埂)이 상소를 올려 비난한 것을 가리킨다. 113쪽 주24 참조.

그런데 그 후로 신은 유생이 올리는 소장에서 논박을 당하는 것이 갈수록 더 심해지고 있으니, 밝은 성상께서 불쌍히 여겨 편안하게 해 줄 방도를 생각하시는 마음에 어찌 전후의 차이가 있겠습니까. 신은 삼가 두 손을 맞잡고 이후에 내려질 명을 기다립니다. 자애로운 성상께서 보살펴 주신 은덕에 대해서는 신이 이미 은혜를 받고서 고무하며 머리를 조아리고 공경히 받았습니다. 신은 이슬과 태양을 바라보며 두렵고 떨리는 지극한 심정을 가누지 못하겠습니다.

우의정을 사직하는 상소 무신년(1668, 현종9) 3월

辭右議政疏 戊申三月

삼가 아뢰니다. 신의 묵은 병이 점차 악화되어 아직 목숨이 끊어지기 전에 직명을 체차해 주시기를 바라면서 재차 소본(疏本)을 올린 뒤 숨을 죽인 채 비답이 내려지기를 기다리고 있었는데, 갑자기 지난달 27일 사관이 새로운 명을 전유(傳諭)해 왔습니다. 이에 신은 두려움에 몸이 새파랗게 질려 위태로운 호흡이 더욱 가빠졌습니다. 그리하여 속히 소장을 올리려고 하였으나, 탄핵 상소가 이미 나왔을 것이란 생각에 감히 곧바로 올리지 못하고 3일을 더 지체하느라 애를 태웠습니다. 게다가 바깥사람들이 신을 두고 만약 편안히 그 직명을 받을 것이라고 생각해 여기저기서 놀라고 비웃는다면 조정에 누가 되는 것이 더욱 적지 않을 것이라 염려한 까닭에 이렇게 문득 만번 죽을죄를 범하면서 지엄하신 성상을 번거롭게 합니다. 삼가 바라건대 밝은 성상께서는 속히 직명을 개차함으로써, 전해 도는 말이 점점 멀리 퍼지지 않도록 해 주소서. 그리해 주신다면 몹시 다행이겠습니다. 신은 너무나 두렵고 떨리는 심정을 가누지 못하겠습니다.

두 번째 상소 무신년(1668, 현종9) 3월

二疏 戊申三月

삼가 아룁니다. 신은 지난번 소장에서 가슴이 떨리고 병마저 위중한 까닭으로 심중의 생각을 백에 한둘조차도 토로할 겨를이 없었습니다. 그런데 이번에 사관이 전해 온 성상의 비답에서 장려하고 타이르신 그 말씀은 한층 더 신이 감당할 만한 수준이 아니었습니다. 따져 보건대 신이 제수의 명을 받은 날이 이미 보름이 넘었습니다. 놀라는 이목과 들끓는 논의가 거의 온 나라를 뒤덮고 있으니, 위로 성상의 덕에 누가 되고 아래로 사람들의 마음을 무너뜨리는 것을 어찌 가늠할 수 있겠습니까. 서둘러 전에 내린 명을 거둠으로써 여망에 부응하셔야 마땅할 터인데, 밝은 성상께서는 아직도 아래로 살피지 못하며 마치 어진 덕을 지닌 사람을 부르고 타일러 오랜 시일을 끌면서 끝내 그를 버려두지 못하는 것처럼 하시니, 이 어찌 밝은 성상께 바라는 일이겠습니까. 현재 백성들은 곤궁하고 하늘은 노여워하여 시사가 위급한 상황이니, 중외 사람들이 우러러 바라는 것은 오직 밝은 성상께서 어진 재상을 하염없이 기다리고 출중한 인재를 오매불망 그리워하심으로써 조금이나마 위기를 해결하는 것일 뿐입니다. 그럼에도 지금의 거조는 도리어 이와 같으시니, 신의 개인적인 생각으로 감히 그에 대한 염려를 할 수 없으나 걱정과 근심으로 가슴이 무너질 듯합니다. 삼가 바라건대 밝은 성상께서는 속히 명을 도로 거두심으로써 나라의 형세가 영화롭고 편안한 것에서 날로 멀어지지 않도록 해 주소서. 그리해 주신다면 몹시 다행이겠습니다. 신은 너무나 두렵고 간절한 마음을 견디지 못하겠습니다.

세 번째 상소 무신년(1668, 현종9) 4월

三疏 戊申四月

삼가 아뢰니다. 국가의 안위는 무엇보다 재상을 결정하는 것에 달려 있습니다. 따라서 평상시에도 응당 그것을 어렵고 신중한 일로 여겨야 하는데, 하물며 지금은 국세가 위태로운 시기이니 제대로 선별하지 않고 구차스럽게 제수해서야 되겠습니까. 신의 형편없고 보잘것없는 실상은 나라 사람들이 알고 있을 뿐만 아니라 그에 대해 비난해 온 지도 이미 오래되었는데, 밝은 성상께서는 도리어 공론을 돌아보지 않고 이러한 제수의 명을 내리셨으니, 사람들은 경악하고 하늘도 그와 마찬가지 마음입니다. 보잘것없는 이 몸이 이미 앞서 터럭만큼의 도움도 되지 못함으로써 우리 선왕을 저버렸는데, 또 그 뒤에 남은 목숨을 연장하여 끝내 우리 성상의 정사에 누를 끼칠 줄은 생각지도 못하였습니다.

또 삼가 생각건대, 말세에 재상이 된 자들이 어찌 모두 현명하고 슬기로운 사람들이겠습니까마는, 그래도 그들은 전고(典故)에 익숙하고 사체(事體)에 밝아 그다지 큰 비난을 받지 않았습니다. 그리하여 오히려 나라의 기강을 유지하고 신료들을 통솔함으로써 국가를 오래도록 지탱할 형세를 이루어 내었으니, 신과 같이 구차스럽게 눈 가리고 아웅 하며 연명하는 짓 같은 것은 한 번도 하지 않았습니다. 또 생각건대, 옛날에 재상을 둘 때 헛된 명성에 현혹되거나 한쪽 말만 듣고 오류를 범하거나 하는 이유로 적절하지 않은 임명이 이루어지기도 하였는데, 지금 성상의 감식안 아래에서는 어떠한 자도 그 실상을 숨길 수가 없고, 신의 형편없음은 흑과 백 이상으로 명백히 판별될 수 있는 것이기에, 성상께서 현혹되지 않고 오류를 범할 가능성이 없다는 것은 분명합니다. 이러한 까닭에 제수하는 명이 내려졌을 때 여러 사람이 의혹을 품으며 하나같이 조정을 위하여 걱정하였는데, 밝은 성상께서만 아직 그런 우려에 대해 듣지 못하신 것일 뿐입니다. 이러한 이유로 신은 밤낮 근심 걱정으로 가슴이 떨려 곧장 허리를 숙이고 담장을 따라 빠른 걸음으로 달아나고자 하였으나 그러지 못하였습니다.[36]

삼가 바라건대 밝은 성상께서는 지체 없이 서둘러 신의 직명을 체차해 주소서. 그렇게 해 주신다면 위로는 하늘의 견책을 막고 아래로는 사람들의 말에 답할 수 있을 것이니, 이 어찌 미천한 신 한 몸의 다행일 뿐이겠습니까. 시사에도 다행일 것입니다. 재차 바라건대 밝은 성상께서는 유념하여 밝게 살펴 주소서. 신은 너무도 두렵고 간절한 심정을 이기지 못합니다.

36 허리를……못하였습니다 : 높은 벼슬에 임명되자 두려운 마음에 공손한 자세로 그것을 회피하고 싶었지만 그러지 못하였다는 말이다.

네 번째 상소 무신년(1668, 현종9) 4월

四疏 戊申四月

삼가 아룁니다. 신이 그동안 면직을 바라는 소장을 올린 것은 실로 속마음을 다 쏟아 낸 것입니다. 그런데 하늘은 존엄하고 미물의 정성은 비천한지라, 번거롭게 한 것이 비록 여러 번이었으나 윤허는 끝내 내려지지 않았습니다. 이에 신은 실로 근심하고 움츠러든 채 어찌할 바를 몰랐습니다. 무릇 임금의 작위와 봉록은 그것을 받을 만한 사람에게 내리면 세상을 면려하는 큰 권한이 되지만, 그렇지 않을 경우에는 그와 반대가 됩니다. 그렇기 때문에 《서경》 〈홍범(洪範)〉에서는 "덕을 좋아하지 않는 이에게 네가 비록 복을 주더라도 이는 네가 허물이 있는 사람을 쓰는 것이 될 것이다."라고 하였습니다. 그런즉 신하 된 자가 자신이 가진 재주와 덕을 헤아려 감히 함부로 나아가지 못하는 것은, 자기 분수에 만족하기 때문만이 아니라 또한 자기가 모시는 군주가 허물 있는 사람을 쓰는 것을 면치 못할까 염려하기 때문입니다. 현재 신은 스스로의 역량을 너무도 잘 알고 있으며 나라 사람들이 하는 비난도 공정하지 않은 것이 아닙니다. 그러나 밝은 성상께서 이미 신에게 은혜로운 명을 과분하게 내리신 데다 또 체차하는 것도 아끼고 계시니, 신이 분수를 넘는 것은 말할 것도 없거니와 고명한 학문을 지니신 성상께서 도리어 〈홍범〉의 교훈과 위배되는 행위를 하신다면 그 어찌 작은 일이겠습니까. 신이 그러한 이유로 밤낮 근심하고 두려워하는 것이니, 이는 다만 일신의 사사로운 계책일 뿐이 아닙니다. 오늘날 해야 할 일은 무엇보다 속히 신의 직명을 체차하고 다시 어진 덕을 지닌 사람을 구해 삼공(三公)에 충원함으로써 위태로운 나라를 부지할 방책을 도모하는 것입니다. 삼가 바라건대 밝은 성상께서는 유념하여 재결해 주소서.

또 신에게는 삼가 마음에 크게 근심되는 일이 있습니다. 신은 비록 시대에 아무런 보탬이 되지 못하지만 그래도 바라는 점은 남에게 해가 되지 않고자 하는 것입니다. 그런데 지금 신 때문에 명을 받든 신하들이 길에 끊임없이 이어지고 있으니, 얼마나 많은 역참을 소요케 하며 얼마나 많은 접대로 쓸데없이 비용을 소모하게 하고 있습니까. 길에 굶어 죽는 백성들이 넘쳐 나는 이때에 모든 거조를 오로지 굶주림으로 죽어 가는 그들을 안정시키고 구휼하는 것에 집중해야 하는데, 도리어 요란하고 번거롭게 하여 도(道) 전체의 원망과 고통을 더하게 하였으니, 신의 죄는 여기에서 더욱 심해졌습니다. 아울러 바라건대 자애로운 성상께서는 굽어살펴 주소서. 신이 끝내 감히 무릅쓰고 나아가지 못하는 실상과 해를 끼친 실상은 이상 아뢴 바와 같으니, 재차 바라건대 밝은 성상께서는 속히 신의 청을 들어주심으로써 공적으로나 사적으로나 다행스러운 일이 되게 해 주소서. 신은 너무도 간절하고 두려운 심정을 가누지 못하겠습니다.

다섯 번째 상소 무신년(1668, 현종9) 5월

五疏 戊申五月

삼가 아룁니다. 임금은 신하 보기를 마치 아버지가 자식을 보는 것처럼 합니다. 따라서 위태로운 일이 있으면 반드시 안전하게 해 주고 소원이 있으면 반드시 이루어 줍니다. 지금 신이 외람되게 새로운 명을 받은 지가 이미 세 달이 되었는데 두렵고 떨리는 것이 날로 더 심해져 곧 광증이 일어날 지경이니 그 위태로움이 극에 달했다고 할 만하며, 누차 면직을 바라면서 마음을 가라앉히고 묵묵히 기도하느라 윤허하였다는 소식이 꿈속에도 나오니 그 소원이 절실하다고 할 만합니다. 그러나 성상의 비답에서는 한결같이 신의 요청을 물리치셨고 정성스럽고 간절하게 타이르시는 말씀은 그때마다 한층 더 깊어졌습니다. 그리하여 어제 받든 성상의 비답에서는 심지어 성고(聖考)를 인용하여 하교를 내리기까지 하셨으니,[37] 신은 그 말씀을 받들어 읽고 저도 모르게 목이 메고 피눈물을 훔쳤습니다.

아아, 성고의 은혜로운 대우는 망극한 것이었다고 할 만하며, 미천한 신이 그것을 저버린 것 또한 너무도 심하였습니다. 그러나 당초에 미천한 신이 함부로 나아간 것이 어찌 다른 뜻이 있어서였겠습니까.

37 성고(聖考)를……하셨으니 : '성고'는 효종(孝宗)이다. 우의정에 임명한다는 명을 속히 거두어 달라는 우암의 네 번째 상소에 대한 현종의 비답에 "연이어 겸양하는 상소를 올리며 국가의 어려움은 생각지 않으니, 우매한 과인의 바람을 저버리는 일은 말할 것도 없거니와 세상에 다시없을 선왕의 은혜를 저버리는 것은 어쩌려는가."라고 한 것을 가리킨다. 《承政院日記 顯宗 9年 4月 22日》

오직 조만간에 혹시 난리라도 일어난다면 하양(河陽)의 새벽밥이라도 준비하겠다는 의도에 의한 것이었을 뿐입니다.[38] 그런데 나아간 뒤에 덜컥 중임을 받게 되리라고는 생각지 못하였습니다. 벗어나고자 할수록 얽매이고 물러나고자 할수록 승진하였고, 그렇게 계속 지내던 반년의 세월 동안 터럭 하나만큼도 보답하는 실상은 없고 만번 죽어 마땅한 용서 못 할 죄만 짓게 되었습니다. 지금 그때의 기억을 회상해 보니 후회막급이라, 오직 문을 걸어 닫고 스스로 벼슬을 그만두어 다시는 성상의 덕에 누가 되지 않으며 다시는 나랏일을 그르치지 않는 것만이 곧 성고의 명철함을 크게 손상하지 않고 지난날의 무한한 죄를 조금이나마 속죄하는 길입니다.

아아, 신의 소원이 이렇듯 절실하고도 다급하니, 지극한 인을 지닌 밝은 성상께서 어찌 차마 굳게 거절하며 윤허한다는 말씀을 내려 주시지 않겠습니까. 만약 그렇게 해 주시지 않는다면, 이는 아비가 자식 보는 것처럼 신을 보지 않는 것이니, 그것이 어찌 평소 밝은 성상께 바라는 일이겠습니까. 삼가 바라건대 자애로운 성상께서는 신을 딱하

38 하양(河陽)의……뿐입니다 : 국가적 위기를 극복할 주도적인 역할은 하지 못하지만 부족하나마 작은 도움이라도 되겠다는 일념에 의한 것이었다는 뜻으로, 우암의 겸사(謙辭)이다. 당 현종(唐玄宗) 때 안녹산(安祿山)의 난을 평정하기 위하여 남정(男丁)들을 모두 징발해 가고 심지어 나이 든 사람까지도 마구 전쟁터로 내모는 가운데, 석호촌(石壕村)의 한 늙은 아낙이 아들 삼 형제가 모두 전쟁터로 끌려갔는데 늙은 남편마저 징발될 위기에 처하자 차라리 자신이 하양의 전장으로 나가 새벽밥이라도 짓겠다며 호소하였다. 당나라 시인 두보(杜甫)가 그 슬픈 광경을 목도하고 지은 〈석호리(石壕吏)〉라는 시에 "늙은 할멈 힘이 비록 쇠하였지만, 청컨대 나으리 따라 밤에 가서, 급히 하양의 부역에 응하게 된다면, 그래도 새벽밥을 준비할 수 있으리라.〔老嫗力雖衰, 請從吏夜歸. 急應河陽役, 猶得備晨炊.〕" 하였다. 《古文眞寶 前集 卷3》

게 여기고 가련하게 여겨 속히 체차를 허락하심으로써, 위태롭고 두려운 이 마음이 조금이나마 안정을 찾을 수 있도록 해 주시고 거의 다해가는 목숨이 잠시나마 연장될 수 있도록 해 주소서. 그렇게 해 주신다면 하늘처럼 감싸 주고 봄처럼 따스한 은덕이 미천한 이 몸에 끝까지 온전하게 베풀어질 수 있을 것입니다. 신은 너무나 두렵고 간절한 마음을 견디지 못하겠습니다.

여섯 번째 상소 무신년(1668, 현종9) 5월

六疏 戊申五月

삼가 아뢰니다. 권위를 두려워하여 죄를 적게 짓고자 하는 것은 누구나 갖는 보편적 마음입니다. 신하 된 자의 경우에는 그러한 성향이 한층 더 심하기 마련이니, 등에 짐을 지고 가는 벌레가 이미 무거운 짐을 져서 일어나지 못하는데도 재차 물건을 집어 들어 자신에게 보태는 식의 고집스러운 행위를 하는 것과는 분명한 차이를 보입니다. 신은 조정의 명을 어긴 지 이미 네 달이나 되었으니 태만하고 불경함이 극에 달하였고, 함부로 체직의 은혜를 바란 것이 이미 다섯 차례나 되었으니 번거롭게 하고 소란케 함이 정도를 지나쳤습니다. 이러한 두 가지 죄를 지었음에도 여전히 미련을 부리고 있지만 어찌 권위를 두려워하여 죄를 적게 짓고 싶지 않겠습니까. 거기에는 필시 몹시도 부득이한 사정이 있어서입니다.

신이 처한 상황을 또다시 번거롭게 아뢸 필요는 없겠으나, 신이 외람되이 제수의 명을 받든 뒤로 잠잘 때도 놀라고 꿈꿀 때도 놀라며 넋을 잃고 혼마저 나간 나머지, 마치 바보가 된 것처럼 미친 사람이 된 것처럼 제정신을 완전히 잃게 되었습니다. 만약 다시 이렇게 계속 지내면서 체직이 되지 못한다면 어찌 기운이 꺾이고 쇠한 나머지 죽게 되지 않겠습니까. 신의 심정이 실로 이와 같기에, 어제 다시 찾아온 근시(近侍)가 전유한 성상의 말씀이 그처럼 지극히 간절하고 정성스러웠음에도 다시 엄명을 어길 수밖에 없었고 또한 다시 성상의 귀를 번거롭게 함을 면치 못하게 되었으니, 이는 감히 이전에 범한 죄가 사소한 것이라 스스로 여기고 또다시 성상의 의중을 떠보려는 간계를 부리는 것이 아닙니다. 그러나 하늘보다 높은 존재는 없고 아버지보다 엄한 존재도 없지만 누군가 아프고 고달플 때 하나같이 그들 존재에게 호소하며 달려가는 이유는 사실 하늘의 인과 아버지의 사랑에는 끝이 없기 때문입니다. 따라서 그들 존재가 높고 또 엄하다고 해서 인과 사랑으로 베풀어 주는 것을 스스로 막아서는 안 됩니다. 이러한 이유로 밝은 성상께서 윤허를 아끼면 아끼실수록 미천한 신하의 간청은 더욱더 간절해져 자신의 죄가 더 커지는 줄조차 모르게 되는 것입니다.

또 삼가 생각건대 오늘날 정승이란 동시대의 여망을 모두 끝까지 만족시켜야 하는 자리로서, 비록 "기(夔) 한 사람으로 충분하다."[39]라는 말도 있으나, 그 형상이 삼태성(三台星)과 정(鼎)에 대응되는 것인 만큼 그중 하나라도 없어서는 안 됩니다.[40] 이에 서둘러 그 수효를 다시

39 기(夔)……충분하다 : 유능한 인물이 하나만 있어도 모든 일이 잘 처리될 수 있다는 말이다. 《한비자(韓非子)》 권33의 〈외저설 좌하(外儲說左下)〉에 "애공(哀公)이 공자(孔子)에게 묻기를 '내가 듣건대 요(堯) 임금의 신하 기는 외다리였다고 하는데, 참말입니까?'라고 하자, 공자가 대답하기를 '기도 사람인데 어찌 다리가 하나뿐이겠습니까. 그도 다른 사람과 다를 것이 없으나 음악에 대해서만은 통달했기 때문에 요 임금이 「기 하나면 충분하다.」라고 하여 악정(樂正)으로 임명했던 것인데, 군자들이 그것을 잘못 알아듣고 「기는 다리가 하나이다.」라고 한 것일 뿐, 사실은 외다리가 아닙니다.'라고 하였다." 하였다.

40 그……됩니다 : '삼태성'은 상태성(上台星)・중태성(中台星)・하태성(下台星)의 세 별로 이루어진 별자리의 이름인 동시에 임금의 자리를 의미하는 자미궁(紫微宮)을 모시는 형상을 하고 있고, '정(鼎)'은 세 발로 이루어진 솥의 이름이다. 세 사람으로 구성되는 정승의 자리는 그 둘의 형상과 대응되는데, 삼태성 가운데 별 하나라도 없으면 온전한 별자리를 이룰 수 없고, 정에 다리 하나라도 없으면 서 있을 수 없는 만큼, 정승의 자리 가운데 한 사람이라도 결원이 있으면 안 된다는 말이다. 이러한 인식하에

채워 그들로 하여금 협력하도록 해야 하며, 신 때문에 현인이 조정에 진출할 길이 오래도록 막혀 마치 책상에 다리가 없는 것처럼 되어 버리는 상황은 특히 신이 대단히 불안하게 생각하는 것입니다. 아아, 예로부터 지금까지 신에 비견될 만큼의 은혜를 받은 신하가 어디에 있겠습니까. 조금이라도 직책을 감당할 만한 실상이 있는데도 줄곧 버팀으로써 우리 성상의 뜻을 저버리는 것이라면, 하늘에 있는 선왕의 영령께서 그 옛날 상(商)나라 임금이 말한 바[41]처럼 반드시 재앙을 내리실 것이니, 신이 드리는 이 말씀은 실로 폐부로부터 나오는 것입니다. 삼가 바라건대 밝은 성상께서는 불쌍히 여겨 굽어살펴 주시어 시일을 끌지 말고 속히 체차를 허락해 주소서. 그리해 주신다면 몹시 다행이겠습니다. 신은 지극히 두렵고 떨리는 마음을 금할 수 없습니다.

임금을 보좌하는 최고의 지위였던 삼공(三公), 즉 삼정승(三政丞)은 삼태성과 정의 합칭인 '태정(台鼎)'으로 불렸다.

41 그……바 : '상(商)나라 임금'은 탕(湯)의 후손인 반경(盤庚)이다. 반경이 홍수 때문에 황하를 건너 엄(奄)에서 은(殷)으로 도읍을 옮기려 할 적에 난처해하는 백성들을 설득하며 "정사를 잘못하여 천도하지 않고 이곳에 오래 있으면 고후(高后)께서는 나에게 크게 재앙을 많이 내리시며 말씀하기를 '어찌하여 나의 백성들에게 포악하게 구는가.'라고 하실 것이다."라고 한 것을 가리킨다. 《書經 盤庚上》

일곱 번째 상소 무신년(1668, 현종9) 6월

七疏 戊申六月

삼가 아룁니다. 신이 처한 상황은 고달프다고 할 만합니다. 만약 은혜로운 명에 감격하여 어리석음을 무릅쓰고 달려가 사은하고자 한다면, 신의 지극히도 형편없는 꼴이 실로 그동안 아뢴 바와 같다는 점에서, 그것은 끝내 두려워 굴복하는 것에 불과하겠기에 죽을 각오로 문을 닫은 채 나오지 않았던 것입니다. 그럼에도 성상께서는 신을 추켜올리면서 끊임없이 부르셨으며, 끊임없이 부르셨을 뿐만이 아니라 은전의 융숭함과 말씀의 간절함이 가면 갈수록 지극해졌습니다. 은전의 융숭함과 말씀의 간절함이 가면 갈수록 지극해졌기 때문에 신의 감당할 수 없는 의리도 그에 따라 한층 더 심해졌습니다. 조만간 죽게 될 시점에 이러한 낭패를 만났으니, 이웃과 친지들 가운데 불쌍하고 가련하게 여기지 않는 이가 없지만, 그들 또한 신을 위해 어떤 해결책을 세워야 하는지 모르는 실정입니다. 그러니 오직 밝은 성상께서 곡진한 헤아림과 은총을 내리시어 은혜를 저버리고 명을 무시한 죄를 지은 신으로 하여금 유사의 무거운 형벌을 조금이나마 면할 수 있도록 해 주시는 것 외에는 다른 방도가 없습니다.

대개 군신의 의리란 본디 천지간의 변함없는 법도이니, 심오하여 알기 어려운 것이 아닙니다. 임금이 신하에게 털끝만큼이라도 총애하고 너그럽게 대하는 마음이 있으면 신하는 비록 평범한 사명(辭命)일지라도 감격에 겨워 떠받들면서 죽을 때까지 어떤 보답을 해야 할지 모르는 법인데, 하물며 신의 경우는 성상께 어떠한 은전을 받아 왔으며 또 어떠한 덕음(德音)을 들어 왔습니까. 극형을 받고 싶지 않은 마음보다 더한, 절대적으로 부득이한 사정이 있지 않다면 신 역시 인간의 마음이 있는데 어찌 감히 이렇듯 명을 어겨 가며 끝내 미련한 생각을 고수하겠습니까.

신은 삼가 듣건대, 인(仁)으로 덮어 주어 아랫사람들을 가엽게 여김을 '민천(旻天)'이라 한다[42]고 하였습니다. 무릇 임금이 하늘의 도를 체행하는 것이 한둘이 아니지만 어찌 아랫사람들을 가엽게 여기는 인보다 큰 것이 있겠습니까. 신은 비록 지극히 우매한 사람이지만 또한 성상의 은혜를 받는 존재 중 하나입니다. 성상께서 이전에 신에게 내려 주신 말씀은 망극할 만큼 유독 후한 것이어서, 뭇사람들의 비난이 일제히 닥치는 시기에는 곡진히 보전해 주고 더할 수 없는 죄명이 입혀진 때는 누차 용서해 주시는 등, 아픈 자식을 가련히 여기듯 어린 아기를 보호하듯 하여 주심으로써 오늘이 있게 되었고 보면, 머리부터 발끝까지 혹은 털 하나조차도 성상께서 살리고 이루어 주신 은혜가 미치지 않는 데가 없습니다. 이에 신은 남 앞에서 그 점을 찬양해 왔을 뿐만 아니라 혼자 한가롭게 있을 적마다 저도 모르게 치밀어 오르는 감격으로 눈물을 떨구면서 밝은 성상께서 베푸는 은덕이 마무리를 보았다고 생각하였습니다. 그런데 지금 이렇게 제수를 받게 되니, 이는 물론 밝은 성상께서 신이 선왕의 옛 신하라는 생각으로 죽기 전에 직위로

42 인(仁)으로……한다 : 《맹자》 〈만장 상(萬章上)〉에 "만장이 묻기를 '순 임금이 밭에 가서 하늘에 부르짖으며 우셨으니 어찌하여 부르짖으며 우신 것입니까?'라고 하였다. 맹자께서 말하기를 '원망하고 사모하신 것이다.'라고 하였다."라고 하였는데, 주희(朱熹)는 이에 대해 "인으로 덮어 주어 아랫사람들을 가엽게 여김을 민천이라 이른다."라고 주를 내었다.

영광을 더해 주어 훗날 욕의(褥蟻)의 정성[43]을 바치도록 하려는 것이니, 그것에 어찌 사람을 밝게 잘 알아보는 성상께서 신의 형편없음을 살피지 못하신 것이 있겠습니까. 그러나 사람의 복록과 운명에는 각각 한계와 분수가 있어서 조금이라도 그것을 넘으면 재앙이 즉시 닥치는 법입니다. 그동안 보고 들은 것을 통해 따져 볼 때 그 이치는 절대 틀림이 없는지라, 넘치면 덜어 내고 부족하면 보태 주는 이치는 진실로 속일 수가 없는 것입니다. 신이 분수를 넘은 세월이 이미 오래인데, 지금 또 신하로서 오를 수 있는 가장 높은 지위를 내리시니, 신(神)의 주벌을 어찌 피할 수 있겠습니까. 그러한즉 자애로운 성상께서 영광을 더해 주는 것은 다만 재앙을 내리시는 것이니, 이 어찌 그동안 가엽게 여기고 보살펴 주셨던 뜻에 부합하는 것이겠습니까.

삼가 바라건대 자애로운 성상께서는 끝까지 곡진하게 생각하여 속히 체직해 주심으로써, 신이 한직(閑職)을 가지고 살아서는 이웃한테 자랑하고 죽어서는 묘도(墓道)에 적게 해 주소서. 그리해 주신다면, 비록 살아서 목숨을 바치고 죽어서 결초보은하더라도 어찌 하늘 땅 끝까지 사무쳐질 그 은혜의 만분의 일이나마 보답할 수 있겠습니까. 신은 가슴을 열어 진심을 내보이며 간곡히 조아리며 두려워하는 지극한 심정을 견딜 수 없습니다.

43 욕의(褥蟻)의 정성 : 욕의는 '욕누의(蓐螻蟻)'의 준말로 깔개가 되어 땅강아지와 개미를 쫓는다는 뜻인데, 몸을 바쳐 왕을 위해 지하에서 충성하는 것을 말한다.

여덟 번째 상소 무신년(1668, 현종9) 7월

八疏 戊申七月

삼가 아룁니다. 신이 누차 하늘 같은 성상의 권위를 범하여 가슴속에 쌓인 진심을 모두 다 쏟아 내었는데, 하늘같이 존엄한 성상으로부터 찬찬히 살펴 주시는 은혜를 입지 못하였으니, 신이 처한 상황은 괴롭다 할 만합니다. 그런데 어제 사관이 신의 소장에 대한 성상의 비답을 전유(傳諭)하였는데, 신의 무지함을 깨우치고 막힌 것을 열어 주시는 말씀이 한층 더 간절하였는지라, 신은 이에 더 이상 사직을 청할 말이 없게 되었습니다.

다만 신은 평소부터 앓고 있는 질병이 많았는데, 불행히도 작년 여름에 연거푸 천륜(天倫)의 아픔을 겪어[44] 이치로써 그 슬픔을 극복하지 못한 나머지 앓고 있던 병이 더욱 악화되었습니다. 이에 그 모습을 본 사람들은 신이 반드시 죽을 것이라고 말하였고 경향 각지의 의원들도 모두 속수무책이었는데, 지금까지 목숨을 연명하고 있는 것은 남들도 또 신 자신도 애초에 예상치 못했던 것입니다. 신에게 막 제수의 명이 내려졌던 그때부터 사실에 의거하여 사직을 청하고 싶지 않았던 것은 아닙니다. 그러나 병 때문에 나아가지 못한다고 한다면 병이 아니었을 경우엔 그 직임을 족히 감당할 수 있는 것 같았기에, 혐의쩍어 감히 말하지 못했던 것입니다. 그러나 지금은 걱정하고 두려워하던

44 작년……겪어 : 가족의 상사(喪事)가 있었다는 말이다. 우암은 1668년 윤4월에 맏누이의 상을 당했고, 같은 해 5월에는 작은딸이 요절하였다. 《宋子大全 卷44 與李野叟》

끝에 병의 증세가 깊이 뿌리내려 아침이면 당장 저녁을 걱정해야 하는 상황이라 관을 벗고 죽을 날만을 기다리고 있는 실정입니다. 상황이 이러한데도 끝까지 숨기기만 한다면 신은 불성실한 사람이 되겠기에 감히 실정으로써 죽음을 무릅쓰고 번거롭게 말씀드립니다. 삼가 바라건대 밝은 성상께서는 굽어살펴 주소서. 신이 반년이나 버티는 동안 죄가 더욱 커졌으니, 만약 스스로 힘을 낼 만하다면 기어서라도 나아가서 조정 사람들로 하여금 이 죽어 가는 모습을 보게 할 것입니다. 그럼으로써 다행스럽게 자애로운 성상으로부터 가엽게 생각해 주시는 은혜를 입게 된다면, 명을 어기고 소홀히 한 죄가 조금이나마 속죄될 수도 있을 것이며 직명이 삭제될 날도 머지않아 오게 될 것입니다. 신이 이렇게 깊이 생각하고 있지만, 위태로운 기력 때문에 한 발자국도 움직이기가 어려운 것을 어쩌겠습니까. 그렇기 때문에 감히 다시 죽을죄를 범하면서 가엽게 여겨 주시기를 바라는 것입니다. 다시 바라건대 밝은 성상께서는 속히 체직을 허락하시어 편안한 마음으로 관에 들어갈 수 있도록 해 주소서. 신은 지극히 슬프고 두려운 마음을 금할 수 없습니다.

아홉 번째 상소 무신년(1668, 현종9) 8월

九疏 戊申八月

삼가 아뢰니다. 신이 외람되이 용렬한 실상을 지니고서 누차 성상의 귀를 번거롭게 하여 오늘날에 이르렀습니다. 말은 동나고 생각은 바닥났으며, 형세는 궁하고 도리는 극에 달하였으니, 다만 무턱대고 대궐 문으로 나아가 성상께서 안쓰럽게 여겨 물러나라고 허락하실 때까지 기다려야 할 따름입니다. 그런데 신이 앓고 있는 질병은 잠깐 걸렸다 낫는 감기와는 비교할 수 없습니다. 병의 뿌리가 깊고 꼭지는 단단하여 날이 갈수록 고질이 되고 악화되어 이미 쇠해져 버린 기혈(氣血)은 그 적수가 되지 못하였습니다. 그리하여 지난여름 이후엔 인사(人事)를 완전히 폐하게 되어 먹고 잠자고 일어나는 일체의 생활을 전부 남에게 의지하였습니다. 모두들 드문 일이라고 하는 금년의 가뭄 속 무더위에도 신은 밀실에 깊이 들어앉아 문조차 못 열었으며 묵은 솜옷과 난모(煖帽)는 여전히 몸에서 떠나지 못하였습니다. 그러한 까닭에 그동안 내려진 성상의 비답을 일체 문밖으로 나가 공경히 받들 수 없었으니, 이는 신의 처소로 내려온 근시(近侍)들이 다 함께 목격한 사실이므로 속일 수가 없습니다. 신이 이러한 실상을 처음부터 아뢰고 싶지 않았던 것은 아니지만, 곤란하고 실의한 마음만 가슴에 가득 찬 상황에서 어느 겨를에 병을 말할 수 있었겠습니까. 이에 신이 이전에 올린 소장에서 비로소 미약하게나마 그것에 대해 감히 말하긴 하였으나 또한 감히 자세히 말하지는 못하였던 것입니다. 그런데 이번에 삼가 성상의 비답을 받듦에 아직도 불쌍히 여겨 살펴 주시는 은혜를 입지 못하였으니,

신은 삼가 근심스럽습니다. 혹 성상께서 '정말 병이 있다면 어째서 일찍 말하지 않고 지금에야 말하는 것인가.'라고 생각하시는 것입니까? 신이 감히 일찍 말하지 못한 이유는 실로 위에서 말씀드린 바대로입니다. 예부터 신하 된 자가 의리상 편치 못한 일이 있을 때 병을 핑계대고 면직을 청하는 것은 상례이기에 허실이 뒤섞이고 경중이 구분되지 않지마는, 지금 신은 감히 실제 병이 없는데도 거짓으로 전하를 속이는 것이 아닙니다. 그러니 삼가 바라건대 밝은 성상께서 특별히 가엽게 여겨 속히 체직을 허락하심으로써 미천한 분수를 편안케 해 주소서. 그리해 주신다면 신은 거의 편의대로 조리하여 경각에 달린 목숨을 연장할 수 있을 것이니, 신은 크나큰 바람을 이기지 못합니다. 신은 하늘을 보고 성상을 우러르며 지극한 격정과 두려움을 가눌 길이 없습니다.

열 번째 상소 무신년(1668, 현종9) 8월

十疏 戊申八月

삼가 아룁니다. 신은 지난달 재차 가슴속 충정을 모두 아뢰면서 죽음을 무릅쓰고 면직을 청하였는데, 어제 받은 비답에서 또다시 윤허를 받지 못하였습니다. 그러다 마침 어가가 남쪽으로 행차한다는 소식[45]이 들려왔으니, 신은 의리상 마땅히 병든 몸을 일으켜 나아가 길가에서 어가를 영접해야 합니다. 그러나 신이 앓고 있던 묵은 병 외에 곽란도 함께 발작해 여러 날 위독한 상태로 지내며 사람인지 귀신인지 분간하지 못할 지경이 되었고, 채찍질에도 일어나지 못하는 다 죽어 가는 늙은 소 같은 처지가 되었으니, 목을 빼고 바라봄에 슬픔의 눈물만 흘릴 뿐입니다.

신은 삼가 생각건대 그동안 성상께서 거둥하시면 번번이 한 달 기간이 소요되었으니, 대략 지금도 응당 그러할 것입니다. 그사이 신의 질병이 다행히도 회복이 된다면 그곳에서 얼마 멀지도 않은 곳에서 어찌 감히 시종일관 성상과 떨어져 있음으로써 그 죄를 더욱 키우겠습니까. 다만 병의 증세가 몹시 악화되었기 때문에 신 역시 그렇게 되리라고는 스스로 장담을 할 수 없는 상황입니다. 무엇보다 신이 직명을 헛되이 지니고 있은 지가 이미 반년이 넘었으니, 사리로 따져 보건대 어찌 이럴 수 있겠습니까. 행행하는 문제로 말해 보더라도 예전엔 두

45 어가가……소식 : 현종이 1668년 8월 16일부터 9월 4일까지 약 한 달간 눈병 치료를 위하여 온양(溫陽) 행궁에 머물렀다. 《顯宗實錄 9年 8月 1日》

사람의 상신(相臣)이 대가를 따르고 나머지 한 사람은 궁을 지켰었는데, 이제 신 때문에 대조(大朝)의 사체(事體)가 손상되었으니, 신의 두려움은 이에 더욱 심합니다. 삼가 바라건대 밝은 성상께서는 속히 체직하여 공적으로나 사적으로나 편케 해 주소서. 그리해 주신다면 몹시 다행이겠습니다. 신은 지극히 두렵고 다급한 마음을 금할 수 없습니다.

열한 번째 상소 무신년(1668, 현종9) 9월

十一疏 戊申九月

삼가 아룁니다. 신은 질병으로 거의 다 죽어 가던 중 삼가 상소에 대한 비답을 받게 되었는데, 근시(近侍)가 찾아와 전해 준 성상의 그 깨우침의 말씀들은 결코 미천한 신이 감히 받들 수 있는 것이 아니었기에, 신은 더욱 깊은 황송함으로 어찌할 바를 몰랐습니다. 신이 이렇게까지 된 마당에 또 어찌 다른 생각을 하겠습니까. 오로지 마땅히 죽기를 각오하고 서둘러 길을 나서야 합니다. 그런데 그렇게 해서 과연 성상이 계신 곳에 도착할 수 있을지는 우선 제쳐 두더라도, 무엇보다 직명이 여전히 남아 있어 근심과 두려움으로 애가 탑니다. 비록 뻔뻔한 얼굴로 무턱대고 그렇게 하려 해도 문을 나서는 날에 수천 개의 손가락이 몽땅 신을 가리키고 수만 명의 눈초리가 똑같이 신에게 조소를 보낼 텐데, 그것이 현 정사의 득실과 관련되는 것이 어떠하겠습니까. 그러한 까닭에 발은 나아가려다 머뭇거리고 머리는 빠져나오고자 하지만 우물쭈물거리면서 끝내 감히 무릅쓰고 나아가지 못하고 있으니, 신의 심사가 또한 애처롭습니다. 혹시라도 밝은 성상께서 가엽게 여기고 굽어살펴 속히 체직을 허락하고, 죽을 날만 기다리는 이 몸으로 하여금 성상의 옥안을 가까이 뵙고서 성상과 영원한 작별을 할 수 있게 해 주신다면, 신은 구천에서 눈을 감을 때 더 이상 여한이 없을 것입니다. 그러나 그렇게 하지 않고 끝내 윤허를 아끼신다면 이는 곧 밝은 성상께서 신이 들어오기를 바라면서 문을 잠그는 격일 것입니다. 떨쳐지지 않는 외로운 충정을 펼 길이 없이 그 마음을 안고 죽어 땅속으로 들어간다면 개인적인 회한이 무궁할 것이기에, 또다시 감히 만번 죽어 마땅한 죄를 무릅쓰고 슬피 호소합니다. 삼가 바라건대 밝은 성상께서는 가엽게 여겨 재결해 주소서. 신은 하늘을 보고 성상을 우러르며 지극한 격정과 두려움을 가눌 길이 없습니다.

온천에서 어가를 수행하다가 동교에 이르러 대죄하고 상등의 작질을 환수해 주기를 청하는 상소[46] 무신년(1668, 현종9) 9월

自溫泉隨駕至東郊待罪仍請收還上秩疏 戊申九月

삼가 아룁니다. 삼가 자애로운 성상께서는 신이 처한 상황을 가엽게 여겨 직명의 체직을 허락하는 은혜를 내려 주셨습니다. 그 과정에서 해 주신 융숭한 말씀이 하늘처럼 망극하였기에, 신은 실로 감격하여 보답하고자 하였으나 달리 방법이 없었으니 오직 분골쇄신하는 일만 남았습니다. 그리하여 신은 성상 앞에서 덕음(德音)을 받들고 죽음을 각오하며 어가를 수행하면서 비록 천천히 따라오라는 명이 있어도 감히 조금도 뒤처질 수 없었습니다. 어제는 질병이 크게 발작하여 누차 엎어지던 끝에 겨우겨우 배에 도착하였는데 정신을 차리지 못해 인사불성이 되었고, 이어 강교(江郊)에 엎드리고 있으면서 성상께서 환궁한 뒤로부터는 마침내 정상적인 생활조차 불가능하게 되었습니다. 신의 정리(情理)와 예법이 가는 곳마다 손상되어 두려움에 떨면서 처벌

46 온천에서……상소 : 1669년 9월 7일에 작성되었다. 이에 앞서 우암은 1668년 3월부터 9월까지 무려 11번의 사직 상소를 올리며 우의정의 임명을 고사하였다. 그러다 그는 같은 해 9월 4일, 눈병 치료를 위해 약 한 달간 온양에서 요양하고 궁으로 돌아가려던 현종을 찾아가서, 어가를 수행하고 함께 서울로 올라가겠다는 조건을 내세워 우의정의 체직을 재차 요청하였다. 결국 그 요청이 받아들여져 우암은 판중추부사로 임명되어 현종을 따라 환궁 행차에 동참하였는데, 길을 나선 지 3일째인 9월 7일에 동교(東郊)에 이르러 다시 이 소장을 올려 새로 받은 직책의 개정을 요구하였다. 《宋子大全 附錄 卷5 年譜》《顯宗實錄 9年 9月 8日》

이 내려지기만을 기다리고 있습니다. 또 신이 체직되던 날 즉시 작질을 변경해야 했으나 경황중이라 감히 계속해서 청할 수 없었기에 길을 떠나는 도중 큰 두려움에 휩싸였습니다. 삼가 바라건대 밝은 성상께서는 신이 가지고 있는 상등의 작질을 모두 개정하여 미천한 분수를 편안하게 해 주소서. 그리해 주신다면 살리고 길러 주시는 은혜가 시종 끝까지 이루어질 수 있게 될 것입니다. 신은 커다란 소원을 금치 못하겠습니다.

신은 또 삼가 생각건대, 어제 이른 시각에 검은 안개가 사방을 꽉 메워 의장 행렬의 모습이 분간이 안 될 정도였고, 거기에 무지개까지 나타나 아무도 그것을 감히 가리키지 못하였습니다.[47] 신은 처음엔 '성상께서 나들이하고 즐기심을 통해서 남방 백성들이 휴식을 취하고 도움을 받으며,[48] 종묘의 보우하심 아래에서 세자의 건강이 평상을 회복할 것[49]이니, 의당 어가가 환궁하는 날에는 상서롭고 조화로운 기운을

47 무지개까지……못하였습니다 : 무지개는 음양의 기운이 부당하게 어울려 생기는 것이므로 천지의 음기(淫氣)로 상징되었다. 《시경》 〈용풍(鄘風) 체동(蝃蝀)〉에 "무지개가 동쪽에 있으니, 감히 이를 가리킬 수가 없네.〔蝃蝀在東, 莫之敢指.〕"라고 하였는데, 이에 대해 송(宋)나라 학자 주희(朱熹)는 "음분(淫奔)을 풍자한 시이다. 무지개가 동쪽에 있음에 사람들이 감히 가리킬 수 없음을 말하여 음분의 악함을 사람들이 말할 수 없음을 비유한 것이다."라고 하였다.

48 성상께서……받으며 : 《맹자》 〈양혜왕 하(梁惠王下)〉에 "봄에는 밭갈이가 잘 되었는지 살펴보고 부족한 것이 있으면 보충해 주고, 가을에는 수확이 잘 되었는지 살펴보고 부족한 것이 있으면 도와준다. 그래서 하(夏)나라 속담에도 '우리 임금님이 나들이하지 않으면 우리가 어떻게 휴식을 취하며, 우리 임금님이 즐기지 않으면 우리가 어떻게 도움을 받으리오. 한 번 노닐고 한 번 즐기시는 것이 제후들의 법도가 된다.'라는 말이 있는 것이다."라는 말이 나온다.

잘 인도하고 맞이하여 하늘이 청명할 것이다.'라고 생각하였는데, 도리어 음기가 나타나 감히 성상의 행차에 침범하니, 내심 깊은 우려 속에 왜 그렇게 되었는지를 알지 못하겠습니다. 신이 삼가 지난 역사를 보건대 요사스러운 기운은 대부분 남용되는 형벌과 문란하게 수여되는 상 때문에 일어났으니, 신이 받은 자급 또한 어찌 재앙을 부른 한 요인으로 작용하지 않았겠습니까. 재차 바라건대 밝은 성상께서는 유념하시어 신이 사직하기 위해 핑계 대는 말을 한다고 생각지 마소서. 신은 지극히 두렵고 간절한 마음을 금할 수 없습니다.

49 세자의……것 : 1668년 9월 온양 행궁에 머물고 있던 현종은 당시 세자였던 숙종이 병이 나 서둘러 환궁을 결정하였다.《顯宗實錄 9年 9月 3日, 8日》

병으로 인해 문안하지 못하여 대죄하는 차자[50] 무신년(1668, 현종9) 9월

病未赴問安待罪箚 戊申九月

삼가 아룁니다. 신이 행조(行朝)에서 직접 엄명을 받들고 이미 여기까지 온 이상,[51] 어찌 또 하직 인사를 드리지 않고 여기서 곧바로 돌아갈 리가 있겠습니까. 다만 신은 말을 타고 달려온 뒤로 오랜 병이 더욱 악화되어 지척에 도성을 두고도 그쪽으로 옮겨 갈 방도가 없었는데, 성상의 이러한 비답을 받게 되니 두려운 마음이 더욱 커집니다. 혹 자애로운 성상께서 가엽게 여겨 주심으로써 신이 차분하게 병을 조리한 뒤에 천천히 대궐로 갈 수 있도록 허락해 주신다면 한줄기 남은 이 목숨을 거의 조금이나마 연장할 수 있을 것입니다. 신료들이 세자를 문안하는 이런 날 끝내 그 반열에 달려가지 못하였으니 죄가 더욱 큽니다. 너무나 두려워 대죄하는 마음을 금할 수 없습니다.

50 병으로……차자 : 1668년 9월 10일 제출되었다. 당시 세자로 있던 숙종이 병이 들어, 온양(溫陽) 행차에서 돌아온 신료들이 문안을 하였다. 《宋子大全 附錄 卷5 年譜》

51 신이……이상 : 행조는 행궁(行宮)의 조정을 말하며, 여기에서는 온양 행궁을 가리킨다. '여기'는 도성 밖의 동교(東郊)를 가리킨다. 1668년 9월 4일 우암은 눈병 치료를 위하여 온양 행궁에 머물던 현종을 찾아가서, 어가를 수행하고 함께 서울로 올라가겠다는 조건을 내세워 우의정의 체직을 재차 요청하였고, 결국 그 요청이 받아들여져 판중추부사로 개차되어 환궁 행차에 동참하였다. 그러나 길에 나선 지 3일 만에 그는 동교에서 더 이상 앞으로 나아가지 않고 도성 밖에서 상등의 작질을 개정해 달라는 요청을 하였다. 《宋子大全 卷12 自溫泉隨駕至東郊待罪仍請收還上秩疏, 附錄 卷5 年譜》《顯宗實錄 9年 9月 8日》

세자부를 사직하는 상소[52] 무신년(1668, 현종9) 9월

辭世子傅疏 戊申九月

삼가 아룁니다. 신은 지루하게 이어진 질병으로 인하여 정신과 기력이 다 바닥났는데, 다행히도 성은을 입어 궁벽한 강교(江郊)에 머물게 되었으니, 여유롭고 한가로운 그 생활은 초야에 머물던 때와 다름이 없었습니다. 그렇게 마음을 편히 가지고 몸을 조리하면서 회복되기를 바랐지만, 늙은 소를 채찍질한들 더 많이 넘어지기만 할 뿐인지라 도성을 지척에 두고도 갈 수가 없었으니 미천한 정성을 펴고자 해도 방법이 어디에 있었겠습니까. 그리하여 아침저녁으로 근심하고 탄식하면서 죄를 지은 두려움만 깊었는데, 뜻하지 않게 이번에 격례를 뛰어넘은 새로운 명이 또다시 신에게 이르렀습니다. 신의 죄가 깊어질수록 은혜로운 대우는 융숭해지니, 놀랍고 두려워 어찌할 바를 모르겠습니다. 예전에 신이 외람되이 우의정 직책을 제수받았을 때 이 직책을 겸직한 것도 전례를 벗어난 일이었는데, 하물며 이제는 송서(送西)되어[53] 품계 역시 그에 따라 내려갔으니, 신이 비록 우매한 사람이지만 어찌 감히

52 세자부(世子傅)를 사직하는 상소 : 1668년 9월 27일 제출되었다. 이보다 이틀 전 우암은 세자부에 제수되었다. 《宋子大全 附錄 卷5 年譜》《承政院日記 顯宗 9年 9月 25日》

53 이제는 송서(送西)되어 : 실직(實職)에서 물러난 정1품 영의정부터 정3품 문무 당상관까지를 우대하기 위하여 서반(西班) 소속의 중추부(中樞府)로 보내는 것을 송서라 한다. 우암은 1668년 9월 10일 우의정에서 사면되어 판중추부사에 제수되었다. 《宋子大全 附錄 卷5 年譜》

함부로 받을 수 있겠습니까.

근자에 신의 실직(實職)이 체차되던 날, 내심 이 직책이 격례에 따라 바른 이에게 돌아갈 것이라고 여겼으나 여태껏 들리는 소식이 없어 더욱 바깥사람들의 의혹을 증폭시켰는데, 지금 또 신에게 제수되었으니 주위 사람들의 이목을 또 얼마나 놀라게 하겠습니까. 삼가 바라건대 밝은 성상께서는 격례에 의거하고 법식을 준수하여 속히 새로 내린 명을 거두시고, 교외에서 편안히 쉬다가 끝내 성상을 알현하지 못한 신의 죄를 다스려 주소서. 그리해 주신다면 몹시 다행이겠습니다. 지극히 두렵고 간절한 마음을 금할 수 없습니다.

두 번째 상소 무신년(1668, 현종9) 10월

二疏 戊申十月

삼가 아룁니다. 신이 병으로 교외에 묻혀 지내느라 탑전(榻前)에서 이야기한 내용[54]을 들어서 알 수가 없었기에 지난번 소장에서 아뢴 내용이 전혀 사실에 맞지 않았으니, 거의 영(郢) 땅 사람의 글을 연(燕)나라 사람이 설명한 꼴[55]이 되었습니다. 이에 삼가 당황스럽고 부끄러운 마음을 이기지 못하다가 이제 와서는 두렵고 걱정되는 마음이 또 이전보다 만배나 더 커지게 되었습니다. 무릇 사람을 위하여 관직을 선택하는 것도 불가하다고 하는데, 하물며 사람을 위하여 관직을 설치하는 것이겠습니까. 기억을 되짚어 보면, 옛날 인조(仁祖) 말년에 문정공(文正公) 김상헌(金尙憲)은 문경공(文敬公) 김집(金集)을 위하여

54 탑전(榻前)에서 이야기한 내용 : 1668년 9월 25일 현종과 신하들이 희정당(熙政堂)에 모여 각종 현안을 이야기할 때, 영의정 정태화(鄭太和)가 우암이 명호(名號)가 없어서 서연(書筵)에 출입하기가 불편할 듯하므로 정식(定式)이 있어야겠다고 아뢰자, 현종이 "삼공(三公) 이외에 별도로 세자부(世子傅)를 설치하여, 별겸 경연(別兼經筵)처럼 겸대시키는 것이 어떻겠는가?"라고 하여 결국 우암의 세자부 제수를 결정한 것을 말한다. 《顯宗實錄 9年 9月 25日》

55 영(郢)……꼴 : 본래의 뜻을 곡해하여 잘못 설명하는 것을 말한다. 초(楚)나라 영 땅에 사는 사람이 연나라 상국(相國)에게 밤에 편지를 쓸 적에, 불이 밝지 않자 시자(侍者)에게 "촛불을 들라.〔擧燭〕"라고 명령하면서 자기도 모르게 '거촉(擧燭)'이라는 두 글자를 편지 속에 잘못 기입하였는데, 거촉은 물론 국서에 원래 들어갈 말이 아니었다. 그런데 연나라 상국이 그 편지를 받고서 "거촉은 밝음을 숭상한 것이니, 밝음을 숭상하는 사람은 어진 이를 천거하여 맡길 것입니다."라고 임금에게 설명하였고, 결국 임금이 크게 기뻐하여 나라가 잘 다스려졌다고 한다. 《韓非子 外儲說》

찬선(贊善)의 직위를 설치할 것을 청하면서 그 이름은 적시하지 않고 다만 일반적인 사안으로 범범하게 논하였는데,[56] 이제는 외람되이 제수받은 관직이 찬선에 비할 정도가 아니며 또 신을 위하여 관직을 새로 창설하였으니, 그 놀라움이 심합니다. 이는 밝은 성상께서 당초에 신을 가엽게 여겨 특별히 본직을 체차해 주셨던 뜻이 결코 아닙니다. 삼가 바라건대 자애로운 성상께서는 끝까지 은혜를 베풀어 속히 이미 내린 명을 거두어 주심으로써 어리석은 신의 분수를 편안케 해 주소서. 그리해 주신다면 몹시 다행이겠습니다.

또 삼가 생각건대, 신은 도성 문 바깥에서 칩복해 있고 또 거처하는 곳은 한적하고 고요하니 미록(麋鹿)과 같은 본성[57]이 몹시도 절로 편안합니다. 더구나 이전에 성상께서 조용히 병을 조리하라고 말씀하셨으니,[58] 신이 편안한 마음으로 한가하게 지내는 것이 초야에 있던 날과 다를 것이 없습니다. 만일 나라에서 명을 내리면 조금도 지체하지 않고 곧바로 달려가야 할 것이니, 어찌 꼭 도성 안에 들어가 있어야만 명을 받드는 것이 되겠습니까. 이에 들어오라는 하교를 받듦에 삼가 걱정되

56 옛날……논하였는데 : 1646년(인조24) 5월 22일 당시 좌의정으로 있던 김상헌이 차자를 올려, 태자의 보익(輔翼)에 힘썼던 한(漢)나라의 명신 가의(賈誼)의 사례를 본받아 행실이 바르고 학문이 독실한 인물을 선발하여 세자를 교육하도록 해야 한다고 주장한 것을 가리킨다. 《仁祖實錄 24年 5月 22日》《淸陰集 卷21 病重乞退兼陳所懷箚》

57 미록(麋鹿)과 같은 본성 : 세상의 구속을 떨쳐 버리고 산림에 은거하면서 한가로이 세월을 보내고 싶어 하는 자유분방한 성격을 말한다.

58 이전에……말씀하셨으니 : 1668년 9월 11일 병으로 인하여 세자의 병문안을 하지 못한다는 우암의 차자에 대해 현종이 내린 비답의 내용이다. 《承政院日記 顯宗 9年 9月 11日》

는 마음을 이기지 못하겠습니다. 삼가 바라건대 자애로운 성상께서는 편의대로 병을 조리할 수 있게 허락하여 분수에 따라 편안하게 있을 수 있게 해 주소서. 그리해 주신다면 소신에게는 구속되어 두려워하는 걱정이 없게 되고 성상께는 신하의 천성을 굽히지 않게 하는 덕이 있게 될 것입니다. 신은 그렇게 해 주시기를 간절히 바라는 마음을 이길 수 없습니다. 신은 지극히 두렵고 간절한 마음을 금할 수 없어 삼가 어리석음을 무릅쓰고 아뢥니다.

휴가를 받아 성묘할 것을 청하는 상소 무신년(1668, 현종9) 10월
乞受暇往省先墓疏 戊申十月

삼가 아뢰옵니다. 신이 10여 년 만에 다시 대궐 문을 통해 편전에 입시하게 되었으니,[59] 참으로 공자께서 말한 "그 기물은 모두 그대로 있는데 사람은 보이지 않는다."라는 격[60]이라, 신은 소리 죽여 눈물을 삼키며 마음을 가눌 수가 없었습니다. 그러나 하늘이 옥위(玉位)를 굽어보는 가운데 해와 달이 높이 걸려 있는 것 같던 그 모습은, 단장취의를 해 본다면 그야말로 이른바 "문왕(文王)을 보는 것 같다."[61]라는 것이었기

59 신이……되었으니 : 이 소장이 제출되기 하루 전인 1668년 10월 6일, 우암이 송준길과 함께 희정당(熙政堂)에서 현종을 알현한 것을 말한다. 이보다 앞서 효종의 재위 기간에 우암은 효종과 희정당에서 자주 정사를 의논하곤 하였는데, 이 소장이 제출되기 9년 전인 1659년(효종10) 3월 11일에 희정당에서 효종과 독대하여 북벌(北伐)을 위한 내수(內修)의 중요성을 거듭 피력하고 은밀히 수찰(手札)을 받기까지 하였다. 그러나 그로부터 2달 뒤 효종이 갑작스레 죽자, 우암은 같은 해 12월 고향인 회덕(懷德)으로 돌아와 약 10년에 이르는 긴 재야 생활을 하였다. 《宋子大全 附錄 卷5 年譜》

60 공자께서……격 : 《공자가어(孔子家語)》 권1의 〈오의해(五儀解)〉에 나오는, 공자가 노(魯)나라 애공(哀公)에게 한 정치적 조언 가운데 일부이다. 전후 내용은 다음과 같다. "임금께서 묘문을 들어가 오른쪽으로 가서 섬돌을 올라 서까래와 마룻대를 올려다보고 궤연(几筵)을 굽어볼 적에 그 기물들은 모두 그대로 남아 있으나 그 사람은 보이지 않을 것이니, 임금께서 이것으로 슬픔을 생각하시면 슬픔에 대해 알 수 있을 것입니다." 우암의 이 언급은 대궐의 모든 것이 예전 효종 재위 시와 같으나 효종만이 안 보인다는 의미를 담아 자신의 애통함을 표현한 것이다.

61 문왕(文王)을……같다 : 《상서대전(尙書大傳)》에 "주공(周公)이 당(堂)에 올라가서 〈청묘(淸廟)〉를 노래할 적에 사당 가운데 계시면서 일찍이 문왕을 보시고는 엄숙

에, 신은 슬픔을 거두고 기쁜 마음으로 돌아와 교외의 우거에 머물면서 밤이 새도록 잠을 이룰 수가 없었습니다. 다만 어전에 나아갔을 때 질병에 쫓겼던 데다 날까지 저물어 어리석은 충정을 남김없이 다 말씀드릴 수 없었던 까닭에, 대략 나라의 중흥에 관해 논한 주자(朱子)의 몇 마디의 말[62]을 가지고 그 실마리를 조금 틔우고는 끝내는 전하의 한마음에 달려 있다는 것으로 귀착시켰습니다. 신으로 하여금 1년 내내 가까이 모시게 한다 하더라도 아뢸 말은 역시 이를 벗어나지 않을 것입니다. 그런데 신의 병이 날로 고통스러웠으므로 향리로 돌아가기를 청하였는데, 성상께서는 즉시 허락하지 않고 단지 교외에서 충분한 휴식을 취하도록 허락하셨습니다. 그리하여 산야(山野)를 좋아하는 성품을 지닌 미천한 신은 오히려 세상과 어긋난 채 맘 편하게 지낼 수 있었으니, 신은 그것을 지극히 다행으로 여겼습니다.

다만 신은 삼가 개인적으로 간청드릴 일이 있으니, 감히 만번 죽어 마땅한 죄를 범하며 청합니다. 신의 작고한 조부는 묘소가 양주(楊州) 땅에 있는데 세월이 오래되어 묘가 무너진 데다, 또 들리는 말로는

히 다시 문왕을 보신 듯이 했다."라고 하였는데, 본래 이는 주공이 문왕의 사당에 제사를 지낼 때 하늘에 계신 문왕의 모습이 보이는 것 같았다는 뜻으로 한 말이다. 우암은 이 말을 단장취의하여 효종을 이어 왕위에 오른 현종을 희정당에서 보니 마치 예전의 효종의 모습을 보는 듯하다고 한 것이다.

62 나라의……말 : 남송의 주희(朱熹)가 1188년에 효종(孝宗)에게 올린 〈무신봉사(戊申封事)〉에서 "이 여섯 가지 일은 모두 늦출 수 없는 것인데 그 근본은 폐하의 한마음에 달려 있습니다."라고 한 것과 "폐하께서 동궁을 돌보는 것이 어찌 그리도 매우 소략합니까. 이것은 어쩌면 스스로를 다스리는 것이 소략함을 면치 못하여, 이를 당연한 것으로 여겨서 염려를 하지 않는 것이 아니겠습니까."라고 한 것 등을 가리킨다. 《宋子大全 附錄 卷5 年譜》《顯宗實錄 9年 10月 6日》《朱子大全 卷11 戊申封事》

묘역이 남에게 점령당했다고 하니, 몹시 놀랍고 슬픈 심정입니다. 또 신의 과부 된 누이가 신의 집에서 생활해 왔는데 홀로 외롭게 지내는 처지가 동기간으로서 몹시 걱정이 되어 어머니와 똑같이 여기며 지내 왔습니다. 그런데 작년에 세상을 떠나 적벽강(赤壁江)[63] 가에 장사를 지냈으나 신은 병 때문에 장지에 가 영결도 하지 못하였으니, 지극히 애통한 마음이 가슴속에서 늘 떠나지 않습니다. 이 두 묘소의 거리가 멀지 않은데, 신이 마침 여기에 왔다가 지금의 기회를 잃고 성묘하지 못한다면 끝내 죽을 때까지 씻을 수 없는 한으로 남을 듯합니다.

신은 삼가 이 좋은 기회로 인하여 사사로운 정을 펼 수 있기를 바라나, 다만 법전에 실려 있지 않기 때문에 감히 규례에 의거하여 우러러 번거로운 청을 올리지 못하겠습니다. 그러나 기억을 더듬어 보면 일찍이 주자는 소명(召命)을 사양하면서, 숙모의 상에 따로 일을 맡을 만한 자제가 없기에 응당 직접 가서 처리해야 한다는 이유를 들어 장례를 마친 뒤에 별도로 지휘를 내려 주기를 청하였는데, 숙모의 상으로도 소명을 사양할 수 있었고 보면 송(宋)나라 조정의 인후한 기상을 볼 수 있습니다. 또 기억을 더듬어 보면 선조(宣祖) 재위 시절 문성공(文成公) 이이(李珥)가 외조모에게 양육받은 은혜가 있다는 이유로 휴가를 얻어 귀성하기를 청하자, 선조께서는 이례적으로 특별히 허락해 주셨습니다. 그리고 미천한 신의 경우에도 기해년(1659, 효종10) 봄에 후사가 없던 숙부의 묘소가 양근(楊根)에 있었기에 그곳으로 가 성묘하고 가토(加土)할 수 있도록 해 달라고 무릅쓰고 청하였더니 우리

63 적벽강(赤壁江) : 《송자대전수차(宋子大全隨箚)》 권2에 따르면 여기서는 장단(長湍) 지역에 있는 적벽강을 말한다.

성고(聖考)께서 특별히 휴가를 허락해 주셨습니다.[64] 신은 삼가 바라건대 자애로운 성상께서는 송나라 조정의 관대하고 인자한 뜻을 체찰하고 열성조(列聖朝)의 아랫사람의 처지를 헤아려 주는 덕을 생각하시어 특별히 신의 왕래를 허락해 주소서. 그리해 주신다면 미천한 신이 받은 망극한 은혜에 대해 어떻게 보답해야 할지 모를 심정일 것입니다. 신은 너무나 황공하고 간절한 심정을 금치 못합니다.

64 기해년……주셨습니다 : 1659년 3월 11일의 일이다. 이때 올린 소장은 《송자대전(宋子大全)》 권8에 〈사정을 아뢰고 숙부모의 묘를 살필 수 있게 해 달라고 청하는 소〔陳情乞省叔父母墳疏〕〉라는 제명으로 실려 있다. 《宋子大全 附錄 卷5 年譜》

말의 지급과 요전상의 제공을 사양하는 차자[65] 무신년(1668, 현종9) 10월

辭給馬澆奠箚 戊申十月

삼가 아뢰니다. 신이 분수에 넘치는 크나큰 은혜를 받아 자신의 어리석음을 헤아리지 못하고 함부로 격례를 벗어나는 휴가를 청한 끝에 가엽게 여겨 허락해 주신다는 말씀을 외람되이 듣게 되었습니다. 또 삼가 자애로운 성상께서는 미천한 신의 질병을 굽어살펴 주시어 불쌍히 여긴다는 내용의 유시를 해 주셨습니다. 신은 실로 감동의 눈물을 흘리며 어찌할 바를 몰랐습니다. 이렇게 된 마당에 신이 어찌 감히 성상의 염려를 우러러 가슴에 새기고서 적절하게 헤아려 나아가고 물러남을 통해 길 위에 몸이 버려지는 사태를 피하고자 하지 않을 수 있겠습니까. 그런데 다만 오늘의 이 은혜로운 휴가 자체부터가 이미 특별한 은전인데, 여기에 또다시 말을 지급하고 요전상(澆奠床)을 제공하라는 명을 내리셨으니, 이는 미천한 신이 감히 받들 수 있는 바가 더욱 아닙니다. 분수에 넘치는 일이며 고을 역참에 폐를 끼치게 될 테니, 삼가 바라건대 이미 내리신 명을 거두어 미천한 신의 마음을 편안케 해 주소서. 구천(九泉)에 내리신 은혜는, 만일 죽은 이에게 지각이 있다면 이미 처음부터 기뻐서 춤을 추고 있을 것이니, 어찌 꼭 술을 올리고

65 말의……차자 : 1668년 10월 8일에 제출되었다. 조부(祖父)의 묘에 성묘하게 해 달라는 우암의 요청에, 현종은 허락을 해 줌과 동시에 또 명을 내려 말을 지급하고 본도(本道)로 하여금 요전상을 갖추어 주라고 하였다.

음식을 올린 뒤에야 영광이 되겠습니까. 신은 삼가 스스로 헤아려 죽음을 무릅쓰고 사양을 청합니다.

봉록을 사양하는 차자 무신년(1668, 현종9) 10월

辭俸祿箚 戊申十月

삼가 아뢰니다. 어제 호조에서 신이 봉록을 받지 않았다고 하여 그 일을 아뢰기까지 하였는데, 성상께서는 특별히 호조에 명하여 다시 실어 보내라고 하셨습니다. 신은 그 명을 듣고 놀랍고 두려워 어찌할 바를 몰랐습니다. 대개 신은 앞서 음식을 받을 때에도 마음이 편치 않아 감히 무릅쓰고 사양하였는데, 이제 그것도 면하지 못한 데다 또다시 이것을 받는다면, 이는 참으로 높은 언덕에 올라서서 시장의 이익을 독차지하고, 무덤 사이에서 제사 음식을 더 얻어먹으려고 딴 곳을 둘러보는 격[66]일 것입니다. 신이 비록 수치를 모른다고 하나 어찌 이렇게까지 하겠습니까. 그러나 성상께서 신을 그 두 사례의 주인공과 똑같이 보시는 것이라면, 신은 실로 부끄러워 죽기에도 겨를이 없을 것입니다.

기억하건대, 옛날 성고(聖考 효종)께서 다스리던 초기 문경공(文敬公) 김집(金集)이 고향에서 부름을 받고 조정에 나아갔는데, 그때 이미 은혜로운 하사품을 내렸으나 사람들의 말로 인하여 다시 더 보태 준

66 높은……격 : 모두 《맹자》에 나오는 후안무치의 사례이다. 처음의 사례는 저자에서 이익을 독점하려는 천장부(賤丈夫)가 높은 언덕에 올라 좌우로 살펴보고 저자의 이익을 독차지한 데서 나왔다. 《孟子 公孫丑下》 두 번째 사례는 다음 고사에서 나왔다. 제(齊)나라 사람 중에 아내와 첩을 둔 자가 외출했다 하면 반드시 술과 고기를 배불리 먹은 뒤에 돌아오곤 하였는데, 그 아내가 누구와 먹었는가 물어보면 모두 부귀한 사람이었다. 이에 아내가 아침 일찍 일어나 남편이 가는 곳을 몰래 따라가 보니, 남편은 무덤 사이 제사하는 자에게 가서 남은 음식을 빌어먹고 있었다. 《孟子 離婁下》

일이 있습니다. 그런데 김집은 그에 대한 사양을 청하였고 성고께서는 그것을 윤허해 주셨으니, 어찌 그 몸을 길러 주는 것이 그 마음을 편안하게 해 주는 것보다 못하기 때문이 아니겠습니까. 염치를 기르는 데 힘쓰는 것은 국가의 맥을 장구히 유지하는 방도입니다. 삼가 바라건대 밝은 성상께서는 성고의 탁월한 견해를 생각하고 미천한 신하의 좁고 꽉 막힌 마음을 살피시어, 속히 호조에 명하여 다시 실어 보내지 말도록 해 주소서. 그리해 주신다면 몹시 다행이겠습니다.

영경연을 사직하는 상소 무신년(1668, 현종9) 10월

辭領經筵疏 戊申十月

삼가 아룁니다. 신은 외람되이 은혜로운 휴가를 받아 사사로운 정을 펼 수 있었고, 거기에 더하여 요전(澆奠)을 갖추어 주도록 하라는 명은 특별히 남다른 은전이었습니다. 그 덕에 오랜 귀신 새 귀신 할 것 없이 모두가 끝없는 영광을 입게 되었으니, 신으로서는 살아서나 죽어서나 보은하려는 심정이 응당 또 어떠하였겠습니까. 다만 신이 길을 나서는 날에 성상의 비답에 속히 돌아올 것을 간절하게 유시하셨지만, 미천한 신의 질병이 더욱 가중되어 급히 말을 달리는 것을 감당치 못한 까닭에 자주 산방(山房)으로 가서 구들에 불을 때고 몸을 조리하였고, 그러다 곧 찬 바람을 맞아 병이 점차 고질로 변하였으니, 실로 죽게 될까 걱정되었습니다. 이에 신은 어제 길가에 있는 서원[67]에서 며칠간 유숙하면서 살길을 찾아보고자 하였는데, 그때 홀연 사관으로부터 성상의 뜻을 전해 듣게 되었는바, 그에 따라 두려운 마음은 더욱 극에 달하였습니다. 그리하여 추운 날씨를 무릅쓰고 길을 나서서 저녁 무렵 성 아래에 당도하였는데, 그것이 앓던 병이 위중해지는 결과를 초래하였고, 현재는 약을 복용하면서 땀을 내고 있으나 몸이 상한 지 오래된 나머지 약효를 보기가 쉽지 않은 실정입니다. 이러한 이유로 대궐 문을 지척에 두고서 감히 복명(復命)을 지체하게 되었습니다. 죄가 깊고 무거워

67 길가에 있는 서원 : 동교(東郊)에 있던 도동서원(道東書院)이다. 《承政院日記 顯宗 9年 10月 25日》

스스로 속죄할 방도가 없으니 지극히 두렵고 떨리는 마음을 금할 수 없습니다.

신은 또 삼가 듣건대, 어제 특별히 신에게 영경연(領經筵)을 겸임케 한다는 명을 내리셨다고 합니다. 이는 실로 삼공(三公)이 으레 겸임하는 직책이니, 신이 이미 의정(議政)을 사직하였는데도 이 직책을 겸임한다면 이는 걸맞은 이름은 없으면서 그 실상만 있는 격입니다. 이 어찌 신이 당초에 의정에서 벗어나게 해 달라고 청하였던 마음에 부합하는 것이겠으며, 또 어찌 밝은 성상께서 체직을 허락한 뜻에 부합하는 것이겠습니까. 삼가 바라건대 이미 내린 명을 속히 거두심으로써, 행조(行朝)에서 신을 가엽게 여겨 주셨던 그 성대한 은혜[68]를 끝까지 베풀어 주소서. 그리해 주신다면 몹시 다행이겠습니다. 신은 지극히 두렵고 간절한 마음을 금할 수 없습니다.

68 행조(行朝)에서……은혜 : 행조는 행궁(行宮)의 조정을 말하며, 여기에서는 온양(溫陽) 행궁을 가리킨다. 1668년 9월 4일 눈병 치료를 위하여 온양 행궁에 머물던 현종이 우의정을 체차해 달라는 우암의 요구를 들어준 것을 가리킨다. 《宋子大全 附錄 卷5 年譜》

두 번째 상소 무신년(1668, 현종9) 10월

二疏 戊申十月

삼가 아룁니다. 신이 새로 내려진 명을 간절하게 사양하였으나 성상의 비답에 윤허하지 않으셨으니, 신은 삼가 근심스럽습니다. 신이 행조(行朝)에서 의정(議政) 직위에서 벗어나게 해 달라고 청할 때 "체직이 된 뒤에는 세자를 볼 수 있을 것입니다."라고 아뢴 것[69]은 대개 정자(程子)가 말했던 사대부 자제들과 더불어 교유하도록 해야 한다는 것[70]을 가지고 말씀드린 것입니다. 그 가운데 "자문에 대비하겠습니다."라고 한 것은 세종대왕께서 온천에 행행하였을 때 어가를 수행하던 신하들이 전후로 자문에 대비했다고 하는 야사(野史)의 기록을 가지고 말씀드린 것입니다. 그런데 뜻하지 않게 그 당시 신의 말을 기억하고 있던 신하가 그 말을 윤색하여 양연(兩筵)[71]에 출입하겠다는 말로 여겼으니,

69 행조(行朝)에서……것 : 1668년 9월 4일 우암이 온양 행궁에서 현종을 대면하였을 때, 우의정의 직임을 체차해 주면 바로 서울로 올라가겠다고 하면서 "만약 특별히 슬픈 간청을 윤허하여 곧 체직을 허락하시면, 신은 응당 대가를 따라 올라가서 혹 옛날에 들은 장구(章句)를 어전에서 아뢰고, 때로 세자를 연석(筵席)에서 모실 것입니다."라고 말한 것을 가리킨다. 《宋子大全 附錄 卷5 年譜》

70 정자(程子)가……것 : 1086년 어린 나이에 즉위한 철종(哲宗)을 대신하여 수렴청정을 하던 철종의 조모 선인태후(宣仁太后) 고씨(高氏)에게, 정이(程頤)가 어린 나이에 보위(寶位)에 오른 철종을 어떻게 교육할 것인가를 논하면서 "신은 바라건대 신료의 집안 자제들 가운데 열 살과 열두 살 사이의 단정하고 조심스러우며 영특한 아이 3명을 선택하여 상의 좌우에서 모시도록 하소서."라고 한 것을 가리킨다. 《伊川先生文集 卷2 上太皇太后書》

신은 삼가 놀랍고 당혹스럽습니다. 양연이 어떠한 직임인데 감히 스스로 청하겠습니까. 그러나 말을 윤색하는 것 자체는 그다지 일에 해될 것은 없습니다만, 그러고 얼마 지나지 않아 격례를 벗어나 신을 세자부(世子傅)에 있게 하시다가 이제는 또 경연(經筵)에 처하게 하셨습니다. 이는 이른바 "장난삼아 거짓으로 한 일이 진짜가 된다."라는 격이나, 스스로 청하였다는 혐의는 끝내 벗어나기 어렵게 되었습니다. 신이 비록 수치를 모르는 자이나 어찌 감히 마음을 놓을 수 있겠습니까.

또 생각건대 실직(實職)이 체직되었는데도 이 직책을 겸임한다면, 비록 "일찍이 전례가 있었다."라고 한들 시종일관 격례를 벗어나는 것이 되니, 격례를 벗어나는 명을 신이 끝내 감히 받들 수 있겠습니까. 또 삼가 생각건대, 밝은 성상께서 당초에 신의 노쇠하고 병든 처지와 용렬하고 비루한 꼴을 안타깝게 여겨 면직을 허락하셨는데, 그로 인해 신의 마음만 큰 안식을 얻었을 뿐이 아닙니다. 어느 누군들 그것을 마땅한 결정이라고 생각지 않았겠습니까. 그런데 이제는 그로부터 얼마 지나지도 않았는데 점차 그 이전 마음으로 돌아가고 계시니, 비록 "성인의 마음은 누차 변하는 날씨와도 같은 것이다."라고 하지만, 날씨가 누차 변하는 것은 실상 일정하여 바뀔 수 없는 법칙이 존재하기 때문입니다. 그러므로 고인(古人)이 "사시(四時)와 같이 미덥게 한다."[72]

71 양연(兩筵) : 경연과 서연(書筵)을 이른다. 경연은 신하들이 왕과 함께 유학의 경서(經書)와 사서(史書)를 강론하는 자리이다. 서연은 세자에게 경사(經史)를 강의하고 교육하는 자리로, 이연(离筵) 또는 주연(胄筵)이라 칭하기도 하였다.

72 사시(四時)와……한다 : 한(漢)나라 문신(文臣)인 가의(賈誼)가 문제(文帝)에게 올린 상소문에서 한 말이다. 그 전후 내용은 다음과 같다. "상으로써 선을 권장하고 형벌로써 악을 징계함으로 말하자면 선왕께서 이 정사를 집행하기를 금석과 같이 견고

라고 한 것이니, 전하께서 하늘의 도를 본받으실 것은 아마도 그 말에 지나지 않을 듯합니다. 좁고 잗단 마음을 가진 미천한 이 신하는 끝내 그 직임을 감히 무릎쓰고 받을 수가 없습니다. 삼가 바라건대 밝은 성상께서는 행조에서 이미 베풀어 주신 덕음(德音)을 생각하고 소신의 말뜻이 어디에 있는지를 살피시어, 내린 명을 속히 거두어 신을 비난으로부터 벗어나게 해 주소서. 그리해 주신다면 몹시 다행이겠습니다. 신은 지극히 두렵고 간절한 마음을 금할 수 없습니다.

하게 하였고, 이 명령을 시행하기를 사시와 같이 미덥게 하였으며, 이 공정함을 지키기를 천지와 같이 사사로움이 없게 하였으니, 어찌 도리어 상과 벌을 쓰지 않았겠습니까." 《史記 賈生列傳》

경계할 것을 진달하는 상소 무신년(1668, 현종9) 11월

陳戒疏 戊申十一月

삼가 아룁니다. 신은 질병이 갑자기 심해지는 바람에 소대(召對)에 나아가지 못하였으니, 너무도 황공하여 대죄하는 심정을 금치 못하겠습니다. 신은 또 삼가 생각하건대, 사람이 학문을 하는 목적은 한갓 입과 귀의 밑천이 되게 하고 아름다운 문장을 짓기 위한 것이 아니라, 장차 그것을 통해 지식과 생각을 열고 넓히며 몸과 마음을 닦고 바르게 함으로써 집안을 가지런히 하고 나라를 다스리는 근본으로 삼고자 해서입니다. 그러나 만약 거기에 성실한 마음이 없다면, 아침에 지론(至論)을 듣고서도 저녁에 벌써 그것을 잊어버리며, 밤에 후회하는 마음을 품고도 다음 날 낮에 이미 다시 후회할 일을 하게 되는 것입니다. 이러한 이유로 《중용(中庸)》에서는 "성실하지 못하면 사물이 없게 된다."라고 하였으니, 성인이 어찌 우리를 속이겠습니까.

신이 지난달 그믐께 날마다 입시하였는데, 연신(筵臣)이 "분한 마음을 억제하고 욕심을 막으며, 선(善)을 보면 옮겨 가고 허물이 있으면 고친다."라는 설을 강론해 올렸을 때[73] 성상께서는 온화한 안색을 띠고서 메아리가 치듯 응하여 주셨습니다. 신은 그 광경을 보고 삼가 순

73 연신(筵臣)이……때 : 1668년 10월 29일의 일이다. '연신'은 당시 시강관으로 있던 김만중(金萬重)이다. 당시 김만중이 우암, 송준길을 비롯한 여러 신하와 경연에 나아가 현종과 《심경》의 〈징분질욕장(懲忿窒慾章)〉과 〈천선개과장(遷善改過章)〉을 강론한 것을 가리킨다. 《宋子大全 附錄 卷5 年譜》《顯宗實錄 9年 10月 29日》

(舜)·우(禹)·탕(湯)·무(武)의 성세를 오늘날에 볼 수 있겠다고 생각하였습니다. 그런데 책을 덮자마자 승정원의 신하가 여러 궁가(宮家)의 노비 사패(奴婢賜牌)에 대한 폐단을 진달하였으나 흔쾌히 따라 주지 않으셨고, 이에 그 승지가 재차 신이 진달한 "한칼로 두 동강이를 내고, 한달음에 뛰쳐나간다."라는 말[74]을 인용하면서 우러러 넌지시 아뢰었으나 또 역시 채택하여 받아들여 주지 않으셨습니다. 이는 전하께서 학문과 행위를 두 가지의 일로 여기시는 것으로서 학문이 끝내 쓸모없는 찌꺼기가 되어 버린 것입니다. 이와 같다면 비록 공맹(孔孟)과 정주(程朱)가 날마다 좌우에서 모시면서 의리에 대한 말을 극진히 진달하더라도 무슨 보탬이 있겠습니까.

그리고 신은 또 삼가 느끼는 바가 있습니다. 남북조 시대의 군신들이 꼭 훌륭한 임금과 어진 정승들로만 이루어진 것은 아니었지만 그래도 유사시에는 왕자와 공주로 하여금 각각 재물을 내어 국가의 경비를 돕게 하였습니다. 그런데 오늘날은 국세가 이렇듯 위급한데도, 도리어 나라의 재물을 소모하고 백성에게 해가 되는 짓을 이렇듯 심하게 하도록 내버려 두니, 어찌 개탄하지 않을 수 있겠습니까. 또 떠올려 보건대, 한(漢)나라 광무제(光武帝)는 참역(僭逆)의 무리들을 평정한 뒤에도 감히 저 멀리 10년의 세월을 기약하지 못하였는데,[75] 오늘날은 조만간

74 한칼로……말 : 1666년 11월 14일 우암이 〈가주서 홍억이 전유한 후 올린 서계〔假注書洪億傳諭後書啓〕〉에서 기상 이변의 해결책을 제시하며 비유한 말이다. 《宋子大全 卷22》

75 한(漢)나라……못하였는데 : 한나라 광무제가 남쪽 지방을 순수(巡狩)할 때 자신의 고향인 남돈현(南頓縣)을 방문하여 술과 음식을 관리와 백성들에게 하사하고 1년 치의 전세(田稅)를 면제해 주자 남돈현의 부로(父老)들이 다시 10년 치의 세금을 더

망할지도 모르는 위급한 형세는 돌아보지 않고 도리어 여러 궁가에서 해를 끼치는 짓을 10년이 넘는 오랜 세월 동안이나 하도록 기약해 주고 있으니, 광무제의 마음과 어쩌면 이리도 같지 않단 말입니까. 신은 객지의 우거에서 홀로 잠을 청하려 하는데, 밤새도록 잠은 오지 않고 외로운 회포만 계속해서 이어지는 것을 스스로 억누를 수 없기에 이렇게 감히 진달합니다. 삼가 바라건대 밝은 성상께서는 이 어리석음을 불쌍히 여겨 유념하여 들어주소서. 신은 너무도 간절하고 두려운 마음을 견디지 못하겠습니다.

면제해 달라고 청하였다. 이에 광무제는 "천하는 소중한 기물이라서 나는 항상 감당하지 못할까 걱정하며 하루하루를 지내는데, 어떻게 감히 저 멀리 10년의 세월을 기약하겠는가."라고 하며 그 청을 거절하였다. 《後漢書 光武帝紀下》

물러가기를 청하는 상소 무신년(1668, 현종9) 11월

乞退疏 戊申十一月

삼가 아룁니다. 신은 지난번 승지가 일을 아뢰었을 때[76] 그에 대한 전후 사정을 몰라 잠자코만 있다가 물러 나왔는데, 나온 뒤에 승정원에 문의해 보고 또 원로대신에게 물어본 뒤에야 비로소 이것이 바로 향리에 있을 때 익히 들어 왔던 고질적인 폐단이었음을 알게 되었습니다. 신은 질병이 점점 고질이 되어 입대(入對)하기 쉽지 않은 데다 충언을 진달하고 싶은 마음은 몹시도 간절하였으므로 문득 종이와 먹을 가지고 신의 마음을 드러내어 어리석은 충정을 남김없이 아뢰었습니다. 이는 자못 입고순외(入告順外)의 뜻[77]과 어긋나는 행위이므로 두렵고 걱정된 나머지 다만 가만히 엎드려 어찌할 바를 모르고 있었는데, 뜻밖에도 성상께서 비답으로 너그럽게 용서하시어 변통하겠다는 뜻을 서둘러 보이셨습니다. 이는 실로 지난번 연신(筵臣)이 진강하였던 "분한 마음을 억제하고 욕심을 막으며 선을 보면 옮겨 가고 허물이 있으면 고치기

76 지난번……때 : 1668년 10월 29일 경연이 끝나자마자 승정원의 신하가 여러 궁가(宮家)의 노비 사패(奴婢賜牌)에 대한 폐단을 아뢴 것을 가리킨다. 《顯宗實錄 9年 10月 29日》

77 입고순외(入告順外)의 뜻 : 신하가 좋은 계책을 간하더라도 모두 임금의 덕으로 돌리고 자신의 공으로 삼지 않는다는 의미이다. 《서경》 〈군진(君陳)〉에 성왕(成王)이 군진에게 말하기를 "너에게 아름다운 계책이 있거든 안으로 들어와 너의 임금에게 고하고, 너는 마침내 밖에 나가 가르쳐 말하기를 '이 계책은 우리 임금님의 덕이다.'라고 하라. 아, 신하가 모두 이와 같이 하여야 어질고 드러날 것이다."라고 한 데서 나온 말이다.

를, 마치 산을 무너뜨리고 구렁을 메우듯이 해야 하고 또 마치 바람의 신속함과 우레의 맹렬함처럼 해야 한다."[78]라는 뜻에 부합하는 것입니다. 전하께서 이 뜻을 따라 여타의 일도 미루어 시행해 나가신다면 장차 천하의 선이 모두 모여, 어려움 없이 일이 쉽게 해결될 것이니, 공이 이루어지고 다스림이 안정될 날이 어찌 멀겠습니까. 신은 기뻐 손뼉을 치고 싶은 지극한 마음을 금치 못하겠습니다.

그러나 다만 신은 오랜 병으로 몹시도 고통을 겪고 있는 실정입니다. 저번에 비록 성은을 입어 서쪽으로 가 깊고 궁벽한 곳에 머물며 편한 대로 몸조리를 하였음에도 효과를 거두지 못하였습니다. 그런데 지금은 새로운 증세가 더 발생하여 해수와 천식과 설사가 한꺼번에 겹쳤는데, 노쇠해져 버린 정력과 혈기가 그것을 대적해 내기 어려울 것으로 생각됩니다. 만일 또다시 크나큰 은혜에 감격한 나머지 계속 머무르고 물러나지 않다가 하루아침에 목숨이 끊어져 사방의 웃음거리가 된다면, 한갓 신의 몸과 명예만 비로 땅을 쓴 듯이 없어질 뿐만이 아니라, 밝은 성상의 입장에서도 신을 대우해 주셨던 본래의 취지를 상실하는 결과가 될 것이니, 이는 작은 일이 아닙니다. 삼가 바라건대 밝은 성상께서는 물러나도록 허락하시어 신이 시골로 돌아가 죽을 수 있도록 해 주소서. 그리해 주신다면 군신간의 정리(情理)와 예법(禮法)이 모두 온전하게 되어 더 이상의 여한이 없게 될 것입니다. 신은 너무도 절박하고 간절한 심정을 가누지 못하겠습니다.

78 분한……한다 : 《심경부주(心經附註)》 〈징분질욕장(懲忿窒慾章)〉과 〈천선개과장(遷善改過章)〉에 나오는 주희의 말을 우암이 인용한 것이다.

하례하는 반열에 나아가지 못해 대죄하고 사직을 청하는 상소[79] 무신년(1668, 현종9) 11월

未赴賀班待罪乞免疏 戊申十一月

삼가 아룁니다. 오늘 이 좋은 날에 중외의 사람들이 다 함께 경하를 하는데, 신은 오랜 병이 더욱 악화된 나머지 기뻐 손뼉 치는 그 반열에 참여하지 못하고 있으니, 정리와 예법에 이보다 더한 흠결이 없습니다. 신은 너무 황공하여 처벌을 기다리는 마음을 가눌 수 없습니다. 삼가 생각건대, 자애로운 성상께서는 노쇠하고 병든 신을 불쌍히 여겨 한직에 두셨는데, 그럼에도 일상적인 알현조차도 참여하지 못하니 비록 성상께서 은혜로이 말미를 주셨으나 신이 어찌 감히 스스로 마음이 편할 수 있겠습니까. 삼가 바라건대 밝은 성상께서는 신의 이름을 명부에서 삭제하여 분수를 편안히 여기게 해 주소서. 그리해 주신다면 몹시 다행이겠습니다. 신은 지극히 두렵고 떨리는 마음을 금할 수 없습니다.

79 하례(賀禮)하는……상소 : 1668년 11월 19일에 제출되었다. 이날은 동지(冬至)로, 백관이 조회하여 하례를 올렸다. 《宋子大全 附錄 卷5 年譜》

성학에 힘써 큰 뜻을 세울 것을 청하는 차자 무신년(1668, 현종9) 11월

請懋聖學立大志箚 戊申十一月

삼가 아룁니다. 천운이 순환하여 양덕(陽德)이 비로소 밝았으니, 무릇 천지 사이에 있는 존재들은 그 어느 것이든 다시 소생할 뜻을 가질 것입니다. 하물며 성학이 날로 진취되고 성덕이 날로 새로워짐으로써 우리 조종(祖宗)과 신민(臣民)의 바람을 위로하는 일을, 이제는 새롭게 시작하여 스스로 멈출 수 없을 것입니다. 이에 신은 간절히 기대하는 심정을 금치 못합니다.

신은 늙고 병들어 곧 죽을 몸이라 온갖 상념이 모두 사그라졌으나, 오직 임금을 사랑하고 나라를 걱정하는 마음만큼은 끝내 없어지지 않았습니다. 그러나 그 가운데 별달리 성상께 도움이 될 만한 것이 없었기에 전일 한두 차례 어전에 나아갔을 때 무왕(武王)과 주공(周公)의 '계지술사(繼志述事)의 효'를 가지고 성상에게 말씀드렸던 것입니다.[80] 그러나 무왕과 주공의 효는 거저 이룰 수 있는 것이 아닙니다. 반드시

80 전일……것입니다 : 우암은 1668년 10월 30일 경연에 참석하여 《심경》을 진강하고 주(周)나라 무왕과 주공의 '계지술사의 효'를 언급함으로써 선왕인 효종의 뜻과 사업에 대한 계승을 강조하였다. 계지술사의 '계지(繼志)'는 어버이의 뜻을 잘 계승하는 것을 말하며, '술사(述事)'는 어버이의 일을 잘 따라서 하는 것을 말한다. 우암은 이 자리에서 효종이 때를 잘못 만났지만 천하의 대의를 분명하게 밝혔다고 하면서, 효종이 이루지 못한 북벌의 대의를 다시 한 번 상기시키고 그와 함께 필수적으로 선행되어야 할 내면 공부, 즉 성학의 중요성을 강조하였다. 《顯宗實錄 9年 10月 30日》

성학에 힘씀으로써, 눈과 귀를 활짝 열고 뜻과 기운을 분발하며, 그 기초를 두텁게 하고 그 뿌리를 깊게 하며, 자기를 극복하고 홀로 있을 때 삼가서, 천리가 날로 밝아지고 인욕이 날로 사라지게 해야 합니다. 그런 뒤에야 말을 엮어서 일을 판결할 때 시원스레 여유가 생겨 천하의 일이 절로 다스려질 것입니다.

전하께서는 춘추가 한창이고 혈기가 왕성하시니, 기왕의 잘못에 대해서는 이미 보완할 수 없다고 하더라도 앞으로 힘쓸 일에 대해서는 더 이상 의심하고 주저해서는 안 됩니다. 이제부터는 뜻을 가다듬고 분발하여 정일(精一)과 극복(克復),[81] 징질(懲窒)과 천개(遷改)[82]의 실제에 마음을 집중하시어, 성상의 마음에 해가 되는 모든 사사롭고 삿된 것이 다시는 싹트지 못하도록 한칼에 잘라내 버리소서. 그렇게 하신다면 덕성이 날로 드높아지고 공이 크게 이루어짐으로써 위로는 조종의 무거운 부탁을 완수하고 아래로는 신민의 간절한 기대에 응답하실 수 있을 것입니다.

81 정일(精一)과 극복(克復) : '정일'은 유정유일(惟精惟一)의 준말로, 순(舜) 임금이 우(禹)에게 선양(禪讓)하면서 "인심(人心)은 위태롭고 도심(道心)은 은미하니, 정밀하게 하고 한결같이 하여야 진실로 그 중을 잡을 수 있다."라고 한 것을 가리킨다. 《書經 大禹謨》 '극복'은 극기복례(克己復禮)의 준말로, 안연(顔淵)이 인(仁)에 대해서 묻자 공자가 "자기를 이기고 예로 돌아가는 것이 인을 실천한다는 것이다."라고 한 데서 온 말이다. 《論語 顔淵》

82 징질(懲窒)과 천개(遷改) : '징질'은 징분질욕(懲忿窒慾)의 준말로, 《주역》 〈손괘(損卦) 상(象)〉에 "산 아래에 못이 있는 것이 손(損)이니, 군자가 이를 보고서 분노를 참고 욕심을 막는다."라고 하였다. '천개'는 개과천선(改過遷善)의 준말로, 《주역》 〈익괘(益卦) 상(象)〉에 "바람과 우레가 익(益)이니, 군자가 이 상(象)을 보고서 선을 보면 옮기고 허물이 있으면 고친다."라고 하였다.

전하께서는 구중궁궐의 깊은 곳에서 묵묵히 계시면서 '내 마음의 사정(邪正)에 대해 아랫사람들이 아무도 엿보지 못할 것이다.'라고 하시더라도, 이치는 밝게 드러나는 법이어서 가릴 수 없는 점이 있습니다. 더구나 언어와 정사 간에 드러나는 것은 모두 그 마음으로부터 생겨나니, 식견 있는 선비치고 그 누가 항간에서 떠들고 수군거리며 "한가하고 혼자 계실 때 공부하시는 것이 성현의 학문에 있지 않다."라고 의심하지 않겠습니까. 일 처리의 잘잘못에 대해서는 신이 사대(賜對)하던 날 이미 대략 진달한 바 있는데, 이는 감히 잘못된 것을 일일이 바로잡으려고 했던 것이 아니라, 일에 드러난 것을 통해서 근본이 되는 지점을 우려한 것이었습니다. 그런데 다행히도 어제 진달한 '계지술사'의 설에 대해 전하께서 이미 유념하고 경청하셨으니, 이제부터는 옛것을 고쳐 새롭게 하며 이전의 잘못을 징계하고 훗날의 일을 삼가소서. 그리하여 반드시 사사로이 덮어 줌이 없는 하늘과 사사로이 실어 줌이 없는 땅과 사사로이 비춰 줌이 없는 해와 달[83]을 본받아야 할 대상으로 삼는 한편, 가르치고 타이르는 일과 금지하고 경계하는 일을 반드시 집안사람으로부터 시작하여, 여러 궁가의 제택(第宅)·노비·토전(土田)에 대해서는 일체 등급과 규정에 맞게 소유하도록 하시고, 그 산림(山林)·천택(川澤)을 통해서 얻는 이익에 대해서는 침범을 자행함으로써 성상에게 원망이 돌아가게 하는 짓을 절대로 하지 못하도록 하소

83 사사로이 덮어……달 : 《예기》 〈공자한거(孔子閑居)〉에 "하늘은 사사로이 덮어 줌이 없고, 땅은 사사로이 실어 줌이 없으며, 해와 달은 사사로이 비쳐 줌이 없으니, 이 세 가지를 받들어 천하를 다스린다. 이것을 세 가지 사사로움이 없는 것이라고 한다."라고 하였는데, 임금이 만백성을 공평무사하게 다스려야 한다는 뜻으로 쓰인다.

서. 그러면 조정에 있는 모든 신하들이 그 누가 순정하고 결백한 일심(一心)으로 아름다운 덕을 받들지 않겠습니까.

신은 여러 궁가에 소요되는 물량을 삭감한다고 해서 그것이 나라의 재용을 넉넉하게 하고 백성들의 노고를 덜어 주기에 충분하다고 여기는 것은 아닙니다. 단지 임금이 마음을 바르게 하고 몸을 수양하는 것의 실제적인 적용 대상은 집안사람보다 우선하는 것이 없으며, 법령의 시행은 반드시 고귀하고 가까운 종친에게 먼저 이루어져야 한다고 생각하는 것일 뿐입니다. 그래서 우리 선왕께서 어사를 파견하실 때에도 여러 궁가에서 폐단을 끼치는 일을 모조리 염탐하도록 하셨으니,[84] 이는 의도하는 바가 따로 있으셨던 것입니다.

전하께서는 당장 오늘이 가기 전 다음과 같은 내용으로 덕음(德音)을 한번 반포해 보소서. 우선 내수사를 혁파하여 이조에 붙여 주고 절대로 간여하는 바가 없게 한 뒤에 제도와 법령을 상고하여 규정을 넘는 여러 궁가의 제택을 헐어 버립니다. 그다음 선조(宣祖) 초년에 제정한 '노비 8구(口)'의 제도에 의거하여 이를 초과한 경우에는 모조리 제거합니다. 또 직전제(職田制)를 상고하여 입안(立案)을 빙자해 백성의 전토를 불법으로 빼앗은 것은 다 혁파하고, 그 외에 시장(柴場)·염분(鹽盆)·어살(魚箭)·원당(願堂)·선세(船稅) 등 공익을

84 우리……하셨으니 : 1659년(효종10) 4월 효종이 남구만(南九萬), 김수홍(金壽興) 등을 비롯한 암행 어사의 파견을 앞두고 우암에게 염문절목(廉問節目)을 주면서 대신들과의 토의를 거쳐 도로 바치도록 한 뒤 그 내용을 다시 가감하고 봉서(封書) 속에 담아 출발을 앞둔 어사들에게 나누어 보냈는데, 그 가운데 여러 궁가에서 발생되는 폐단에 대해서는 특별히 기록하여 강조하였다.《孝宗實錄 10年 4月 18日》《宋子大全 卷10 辭職仍陳戒疏》

해치고 백성을 수탈하는 것들은 종류별로 통렬하게 혁파합니다. 그럼으로써 중외의 대소 신민들로 하여금 성상의 뜻이 어디에 있는지 분명히 알게 한 다음에 조정의 신하들을 독려하여 제각기 사사로움을 잊고 공의를 위해 봉사하도록 하소서. 그리하신다면 장차 우레가 울리고 번개가 치고 바람이 불고 비가 내리듯 천하가 크게 호응하여 성상의 뜻을 기다릴 것입니다. 그중에 따르지 않는 자는 끝내 유사(有司)의 법으로 다스린다면 아무리 유방찬극(流放竄殛)[85]의 형벌에 처해지더라도 그 누가 감히 원망하는 마음을 품겠습니까.

그런데 만일 다시 그럭저럭 시일만 미루면서 갈팡질팡하신다면 전하의 뜻이 확립되지 않고 학문에 힘쓰지 않으신 것을 그를 통해 알 수 있게 될 것이니, 비록 공맹(孔孟)과 정주(程朱)가 날마다 연석(筵席)에서 모신다 하더라도 무슨 보탬이 있겠습니까. 은둔하던 선비들은 장차 산속에 더욱 깊이 들어가지 못할까 두려워할 것이고, 밤낮으로 수고하는 조정의 신하들 또한 굶주린 까마귀와 웅크린 봉새라는 비난[86]을 면치 못할 것이니, 두려워하지 않을 수 있겠습니까. 그렇다면 성학

85 유방찬극(流放竄殛) : 순(舜) 임금이 사흉(四凶)에게 시행한 형벌이다. 유(流)는 멀리 귀양 보내는 것, 방(放)은 일정한 곳에 두고 다른 곳으로 못 가게 하는 것, 찬(竄)은 몰아내서 금고(禁錮)하는 것, 극(殛)은 가두어서 곤궁하게 하는 것으로, 죄의 경중에 따라 법을 달리하였다. 《書經 舜典》

86 굶주린……비난 : 늙고 병들었는데도 물러날 줄 모르는 것에 대한 비난을 가리킨다. 송(宋)나라의 증공량(曾公亮)이 오랫동안 권력을 쥐고 있었는데, 그의 권세가 워낙 대단하여 간관들조차 이에 대해 비판하는 자가 없었다. 이복규(李復圭)가 "늙은 봉황새 연못가에서 웅크린 채 떠나지 않고, 굶주린 까마귀는 어사대(御史臺) 위에서 입 다문 채 울지 않네.〔老鳳池邊蹲不去, 飢烏臺上噤無聲.〕"라는 시를 지어 기롱하자, 증공량은 어쩔 수 없이 관직을 사양하였다. 《三朝名臣言行錄 卷6》

(聖學)에 힘써 사욕을 극복하고 가정을 올바르게 하는 것이야말로 계지술사의 실질적 행위가 되고, 이와 반대로 자질구레한 일들에 노력을 쏟는 것은 계지술사의 말단적인 행위가 됩니다. 그래서 신이 지난날 번번이 맹자의 "약이 독하지 않으면 병이 낫지 않는다."라는 말과 주자의 "세상에 둘도 없는 큰 공은 쉽게 세울 수 있지만 지극히 은미한 본심은 보존하기가 어렵고, 중원 땅의 오랑캐는 쉽게 쫓아낼 수 있지만 내 한 몸의 사사로운 생각은 없애기가 어렵다."라는 말을 어전에서 우러러 진달하였던 것이니, 바라건대 전하께서는 깊이 유념해 주소서.

그런데 신이 삼가 조정 신하들이 하는 말을 들어 보니, 전하께서는 직언하는 신하를 몹시 미워한다고 합니다. 그러한 까닭에 김익경(金益炅)이 관원 임용의 가부를 표한 것은 그 형이 탄핵을 입기 전의 일임에도 전하께서는 사적으로 치우쳤다는 핑계를 대며 무거운 죄를 내리셨다[87]고 하고, 이민서(李敏敍)가 전하의 뜻을 거스른 것은 남의 비밀을

87 김익경(金益炅)이……내리셨다 : 김익경은 우암의 문인이자, 우암의 스승인 사계(沙溪) 김장생(金長生)의 손자이다. 본관은 광산(光山), 자는 계명(啓明)이다. 1667년 7월 23일 사헌부 지평 신경윤(愼景尹)이 김익경의 형 김익훈(金益勳)의 패려한 행실을 탄핵하는 상소를 올렸다. 그러자 김익훈과 김익경 형제는 신경윤의 양부(養父)인 신영건(愼永健)이 광해군 때 인목대비 폐모론에 간여한 흉인(凶人)이니 흉인의 자식을 청반(淸班)에 두는 것은 부당하다고 비난을 퍼부었고, 이에 신경윤은 터무니없는 무함을 입었다며 인피하였다. 마침내 이 세 사람은 이듬해 3월 의금부에 송치되어 조사를 받게 되었고, 결국 현종은 신경윤에 대해서는 과거의 일을 명백히 밝힐 만한 문서가 없다고 하면서 석방을 해 주고 김익훈과 김익경에 대해서는 처벌을 내릴 것을 명하였다. 그런데 이때 김익경에게는 특히 신경윤을 헐뜯은 죄뿐만 아니라, 사적인 정에 따라 함부로 인물의 가부를 정하는 언사를 하고 그러한 내용을 관원의 임명을 위한 입계 문서(入啓文書)에 써넣기까지 하였다고 꾸짖으면서 더욱 중한 처벌을 지시하였다. 《顯宗實錄 8年 8月 13日, 9年 3月 26日·5月 16日》

들추어 곧은 체하려는 의도에서 나온 행동이 아니었는데도 그를 멀리 하읍(下邑)에 보임하여 오래도록 소환하지 않으신다[88]고 합니다. 이것들은 모두 오늘날 응당 말해야 할 사안들입니다. 신은 생각건대, 밝은 성상께서 뜻을 세워 학문에 힘쓰고 사특함을 막아 몸을 바르게 하신다면, 인물의 현부(賢否)와 일의 시비(是非)가 성상의 밝은 안목을 피할 수 없을 것이고, 인물의 등용과 일을 처리하는 것이 절로 바름에 귀결될 것입니다. 옛날 맹자가 일을 말하지 않고 명도(明道)가 인물을 논하지 않았던 것[89]은 모두 이런 의도에서였는데, 이런 까닭으로 신이 끝내 감히 말하지 않았던 것입니다. 신은 질병이 점점 고질이 되어 죽을 날이 임박했으므로 오늘 하례하는 반열에도 나갈 수 없었으니, 너무 황공하여 대죄하는 마음을 견디지 못하겠습니다. 근심 걱정과 답답한 심정으로 밤새도록 잠을 이루지 못한 채 등불을 켜고 앉아 이 소차를

88 이민서(李敏敍)가……않으신다 : 이민서의 본관은 전주, 자는 이중(彝仲)이다. 이민서는 1666년 현종이 온천에 거둥했을 적에 일을 담당한 신하들에게 모두 자급을 올려 주라는 명이 있었는데 외척 중에도 같이 받은 자가 있자 이를 논박하였고, 뒤이어 경상도 관찰사 민점(閔點)이 울산 부사(蔚山府使) 남천택(南天澤)의 잘못을 즉각 보고하지 않았다며 대신들의 탄핵을 받았는데 우의정 허적(許積)이 그를 비호하자 역시 이를 논핵하는 등 현종의 비위에 거슬리는 직언을 계속하였다. 그리하여 마침내 1667년 6월 25일 그는 나주 목사(羅州牧使)에 제수되었다. 《屛山集 卷10 先府君行狀》《顯宗實錄 8年 6月 25日》

89 맹자가……것 : 《순자(荀子)》 〈대략(大略)〉에 "맹자가 세 번 제 선왕(齊宣王)을 만나 보고도 일을 말씀하지 않자, 문인이 '어찌하여 세 번이나 제 선왕을 만나 보고도 정사를 말씀하지 않았습니까?' 하고 물으니, 맹자가 대답하기를 '나는 먼저 그의 사심(邪心)을 다스렸다.'라고 하였다." 하였다. 명도는 북송(北宋)의 학자 정호(程顥)의 호이다. 신종(神宗)이 인물을 논하자 명도가 말하기를 "폐하께서는 어찌 천하의 선비를 가볍게 다루십니까."라고 하였다. 《二程全書 卷42 明道行狀》

초록하다 보니 말에 두서가 없습니다. 전하께서는 불쌍하게 여겨 용서하시고 살펴 주소서.

송자대전

제13권

소차
疏箚

도성 안에 들어와 있으라는 명을 사양하는 상소 무신년(1668, 현종9) 11월

辭入處城裏疏 戊申十一月

삼가 아뢰니다. 신이 어제 삼가 성상의 유지를 받들어 보니, 신에게 도성 안에 들어와 거처하라는 내용이었습니다. 신은 질병이 점차 고질이 되어 운신할 방법이 없으니, 응당 증세가 약간 가라앉고 날씨가 조금 따뜻해지기를 기다린 뒤에야 성상의 분부를 받들 수 있을 것입니다. 다만 하는 일이 전혀 없는 신이 공연히 그릇된 은총과 보살핌을 입은 사실 자체만으로도 이미 큰 죄인데, 천신의 질병이 이런 상황이라 죽을 날이 날로 닥쳐오니, 신의 낭패스러움이 극심하다 할 것입니다. 삼가 바라건대 자애로운 성상께서는 특별히 불쌍히 여기고 살펴 주시어, 일단 고요한 곳에 칩거하며 편의대로 몸조리하게 해 주심으로써 조금이나마 살길을 찾게 해 주소서. 그리해 주신다면 몹시 다행일 것입니다.

물러나기를 청하는 상소 무신년(1668, 현종9) 11월
乞退疏 戊申十一月

삼가 아룁니다. 자애로운 성상께서 미천한 신을 걱정하고 염려하시어 직명의 체차를 허락하고 한적한 곳에 머물도록 해 주셨으니, 비록 죽을 때까지 성상이 계시는 도성에서 머문다 하더라도 어찌 속박으로 불편하다는 마음을 품겠습니까. 다만 털끝만큼의 도움도 드리지 못하는데 은혜로운 대우가 날로 더해지니, "녹을 먹으면서 그 일을 태만히 하면 반드시 하늘의 재앙이 생긴다."라고 하는 옛말이 있는바, 태만해도 그 정도인데 하물며 하는 일이 전혀 없는 경우는 어떻겠습니까. 사람들이 비록 아무런 말을 안 하더라도 귀신은 분명 은밀히 해칠 것이기에, 신은 마치 나무 위에 앉아 떨어질까 염려하는 사람처럼 밤낮을 걱정과 두려움 속에 있습니다. 그러다 어제 또 소문을 들었는데, 관사에서 강제로 인가(人家)를 비우라고 요구하면서 성상의 유지를 받들어 장차 신을 그곳에 머물게 하려 한다는 것이었습니다. 신은 이에 더욱 경악하여 땀이 온몸을 적셨습니다. 신의 자식이 사는 집 또한 도성 안에 있으니 애당초 그곳에 머물 수는 있었지만, 신이 우거하고 있는 곳이 몹시도 조용하고 편안하여 병을 조리하는 데에 적합하였기에 여태껏 이곳에 기거하고 있었습니다. 그런데 밝은 성상께서 기필코 신을 가까운 곳에 두려는 의도에 따라 이 엄혹한 추위에 거주민을 몰아내리라곤 생각지도 못하였습니다. 한 사람만 소외되어도 화기(和氣)를 손상하기에는 충분한 것입니다.

대저 신이 헛되이 은혜를 받은 횟수는 정말 셀 수 없을 정도입니다.

하루를 머물면서 하루의 은혜를 그릇되게 받고 한 달을 머물면서 한 달의 은혜를 그릇되게 받으니, 하루의 은혜를 그릇되게 받으면 하루의 죄를 짓게 되고 한 달의 은혜를 그릇되게 받으면 한 달의 죄를 짓게 되므로, 신이 삼가 스스로에 대해 생각해 보건대 이미 더할 수 없는 죄를 짓는 지경에까지 이른 것입니다. 신이 비록 지극히 우매하나 어찌 두려워할 줄 모르겠습니까. 또 신의 묵은 병이 오래도록 낫지 않다가 현재 갑자기 심해져 버렸으니, 비록 자애로운 성상께서 매번 의약(醫藥)을 보내 주시긴 하였으나 기와 혈이 이미 탈진된 상태입니다. 만일 불행하게도 하루아침에 여기에서 죽어 세상의 큰 비난을 받는다면 이 어찌 성세(聖世)에서 듣기를 바라는 일이겠습니까. 삼가 바라건대 자애로운 성상께서는 신이 처한 상황을 가련히 여겨 고향으로 돌아가 죽을 수 있도록 허락해 주소서. 그리해 주신다면 끝까지 한결같은 망극한 그 은혜를 장차 어찌 보답할 수 있겠습니까. 신은 간절히 바라는 절절한 심정을 이기지 못하여 삼가 죽음을 무릅쓰고 이렇게 아룁니다.

우의정을 사직하는 상소 무신년(1668, 현종9) 11월

辭右議政疏 戊申十一月

삼가 아룁니다. 신이 지난번 행조(行朝)에서 사대(賜對)하던 날[1] 전하께서는 "이렇게 어가를 따라 올라간다면 응당 사양하는 바를 들어주겠다."라고 직접 하교하셨고, 신 역시 죽음을 무릅쓰고 "혹 체직해 주신다면 감히 성상의 하교를 받들지 않을 수 있겠습니까."라고 우러러 아뢰었습니다. 이에 밝은 성상께서 즉시 직명의 개차를 명해 주심에 따라 신은 마침내 죽음을 견디며 어가를 수종하였는데, 그러자 전하께서는 또 편의대로 병을 조리하도록 하셨습니다. 그리하여 여태 석 달 동안을 편안히 쉬는 가운데 크나큰 은혜를 우러러 떠받들면서 장차 결초보은하리라 다짐하였습니다.

그런데 뜻밖에도 지금 이전에 내린 명을 다시 내리시니, 이에 따라 전하의 은총과 자애는 끝까지 관철되지 못하고 미천한 신하의 낭패스러움은 한층 더하게 되었는바, 이는 당초에 전하께서 직접 하교하셨던

1 행조(行朝)에서 사대(賜對)하던 날 : 행조는 행궁(行宮)의 조정을 말하며, 여기에서는 온양(溫陽) 행궁을 가리킨다. 1668년 9월 4일 우암은 눈병 치료를 위하여 약 한 달간 온양 행궁에 머물던 현종을 찾아가서, 어가를 수행하고 함께 서울로 올라가겠다는 조건을 내세워 우의정의 체직을 재차 요청하였고, 결국 그 요청이 받아들여져 우암은 판중추부사로 임명되어 환궁 행차에 동참하였다. 그러나 길에 나선 지 3일 만에 그는 병을 핑계로 동교(東郊)에서 더 이상 앞으로 나아가지 않고 그곳에 계속 머물러 있게 해 달라는 요청을 한 끝에 현종의 허락을 받았다. 《宋子大全 卷12 自溫泉隨駕至東郊待罪仍請收還上秩疏, 附錄 卷5 年譜》

뜻이 전혀 아닙니다. 신이 가진 재능과 역량은 아무런 도움도 되지 못하고 질병은 위태로워 조만간 죽기만을 기다리고 있는 처지에서, 어찌 끝내 객귀(客鬼)가 되어 은혜로 감싸 주시는 전하의 은혜를 손상하려는 마음을 품겠습니까. 신은 의리상 마땅히 나아가 하직을 고하며 성상과 영원히 이별해야 하겠으나 근력이 따라 주지 않아 미천한 이 정성을 이룰 수가 없기에, 대궐을 멀리 바라보며 그저 눈물만 흘릴 뿐입니다. 신은 지극히 간절하고 두려운 마음을 금할 수 없습니다.

두 번째 상소 무신년(1668, 현종9) 11월

二疏 戊申十一月

삼가 아룁니다. 신은 받은 총애가 극도로 융숭하지만 그에 대한 보답이 전무한 가운데 나이는 더 들어 가고 질병은 갈수록 고통스럽기에 고향으로 돌아가고자 하는 마음이 날이 갈수록 절실하였습니다. 그런데 지금 이 새로운 명이 꿈에도 전혀 생각지 못한 가운데 또 내려지니, 신의 곤궁한 사정은 가히 극에 달하였다 하겠습니다. 전하께서는 지레 돌아간 신의 행동[2]을 죄주지 않으시고 사관을 한 차례, 승지를 두 차례 보내어 도리어 따뜻한 유지를 내리셨으니, 무슨 이유로 더할 나위 없는 죄를 지은 신에게 전에 없는 은혜가 갈수록 보태지는 것입니까.

또 어제 성상의 유지에서 "국사를 부지하라."라고 하교하셨는데, 신은 이에 더욱 두려운 마음을 이기지 못하겠습니다. 근자에 신이 비록 한가로운 곳에 머물고 있었지만 전하께서는 언제나 신을 가까이 데려다 두시면서 무릎을 맞대며 성상이 보고 듣는 자리 곁에 머물도록 하시니, 신이 만일 마음속에 품은 생각이 있다면 무슨 이유로 감히 나아가지 않겠습니까. 그러나 그로부터 3개월이 지난 지금까지 도움이 될 만한 계책을 하나도 내지 못하였으니 지금 비록 의정부에 머물게 한다고 한들 어찌 족히 별다른 영향을 끼치겠습니까. 신은 심상한 은전조차

2 지레……행동 : 우암은 이 소장이 제출되기 하루 전인 1668년 11월 28일 우의정을 사양하는 소를 제출하고 곧바로 광주(廣州) 궁촌(宮村)으로 물러 나갔다. 《宋子大全 附錄 卷5 年譜》

감당치 못하여 연일 두려움 속에 밤에도 배회하면서 때로 날이 새도록 잠들지 못합니다. 더구나 지금 이 제수하는 명 앞에서는 더욱 어찌할 바를 모르겠으니, 실로 "스스로 이곳에 온 것을 후회하지만, 떠나고자 해도 그렇게 될 수가 없다."[3]라는 경우입니다. 신은 비록 별 볼일 없는 자이나, 그래도 하직하지 않고 지레 나가는 것이 감히 해서는 안 되는 일이라는 것쯤은 알고 있거니와, 우러러 공정(孔鼎)에 새겨진 명문(銘文)을 생각해 보건대 또한 거기에 "담장을 따라 달아난다."라는 말이 있으니,[4] 실로 이는 지금 저의 심정을 앞서서 깨달은 말입니다. 또한 바라건대 밝은 성상께서는 미천한 신의 이 충정을 헤아려 속히 명을 거두심으로써, 지난날 걱정하고 염려해 주셨던 지극한 뜻이 오늘날에 끝마쳐질 수 있도록 해 주시고, 신으로 하여금 죄에 점점 더 들어가지 않도록 해 주소서. 그렇게 해 주신다면 실로 천지가 만물을 생성해 주는 것과 같은 지극한 은혜일 것입니다. 신은 지극히 두렵고 간절한 마음을 금할 수 없어 삼가 죽음을 무릅쓰고 이렇게 아룁니다.

3 스스로……없다 : 남송(南宋)의 주희(朱熹)가 1182년(순희9)에 당시 재상이던 왕회(王淮)의 추천을 받아 양절동로(兩浙東路)의 상평다염공사(常平茶鹽公事)를 맡았을 때 왕회에게 보낸 편지에 나오는 말이다. 중앙 정부에 기민 구휼 대책을 마련하도록 요구하였지만 뜻대로 되지 않는 상황을 한탄한 것이다. 《晦庵集 卷26 上宰相書》

4 공정(孔鼎)에……있으니 : '공정'은 춘추 시대 송(宋)나라의 정경(正卿)이자 공자(孔子)의 선조인 정고보(正考父)의 사당에 있는 솥인데, 거기 새겨진 명문에 "한 번 명을 받아서는 숙이고, 두 번 명을 받아서는 굽히고, 세 번 명을 받아서는 구부려 담장을 따라서 달아나니 또한 감히 나를 업신여기는 자가 없었다."라고 하였다. 여기서는 황공하여 벼슬을 감히 받지 못함을 말한다. 《春秋左氏傳 昭公7年》《史記 孔子世家》

세 번째 상소 무신년(1668, 현종9) 12월

三疏 戊申十二月

삼가 아룁니다. 소신의 망녕된 행동에 따른 죄악은 이루 다 말할 수 없을 정도라, 조정에서 반드시 유사(有司)의 법으로 논할 것이라고 생각하였습니다. 그런데 뜻밖에 성상께서 도리어 너그럽게 용서하는 뜻을 보이시고 또 뒤따라 은전이 한층 더해져 다섯 차례나 근시(近侍)를 보내어 정성스럽고 간절한 유지를 전하셨으며 급기야 마지막에는 특별히 중신(重臣)[5]을 보내어 차분히 일깨우도록 하셨으니, 신이 이에 당혹스럽고 두려워 더욱 몸 둘 바를 몰랐습니다. 미천한 신이 처한 상황은 신이 올린 소본(疏本) 및 근시가 그동안 회계(回啓)한 글 속에 이미 남김없이 담겨 있습니다. 오직 대궐로 돌아가 스스로 죄벌을 청하는 것이 신의 분수와 의리상 당연한 것이겠지만, 미천한 신의 질병이 위태롭고 악화됨에 따라 몸을 일으켜 움직이기가 불가능한 까닭으로 개인 처소에서 삼가 엎드려 밤낮으로 주저하고만 있으니, 신의 처지를 어디에다 호소하겠습니까. 다만 성상께서 은혜를 베풀어 이미 신의 죄를 용서해 주셨으니, 바라건대 곡진히 살펴 주시어 속히 신의 직책을 체차하여 죄가 더해지지 않도록 해 주소서. 그리해 주신다면 몹시 다행이겠습니다. 신은 지극히 두렵고 간절한 마음을 금할 수 없습니다.

5 중신(重臣) : 당시 호조 판서로 있던 민정중(閔鼎重)을 가리킨다.《承政院日記 顯宗 9年 12月 1日》《宋子大全 附錄 卷5 年譜》

병중에 소회를 진달하는 상소 무신년(1668, 현종9) 12월

病中陳所懷疏 戊申十二月

삼가 아룁니다. 신이 삼가 산촌에 숨어 있으면서 편의대로 병을 조리함에 따라 한가하고 고요한 정취를 계속 누리고 객지살이의 괴로움을 모두 잊게 되었으니, 터럭 하나조차 모두 성상의 덕택이기에 신은 밤낮으로 감격하여 어떻게 보답해야 할지 알지를 못하였습니다. 다만 노쇠한 신의 병은 이미 고질이 되어 내부가 다 상해서 외부에도 병이 번갈아 일어나니 비록 자애로운 성상께서 특별히 진념하여 의약을 계속 내려 주셨으나, 조금 나았다가 이내 크게 다시 나빠져 회복될 가망이 없습니다. 삶이 있으면 죽음이 있는 것은 밤이 있으면 아침이 있는 것 같은 필연적인 이치이기에 다만 조용히 죽을 날만을 기다릴 뿐이었는데, 그런데도 밝은 성상께서는 신의 변변치 못함을 알지 못하고 신을 책면(策勉)하는 뜻이 지극히 깊고 간절하셔서 다른 사람에게 말할 수 없는 점마저 있습니다. 신이 다시 제 자신을 헤아려 보건대 엉성하고 용렬할 뿐 아니라 병이 이와 같아 정신이 다 사그라졌습니다. 그러므로 성상의 뜻을 받들고도 만분의 일이나마 도와 드리지 않고 오직 물러나기만을 생각하였으니, 신의 죄가 만번 죽어도 오히려 남을 것이므로 황공하여 몸 둘 곳을 모르겠습니다.

신이 병고(病苦)로 신음하느라 밤잠을 이루지 못하다가 우연히 선조대왕(宣祖大王)의 전교(傳教)에서 "조정에서 만약 사(私) 자 하나를 버린다면 수길(秀吉)의 머리를 휘하(麾下)에 가지고 올 수 있을 것이다."라고 한 말이 떠올랐습니다. 이는 성인(聖人)의 위대한 말씀이라

하겠습니다. 그러나 먼저 일신의 사(私)를 버리지 않았다면 이런 말을 널리 알릴 수 없었을 것이니 사욕을 이겨 큰일을 이루려는 성조(聖祖)의 뜻을 대략 상상할 수 있습니다. 신은 또 이 말씀에 이어서 주자(朱子)가 송(宋)나라 황제에게 고한 말[6]이 떠올랐는데, 그 말은 대략 다음과 같습니다. "임금의 한 마음에 천리(天理)와 인욕(人欲)의 분별이 있으면 공(公)·사(私), 사(邪)·정(正)의 길이 판가름 납니다. 공정한 임금은 편히 지내되 날로 정치가 아름다워지고, 사(私)에 힘쓰고 간사한 임금은 수고롭되 날로 정치가 잘못됩니다. 이러므로 임금이 정심(正心)·성의(誠意)를 한 뒤에 반드시 돈후(敦厚)·성실(誠實)·강명(剛明)·공정(公正)한 현자(賢者)로서 총명(聰明)·달리(達理)·직량(直諒)·감언(敢言)·충신(忠信)·염결(廉潔)이 큰일을 할 만하고 지조를 지킬 만한 사람을 구하여 여러 벼슬자리에 앉혀 위로 군덕(君德)을 보좌하고 아래로 방본(邦本)을 견고하게 하는 것은 변역(變易)할 수 없는 천리입니다."

신이 삼가 생각건대 주자는 바야흐로 중흥의 대업을 당시 임금에게 기대하였으나 말한 바가 여기에 불과하였으니, 신이 지극히 어리석은 자이지만 이와 같이 하면 성공할 수 있고, 이와 같이 하지 않으면 큰일을 이룰 수 없다는 사실을 분명히 알고 있습니다. 그러므로 감히 이 글을 올리니 삼가 바라건대 밝은 성상께서는 성조를 본보기로 삼고

6 주자(朱子)가……말 : 남송(南宋)의 주희(朱熹)가 1181년 절동제거(浙東提擧)의 신분으로 효종(孝宗)에게 올린 주차(奏箚)를 가리킨다. 모든 정사의 뿌리가 임금의 마음에 근본을 두고 있고, 마음은 천리와 인욕의 구분이 있다는 점을 거론하면서 천자의 마음가짐을 바로잡을 것을 역설하고 있다.《晦庵集 卷13 辛丑延和奏箚》

주자를 스승으로 삼으셔서 크게 공정하고 지극히 바른 일을 태연히 행하소서. 그리하신다면 누가 감히 깨끗하고 한결같은 마음으로 아래에서 보좌하지 않겠습니까. 그렇게 하지 않는다면 신이 배운 바로는 이 밖에 다른 길은 없습니다. 전하께서 다시 신을 머물게 하시더라도 신은 실로 쓸모가 없으니 돌아가도록 윤허하시어 조정을 더럽히지 않게 하는 것이 낫습니다. 삼가 바라건대 성명께서는 헤아려 주소서. 지금 내려보내신 어의(御醫)가 시골에 오래 머물러 있는 것은 사체에 부당하니 회환(回還)의 명을 내려 공사(公私)를 마땅하게 하시면 매우 다행이겠습니다. 신은 황공하여 몸 둘 곳을 모르겠습니다.

광주에서 도성으로 들어온 뒤 대죄하는 상소 무신년(1668, 현종9) 12월

自廣州入城後待罪疏 戊申十二月

삼가 아룁니다. 신이 엄명에 쫓겨 삼가 도성 안으로 들어왔는데, 이미 떠났다가 다시 오며 제대로 된 모양새를 이루지 못하였음에도 성상께서는 융숭한 뜻을 보이셨습니다. 그러나 그에 맞게 보답할 가망이 없으니, 신의 진퇴는 가히 낭패스럽다고 할 만합니다. 신의 질병이 더욱 심해져 때맞춰 들어가 사은하지 못하니, 신의 죄는 더욱 갑절이나 되었습니다. 두려워 대죄하는 지극한 심정을 이기지 못합니다.

경계할 것을 진달하는 차자 무신년(1668, 현종9) 12월

陳戒箚 戊申十二月

삼가 아룁니다. 지금 경축일[7]을 맞아 신은 병이 심하여 홀로 전폐(殿陛)에 나아가 하례하지 못하니 구구한 정성이나마 펼 길이 없어 황공하고 두려워 몸 둘 바를 모르겠습니다. 인하여 삼가 생각건대, 신이 어가(御駕)를 따라 올라온 지가 벌써 4개월이 지났고 명을 받고 도성으로 들어온 지도 이미 10일이 넘었습니다. 개인 거처에서 머물면서 한갓 녹미(祿米)만을 축낼 뿐, 일상적인 알현마저 버려두고 있으니, 후일 신이 집으로 돌아갔을 때 고향 사람들이 "너는 무슨 일을 하느라 그토록 오랫동안 돌아오지 않았는가?"라고 묻는다면 신이 무슨 말로 대답하겠습니까. 신은 이것이 근심이 되어 편치 못합니다.

또 삼가 생각건대, 효자가 어버이를 기쁘게 하는 방법은 한둘이 아니지만 오직 부모를 도로 깨우쳐 드리는 것[8]이 첫째입니다. 우리 왕대비 전하께서는 성덕(盛德)이 순숙(純淑)하여 순전히 예(禮)만을 따르시니 사방의 백성이 모두 그분을 따라 교화되었습니다. 홀로 되어 근심과 괴로움으로 지내신 뒤로는 틀림없이 미망인으로 자처하면서 한 번도 즐겁고 기뻐하는 시간을 가지지 못하셨을 것입니다. 전하께서 자전(慈

7 경축일 : 여기서는 효종의 정비(正妃)인 인선왕후(仁宣王后) 장씨(張氏)의 생일을 말한다. 인선왕후는 장유(張維)의 딸로 1630년(인조8) 봉림대군(鳳林大君)의 부인이 되어 풍안부부인(豐安府夫人)에 봉해졌고, 1649년 효종이 즉위하자 왕비가 되었다.

8 오직……것 : 《예기》 〈제의(祭義)〉에 "군자의 이른바 효라는 것은 부모의 뜻에 앞서 뜻을 받들어서 부모를 도로 깨우치는 것이다."라고 하였다.

殿)을 섬기는 도리는 마땅히 뜻만을 받들어야지 이목(耳目)을 즐겁게 하는 것을 일삼을 필요가 없습니다. 질병으로 자전께 근심을 끼치지 말고 덕을 닦고 정사를 부지런히 하시어 하늘을 두려워하고 백성을 돌보아 선왕(先王)의 업(業)을 계술(繼述)하는 것이 바로 자전의 뜻을 크게 위로하는 방도인 동시에 전하의 효도도 이보다 큰 것이 없습니다.

삼가 듣건대 전하께서 때로 외간의 기악(妓樂)을 자전 앞에 불러들여 밤새도록 놀이에 빠져 계신다 하니, 이는 보잘것없고 쓸데없는 일일 뿐만 아니라 도리어 임사(任姒)의 덕과 무주(武周)의 효[9]에 방해가 됩니다. 전하께서 오늘에 다시 엄숙하고 맑은 곳에서 잡기(雜技)를 벌이신다면 《주역(周易)》 〈익괘(益卦)〉에서 말하는 개과천선(改過遷善)의 도가 아닐 것이니, 삼가 바라건대 전하께서는 밝게 살피소서.

신은 재주와 식견이 용렬하여 도와 드린 바가 없으므로 감히 만번 죽을 것을 무릅쓰고 이 망언을 진달하니, 바라건대 전하께서는 깊이 유념하셔서 허물이 있으면 고치고 없으면 더욱 노력하소서. 그리하신다면 성덕(聖德)이 날로 진보되고 성효(聖孝)가 날로 높아질 것입니다. 신은 몹시도 원하는 마음을 이기지 못하겠습니다.

9 임사(任姒)의……효 : 훌륭한 어머니의 덕과 그를 받드는 훌륭한 자식의 효도를 가리킨다. '임사'는 주 문왕(周文王)의 모친인 태임(太任)과 문왕의 아내이자 무왕(武王)과 주공(周公)의 모친인 태사(太姒)를 말하며, '무주'는 무왕과 주공으로서 이들은 부모의 왕업을 계승하여 완성시킨 효자로 꼽힌다.

독권관을 사직하는 차자 무신년(1668, 현종9) 12월

辭讀卷官箚 戊申十二月

삼가 아룁니다. 신이 방금 예조에서 갖추어 의망한 독권관의 명단을 보니, 신의 이름도 그 안에 포함되어 있기에 신은 두렵고 의아함을 이기지 못하였습니다. 신은 과분한 은혜로 승진하여 외람되이 높은 반열에 오르긴 하였으나, 그 실상은 결국 용렬하고 비루한 일개 음관(蔭官)이기에, 일상적인 조회에 참석할 때조차 두려워하며 머뭇거릴 정도입니다. 더구나 대정(大庭)에서 시권(試券)을 담당하는 일이 얼마나 중요한 직무인데, 신의 성명을 그 가운데 끼워 넣는단 말입니까. 신은 정말 황공하여 어찌할 바를 모르겠습니다. 삼가 바라건대 밝은 성상께서는 신의 상황을 살피시어 신속히 유사에게 명하여 신의 이름을 삭제해 버리심으로써 이 소식이 중외(中外)에 더 오래 들리지 않도록 해 주소서. 그리해 주신다면 몹시 다행이겠습니다.

이지온의 일에 대해 아뢰는 차자[10] 무신년(1668, 현종9) 12월
陳李之馧事箚 戊申十二月

삼가 아뢰옵니다. 신이 일전에 탑전(榻前)에서 선왕께서 서북(西北) 지역 사람들을 생각하고 돌보아 주었던 일을 우러러 진달하였다가 그것을 계기로 우윤(右尹) 이지온(李之馧)의 사람됨에 대해 언급을 한 바 있습니다.[11] 그런데 그 뒤 마침 이지온을 둘러싼 사람들의 말이 조금 나돈다는 소식이 들리자, 신은 '성상의 귀에 들리게 하는 자가 돌연 낭패를 만나기라도 한다면, 이는 신이 이지온을 가지고 전하를 속인 꼴이 될 것이다.'라는 생각에 내심 깜짝 놀라서 이지온을 불러 그 곡절

10 이지온(李之馧)의……차자 : 이지온(1603~1671)은 함경도 종성(鍾城) 사람으로 본관은 공주(公州), 자는 자문(子聞), 호는 빈교(貧郊)이다. 그는 조선에서 참판의 지위에 오른 단 두 명의 함경도인 가운데 한 명이었다. 저서로 《빈교집(貧郊集)》이 있다. 《장유승, 빈교 이지온의 생애와 한시, 한국한시작가연구 10집, 한국한시학회, 2006》 그는 1663년 문과에 급제하여 고원 군수(高原郡守), 종성 부사 등 주로 외직을 떠돌며 뛰어난 업무 능력과 청렴함으로 명성을 떨치다가 1668년 10월 7일 한성부 우윤을 맡게 되는데, 우암의 이 차자는 그로부터 2달여 뒤인 1668년 12월 20에 제출된 것이다. 《承政院日記 顯宗 9年 10月 7日, 12月 20日》

11 신이……있습니다 : 이 차자가 제출되기 2달여 전인 1668년 10월 11일, 우암은 양심합(養心閤)에서 현종을 알현하면서 선왕인 효종이 서북 지방 사람들을 돌보아 준 사례를 거론하며 서북 지방 무사(武士)를 별도로 등용해야 한다고 주장하였다. 《宋子大全 附錄 卷5 年譜》《顯宗實錄 9年 10月 11日》 우암은 이 외에도 여러 편지에서 '우리나라가 믿고 의지할 곳은 서북'이라고 하는 효종의 말을 인용하면서 효종의 서북인 우대 입장을 자주 증언하였다. 《宋子大全 卷44 與李舜弼, 卷57 答閔大受, 卷70 答宋道源, 附錄 卷5 年譜》

에 대해 물었습니다. 그 결과 그것은 대개 그가 다만 공무를 수행하고자 하는 마음이 있으나 조금 미진한 부분이 있는 것이었습니다. 신이 당초에 물어본 의도는 이지온에게 실제로 잘못이 있다고 여긴 것이 아니라, 다만 사람들의 말이 사실인지 확인하고자 한 것일 뿐이었습니다. 그런데 생각지도 못하게 이지온은 이 때문에 불안해하며 마침내 인책하기까지 하였고, 이 일이 점점 확대된 결과 전관(銓官)과 중신이 연이어 스스로 논열하는 지경을 야기하였으니, 신은 삼가 황공한 마음입니다. 현재 이지온만큼 밤낮 부지런히 근무하면서 마음가짐이 심히 바른 자는 많지 않습니다. 지금 이 일은 마주한 일을 그냥 넘어가지 않으려는 태도에서 비롯된 것이니, 만약 이 일 때문에 사직하고 떠나간다면 실로 매우 안타까운 일일 것이며, 신 또한 말을 신중히 하지 않은 것을 스스로 안타깝게 생각하기에 그 일의 전말을 대략 아뢰는 것입니다. 삼가 바라건대 살펴 주소서.

재이를 만나 경계할 것을 아뢰는 차자 무신년(1668, 현종9) 12월

遇災陳戒箚 戊申十二月

삼가 아뢰니다. 겨울에 눈이 내리지 않는 것은 여름에 비가 내리지 않는 것과 같습니다. 그런데 여름에 비가 내리지 않는 것은 그래도 목전의 재앙이 되지만, 겨울에 눈이 내리지 않는 것은 반드시 근심이 명년에 있게 됩니다. 그러므로 눈이 내리기를 비는 글이 책에 실려 있는데, 지금 사람들은 심한 해가 되지 않는다고 여겨 걱정하지 않으니, 이것이 어찌 원기(元氣)를 조화하고 사시(四時)를 순조롭게 하는 도리이겠습니까. 근자에 때아닌 천둥 번개가 치고 무지개가 뜨며, 초겨울에 눈이 조금 내리기는 하였으나 햇볕이 나자 바로 녹아 버렸고 그 뒤로는 눈이 다시 내리지 않았으니, 명년에 불리할 뿐만이 아니라 절기가 없어지는 것이라 매우 우려되는 상황입니다.

또 근일에는 날씨가 봄날같이 따뜻하여 그 기후가 전적으로 잘못된 데다가 큰비가 여러 날 계속되어 시내에 물이 가득하고 평지에도 물이 고여 마치 한여름의 장맛비와 같으니, 이는 분명 상서가 아니고 재앙입니다. 그러나 죄얼(罪孽)이 많은 나라는 으레 그런 것으로 여겨 정상(正常)이라 하고, 위망(危亡)한 세상은 실정(失政)을 즐기기 마련이니, 전철(前轍)을 경계하지 않다가 후거(後車)가 다시 엎어진 뒤에 백(伯)을 청하여 도와 달라고 절박하게 호소한들 어찌 다시 미칠 수 있겠습니까.[12] 전하께서 요사이 몇 번이나 경계와 두려움을 가지시면서 재이(災異)를 해소할 방법을 생각하시는지 모르겠습니다.

지금 국세(國勢)가 위급한 지 오래므로 중외의 신민이 모두 성명(聖明)께서 깨달으시기를 바라는데, 전하께서는 정사에 태만하심이 전과 같고, 직언을 듣기 싫어하심이 전과 같고, 천변(天變)을 두려워하지 않으심이 전과 같으며, 시폐(時弊)가 많은데도 바로잡거나 개혁하려는 뜻이 없고 조정의 기강이 문란한데도 진작하려는 의사가 없으십니다. 이 중에 하나만 있어도 나라를 망치기에 충분한데, 하물며 모두 겸하고 계신 데이겠습니까.

신이 시골에 있을 때 삼가 듣건대, 외인(外人)이 기악(妓樂)을 데리고 궁중을 출입한다 하니, 마음에 적이 걱정되므로 저번 차자에 언급하였습니다. 그런데 지금 또 듣건대, 천한 기생 선향(善香)과 요망한 무당 보배(保培)의 무리가 연줄을 타고 출입하는데 다시 막거나 금하지 않는다 하니, 이것이 사실이라면 아마도 이들이 근본을 침식(侵蝕)하여 이상의 몇 가지 일이 생기게 된 것이 아니겠습니까. 만약 이것을 제거하려 한다면 오직 성학(聖學)에 힘쓰시는 데 달렸거니와, 성학의 요점은 독서하고 궁리하여 선하면 따르고 악하면 버리는 것에 불과합니다. 침전이나 정전에 계실 때 심신을 지켜 항상 상제(上帝)와 귀신이 내 몸 주위에 있는 것처럼 여기신다면 몸이 지극히 바르게 되고 마음이 매우 편안하여 깨끗하고 밝은 마음이 나에게 있고 뜻과 기운이 신성(神聖)하여 모든 천하의 일에 환히 밝지 않음이 없을 것입니다. 이와 같다

12 전철(前轍)을……있겠습니까 : 위험이 발생하기 전에는 현인을 버려두고 등용하지 않다가, 이미 사태가 발생된 뒤에야 현인에게 도움을 청하는 근심을 말한다. 《시경》 〈소아(小雅) 정월(正月)〉에 "너의 수레에 실은 짐을 떨어뜨리고서야 백을 불러 나를 도우라고 할 것이다.〔載輸爾載, 將伯助予.〕"라고 한 데서 온 말이다.

면 몸이 닦여지지 않을 수 없으며 집안이 잘 다스려지지 않을 수 없을 것이니, 조정을 바로잡고 사방을 바로잡는 방도는 장차 이것을 들어 시행하면 되는 것입니다.

그런데 지금 그렇지 못하여, 경연에 나아가시는 경우가 매우 드물고 외신(外臣)을 접견하시는 일이 드무니, 일폭십한(一曝十寒)하는 격이어서 유익함이 없고 마치 근원 없는 물, 뿌리 없는 나무와 같아서 퍼내거나 베지 않아도 저절로 마르거나 말라 죽을 것입니다. 그렇다면 하늘이 노하고 신(神)이 꾸짖고 백성이 수심하고 병사(兵士)가 원망하는 이때를 당하여 종사와 신민은 장차 누구를 믿고 의지하겠습니까. 생각이 이에 미치매 가슴이 찢어질 듯 아픕니다. 가령 신이 경연에 출입하면서 한갓 장구(章句)만 강송(講誦)할 뿐 전하의 진실된 지혜와 행실을 헤아리지 않고 부질없이 아침에 들어갔다가 저녁에 물러 나오기만 한다면 신 일신의 영화는 자연 오래도록 잃지 않을 것이나, 선왕을 저버리고 전하를 저버림에 대해서는 어찌하겠습니까. 그러므로 신은 밤낮으로 두려워 마치 몸이 백척간두(百尺竿頭)에 놓인 것 같습니다.

삼가 바라건대 전하께서는 재앙이 극에 달한 이때에 빨리 전철을 돌리시어, 사욕을 극복하고 예의 본연으로 돌아가며 선으로 옮겨 가고 욕심을 막으셔서 조종(祖宗)의 중한 부탁과 신민의 간절한 소망을 잊지 마소서. 그렇게 된다면 신은 구학(丘壑)에서 죽는다 해도 영광이겠습니다. 바라건대 성명께서는 살펴 주소서.

영릉 제관에 차임해 주기를 청하는 차자 무신년(1668, 현종9) 12월

乞差寧陵祭官箚 戊申十二月

삼가 아룁니다. 성고(聖考)께서 승하하신 지 벌써 10년이 훌쩍 흘렀는데, 미천한 이 몸은 따라 죽지 못하고 구신(舊臣)으로서 공연히 세상에 살아남아 있습니다. 이제 신은 죽을 날이 곧 다가와 고향으로 돌아가고 싶은 생각이 날마다 일어나는데, 한번 서울을 떠나면 다시는 돌아올 기약이 없기에 멀리 선왕의 능묘를 바라보며 쏟아붓듯 눈물이 흐릅니다. 마침 한 해가 저무는 이때 선왕에 대한 그리움이 한층 더 간절하니, 삼가 바라건대 영릉(寧陵)의 사관(祀官)에 차임되어 능을 순찰하는 길을 통해 공경히 배알함으로써 그리워하는 마음을 펼 수 있도록 해 주소서. 그리해 주신다면 몹시 다행이겠습니다. 옛날 한(漢)나라 황제는 특별히 소무(蘇武)로 하여금 무릉(茂陵)을 배알하게 하였는데,[13] 그 성대한 덕과 아름다운 뜻은 지금까지도 칭송되고 있습니다. 삼가 바라건대 밝은 성상께서는 처결해 주소서.

13 한(漢)나라……하였는데 : 한 무제(漢武帝) 때의 충신 소무가 흉노(匈奴)에 사신 갔다가 억류되어 19년 만에 고국에 돌아오자 소제(昭帝)가 그에게 무제의 능을 배알하도록 해 준 것을 가리킨다. 《漢書 蘇武傳》

종묘에 전알하기를 청하는 차자 무신년(1668, 현종9) 12월

請展謁宗廟箚 戊申十二月

삼가 아룁니다. 임금의 덕은 효보다 큰 것이 없으며, 효는 종묘의 예보다 우선하는 것이 없으니, 이에 대해 유감이 있으면 천리와 인정을 극진히 할 수가 없습니다. 근년 이래로 성상의 체후가 편치 못한 때가 많아 종묘에 전알하는 예법을 오래도록 버려둔 채 거행하지 않고 계시니, 오르내리는 열성(列聖)의 영령들께서 어찌 환히 살펴 알고 있지 않겠습니까. 그러나 온천으로의 행차는 해마다 그치지 않고 부득이한 일이 있을 경우 또한 서교(西郊)에도 나가면서,[14] 유독 이 일만큼은 오래도록 행하지 못하시니, 이 어찌 편치 못한 일이 아니겠습니까. 곧 다가올 대제(大祭)는 그 예법이 까다롭고 번다하여 억지로 행하기는 물론 어려우나, 내일은 곧 삼정(三正)의 첫날이므로 여타 삭망(朔望)이나 절일(節日)과는 아주 다릅니다. 삼가 바라건대 전하께서는 유념해 주소서. 다만 듣건대 공자는 "부모는 오직 자식이 병들까만을 근심한다."라고 하였고, 주자(朱子) 역시 "근력을 헤아려 행하여야 한다."라는 가르침을 남긴 바 있으니,[15] 또한 전하께서 스스로 체후를 헤아려 시행 여부를 결정하는 데 달려 있을 뿐입니다.

14 부득이한……나가면서 : 청나라 사신을 영접하러 가는 것을 가리킨다. 《宋子大全 附錄 卷5 年譜》

15 주자(朱子)……있습니다 : 《주자가례》 권7 〈제례(祭禮)〉에 "무릇 제사는 사랑하고 공경하는 정성을 다하는 것만이 주요할 뿐이다. 가난하면 집의 형편에 맞게 하고 병들었으면 근력을 헤아려서 행하여야 한다."라고 한 것을 가리킨다.

물러나기를 청하는 차자 기유년(1669, 현종10) 1월
乞退箚 己酉正月

삼가 아뢰니다. 신이 외람되이 두터운 은혜를 입어 세자를 접견하였는데, 하늘의 태양 같은 그 모습과 용과 봉황 같은 그 자질은 형언하기 부족할 정도이니, 진실로 종사와 신민의 영원한 복입니다. 신은 기쁜 마음 금할 수 없어, 세자의 자질이 이와 같으시니 지하로 돌아가 떳떳이 선왕께 보고할 수 있겠기에 죽어도 한이 없다고 생각하였습니다. 그런데 신이 삼가 예관의 의주(儀注)를 보건대 "부(傅)와 빈객(賓客)은 당(堂)으로 올라가서 배례(拜禮)하고 곧장 물러난다."라고 하였으나, 신은 처음으로 세자의 옥 같은 자질을 대함에 충애(忠愛)하는 마음이 간절해서 차마 바로 물러날 수가 없었습니다. 또 삼가 생각건대, 옛사람들은 서로 만날 때에 반드시 언어로 권면하고 규계(規戒)하였으므로 그 위의(威儀)가 엄숙하고 정성스러우며 그 정의(情意)가 즐겁고 화평하였습니다. 그러므로 "여(旅)를 할 때 말을 한다."[16]라고 하는데, 하물며 군신이 비로소 만나는 때겠습니까. 잠시 보고 바로 물러나 끝내 한마디도 하지 않는다면 위의가 자연스럽지 못하고 의사(意思)가 메마른 것이므로 신이 빈객 민정중(閔鼎重)과 함께 잠시 세자와 마주 앉아 몇 마디 주고받았습니다. 이미 마주 앉아 말을 한 이상 그냥 나올 수

16 여(旅)를……한다 : 여는 여수(旅酬)의 준말로, 빈(賓) 중에 나이 어린 한 사람과 형제의 아우나 아들 중 나이 어린 한 사람이 각각 그 어른 즉, 장빈(長賓)과 장형제(長兄弟)에게 술잔을 올리고서 여럿이 술을 권하는 것이다. 《儀禮 鄕射禮》

없으므로 다시 배례하고 나왔습니다. 이것이 비록 의리에는 심히 어그러지지 않으나 조의(朝儀)에는 어그러지니 태재(汰哉)의 기롱[17]을 어찌 면할 수 있겠습니까. 신은 황공한 마음 금할 수 없습니다.

또 신은 본래 질병이 많아 고향에 있을 때 오랫동안 집 안에만 들어앉아 있었으나 인사(人事)에 전혀 상관하지 않을 수 없음을 꺼려 산중으로 들어가 종일토록 아무 일도 않고 지냈고, 이번에 나와서도 넓고 큰 은택을 입어 이곳저곳으로 옮겨 다니며 산중으로 들어가 조용히 심신을 휴양하였습니다. 도성 안으로 들어온 뒤 인정에 부응하자니 학문이 이루어지지 않은 탓에 발언(發言)과 처사(處事)가 번번이 이치에 어긋나 몸은 수고롭고 마음은 부끄럽게 되었습니다.

이미 평소 마음에도 맞지 않은 데다 병도 따라서 심해졌으므로 지난 정월 초하루에 병을 무릅쓰고 대궐에 나아가 겨우 문안 대열에 끼었는데 한기가 돌며 전신이 떨리자 하반(賀班)에서 신은 바로 물러 나왔습니다. 삼원 경절(三元慶節)은 신자(臣子)가 송축해야 하는 날인데도 오히려 축하의 뜻을 펴지 못했으니 다시 무슨 말을 하겠습니까. 전일에 억지로 머물렀던 것은 다만 조그마한 정에 끌려 바라는 바가 있어서였는데, 이제 신의 뜻과 바람이 다 이루어졌으니 돌아가고 싶은 생각이

17 태재(汰哉)의 기롱 : 예문(禮文)에 근거하지 않고 자기 마음대로 예(禮)를 정하는 것을 비난하는 말이다. 춘추 시대 사사분(司士賁)이라는 사람이 자유(子游)에게 시신을 상(牀) 위에 두고 습(襲)해도 되는지 묻자, 자유가 이를 허락하였다. 그런데 현자(縣子)가 그 말을 듣고 "지나치구나, 자유여. 예를 제 마음대로 남에게 허락하는구나.〔汰哉叔氏! 專以禮許人.〕"라고 하였다. 《禮記 檀弓上》 보통 예에 대해 자문하는 경우 예문을 근거로 들어 대답해 주어야 하는데도, 자유는 선뜻 자기의 견해를 가지고 답을 해 주어 마치 예가 자신에게서 나온 것처럼 해 버린 것을 기롱한 것이다.

더욱 간절합니다. 삼가 바라건대 성명께서는 신의 뜻을 살피시어 고향으로 돌아가 죽을 수 있게 윤허해 주소서. 그리해 주시면 매우 다행이겠습니다.

춘번[18]을 반납하고 경계하기를 아뢰는 차자 기유년(1669, 현종10) 1월

還納春幡陳戒箚 己酉正月

삼가 아룁니다. 신이 어제 입대(入對)를 마치고 돌아와 보니 대전과 동궁에서 춘번을 내려보내셨습니다. 신이 듣건대, 《서경》에 "무익한 일을 하여 유익한 것을 해치지 말라."[19]라고 하였으니, 가령 이 물건이 하늘에서 떨어지고 땅에서 솟아났다 하더라도 실용(實用)에 무익하다면 물리치고 멀리해야 마땅할 텐데, 하물며 이것이 모두 유사(有司)의 경비인 데이겠습니까. 신이 일찍이 탑전(榻前)에서 이러한 뜻을 대략 진술하였고 또 차자에서도 거듭 "전하께서 무익한 일을 하여 유익한 것을 해침이 여전하십니다."라고 하였는데, 전하께서는 권장하는 비답을 내려 마치 진실로 받아들이시려는 것 같았습니다. 그런데 지난 섣달 그믐에 입궐하다 보니 궐문 곳곳에 모두 세화(歲畫)를 붙였으므로 신은 매우 실망하여, 이는 다만 백성의 고혈을 빠는 일일 뿐만이 아니라 이런 일에 경비를 허비하는 것이 한탄스럽다고 여겼습니다. 노신(老臣)이 혈성(血誠)을 기울여 진언한 것은 조금이나마 도와 드리기를 생각해서인데, 시용(施用)되지 않았으니, 이 한 가지 일로 인하여 나머지도 미루어 알 수 있습니다. 가령 분발하여 큰일을 하려는 뜻이 실제

18 춘번(春幡) : 입춘(立春)에 사대부의 집에 세우는 채색 깃발이다.

19 무익한……말라 : 주나라 성왕(成王) 때에 서려(西旅)에서 오(獒)라는 큰 개를 바치자 태보(太保) 소공(召公)이 한 말이다. 《書經 旅獒》

로 성상께 있으시다면 이런 일들은 스스로 좋아하지 않을 뿐 아니라 정신을 쓸 겨를이 없을 것입니다.

또 신이 듣건대, 수십 일 전에 궁인(宮人)을 선택한 일이 있다 하는데, 이것이 전하께서 아신 일이라면 성덕(聖德)에 누(累)가 됨이 어찌 크지 않겠습니까. 신이 어제 말씀드리고자 하였으나 날이 저물어서 말씀드리지 못하였는데, 신은 스스로 마음이 꺼림칙하였습니다. 《서경》에 "이목(耳目)의 욕심에 사역당하지 말고 모든 일을 바르게 하소서."라고 하였고, 또 "쓸데없는 물건을 좋아하면 뜻을 상실하고, 소인을 가까이하면 덕을 상실한다."라고 하였습니다. 춘번을 내리고 후궁을 뽑은 일은 이미 이목의 욕심에 사역되어 뜻을 상실하신 것이며, 또 전하께서 겉으로는 신의 말을 듣는 체하나 속으로는 전혀 취하지 않으시니 어찌 소인을 가까이하여 덕을 상실한 증거가 아니겠습니까. 공자(孔子)가 말하기를 "좋아하기만 하고 실마리를 찾아보지 않거나 따르기만 하고 잘못을 고치지 않는다면 나도 그런 사람은 어떻게 할 도리가 없다."라고 하였습니다. 전하께서 신의 말에 대하여 처음부터 기뻐하지도 긍정하지도 않으셨다면 오히려 앞으로 기뻐하고 긍정하실 희망이 있어 허물을 고치고 말의 이유를 찾는 실효가 있을 것이나, 현재 그렇지 않아 기뻐하면서 그 이유를 찾지 않고 긍정하면서 그 허물을 고치지 않으시니, 신 역시 무엇을 바라고 감히 더 이상 머물러 있겠습니까.

신의 어리석은 생각에는 매양 전하께서 다만 요(堯) 임금이 허술한 궁궐에서 살고 단갈(短褐)을 입은 것,[20] 우(禹) 임금이 너절한 옷을

20 요(堯)……것 : 《사기(史記)》 〈태사공자서(太史公自序)〉에 "요순(堯舜) 시대에는 궁궐의 높이가 3자였고, 흙으로 세 계단의 섬돌을 만들었으며, 지붕을 띠로 이고서

입고 거친 음식을 먹은 것,[21] 위 문공(衛文公)이 거친 베로 만든 옷과 두꺼운 명주로 만든 관을 쓴 것[22]과 같이만 하고 그 밖에 다른 것은 전혀 좋아하시지 말기를 바랍니다. 그런 뒤에야 성상의 덕이 진보될 수 있고 다스림이 이루어질 수 있습니다. 이런 일을 함께 이야기할 만한 사람은 오직 김만기(金萬基)와 민유중(閔維重) 두 사람뿐이므로 그들과 항상 이 일을 논하며 개탄하였으나, 지금은 이 두 사람이 모두 조정에 있지 않고, 현재 조정에서 신의 말을 듣는 자들은 모두 냉소(冷笑)하며 오활(迂闊)하다고 여길 뿐이니, 신은 더욱 외로워 눌러 있을 수 없습니다. 아, 지금이 어떠한 때인데 후궁을 뽑으십니까. 맹자(孟子)도 일찍이 "궁녀와 시인(侍人)이 부리기에 부족하기 때문입니까." 라고 하였거니와,[23] 지금 시어(侍御)나 집사(執事)가 무엇이 부족하여 다시 민간에서 뽑아 들입니까. 주(紂)가 처음으로 상아 젓가락을 만들

끝을 가지런히 자르지 않았다."라고 하였다.

21 우(禹)……것 : 《논어》 〈태백(泰伯)〉에 "우 임금에 대하여서는 내가 흠잡을 데가 없다. 음식을 보잘것없이 하시면서도 귀신에게는 효도를 다하고, 의복은 초라하게 하시면서도 불면(黻冕)에는 아름다움을 다하며, 궁실은 나지막하게 하면서도 도랑을 파는 일에는 힘을 다하였다. 우 임금에 대하여서는 내가 흠잡을 데가 없다."라고 하였다.

22 위……것 : 거친 베로 만든 옷과 두꺼운 명주로 만든 관은 상중에 착용하는 것이다. 춘추 시대 위(衛)나라가 적(狄)의 침입으로 나라를 잃고 제 환공(齊桓公)의 도움으로 초구(楚丘)에 도읍하고 문공을 임금으로 세웠다. 문공은 망국의 한을 잊지 않기 위해 거친 베로 만든 옷을 입고 두꺼운 명주로 만든 관을 쓰고 국가 재건에 정성을 다하였다. 그 결과 즉위할 때 30승(乘)이던 혁거(革車)가 말년에는 300승으로 늘어나는 부국강병을 이루었다. 《春秋左氏傳 閔公2年》

23 맹자(孟子)도……하였거니와 : 맹자가 제 선왕(齊宣王)에게 크게 하고자 하는 바에 대해 질문하면서 한 말이다. 《孟子 梁惠王上》

때 기자(箕子)는 그것을 탄식하였습니다.[24] 신이 생각건대, 상아 젓가락은 오히려 유용한 것인데도 기자는 그것을 탄식하였는데, 지금 전하께서는 전혀 소용도 없는 일에 재물을 축내고 마음을 수고롭히시니, 신은 적이 통탄스럽습니다. 신이 이미 이런 일에 대하여 어전에서 경계하시라고 진달하였는데, 뒤에서 이 춘번을 받는다면 이는 신의 말과 행동이 서로 맞지 않아 전하를 섬기는 데 성실하지 못함이 되고, 전하께서도 장차 '저가 나에게 이런 것들로 경계하더니, 저 역시 이런 것을 좋아하는구나.' 하실 것입니다. 그렇게 된다면 신은 해명할 말이 없을 것이므로 감히 죽음을 무릅쓰고 삼가 이 춘번을 반납하니, 전하께서는 헤아려 처리하소서. 전하께서 만약 오늘부터 이런 것들을 모두 제거하여 조금도 남기지 않으신다면 성지(聖志)가 태연하고 국용(國用)도 넉넉해질 것입니다.

24 주(紂)가……탄식하였습니다 : 주왕이 처음에 상아 젓가락을 만들자, 기자가 탄식하기를 "저 사람이 상아 젓가락을 만드니, 반드시 옥배(玉桮)도 만들 것이다. 옥배를 만들면 반드시 먼 지방에서 생산하는 진귀한 물건을 생각하여 사용할 것이니, 여마(輿馬)와 궁실(宮室)의 사치하게 될 조짐이 이 상아 젓가락에서 시작될 것이다."라고 하였는데, 그 뒤에 끝내 사치에 빠져 경궁(瓊宮)과 요대(瑤臺)를 만들어 놓고 황음(荒淫)하다가 나라를 망쳤다. 《史記 宋微子世家》

일을 논하는 차자 기유년(1669, 현종10) 1월

論事箚 己酉正月

삼가 아룁니다. 편안할 때 위태로움을 잊지 않는 것이 임금의 자세인데, 이미 위태로운데도 대비하기를 잊는다면 망함이 반드시 뒤따를 것이니, 이는 지혜로운 자가 아니고도 알 수 있는 일입니다. 신이 시골에 있을 적에 각 읍의 병기(兵器)를 보건대 마치 어린아이의 장난감 같더니, 근자에 여러 곤임(閫任)이 올린 장계를 보니 더욱 한심합니다. 저 곤임들도 자신의 직임을 아주 잊고 무기 없는 전쟁을 하고자 하는 것은 아니나, 그 형세가 그러합니다. 어제 경연에서 신이 대신들과 그 일을 조금 발론만 하고 의논을 끝내지 못했습니다. 그러나 현재 국용(國用)이 매우 궁핍하여 이쪽을 잘하면 저쪽이 잘못되고 동쪽을 보완하면 서쪽이 무너지니, 이에 대처하기가 어찌 어렵지 않겠습니까.

신이 생각건대, 외방 노비가 신공(身供)으로 바치는 미포(米布)가 상당히 많으나, 여러 곤임이 체면에 가려 여쭈어 청하지 못하니, 바라건대 전하께서 해당 조에 특별히 명하시어 이 미포를 제감(除減)하여 여러 진영(鎭營)에 준다면 여러 진영은 각자 맡은 바의 일을 수행하게 될 것이고, 노비들 역시 실어다 바치느라 왕래하는 수고와 토색(討索)이나 조당(阻當)[25]의 폐단을 면할 수 있을 것입니다. 또 가난한 노비로서 미포를 낼 수 없는 자에게는 토산물이나 역역(力役)으로 신공을

25 조당(阻當) : 납공자(納貢者)가 직접 바치는 것을 막고 공물(貢物)을 대신 바치고 그 대가를 납공자에게 배징(倍徵)하는 것이다.

대신케 하면 역시 급한 일이 해결될 것이니, 《주관(周官)》에 이른바 '국복(國服)'[26]의 뜻도 대략 이런 것입니다. 그러나 이것은 현지의 곤수(閫帥)와 수재(守宰)가 어떻게 헤아리고 운영하느냐에 달렸습니다. 이와 같이 한다면 공사(公私)가 모두 편리하여 음우(陰雨)의 경계[27]를 의논할 수 있을 것입니다. 신이 또 생각건대, 조정에서 이를 아껴 허락하지 않는 것이 아니라 다만 용도가 부족하기 때문에 허락하지 않는 것일 뿐이니, 전하께서 만약 쓸데없는 경비를 없애 여분을 남겨 두지 않으신다면 장차 거북 등에서 털을 긁어내고 달팽이 침까지 바닥내는 꼴을 면치 못할 텐데, 어느 겨를에 여기에 생각이 미치겠습니까. 바라건대 성명께서는 유념하소서.

26 국복(國服) : 《주례(周禮)》 〈지관사도(地官司徒) 천부(泉府)〉 주에는 '국사(國事)'라 하였고, 《송자대전수차(宋子大全隨箚)》에는 '국가의 오복(五服)'이라 하였는데, 《송자대전수차》의 설이 타당한 듯하다. 백성에게 대여하는 양곡이나 금전을 그 지방의 장관이 품질과 수목(數目)을 확인한 뒤에 나누어 주되 전(甸)·후(侯)·유(綏)·요(要)·황(荒) 등 오복의 원근에 따라 그 이식(利息)을 차등 있게 내는 것이다.

27 음우(陰雨)의 경계 : 어려운 일이 이르기에 앞서 대비한다는 뜻이다. "새들이 장마가 지기 전에 둥우리를 수리한다면 저 백성들이 어찌 우리를 업신여기겠느냐."라는 시를 인용한 말이다. 《詩經 豳風 鴟鴞》

물러나기를 청하는 차자 기유년(1669, 현종10) 1월

乞退箚 己酉正月

삼가 아룁니다. 신은 그저 형체만 남은 채로 병의 증상이 날로 심해지고 있어 겉으로는 버티고 있는 듯 보이지만 안으로는 실상 녹아 버린 듯 쇠약한 형편이기에, 저는 비록 그것을 잘 알고 있으나 남들은 믿지 않습니다. 신은 매양 고인의 "하루아침에 병이 없는데도 죽는다."라는 말[28]이 실제 병이 없는 것이 아니라 겉으로 보이지 않는 것일 뿐이라고 생각해 왔으니, 진실로 의술에 깊은 조예가 있는 자라면 더욱 저도 모르게 놀라 뒤로 물러나 달아날 것입니다. 지금 신이 하룻밤에 여기에서 죽는다면 전하께서는 필시 안타깝게 여겨 고향에 돌아가 묻히도록 해 주실 것이니, 미천한 신하에게 있어 그것은 지극히 영광된 일이므로, 그렇게 당장 여기에서 죽는 것은 염려할 일이 아닙니다. 다만 걱정인 것은 초야의 신하가 초심을 고수하지 못하고 도성 안에서 죽어 버려 세상의 웃음거리가 되는 일입니다. 삼가 바라건대 전하께서는 신이 처한 상황을 굽어살펴 주시어 이 양춘(陽春)의 시기에 남쪽으로 돌아가도록 허락해 주소서. 그리해 주신다면 몹시 다행이겠습니다.

28 고인의……말 : 한(漢)나라 애제(哀帝) 때의 승상 왕가(王嘉)의 상소에 "속담에 '천 사람에게 손가락질을 받으면 병이 없는데도 죽는다.'라고 하였으니, 신은 항상 이 때문에 한심해합니다."라고 하였다. 《漢書 王嘉傳》

승교를 사양하는 차자 기유년(1669, 현종10) 1월

辭乘轎箚 己酉正月

삼가 아뢰니다. 신은 처한 상황에 쫓겨 죽음을 무릅쓰고 고향에 돌아갈 것을 청하였는데, 성상의 비답에 윤허하지 않고 따스한 유시를 내리셨기에, 신이 참으로 감격하여 몸 둘 바를 모르겠습니다. 대개 신이 물러가기를 청한 것은 다른 뜻이 있어서가 아니라, 병세가 얕지 않은 상황에서 재차 증세가 더해진다면 비록 가마에 실려 돌아가고자 하더라도 그렇게 될 수 없다는 것을 스스로 알기 때문이니, 신이 이 때문에 스스로 근심하여 밤낮 불안하였던 것입니다.

신은 삼가 진달할 말씀이 있습니다. 어제 병조에서 교졸(轎卒) 2명을 정해 보내었는데, 신이 감히 받지 못하고 돌려보내자 그 사람이 다시 와 말하기를 "관의 명령을 감히 거스를 수 없습니다."라고 하였습니다. 전일 탑전에서 대신이 신을 말에 태워 보내야 한다고 성상께 아뢰었기 때문에[29] 이런 일이 생긴 것이 아니겠습니까. 신은 지극히 두려운 마음을 이기지 못하겠습니다. 《주역》에 이르기를 "등에 짐을 져야 할 사람이 수레를 타면 도적의 출현을 초래하게 된다."라고 하였는데, 부자(夫子)의 전(傳)에 "등에 짐을 지는 것은 소인의 일이요,

29 전일……때문에 : 1669년 1월 10일 병조 판서 홍중보(洪重普)가 우암을 비롯한 대신들과 함께 현종을 알현하는 자리에서 우암의 집에 교노(轎奴)가 없어 말을 타고 다니는 것은 사체상 미안한 일이므로 군인을 정하여 보내겠다고 아뢰자, 우암은 말을 타고 다니는 것만 해도 과분한 일이라며 사양하였다. 《承政院日記 顯宗 10年 1月 10日》

가마는 군자의 기물이다. 소인인데 군자의 기물을 타면 도적이 이를 빼앗으려고 생각한다."라고 하였습니다.[30] 신은 향리의 미천한 선비이니, 하루아침에 군자의 기물을 타게 된다면 어찌 도적을 초래하는 걱정이 없을 수 있겠습니까.

또 주자(朱子)는 "남도(南渡) 이전에는 사대부들이 가마를 사용하지 않았다. 왕형공(王荊公)이나 이천(伊川) 같은 분들은 모두 사람으로 가축을 대신하지 않았다고 말하였다. 어쩌다 늙고 병든 자가 있어 가마를 하사해 주더라도, 힘써 사양을 하였다. 그러다 남도 이후에는 가마를 타지 않는 사람이 없게 되었다."라고 하였으니,[31] 주자의 이 말은 대개 사치를 숭상하는 말세의 폐단을 개탄한 것입니다. 장계(張戒)는 고종(高宗)에게 대답하기를 "옛날 사람은 안락한 세상에 처해 있을 때 위태로운 상황을 생각하였는데, 오늘날은 위태로운 상태에 처해 있으면서 안락한 상황을 생각합니다."라고 하였으니,[32] 이는 지극한 의론입니다. 그 후로 효종(孝宗) 때에 와서는 유공(劉珙)이 편전(便殿)에 일

30 부자(夫子)의……하였습니다 : 《주역》 〈해괘(解卦) 육삼(六三)〉의 "짐을 져야 할 사람이 수레를 타는지라 도적의 출현을 초래할 것이니 곧더라도 부끄러울 것이다."라는 효사(爻辭)에 대해 공자가 〈계사전 상(繫辭傳上)〉에서 풀이한 내용으로, 분수에 걸맞지 않은 지위에 있음으로써 우환을 초래한다는 의미이다.

31 주자(朱子)는……하였으니 : 《주자어류》 권128 〈본조(本朝) 2 법제(法制)〉에 나온다. '남도'는 송나라 고종(高宗)이 금(金)나라의 침입을 당해 양자강(揚子江)을 건너 남쪽 임안(臨安)으로 도읍을 옮긴 것을 말한다.

32 장계(張戒)는……하였으니 : 《주자어류》 권127 〈본조(本朝) 1 고종조(高宗朝)〉에 나온다. 장계는 송나라 고종 연간의 신하로 1141년 진회(秦檜)에게 불만을 품고 조정(趙鼎), 악비(岳飛) 등과 함께 금나라와 강화를 논의하는 것에 반대하다가 파직된 인물이다.

을 아뢰기를 "대궐 뜰에 말 하나가 있는 것을 보았는데 아무런 움직임이 없으므로 물어보았더니, 나무를 깎아 만든 것으로 정무를 보는 여가에 올라타 활쏘기를 익히는 것이라고 하였습니다."라고 하였습니다. 무릇 임금조차도 이 정도로 고된 일을 익히는데, 하물며 그보다 아래에 있는 자는 어떠하겠습니까. 게다가 도간(陶侃)이 벽돌을 옮긴 일[33]이 《소학》에 실려 있으니 주자의 뜻을 거기에서 또한 알 수 있습니다. 또 우리 선조(宣祖) 연간에 선정신 조헌(趙憲)은 국가와 왜노(倭奴) 사이에 분쟁이 일어날 것을 알고 자기 아내로 하여금 무거운 물건을 머리에 이고서 걸어 다니는 연습을 시켰으니, 고인이 행한 먼 미래에 대한 염려가 이 정도 수준입니다.

지금 신은 미천한 사람으로서 논밭 길 사이를 신을 신고 걸어 다닌다고 해도 부끄럽지 않은데, 이제 하루아침에 갑자기 가마를 타게 되었으니, 도적을 초래하게 될 것만 두려울 뿐 아니라 이 어찌 위태로운 상황을 생각하는 도리이겠습니까. 삼가 바라건대 전하께서는 특별히 신의 마음을 양찰하시어 신속히 해당 조(曹)에 명하여 교졸을 다시 차출하여 보내지 말도록 하심으로써 미천한 신의 분수를 편안하게 해 주소서. 그리해 주신다면 몹시 다행이겠습니다.

33 도간(陶侃)이……일 : 진(晉)나라의 도간이 형주(荊州)를 맡고 있을 때 고을에 일이 없자, 매일 아침 벽돌 100개를 집 밖으로 옮겼다가 저녁에 집 안으로 옮겼다. 사람들이 그 까닭을 물으니, "내가 장차 중원(中原)에 힘을 쏟고자 하는데 너무 안일하면 일을 감당하지 못할까 두렵다."라고 대답하였다. 《小學 善行》

종묘의 전알을 거듭 청하고 이어 성묘를 청하는 차자 기유년(1669, 현종10) 1월
申請展謁宗廟仍乞省墓箚 己酉正月

삼가 아룁니다. 신이 일전에 정월 초하루에 종묘를 전알하는 일로 우러러 성상의 귀를 번독하게 하였으나, 말이 상세하지 못했던 관계로 오랫동안 폐기된 의례를 계속 또 미루도록 하였으니, 신은 삼가 죄송한 심정이었습니다. 그러나 이달 보름날로 늦춰서 그 일을 시행할 때 세자가 배알(陪謁)하고 백료가 각자의 자리에 있는 가운데, 날씨는 맑고 화창하여 종묘의 영령들께서 기뻐하셨으니, 그것은 실로 한 해의 시작을 장식하는 아름다운 일이었습니다. 삼가 바라건대 전하께서는 지금부터 한 달에 한 번씩이나 두 달에 한 번씩 그 일을 시행하심으로써 성효(聖孝)를 극진히 하소서. 그리하신다면 몹시 다행이겠습니다.

신이 종묘에 배종하여 엎드려 있을 적에 삼가 '성상께서 이미 효덕(孝德)으로 위에서 몸소 솔선수범하셨으니 안으로는 백관에서부터 밖으로는 위졸(衛卒)에 이르기까지 누군들 이 광경을 보고 감동하여 흥기하지 않겠는가.'라고 생각하였는데, 소신은 이에 대해 특별히 내심 걱정되는 점이 있기에, 이를 통하여 삼가 요청드릴 것이 있습니다.

신은 세상에 태어나 자식이 되었으나 몹시도 불초하여 봉양을 극진히 하지 못하였고 또 신의 아비인 송갑조(宋甲祚)는 혼조(昏朝)로부터 금고(禁錮)에 처해짐에 따라[34] 차마 말할 수 없을 정도의 가난과 고생,

34 신의……따라 : 우암의 부친인 송갑조(1574~1628)는 자가 원유(元裕), 호는 수

굶주림과 추위로 고통받는 세월을 보내었고, 이후 반정(反正)이 실시되자 포상으로 일명(一命)의 벼슬에 제수되었으나, 또 삶을 오래 이어 나가지 못하였습니다.[35] 한편 신의 어미는 그 후 과부인 채로 고생스럽게 살면서 술지게미와 쌀겨조차 배불리 먹지 못하는 삶을 이어 갔는데, 신의 형이 겨우 천은(天恩)을 입어 봉양하는 데 편하도록 해 달라는 간청을 이루었으나,[36] 신의 어미마저 세상을 떠났습니다. 이제 신이 외람되이 융숭한 은혜를 입어 때로 하사품을 얻기라도 하면 고향으로 돌아가 부모님께 드리고 싶은 마음이 들곤 하지만, 다만 살아 계실 때 봉양해 드리지 못한 슬픔만 더할 뿐입니다. 부모를 여의고서 외롭게 사는 이 삶이 차라리 죽는 것만 못하게 된 지가 오래인지라, 오직 무덤 아래 여막을 지어 조석으로 바라보고 의지하는 한편 자신의 몸을 궁핍하게 만들고 영화(榮華)를 무릅쓰지 않을 수 있다면 평생에 걸친 죄스럽고 한스러운 심정을 거의 조금 해소할 수 있을 것입니다.

작년 가을 엄명에 쫓기어 어가를 따라 올라왔는데, 그사이 세월은 쉼 없이 흘러 어느덧 한 해가 지나니, 부모에 대한 그리운 심정이 더욱

옹(睡翁)이다. 1617년(광해군9) 생원시와 진사시에 합격한 후에 서궁(西宮)에 유폐되어 있는 인목대비(仁穆大妃)를 배알하였다가 유적(儒籍)에서 삭제되었고, 인조반정 이후에 강릉 참봉(康陵參奉) 등을 지내다 정묘호란 때 화의가 성립되자 벼슬을 버리고 귀향하여 이듬해 죽었다.《淸陰集 卷31 司饔院奉事宋君墓碣銘》

35 또……못하였습니다 : 대본에는 '不延□矣'로 되어 있다. 문맥에 근거하여 '延' 뒤에 '命'을 보충하여 번역하였다.

36 신의 형이……이루었으나 : 우암의 둘째 형인 송시묵(宋時默)이 1654년(효종5) 모친의 봉양을 위하여 외직인 부여 현감(扶餘縣監)에 제수된 것을 가리킨다.《宋子大全 卷210 仲氏郡守公行狀》

절절합니다. 멀리에서 짐작건대 묘소에는 여우와 토끼 등이 서로 발자국을 남기고 가시덤불이 서로 얽혀져 있을 것인데, 세시(歲時)에 술을 올리는 일을 다른 사람에게 부탁하고 있으니, 신은 슬픔으로 목이 메면서 '자식 된 자로서 살아 계실 때는 봉양하지 못하고 돌아가신 뒤에 제를 올리지도 못하고 있으니, 구구한 이 심정을 어떻게 펼 수 있겠는가.'라고 생각하였습니다. 더구나 신이 외람되이 나라의 은혜를 입어 부친에 대해 추은(推恩)하는 의전이 극히 융숭하였으니, 속히 돌아가 분황(焚黃)함으로써 지하에 고한다면, 녹봉은 비록 부모께 미치지 못하나 영광은 무궁할 것입니다. 아울러 은혜로운 말씀이 이미 내려졌는데 오래도록 고향으로 돌아가 선포하지 못하는 것은 이치상 온당치 못한 일입니다. 그리하여 신이 매양 남쪽으로 돌아가게 해 달라고 청하였는데, 그때마다 성상의 비답은 간절한 말씀으로 허락하지 않으셨기에, 개인적인 마음은 비록 간절하였으나 감히 거듭 번독하게 할 수 없었습니다. 그런데 이제 새해가 됨에 따라 병세는 더욱 괴로운 와중에 정신은 나는 듯이 언제나 부모의 선영에 가 있습니다. 또 이제는 점차 날이 따뜻해져 멀리 나가는 것도 무방합니다. 삼가 바라건대 전하께서는 신의 구구한 심정을 양찰하시어 특별히 은혜로운 휴가를 내려 사적인 간절함을 펼 수 있도록 해 주소서. 그리해 주신다면 몹시 다행이겠습니다.

신덕왕후의 부묘를 청하는 차자 기유년(1669, 현종10) 1월 26일

請神德王后祔廟箚 己酉正月二十六日

삼가 생각건대, 천하 국가를 다스리는 것은 대륜(大倫)를 밝히고 대법(大法)을 세우는 데 불과할 뿐입니다. 대륜이란 부자(父子)·군신(君臣)·부부(夫婦)이고, 대법이란 부자·군신·부부 사이에 친(親)·의(義)·별(別)을 행하는 것이니, 이 세 가지에 밝지 못한 것이 하나라도 있고, 세 가지 사이에 행하는 것이 하나라도 극진하지 못함이 있으면 중국은 오랑캐가 되고 인류는 금수(禽獸)가 됩니다. 그러므로 성인이 자신을 닦거나 사람을 가르치는 데 이것을 앞세우지 않음이 없었습니다.

우리나라는 건국한 이후로 삼강(三綱)이 바르고 오상(五常)이 밝아 고려(高麗)의 오랑캐 풍속을 일변하여 삼대(三代)의 대도(大道)로 돌아갔기 때문에 중국 사람들이 매양 소중화(小中華)라 칭한 것은 바로 사실을 말한 것입니다. 그런데 불행하게도 개국 초엽에 간신(奸臣) 정도전(鄭道傳) 등이 위태로운 말로 선동하고 삿된 모의를 암암리에 진행하여, 태조대왕(太祖大王)께서 왕위를 버리시고 방번(芳蕃)·방석(芳碩)이 요절하게 하였으니, 간신의 죄를 이루 다 꾸짖을 수 있겠습니까.

우리 태종대왕(太宗大王)께서는 성덕(盛德)과 순효(純孝)가 탁월하시어 왕위를 전수(傳授)하는 데 질서가 정연하였습니다. 그래서 변고에 대처한 도리가 당시에 부족함이 없었을 뿐 아니라 후세에 대해서도 떳떳이 말할 것이 있었습니다. 그러나 신덕왕후(神德王后) 능침(陵

寢)의 의전(儀典)에만은 잘못됨이 있어서 배식(配食)의 예전(禮典)을 오랫동안 행하지 못하였습니다. 이는 당시의 예관들이 예의를 알지 못하고서 함부로 헤아렸기 때문에 이렇게 된 데에 불과한 것인데도, 구차히 구습을 지켜 오늘날까지 이르렀습니다. 그러니 종묘에 비록 주현(朱紘)[37] · 소월(疏越)[38]의 음악과 옥찬(玉瓚) · 황류(黃流)의 제수를 바치더라도 태조대왕의 영령은 반드시 탄식하고 진노할 것이며, 태종대왕의 영령도 반드시 태조대왕의 좌우에서 오르내리는 사이에 두려움으로 불안하여 몸 둘 곳을 모르실 것이며, 또 온 나라의 신민도 성자신손(聖子神孫)이 태종대왕의 진심을 헤아리지 않는다고 의심하지 않는 자가 없을 것입니다. 다행히 오늘날 성명께서는 하늘이 내신 대효(大孝)로서 대왕대비와 왕대비를 섬기심에 성심을 다하고 도리를 다하시어 잘못을 지적하여 비난하는 사람이 없는데, 그 성심을 먼 조상에게까지 미루어 예관에게 특별히 명하셔서 정릉(貞陵)을 봉심하고 넘어진 나무를 제거하고 수관(守官)과 재사(齋舍)를 차례로 세우게 하셨으니, 어찌 조종(祖宗)의 영령만 지하에서 기뻐하실 뿐이겠습니까. 국내의 백성들도 성효(聖孝)에 감복하지 않는 자가 없습니다. 성명께서 이렇게 하신 것이 어찌 어떤 이익에 끌리거나 어떤 위협에 굴복하신 것이겠습니까. 이는 천품에 저절로 그리된 것입니다. 그런데도 종묘 제향의 의전에는 오히려 의심하여 망설이고 계십니다. 신은 성상의

37 주현(朱紘) : 실을 익혀 붉은 물을 들인 것이다. 생사(生絲)는 맑은 소리를 내고 익힌 실은 탁한 소리를 낸다. 비파는 청성(淸聲)과 탁성(濁聲)이 조화를 이루어야 하므로 생사와 숙사(熟絲)를 함께 사용한다.

38 소월(疏越) : 비파의 밑에 구멍을 내어 낮은 소리가 나게 하는 것이다.

의중을 잘 알고 있기 때문에, 예관과 유신(儒臣)으로 하여금 고사(故事)를 상고하고 여론을 널리 묻게 하여 행하시기를 청하려다가 생각해 보았습니다. 능향(陵享)과 묘식(廟食)은 예가 다르지 않은데 능향만 하고 묘식을 하지 않는 것은 근거 없는 일이니, 이미 예가 아닌 점에서는 오십보백보입니다. 만약 지극한 것으로 논한다면 진미(盡美)가 진선(盡善)만 못한 것이므로 신은 밤낮으로 고뇌하여 속이 타는 듯합니다.

이제 성조(聖祖) 때 태학생(太學生)의 주장(奏章)[39]을 보니 당시 정의(廷議)가 일제히 일어났고 그 말도 매우 자세하고 간절했음을 알 수 있으며, 또 신이 권근(權近)이 명을 받들어 지은 〈정릉흥천사기(貞陵興天寺記)〉[40]를 보니 태조대왕께서 애도하여 추시(追諡)하신 뜻과 많은 물품을 하사하여 조위(弔慰)하신 의전을 알 수 있습니다. 이것이 바로 고사이고 여론이니 고증(考證)하거나 여론을 모으지 않는다 해도 이미 의심나는 바가 없습니다. 그러므로 감히 태학생의 주장과 권근의 〈정릉흥천사기〉를 올리니, 바라건대 전하께서는 한가한 시간에 자세히 보시고 예관에게 특별히 명하여 종묘 제향의 의전까지 아울러 의논하게 하소서. 그렇게 하신다면 태조대왕의 영령이 반드시 기뻐하실 것이고 태종대왕의 영령도 역시 "나에게는 선조의 뜻과 사업을 계승하는 자손이 있다."라고 하실 것이며, 전하께서는 자손들이 억만년토록

39 태학생(太學生)의 주장(奏章) : 《연려실기술(燃藜室記述)》 권1 〈태조조 고사본말(太祖朝故事本末) 정릉폐복(貞陵廢復)〉에 1582년(선조15) 성균관 유생 채증광(蔡增光) 등이 신덕왕후의 부묘를 청하였던 기사가 나온다.

40 권근(權近)이……정릉흥천사기(貞陵興天寺記) : 권근(權近, 1352~1409)의 본관은 안동, 호는 양촌(陽村)이다. 〈정릉흥천사기〉의 원제목은 〈정릉원당 조계종본사 흥천사 조성기(貞陵願堂曹溪宗本社興天寺造成記)〉이다. 《陽村集 卷12》

선한 본보기를 전해 주시는 경사가 있을 것입니다.

아, 사람이 생겨난 이후로 공자처럼 위대한 분이 없었는데, 위(衛)나라에서 정치를 한다면 정명(正名)을 우선으로 삼겠다고 하셨고,[41] 노(魯)나라에서 정치를 하실 적에는 소공(昭公)의 묘(墓)에 도랑을 만들고 선공(先公)들의 묘역(墓域)을 연(連)하게 하는 것으로 우선을 삼은 것[42]은, 대개 대륜이 밝지 않으면 대법이 행해지지 않기 때문이었습니다. 아무리 성인이 정치를 한다 하여도 이것이 아니면 나라를 다스릴 수 없기 때문에 이것을 우선으로 하지 않을 수 없는 것이니, 성명께서는 깊이 유의하시기 바랍니다.

41 위(衛)나라에서……하셨고 : 공자가 위나라에 있을 적에 마침 출공(出公) 첩(輒)이 망명 중인 자기 부친 괴외(蒯聵)를 귀국하지 못하게 하고서 나라를 다스리고 있었는데, 자로(子路)가 공자에게 만약 위나라에서 정치를 행한다면 무엇부터 먼저 하겠느냐고 묻자, 공자가 "반드시 명분을 바로잡겠다."라고 하였다. 이에 대해서 주희가 해설하기를 "이때에 출공이 자기 부친을 부친으로 여기지 않고서 자기 조부를 부친으로 삼아 명분과 실상이 문란해졌기 때문에, 공자가 명분을 바로잡는 것을 급선무로 여긴 것이다."라고 하였다. 《論語集註 子路》

42 소공(昭公)의……것 : 소공은 춘추 시대 노(魯)나라의 군주로, 권신(權臣)인 계손씨(季孫氏)를 제거하려다 계손씨와 맹손씨(孟孫氏), 숙손씨(叔孫氏)의 역공을 받고 국외로 도망하여 진(晉)나라 땅인 간후(乾侯)에 머물다가 죽었다. 이듬해 소공의 장례가 노나라 공실의 묘역이 있는 감읍(闞邑)에서 거행되었는데, 소공의 묘지 둘레에 도랑을 파서 선대 임금들의 묘역과 분리하려 하자, 대부 영가아(榮駕鵞)가 제지하여 묘도(墓道)의 남쪽에 장사를 지냈다. 후에 공자가 노나라의 대사구(大司寇)가 되어서 소공의 묘 밖에 도랑을 파서 통합시켰다. 《春秋左氏傳 定公元年》

서추 및 양연의 직임을 체차해 주기를 청하는 차자 기유년(1669, 현종10) 2월

乞遞西樞及兩筵之任箚 己酉二月

삼가 아뢰옵니다. 신이 외람되이 빈청(賓廳)으로 와서 모이라는 명을 받았는데, 마침 질병이 매우 위태로워 달려 나갈 수가 없었으니, 지극히 황공한 심정을 가눌 수 없습니다. 대개 신이 앓고 있는 병은 그 뿌리가 깊고 단단한데, 이는 일조일석에 이루어진 것이 아니라, 안으로는 가슴과 배로부터 밖으로는 팔다리에 이르기까지, 대개 한 터럭도 병들지 않은 것이 없습니다. 비록 먹고 마시며 움직이는 등의 일상생활을 전혀 하지 못하는 지경에까지는 이르지 않았으나, 그 위급한 형세는 남들은 비록 몰라도 제 자신은 분명히 아는 사실입니다. 이러한 까닭에 지난날 누차 고향에 돌아가게 해 달라는 소장을 올렸던 것인데 어여삐 여겨 윤허해 주시는 은혜를 받지 못하였고, 그렇게 이전과 다름없는 상황이 계속 유지되는 가운데 점점 시간이 흘러 병의 증세는 이미 극에 달하게 되었습니다. 그리하여 이제는 비록 자애로운 성상께서 물러나 돌아갈 수 있게 윤허해 주신다고 해도 몸을 끌고 남쪽으로 돌아갈 수 없는 형편이 되었으니, 신의 상황은 가히 고달프다 할 것입니다.

그런데 다만 서추의 직임은 송(宋)나라와 비교해 보자면 제사를 받드는 사관(祀官)[43] 같은 것으로서 다만 한직(閑職)에서 녹봉을 받아

43 사관(祀官) : 선왕의 초상화를 모시는 도교 사원을 관리하는 벼슬이다. 송나라 때 실직(實職)을 그만두는 사람으로 하여금 도교 궁관(道敎宮觀)을 맡되 실제의 업무는

부모 봉양을 하는 사람을 통해 농사짓는 일을 대신하도록 한 것일 뿐입니다. 그런데 지금 신의 경우는 그렇지 아니하여 지난날 외람되이 분수에 넘치는 호칭을 받았다는 이유로 때로는 헌의(獻議)를 하라는 명이 내려지기도 하였고 때로는 또 주사(籌司)의 공문을 보여 주기도 하였습니다. 비록 그것들이 무슨 일인지 전혀 알지 못하였으나 사체(事體)로 보면 그렇게 가볍거나 작은 것이 아니었습니다. 더구나 경연(經筵)과 서연(書筵)을 겸임하는 직임은 지극히 크고 무거운 것으로서, 그 이름과 뜻을 생각할 때마다 놀라는 심정과 두려운 마음을 이기지 못합니다. 만일 신이 평소 별일이 없는 상황에 처해 있더라도 오히려 머뭇거리며 그 직임을 피하여 도망하고 싶을 터인데, 하물며 이렇게 질병을 겪고 있어 살아갈 의지마저 사라진 상황에서 어찌 또 만에 하나라도 직무를 맡을 가망이 있겠습니까.

신의 돌아가고픈 생각이 여기에서 더욱 절절해졌지만 이미 몸을 움직여 길을 나설 수도 없는지라, 또 삼가 향리 사람들 가운데 조금 형편과 재력이 있는 경우엔 의약을 찾기 위하여 병든 몸을 가마에 싣고 서울로 들어오는 자가 있을 것이라고 생각하였습니다. 이제 신이 다행히도 은혜로운 보살핌을 입어 이미 서울에서 의약을 쓰기 편하도록 되었으니 이는 실로 하늘이 내린 것이나, 다만 직명이 몸에 남아 있으니 불안한 형편은 위에서 아뢴 바와 같습니다. 아울러 직분을 받들 능력도 없는데 외람되이 막중한 지위를 한갓 병이나 요양하는 곳이 되게 하는 것이 또 어찌 분수와 의리상 마땅한 일이겠습니까. 삼가 바라건대 자애로운 성상께서는 미천한 이 심정을 양찰해 주시어 속히

보지 않고 직명만 지닌 채 관료의 봉록을 받게 했다.

서추 및 양연의 직임을 모두 개차하심으로써 편안한 마음으로 치료하여 살길을 찾도록 해 주소서. 그리해 주신다면 몹시 다행이겠습니다.

안흥창[44]과 공물의 일을 논하고 이어 체직을 청하는 차자

기유년(1669, 현종10) 2월

論安興倉及貢物事仍乞遞箚 己酉二月

삼가 아룁니다. 신은 외롭고 비천한 무용지물인 데다가 남과 어울리지 못하고 졸렬하기까지 하니, 세정(世情)에 맞지 않음을 잘 압니다. 그러므로 매양 은명(恩命)을 사양하고 향리에서 두문불출하였는데, 오늘 다시 나온 것은 부득이해서였습니다. 그러나 은사(隱士)의 성품은 시끄러운 것을 싫어하므로 매양 물러가기를 생각하였으나, 성명께서 가지 못하게 간절히 붙드시므로 차마 결행할 수 없어서 갔다가는 다시 돌아오곤 하였습니다. 성상께서 또 신에게 전혀 취할 만한 것이 없다고 여기지 않고 외람되이 예우하셨습니다.

신은 이미 은권(恩眷)에 감격하고 또 믿는 바가 있어 광망(狂妄)한 말을 올렸으나, 감히 반드시 행하게 되기를 기필한 것이 아니고 다만 조정이 채택할 자료를 갖추게 한 것일 뿐이었으니, 근자에 이르러 아전의 무리가 함부로 비난하는 말을 하고, 사대부 사이에서도 성난 눈을 부릅뜨고 있는 힘을 다하여 신을 공격하리라고는 미처 생각하지 못하였습니다.

안흥창을 설치한 일로 말한다면 당시에 성의(聖意)를 살피건대 조운

44 안흥창(安興倉) : 고려 시대 전국에 설치된 13개 조창(漕倉) 중 하나로서, 전라도 고부(古阜)와 그 주변 지역의 세곡을 모아 개경(開京)의 경창으로 운송하는 역할을 담당하였다. 곰소만 안쪽에 위치했던 고려 시대 안흥창은 고려 말기에 폐쇄된 것으로 여겨진다. 하지만 이후 조선 시대에는 곰소만 지역에 조창이 재건되지 않았다.

(漕運)하다가 배가 침몰하여 양곡이 손실되는 것은 따지지 않고 오직 바다에 빠져 죽은 인명(人命)에 대해서만 측은해하는 내용의 조서를 내리셨습니다. 아, 이 마음이 왕천하(王天下)하시기에 충분하니, 신하된 자의 의리로는 그러한 성상의 뜻을 받들어 따르는 데 서둘러야 하겠기에 신은 분수도 헤아리지 않고 망녕되이 그 일을 주장하였습니다. 당시에 이미 사복(私卜)의 폐단을 말씀드렸는데, 지금 듣건대, 곤수(閫帥)나 읍재(邑宰)로서 권문(權門)에 사복을 바치는 자들이 창고 설치의 일을 불편하게 여기고, 앉아서 사복을 받아들이는 권문들은 더욱 불편하게 여기며, 개인 창고를 해변에 설치하여 운송을 빙자하는 자 역시 전일과 같지 않을 것이므로 시비가 떼 지어 일어나 오직 안흥창 세우는 일이 성사될까 두려워한다고 합니다.

그러나 공심(公心)을 가지고 그 불편을 공정하게 말하는 사람은 오직 민유중(閔維重) 한 사람뿐이고, 서필원(徐必遠)도 청백(淸白)으로 자부하는 사람이니 그가 불편하다고 하는 것이 반드시 다른 사람의 생각과 같지는 않을 것이나 그 역시 다른 사람의 종용(慫慂)을 받지 않았다고는 할 수 없습니다. 그러나 그 창고 설치의 이해를 직언하는 것은 옳지만 성난 기색으로 눈을 부릅뜨고 대신을 배척하는 것은 옳지 않습니다.[45] 불충은 인신(人臣)의 극죄(極罪)이니, 비록 낮은 관리라

45 성난……않습니다 : 1669년 1월 우암이 태안(泰安)에 창고를 설치할 것을 건의하여 조정에서 이를 추진하게 되자 형조 판서 서필원이 반대 입장을 표명하며 "좌의정 허적(許積)과 예조 판서 김좌명(金佐明)이 옳지 않다는 것을 분명히 알면서도 감히 쟁집하지도 않은 채, 반은 가하다 하고 반은 불가하다 하며 반은 편리하다 하고 반은 불편하다고 하다가 마침내 대략 설치하여 가부를 시험하자는 논의로 결정하였으니, 불충한 죄를 어찌 모면할 수 있겠습니까."라고 하였다. 《顯宗實錄 10年 2月 6日》

할지라도 함부로 불충의 죄목을 씌워서는 안 되는데, 하물며 백료(百僚)의 윗자리에 있으며 임금이 존경하는 재상이겠습니까. 옛날 송(宋)나라 황제의 조서에 "대신을 종처럼 꾸짖고 서관(庶官)을 돼지처럼 본다."라는 말이 있자, 주자(朱子)도 한심하게 여겨서 "계속 3일 동안 침식이 불안하며 밤중에도 잠을 이루지 못하고 일어나 탄식을 금치 못하였다."라고 하였습니다.[46] 임금으로서도 오히려 대신과 서료를 함부로 꾸짖어서는 안 되는데, 하물며 지금 육경(六卿)의 자리에 있으면서 그의 통솔을 받는 사람은 어떻겠습니까.

가령 대신이 참으로 불충하여 왕망(王莽)[47]이나 동탁(董卓)[48]처럼 종사(宗社)를 위태롭게 하기를 모의하였다면 진실로 숨김없이 직언해야 하나, 지금의 사정은 그런 것이 아닙니다. 창고를 설치하는 것은 작은 일이고 가부를 논의하는 것은 상례인데, 무엇 때문에 갑자기 옳지 못한 죄목을 쉽게 씌운단 말입니까. 가령 서필원이 대신을 불충하다고 여긴다면, 대신의 불충은 곧 망국의 징조이니 진실로 새매가 새를 채듯 하여야 하는데, 어찌 그렇게 하지 않고 도리어 자신의 병을 말하여

46 옛날……하였습니다 : 주희(朱熹)가 유공보(劉共甫)에게 보낸 편지에 "삼가 11월 5일의 조서를 읽어 보니, 대신을 종처럼 꾸짖고 관원들을 돼지처럼 본 것이 심하였습니다.……이 조서를 본 이후로 3일 연속 자고 먹는 것이 편안치 않았으니……반복해서 이를 생각해 보건대 한심하여 한밤중에 일어나 저도 모르게 탄식을 합니다."라고 하였다. 《晦庵集 別集 卷1 答劉共甫》

47 왕망(王莽) : 한(漢)나라의 역적이다. 평제(平帝)를 죽이고 한조(漢朝)를 빼앗아 신(新)나라를 세웠으나, 재위 15년 만에 광무황제(光武皇帝)에게 망하였다.

48 동탁(董卓) : 후한(後漢)의 역신(逆臣)이다. 영제(靈帝) 때 전장군(前將軍)이 되었는데 하 태후(何太后)를 죽이고 헌제(獻帝)를 세워 흉포한 짓을 멋대로 하다가 여포(呂布), 왕윤(王允) 등에게 죽음을 당하였다.

면직을 청하는 것입니까. 이는 불충한 대신을 군부(君父)에게 맡기고 제 한 몸만 편하기를 도모하는 것입니다. 그렇다면 서필원이 먼저 불충의 죄를 면할 수 없는 것인데, 어찌 불충이란 말로써 남을 비난할 수 있습니까.

어떤 이는 "서필원이 대신과 사이가 매우 가까운데, 창고 설치하는 일이 본래 대신이 하고자 한 것이 아니므로 창고 설치를 반대하여 대신의 비위를 맞추려고 일부러 그렇게 한 것이다."라고 하나, 이는 절대로 그렇지 않습니다. 작은 일에 자기의 의견을 드러내고자 하여 대악(大惡)의 불명예가 신상에 떨어지는 것을 감수하는 것은 결코 인정(人情)이 아닌데, 서필원이 무엇 때문에 그런 것을 알면서 그런 짓을 하였겠습니까. 이는 다만 조정에 체통이 서지 않아 사의(私意)가 멋대로 행해져서 대소 신료가 서로 임금을 받드는 의리가 없고 총애받는 자가 멋대로 방자한 기색이 있어 점점 변하여 이렇게 극한 상황에 이르렀으니, 만약 주자가 오늘에 살아 있다면 아마도 침식이 불안하여 밤잠을 이루지 못하고 밤중에 일어나서 탄식하는 정도뿐이 아닐 것입니다. 비록 그렇더라도 이렇게 된 근본을 추구해 보면 실은 신의 망녕된 의론 때문에 국사가 이 지경에 이른 것이니, 신은 두려운 생각을 이루 감당할 수 없습니다.

어공(御供)의 일에 있어서도 조정이 생민(生民)의 고혈을 다 짜서 각 관사 서리들의 수중으로 들여보내니, 사리를 따져 보건대 어찌 이같이 해서야 되겠습니까. 사재감(司宰監)의 경우로 말해 보면 1년에 소비하는 물건에 면포(綿布) 등은 제외하고라도 쌀만도 1만 곡(斛)이 넘는데, 서리의 무리가 묵어서 썩거나 조악한 물건으로 바꿔치기하고 끝내 좋은 물건을 진어(進御)하지 않으니, 이보다 크게 잘못된 일이 없습니다. 그러므로 선왕(先王) 말년에 이 폐단을 변통하기를 생각하여 신에게 감정(勘定)을 명하셨습니다. 소신이 명을 받들어 감정하였으나 미처 아뢰기도 전에 선왕께서 병환으로 승하하셨으니, 아, 애통한 일입니다.

지난번 신이 이런 말씀을 진달하였더니, 전하께서 시험해 볼 만하다고 여겨 호조 판서 민정중(閔鼎重)에게 변통의 제도를 자세히 살피라 명하시는 것을 신도 들었습니다. 대개 변경하여 행하고자 하시는 것은 곧 명(明)나라 광록(光祿)의 제도[49]인 듯한데, 이는 선정신 성혼(成渾)이 선조(宣祖)께 청했던 것입니다.[50] 이는 실상 쓸데없는 경비를 줄여 실제 쓰임을 만드는 것으로서, 성인이 말한 "재용을 절약하며 백성을 사랑한다."라는 것의 근본입니다. 그러나 이 법이 서리들에게는 크게 불편한 것이기 때문에 거짓과 비난을 일삼아 반드시 이 일이 이루어지지 못하게 하고자 합니다. 이에 대해서는 대신이 이미 탑전(榻前)에서 진달하여 창고를 세우고 어공 줄이는 일의 중지를 청하였습니다.

그러나 서리들이 거짓과 비난을 일삼는 것은 진실로 마땅하거니와, 사대부들이 떠들썩하게 울분을 토로하여 날마다 신과 민정중에게 나쁜 말이 이르는 것은 어째서입니까. 대개 서리들이 큰 이익을 취하려면

49 광록(光祿)의 제도 : 명나라의 광록시(光祿寺)에서는 제사(祭祀), 조회(朝會), 연향(宴饗), 예주(醴酒), 선수(膳羞) 등을 맡는데, 이에 필요한 물자를 모두 시장에서 사다 썼다.

50 선정신……것입니다 : 1594년(선조27) 5월 1일 성혼이 올린 시무 14조의 두 번째 대목에 "사옹원에 명하여 일이 안정될 동안에 한하여 지방에서 올리는 진상물은 정지시키고, 모든 소과(蔬果)는 관포(官圃)에서 재배하여 진공(進供)하게 하고, 그 밖의 어육(魚肉)은 시장에서 거래하게 하여 일체 중국의 제도와 같게 하소서."라고 한 것을 가리킨다. 《宣祖修正實錄 27年 5月 1日》

먼저 아첨으로 권귀(權貴)를 섬기고, 사대부 중에 빈천한 자는 또 이 무리들에게 도움을 받으니, 이 무리들의 실리(失利)가 바로 권귀와 사대부의 실리입니다. 그러므로 이 서리들의 원망과 비방에 기대어 날마다 차마 말할 수 없는 망측한 말을 만들어 중외에 퍼뜨려 막을 수 없게 되었습니다. 아, 무슨 세도(世道)가 이러합니까. 전하께서 만약 창고 설치와 어공 줄이는 일을 행하고자 하신다면 어찌하여 건단(乾斷)을 내려 저 무리로 하여금 뜻이 꺾여 다시는 원망하는 말을 하지 못하게 하지 않으시며, 만약 그 일을 행하고자 하지 않으신다면 어찌하여 그 일을 모두 폐지한다는 윤음을 내려 저 무리로 하여금 안심이 되어 다시는 원망하는 말이 절로 없어지게 하지 않으십니까. 오늘날 불순한 생각을 품고 공갈하는 자들은 모두 "도성은 나라의 근본이니, 도성 백성의 실업(失業)은 국가의 이익이 아니다."라는 말을 구실로 삼고 있으나, 이는 근본을 모르는 말입니다. 국가가 백성에게 부세(賦稅)를 거두는 것이 국용(國用)을 위해서입니까, 아니면 서리들을 이롭게 하기 위해서입니까? 서리로서 국가 재정을 좀먹는 자가 바로 옛날에 이른바 '행민(倖民)'[51]이니, 행민이 많은 것은 망국의 징조입니다. 《대학(大學)》 전(傳)에 "생산하는 사람이 많고 녹(祿)을 먹는 사람이 적으며, 일을 하는 자는 빨리 하고 재물을 쓰는 자는 천천히 한다면 재정이 항상 풍족할 것이다."라고 하였고, 정자(程子)도 말하기를 "옛

51 행민(倖民) : 나라의 불행을 기회로 여겨 살아가는 백성을 뜻한다. 《춘추좌씨전주소(春秋左氏傳注疏)》 권24에 "착한 사람이 위에 있으면 행민이 없다. 속담에 '백성 중에 나라의 불행을 기회로 여겨 살아가는 사람이 많으면 이는 착한 사람이 없다는 말이다.'라고 했다." 하였다.

날에는 사민(四民)에게 각각 직업이 있었고, 그중에 농민이 8, 9할이었으므로 의식(衣食)이 넉넉하기 쉬웠는데, 지금은 경사(京師)의 부랑민 수효가 백만이 넘으니, 옛 법을 참작하여 오늘의 폐단을 고쳐 점차로 부랑민에게 직업을 주어 구제하여야 한다."라고 하였습니다. 정자가 경사 백성을 구제하는 방법에 대해 말한 것도 여기에 불과했을 뿐인데, 오늘날 의논하는 자들의 말은 어찌하여 정자와 다릅니까.

온 나라의 재정이 다만 이 수(數)일 뿐이니, 공가(公家)에 있지 않으면 사가(私家)에 있고 사가에 있지 않으면 공가에 있는 것은 바뀌지 않는 이치입니다. 그런데 오늘날 의논하는 자들은 반드시 공가를 파리하게 하고 사가를 살찌우려 하는데, 그것은 무슨 까닭입니까. 성상께서 살피셔야 합니다. 그러나 조정의 사의(私意)를 막고자 한다면 무엇보다 먼저 임금의 사의를 막아야 하는 것이므로 신이 매양 내수사와 여러 궁가로써 말씀드렸으니, 이는 임금이 먼저 수신(修身)하고 정가(正家)한 뒤에야 조정이 엄숙해질 수 있다고 생각되었기 때문입니다. 오늘의 폐단을 보건대 사욕이 하늘에까지 흘러넘치고 속론(俗論)이 산처럼 쌓였으니, 이 두 가지를 제거하지 않고서는 성상께서 비록 훌륭한 일을 하고자 하시더라도 서로 어긋나서 어려울 것입니다. 그러므로 신이 매양 이것을 말했던 것입니다. 그러나 이는 모두 오늘날 사람들이 듣기 싫어하는 것이고, 또 신의 성품이 편협하여 말만 하면 남의 비위를 거스릅니다. 이러한 이상 장차 낭패를 당할 텐데 어느 겨를에 성조(聖朝)에 보익(補益)하기를 바랄 수 있겠습니까.

또 신은 병이 이미 깊어 힘이 빠져 자리에 누웠으므로 비록 남쪽으로 돌아가고자 하나 길을 떠날 방법이 없으니, 다만 이곳에서 객귀가 될 뿐입니다. 체직을 간청하였으나 윤허를 받지 못하니 근심스럽고 답답한 마음 누를 길 없습니다. 삼가 바라건대 자애로운 성상께서 다시 긍휼히 헤아려 주시어 빨리 신으로 하여금 편히 쉬게 하여 미천한 분수를 편하게 하여 주소서. 그리해 주신다면 매우 다행이겠습니다.

분황을 위해 휴가를 청하는 차자 기유년(1669, 현종10) 2월

焚黃乞暇箚 己酉二月

삼가 아룁니다. 신은 근심이 산처럼 높이 쌓이고 돌아가고 싶은 마음은 흐르는 물처럼 돌이킬 수 없는데, 제를 올리는 달이 되매 분황이 그야말로 시급한 일이 되었습니다. 그런데 마침 어린 자식을 잃는 아픔[52]을 만나 송아지를 생각하는 늙은 어미 소 같은 심정이 절절한데, 날이 점점 따뜻해져서 아픈 몸을 어쩌면 억지로 일으킬 수 있을 듯합니다. 삼가 바라건대 자애로운 성상께서는 신의 상황을 양찰하고 이전에 내리신 전지(傳旨)를 추념하여 속히 은혜로운 휴가를 허락하심으로써 조용히 하직을 고하게 해 주소서. 그리해 주신다면 몹시 다행이겠습니다.

52 어린……아픔 : 우암의 손녀가 죽은 것을 가리킨다.《宋子大全 附錄 卷5 年譜》

두 번째 차자 같은 날

二箚 同日

삼가 아룁니다. 신이 죽음을 무릅쓰고 말미를 청하여 외람되이 면유(面諭)하겠다는 비답을 받들게 되었습니다. 그러나 신이 연거푸 개인적 슬픔을 겪은 관계로 한창 편안히 계시는 가운데에 감히 슬픔을 무릅쓰고 삼가 나아갈 수는 없는 노릇이니, 지극히 황공하고 두려운 마음을 이기지 못합니다. 다만 제례에는 일정한 시기가 있으므로 시기를 놓쳐 제례를 하면 제례를 하지 않는 것과 같습니다. 혹여 자애로운 성상께서 끝내 규례대로 말미를 내려 주신다면 삼가 마땅히 은혜로운 말씀을 받들어 아비의 사당으로 돌아가 고하는 한편, 매장하는 일을 행함으로써 지극한 정을 펼 것입니다. 삼가 바라건대 자애로운 성상께서는 끝까지 불쌍히 여기고 양찰해 주소서.

수원에 도착하여 사직하는 상소 기유년(1669, 현종10) 2월

到水原辭職疏 己酉二月

삼가 아뢰니다. 신이 임금을 무례하게 모셔 하직도 고하지 않고 지레 돌아갔으니, 부당한 죄를 범함에 삼가 엄한 견책이 내려지기만 기다리고 있었습니다. 그런데 뜻밖에 밝은 성상께서 곡진히 살펴 용서하면서 세 번에 걸쳐 따뜻한 유시를 내리고 재차 태의(太醫)를 보내어 간병하게 하며 아울러 도신(道臣)에게 호송하라는 명을 내리시니, 어찌 신의 죄가 깊어질수록 성상의 은혜는 더욱 높아지는 것입니까. 신은 감격하고 황송하여 어찌할 바를 모르겠습니다. 다만 직명을 띠고 있는 것은 의리로 따져 볼 때 편안하기 어렵습니다. 삼가 바라건대 신의 본직 및 겸대하고 있는 경연(經筵)과 세자부(世子傅)의 직임을 아울러 개차하도록 허락해 주심으로써 미천한 분수를 편안케 해 주소서. 그리해 주신다면 몹시 다행이겠습니다. 신은 지극히 두렵고 떨리는 마음을 견딜 수 없습니다.

유도 대신 이경석의 차자[53]로 인하여 대죄하는 상소 기유년 (1669, 현종10) 4월

因留都大臣李景奭箚待罪疏 己酉四月

삼가 아룁니다. 미천한 신의 질병이 오래도록 낫지 않아 행조(行朝)의 반열에 끼지 못한 지가 오래므로 스스로 조심스러운 마음으로 죄를 기다렸습니다. 그런데 도리어 성상께서 특별히 걱정해 주시어 태의(太醫)가 약을 싸 가지고 먼 길을 와서 신의 병을 진료하니, 이는 마른 나무에 꽃이 피고 썩은 뼈에 새살이 돋아나는 정도일 뿐이 아니므로 감격의 눈물이 흘러 몸 둘 곳을 알지 못하겠습니다. 신은 이미 태의가 지어 주는 약을 먹었고 또 뜸을 뜨고 침을 맞고 있으니 수일 내로 차도가 있을 것 같습니다.

신의 생각에 어가가 궁으로 돌아갈 날이 박두하였으므로 차마 죽을 수 없어 행조로 달려가 천안(天顔)을 영원히 하직하지 않는다면 견마(犬馬)의 정을 펼 길이 없다고 여겨졌습니다. 그러므로 병을 무릅쓰고 길을 떠났는데 겨우 수십 리를 걷자 몸이 흔들리고 뒤틀리며 병이 다시 발작하여 통증이 전보다 더했습니다. 신은 망동(妄動)한 것을 후회하였으나 다시 어찌할 수 없어 부득이 길옆 산골짜기로 들어가 조심하여 병을

53 이경석(李景奭)의 차자(箚子) : 현종(顯宗)이 온양(溫陽)에 거둥하였을 적에 우암이 가까운 곳에 있으면서도 입조(入朝)하지 않았다 하여 이경석이 넌지시 우암을 꼬집은 차자를 올린 것을 말한다. 이경석은 평소 우암을 중히 여겨 그의 귀향을 만류하라는 상소를 올리기도 하였으나, 이 상소로 둘 사이에 틈이 생겼다.

치료하며, 다행히 병이 조금 나은 뒤 다시 길을 떠나면 비록 행조까지 가지는 못하더라도 혹 중로에서 우러러보며 전송하는 대열에 낄 수 있으리란 생각을 하고 있었습니다. 그런데 이번에 우연히 집에서 보내온 편지로 인하여 유도 대신의 차자를 보니, 그 논척한 바가 지극히 준엄하고 심각하였습니다. 비록 신의 이름을 바로 지적하여 거론하지는 않았으나 그 지적한 바가 어찌 다른 사람이겠습니까. 신은 더욱 황공하고 두려워 몸 둘 곳을 모르겠습니다. 신하의 의리로 보아 마땅히 어가의 의장 밖에서 땅에 머리를 조아리며 죄를 청해야 하나 병이 이와 같아 나아갈 수도 물러갈 수도 없으니 위태롭고 절박한 마음만 간절할 뿐입니다.

신이 스스로 생각건대, 의리를 거스르고 조정 기강을 문란하게 하는 것은 인신(人臣)의 극죄(極罪)이니, 이런 말이 다른 사람의 입에서 나왔다 하더라도 오히려 황공함을 이길 수 없을 것인데, 하물며 대신의 말이겠습니까. 신이 또 생각건대, 옛날에 손 종신(孫從臣)이 장수하고 강녕을 누린 것이 비록 한때 존중받기는 하였으나 의리를 알고 기강을 진작하였다는 칭찬을 크게 받지 못하고 도리어 그를 불쌍히 여기는 사람까지 있었습니다.[54] 그런데도 당시 행동이 무상(無狀)하고 용렬

54 손……있었습니다 : 송 흠종(宋欽宗)이 정강(靖康)의 난 때 금(金)나라에 잡혀 있을 적에 금인(金人)이 항복하는 글을 받으려 하므로 흠종은 부득이 종신(從臣) 손적(孫覿)에게 짓게 하였는데 손적은 조금도 사양하지 않고 송나라의 위신을 깎아내려 오랑캐에게 아첨하는 글을 지었다. 그가 항상 사람들에게 "천명(天命)을 따르는 자는 보전하고 천명을 거스르는 자는 망한다."라는 말을 하므로 어떤 이가 조롱하기를 "그대가 오랑캐 진영에 있을 적에 천명을 따른 것이 매우 심하였으니, 수(壽)하고 강녕(康寧)하는 것은 당연하다."라고 하니, 손적은 부끄러워 응답하지 못했다 한다. 《朱子大全 卷71 雜著 記孫覿事》

비루한 자가 도리어 그의 비난을 받았으니, 많은 사람들의 비웃음거리가 됨이 어떠하였겠습니까. 지금 신의 경우가 불행하게도 이에 가까우므로 신은 적이 걱정됩니다. 바라건대, 성명께서는 특별히 긍휼히 여겨 살피셔서 신이 맡은 서추(西樞)의 직임과 겸직을 속히 삭제하시고, 명을 거스르고 회피한 죄를 다스려 의리를 밝히고 조정의 기강을 엄숙하게 하는 데 도움이 되게 하소서. 그리하신다면 매우 다행이겠습니다. 신은 황공하여 몸 둘 곳을 알지 못하겠습니다.

세자부와 영경연에서 해직되기를 청하는 상소 기유년(1669, 현종10) 8월

乞免世子傅領經筵疏 己酉八月

삼가 아룁니다. 신은 질병에 의해 거의 다 죽게 된 탓으로 소명(召命)에 나아가지 못하였으니, 마치 깊은 계곡으로 떨어지는 것처럼 두려운 심정입니다. 삼가 듣건대 전하께서 특별히 예관으로 하여금 신덕왕후(神德王后)의 부묘례(祔廟禮)를 거행토록 하셨다고 합니다. 이는 기실 열성(列聖)께서도 미처 이루지 못하였던 일인데, 전하께서 결연히 그것을 시행하심으로써 천리(天理)를 능히 밝히고 인도(人道)를 능히 바르게 하며 대전(大典)을 능히 돈독히 하고 대륜(大倫)을 능히 펴시니, 신은 아픈 몸을 참고 일어나 기뻐하며 날뛰지 않을 수 없었고, 감동의 눈물이 뒤를 이었습니다.

아아, 군주가 이와 같고 시대가 이와 같은데, 어찌 그 반열의 말석에 급히 달려가 대례를 참관하고 성덕을 칭송하고 싶은 심정이 들지 않겠습니까. 그러나 불행하게도 앓고 있는 병이 이와 같아서 움직일 방법이 없으니, 멀리 전하가 계신 곳을 바라보며 다만 절절하게 슬피 울부짖을 따름입니다. 그런데 춘궁(春宮)의 입학 날짜가 이미 박두하였는데, 신이 맡은 별직(別職)은 보통의 관직과는 다르기에 특히나 감히 향리에 물러나 있을 수 없습니다. 삼가 바라건대 신이 맡고 있는 세자부의 직임을 속히 체차해 주시고, 영경연을 헛되이 지니고 있는 것도 특히나 너무 편치 못한 일이기에 아울러 모두 개차해 주소서. 그리해 주신다면 몹시도 다행이겠습니다. 신은 사관이 왔다 간 뒤에 곧바로 아뢰어 청하여야 했으나 기력이 실낱같고 정신이 혼매하여 그럭저럭 지내며 시일을 끌다 이제야 무릅쓰고 소를 올리게 되었으니, 죄가 더욱 큽니다. 다시 바라건대 자애로운 성상께서는 불쌍히 여기고 살펴 주소서. 신은 지극히 두렵고 간절한 마음을 금할 수 없습니다.

병으로 춘궁의 관례에 나아가지 못하여 사직하는 상소 경술년 (1670, 현종11) 3월 24일

病未赴春宮冠禮辭職疏 庚戌三月二十四日

삼가 아뢥니다. 신은 노쇠함과 질병이 날로 심해져 향리에서 죽을 날만 기다리고 있으나, 미천한 정성만큼은 여전히 사라지지 않았습니다. 더구나 수개월 전부터 성상의 체후가 점차 악화되었는데 들려오는 소식은 분명치 않으니, 마치 불길이 타오르는 듯 언제나 마음을 졸여 때로 한밤중에 일어나 방 안을 돌며 방황하고 있습니다. 아아, 이 같은 외로운 충정을 품었는데도 끝내 달려 나아가지 못하니, 미천한 정성이 비록 간절하다고는 하나 누가 또 그것을 믿어 주겠습니까. 다만 가식으로 치부될 뿐입니다.

또 삼가 듣건대, 춘궁의 관례가 이미 성사되었는데 그때 혈기가 있는 모든 이들이 하나같이 경하하였고, 평소 은거하던 자들 또한 다 함께 무리 지어 나아왔다고 합니다. 하물며 신의 별직(別職)은 그 이름이 보도(輔導)에 관계되니, 또한 어찌 다른 신하들에 비하겠습니까. 그러나 불행하게도 병이 심하여 끝내 고달프게 병상에만 누워 있으니, 사적으로 서운한 심정은 비록 말할 것도 없으나 공적인 의리로 따져 보건대 어찌 견책을 피할 수 있겠습니까. 이에 신은 밤낮 두려워하며 몸 둘 바를 모르겠습니다. 삼가 바라건대 밝은 성상께서는 굽어살펴 주시어, 신이 지닌 직명 및 별직을 특별히 체차하도록 허락해 주심으로써 미천한 신의 분수를 편케 해 주소서. 그리해 주신다면 몹시 다행이겠습니다. 신은 지극히 두렵고 떨리는 마음을 금할 수 없습니다.

이세직[55]이 복주된 뒤 안성에 도착하여 대죄하는 상소 경술년 (1670, 현종11) 9월 19일

李世直伏法後到安城待罪疏 庚戌九月十九日

죄 지은 신 송시열은 말씀드립니다. 삼가 생각건대, 예로부터 무함으로 모멸당한 자가 헤아릴 수 없이 많으나, 어찌 신처럼 심하게 당한 사람이 있겠습니까. 그런데도 신은 죽지 못하고 오히려 천지 사이에서 숨을 쉬고 있으니, 몹시 사리에 어둡고 완고하다고 할 만합니다. 그런데 일월처럼 지극히 밝고 천지처럼 지극히 어진 성상께서 이미 너그러이 용서하고 또다시 위로하는 덕음(德音)까지 내리시니, 신은 삼족(三族)이 멸망당할 씻을 수 없는 죄목을 가진 몸으로 분골쇄신하여도 갚기 어려운 은덕을 입었습니다. 그러므로 몸을 어루만지며 스스로 헤아려 보매 땅에 엎드려 눈물을 삼킬 뿐입니다.

신은 유지(諭旨)를 받은 뒤 다시 길에 올라 도성 문 밖에 가서 땅에 이마를 조아리며 눈물로 감사하고자 하였으나, 겨우 사흘 길인데도 이미 남은 근력이 없어 길을 떠날 수 없었습니다. 그런데 신이 이 일을 듣고부터는 광혹(狂惑)하고 상심되어 병이 도지는 염려도 잊고 달려 나가다가 겨우 성은(聖恩)으로 부르심을 받고서야 잠에서 깨어난 듯

55 이세직(李世直) : 우암의 먼 친척의 서얼붙이로서 잡술을 배우므로 우암이 그를 꾸짖어 물리친 적이 있었는데, 이때에 와서 갑자기 거리의 종을 치므로 유사가 잡아 힐문하니, 이세직은 흉언으로 우암과 송준길 및 청주(淸州) 사람들을 무함하였다. 조정에서 그를 국문(鞫問)하니, 모두 허망한 말로 드러나 이세직은 무고(誣告)임을 자복하고 죽음을 당하였다.

술에서 깨어난 듯 정신을 차려 보니, 몸은 여전히 거의 죽어 가는 상태여서 아마도 노상에서 죽어 인자한 성상의 은혜로 감싸 주시는 덕의(德意)를 손상할 것 같았습니다. 또 생각건대 조정과 저잣거리의 사람들이 반드시 신을 가리켜 말하기를 "이 사람의 죄명이 어떠한 것인데, 감히 천일(天日) 밑에서 얼굴을 드는가."라고 할 텐데, 신이 무슨 면목으로 성상께서 이미 용서하셨다고 하겠습니까. 그러므로 끝내 처음 마음먹었던 대로 나아가지 못하고 북쪽으로 대궐을 바라보며 스스로 슬피 부르짖을 뿐입니다.

아, 신의 종전 죄명은 모두 대불경(大不敬)·대부도(大不道)·대견(大譴)·대가(大訶)의 죄목인데, 높이 날아오르고 멀리 달아남으로써 자취를 없애지도 못하였을뿐더러, 배를 가르고 목을 찔러 죽기를 결정하지도 못하였으니, 신의 죄는 더욱 큽니다. 아, 하늘 밑에는 생존하지 않는 물건이 없으나, 생각건대 중외(中外)에서 신의 잘못을 꾸짖는 말이 끊이지 않을 것이니 신이 집집마다 해명하는 사람을 보낼 수 없습니다. 또 기억을 더듬어 보건대 옛날 시정인(市井人)의 변고[56]가 일어날 적에 머리에 서캐가 득실대는 어린아이들도 그 변란을 일으킨 무리 속에 끼었으니, 크나큰 덕과 깊은 인자함을 지니신 우리 조종께서 어찌 어린아이들이 감죄(勘罪)당하는 것이 억울하다는 것을 알지 못하셨겠습니까. 그런데도 오히려 그 어린아이들이 형(刑)을 면치 못하였습니다. 이번 사건으로 말한다면 실로 천지간의 큰 변고이니 구차하게 용서

56 시정인(市井人)의 변고 : 1525년(중종20) 3월 전 내금위 유세창(柳世昌), 한량 유세영(柳世榮) 형제가 일으킨 고변 사건을 가리킨다. 《해동야언(海東野言)》 〈중종 상(中宗上)〉에 그 내용이 정리되어 있다.

하거나 신문하지 않아서는 안 됩니다. 삼가 바라건대 성명께서는 다시 유사(有司)에게 명하여 신으로 하여금 유사의 관원과 대면하여 분명히 변명할 기회를 주소서. 그리해 주신다면 신은 거의 사람들에게 할 말이 있게 될 것입니다. 신은 매우 두려운 마음 누를 길 없습니다.

의소
擬疏

삼가 아룁니다. 신은 죄를 지은 미천한 몸으로, 의리로 보아 두문불출하고 고사(枯死)하여야 마땅합니다. 그런데 우연히 지난해에 염치를 무릅쓰고 행재소에 나아갔을 때 성명께서 체직을 윤허하시고 어가(御駕)를 따라 도성으로 돌아갈 것을 권하셨으므로 신이 감히 다시 사양치 못했습니다. 성궐(城闕)에 이른 뒤 오랜 시일을 머물면서 그간에 여러 번 인대(引對)의 은혜를 입었고, 신이 올린 부족한 주장이 때로 채납(採納)되기도 하였습니다. 조정에서 물러난 뒤에 말과 글을 조심하지 않고 망녕되이 원로대신을 건드려 이 때문에 시론에 죄를 얻어 오만가지 비난을 받았으니, 신도 이미 스스로 신의 죄를 알거니와, 또 들으니 망녕되이 진달했던 몇 가지 일이 시의(時宜)에 크게 어그러져 관계되는 바가 가볍지 않다 하니, 신은 진실로 망언(妄言)의 잘못을 후회하지만 이미 어찌할 수 없습니다. 그런데 뜻밖에도 일월같이 밝은 성상께서 혹 통촉해 주시어 접때 부르시는 명이 많은 흔단(釁端)이 쌓인 신의 몸에 미치니 신은 더욱더 두려워서 몸 둘 곳을 알지 못하겠습니다. 그러나 신의 망녕된 진달이 그르친 일에 대하여 끝내 지나간 일로 돌리고 스스로 논죄하지 않아서는 안 되겠기에 사면(辭免)을 바라는 상소를 통해 그 대략을 진술합니다.

당초 신은 망녕되이 생각하기를, 오늘날 조정 기강이 다 무너지고 옛 법이 다 폐기되었으므로 만약 전하께서 집안부터 바로잡지 않으시면 조정을 바로잡아 백성에게까지 미치게 할 방도가 없다고 여겼습니다. 그러나 몸부터 닦지 않으면 집안을 바로잡을 수 없으므로 내수사의 변통을 간절히 말씀드렸던 것입니다. 그러나 만약 근본이 맑아지지 않으면 내수사를 개혁한다 하더라도 철저히 개혁이 되지 않을 것입니다. 그러므로 그 근본을 미루어 말한다면 반드시 전하의 마음이 바른 뒤에야 모든 일이 이루어질 수 있습니다. 이는 신의 말이 아니라 옛날 성현이 서로 전한 중요한 도입니다.

여러 공주의 집[57]이 이미 지나치게 법제를 어겼으니, 이는 국법을 국가에서 먼저 파괴하는 것일뿐더러, 그곳은 바로 인목대비(仁穆大妃)께서 거처하셨던 곳이고 인조대왕(仁祖大王)께서 시질(侍疾)하시던 고궁(故宮)이니 신자(臣子)가 감히 편히 여길 곳이 아니며, 또 일찍이 요망한 술인(術人)의 말이 있었으니 여러 부마(駙馬)로서는 더욱 잠시라도 감히 거처할 곳이 아닙니다. 신이 일찍이 이 문제를 차례로 진달하매 여러 공주의 집에서는 이건(移建)을 계획하였습니다. 이건하는 것은 진실로 옳은 일이나, 이건할 때 사대부를 협박하고 거민(居民)을 억압하여 명목상으로는 매매라 하나 사실은 그 값을 주지 않으며, 또 집을 판 사람이 이사하기도 전에 서둘러 쫓아내어 처소를 잃고 길가에 유랑하며 울부짖는 자들이 모두 신을 지적하여 성내어 꾸짖기를 "저자가 아니었으면 어찌 이런 일이 있었겠는가." 하며 차마 들을 수 없는 말로 신을 꾸짖고 있습니다. 이런 사정으로 미루어 볼 때 그들이 국가

57 여러 공주의 집 : 효종의 넷째 딸 숙휘공주(淑徽公主)와 혼인한 인평위(寅平尉) 정제현(鄭齊賢) 및 효종의 다섯째 딸 숙정공주(淑靜公主)와 혼인한 동평위(東平尉) 정재륜(鄭載崙)의 집을 가리킨다. 우암은 1659년(효종10) 4월 12일 입시한 자리에서 정재륜의 저택을 철거해야 한다고 주장하였는데, 그 내용이 아래에 이어지는 내용과 유사하다.

에 대해서는 감히 말하지 못하지만 원망한다는 것은 기필할 수 있습니다. 또 여러 부마도 옛집을 떠나 새로 이사하였기 때문에 신을 원망하는 말이 역시 적지 않을 것입니다. 먼 외방에서 전해 들은 말이어서 모두가 사실은 아니겠지만 신은 매우 황공합니다. 또 듣건대, 새로 지은 부마들의 집이 장엄하고 화려함이 전에 살던 집보다 못하지 않고 더러는 전의 집보다 더 화려하다 하니, 이는 전하께서 집안을 바로잡고 조정을 바로잡는 기본이 되지 못하고 한갓 크고 작은 원망만을 불러일으켜 성조의 화기(和氣)를 손상할 뿐입니다. 또 신이 내수사의 일을 언급하였기 때문에 내수사를 관장하여 이익을 독점하는 무리들이 눈을 흘기고 냉소하며 서로 부동(浮動)하여 떠들어 대며 못 하는 말이 없으니, 이것이 바로 신이 스스로 망언의 잘못을 후회하나 어찌할 수 없다고 하는 점입니다.

또 신이 훈련도감을 크게 염려하여 반드시 변통하고자 하는 것은 늠료(廩料)를 계속 지급하기 어렵기 때문이고,-국가 수입의 태반을 훈련도감의 군졸들이 소모하여, 날마다의 늠식(廩食)을 계산해 보면 전쟁이 있을 때와 같으니, 바로 주자(朱子)가 말한 "군사를 사용하지 않는 날이 없다."라고 한 것[58]과 같습니다.- 군사가 게을러서 사용하기 어렵기 때문이고,-이 군졸들이 평상시에는 시장에서 장사를 하고 괴로움을 견디는 훈련을 쌓지 않기 때문에 달리는 것을 견디지 못하여, 혹 수십 리만 배위(陪衛)하여도 숨을 헐떡거

58 주자(朱子)가……것 : 송 고종(宋高宗)이 남쪽으로 천도한 후 늘 임전 태세를 갖추고 있는 상황을 두고 주희가 "지금 조정에서는 군사를 기르는 데 진력하는데 군대에는 늘 양식이 부족하다. 병농(兵農)이 분리된 후로 소비되는 것을 계산해 보건대 도리어 군사를 사용하지 않는 날이 없다."라고 한 것을 말한다. 《朱子語類 卷180 朱子7 論兵》

리고 땀이 비 오듯 하여 엎어지는 자가 계속되고 심지어 죽는 자까지 있으니, 갑자기 급한 일이 생긴다면 절대로 그 힘을 믿기 어렵습니다. 그러므로 주자가 위졸(衛卒)로 하여금 번을 갈라 여러 읍에 나아가서 먹게 하고 편히 앉아 있지 못하게 한 것이 바로 이를 말한 것입니다.- 교만하고 사나워 제어하기 어렵기 때문입니다.-이 졸개들이 대낮에 도심에서 공공연히 노략을 자행해도 감히 막는 사람이 없고, 또 화적(火賊)과 결탁한 자들이 대부분 이 무리들입니다. 또 신이 지난해에 배종하여 도성으로 돌아올 적에 상신(相臣) 허적(許積)과 함께 어선(御船) 곁에 앉아 있었는데, 허적의 배를 훈졸(訓卒)들에게 빼앗겼습니다. 허적이 친히 꾸짖으며 금하였으나 듣지 않고 이완(李浣)에게 청하여 전령(傳令)을 얻은 뒤에야 훈졸들이 물러갔습니다. 허적은 그때 대신(大臣)으로 훈국제조(訓局提調)를 겸임하였는데도 이와 같았는데, 하물며 다른 사람이야 말할 것이 있겠습니까. 또 이완도 다만 그 배를 돌려주라고 명하였을 뿐 감히 그 죄를 바로잡지 못하였으니, 그 사나움을 알 만합니다. 그 뒤 조참(朝參) 때 신이 탑전에서 그 일을 들추어내려 하자 허적이 두려워하며 눈짓으로 만류하였습니다. 그래서 신이 끝내 그 말씀을 다 드리지 못했으니, 그 점이 지금까지도 한스럽습니다. 그러나 이런 것들은 오히려 작은 일입니다. 전하께서는 유독 지난 정묘년(1627, 인조5) 4월의 변을 듣지 못하셨습니까. 정묘년 4월 12일에 훈졸 김예정(金禮正)이 훈국의 200여 명과 결탁하여, 승방(僧房) 뒤에 단(壇)을 쌓고 제문을 지어 하늘에 고한 다음 닭을 잡아 피를 마시고 맹세하며 범궐(犯闕)을 약속하였습니다. 이때 김예정이 술에 취하여 저희 무리 중의 한 사람을 칼로 찌르고는 그 사람이 고변(告變)할까 봐 그가 먼저 대장 신경진(申景禛)에게 고변하였습니다. 역모(逆謀)의 무리는 즉시 잡혀 주살되었으나, 인조(仁祖)께서는 특별히 김예정의 죄를 용서하셨습니다. 대개 이 무리들은 호위(護衛)의 허실(虛實)과 문원(門垣)의 곡직(曲直)을 잘 알고 또 액정(掖庭)의 하급 관리들과 결탁하여 대내(大內)의 동정을 엿볼 수 있으므로 감히 이런 계획을 낸 것입니다. 지금 생각하여도 온몸에 소름이 끼칩니다.- 그러나 서서히 변통하지 않는다면 또 다른 걱정거리가 생길까 두렵습니다. 그러므로 결원이 생기더라도 보충하지 말고 대신 그 수효를 어영군(御營軍)에 옮겨 보충하되, 가령 고향으로 돌아가기를 원하는 자가 있거든 곧 허락하여 어영군에 종역(從役)하게 합니다. 이와 같이 7, 8년 동안만 하면 전부터 있던 훈졸들은 자연 다 없어져 모두 어영의 제도가 될 것입니다. 그런 뒤 어영군을 둘로 나누어 두 장군에게 맡겨 한(漢)나라의 남북군(南北軍)[59]처럼 만든다면 오래된 폐단을 제거할 수 있고 큰 걱정거리를 막을 수 있을 것입니다. 그러므로 신이 감히 훈국의 변통을 청하였더니, 전하께서 다행히 신의 말을 받아들이셨습니다. 지금 훈국에서 별대(別隊)를 뽑는 것이 바로 이를 시행하려 함인데, 일을 맡은 사람이 일을 거행하는데 세심하지 못하여 너무 빨리 효과를 기대합니다. 훈국의 원액(元額)을 보충하는 일이 여전하고 별대마저 아울러 일어나 떠들썩하여 민간의 이목이 휘둥그레졌으니, 명목상으로는 옛 제도를 변경했다고 하나 사실은 새로운 군대를 창설하는 것입니다. 과거에 일군(一軍)도 감당하기 어려웠는데, 더구나 이군(二軍)이겠습니까.-지금 거짓 보인(保人)을 가려내어 별대에 충원하는 것은 간사한 행위를 징계하고 함부로 하는 짓을 막는 명분이 바르고 실상이 이로운 일인데, 그중에 약간의 재산을 가진 자면 가려내어, 충원할 때 모두 권문세가와 교활한 아전이 숨겨 주므로, 충원되는

59 한(漢)나라의 남북군(南北軍) : 한나라 때 금위(禁衛)의 군대로 남군은 궁문 시위(宮門侍衛)를 맡고 북군은 경성 순검(京城巡檢)을 맡았는데, 위위(衛尉)와 중위(中尉)가 각각 거느렸다.

사람은 대부분 빈약하고 고달픈 백성들뿐입니다. 그러므로 지난날 거짓 보인으로 국가를 기망한 죄가 숨겨지고, 가난한 백성들이 오늘날 원망을 일으키는 말이 더욱 심합니다. 신이 시골에 있었기 때문에 이를 목도하였습니다. 또 국내의 민정(民丁)에는 정해진 수효가 있는데, 지금 선발하는 별대의 수효가 적지 않고, 또 훈국의 원액도 여전히 보충하고 있으며 이 밖에 기병(騎兵)·보병(步兵)과 제색(諸色)을 뽑는 것이 있으니, 각 도에서 어떻게 그 액수를 충원하겠습니까.- 또 법이 아무리 좋아도 그 법을 서서히 시행하지 않으면 반드시 실패를 부르게 됩니다. 주자(朱子)의 사창법(社倉法)[60]이 사실은 왕안석(王安石)의 청묘법(靑苗法)을 모방한 것이나, 왕안석은 빨리 성공하려는 생각으로 그것을 행하였고 주자는 국가에 충성하고 백성을 이롭게 할 마음으로 그것을 행하였기 때문에 그 성패의 결과는 매우 달랐습니다. 오늘날 별대의 폐단도 진실로 성과를 빨리 보려 한 것이 그 빌미가 된 것입니다. 저 일을 맡은 사람들이 마음속으로 만약 생각하기를 '이 일은 그 계획이 애당초 나에게서 나온 것이 아니니, 백성들이 아무리 원망하고 노하더라도 그 책임을 질 자가 따로 있다.'라고 하여, 사정도 고려하지 않고 멋대로 행한다면 이는 크게 불가합니다. 민심이 경동(驚動)하여 국가가 경복(傾覆)한다면 일을 맡은 자라 해서 편히 지낼 수 있겠습니까. 그러나 이번의 소요는 신이 건의하여 청하지 않았다면 일어나지 않았을 것이므로 이 점이 또 신이 망언의 잘못을 후회하지만

60 사창법(社倉法) : 주희가 장손평(長孫平)의 의창법(義倉法)과 왕안석의 청묘법을 참작하여 제정한 기근구조법(飢饉救助法)이다. 주희가 숭안현(崇安縣)에서 곡식 600섬을 빌려 1할의 이자로 여름에 백성에게 대여하고 가을에 수납하였는데, 14년 만에 빌린 곡식을 반환하고 이자로 불어난 3100섬으로 사창을 운영하였다.

어찌할 수 없다고 하는 것입니다.

양녀(良女)가 출산한 아이는 그 아비에 따라 사천(私賤)에 소속시키고, 양정(良丁)이 출산한 아이는 그 어미에 따라 역시 사천에 소속시키고 있으니, 이는 실로 사곡(私曲)하고 편벽됨이 심한 제도입니다. 일찍이 선정(先正) 이이(李珥)가 이 문제를 극언하여 변통하기를 힘껏 청하였으나 시정되지 않았습니다. 그러므로 신이 그 변통을 시험해 볼 것을 외람되게 청하여 다행하게도 윤허를 받았으므로 균평하고 공정하게 하는 방도에 만분의 일이나마 도움이 있기를 바랐고 양정의 수효가 이로부터 늘어날 것으로 여겼습니다. 그러나 그 제도가 사대부들의 장획(臧獲)의 수효에 불리하였기 때문에 이루 말할 수 없이 욕설을 퍼부으며 꾸짖었습니다.

당초 제도를 정할 때 기유년(1669, 현종10) 1월을 한계로 하여 그 이후에 출산한 자만을 공천(公賤)에 귀속하기로 하였습니다. 그러니 그 태어난 아이들이 아직 죽을지 살지 알 수 없는 상태에서 강보에 있는 때이므로 대단할 것이 없는데도 오히려 자기들의 종을 공천으로 빼앗기는 것을 아까워하고 제도를 비방함이 이와 같은데, 더구나 그 종들이 약간 자라 부릴 수 있는 나이를 한정하여 공천에 귀속하였다면 그 매도(罵倒)함이 어떠했겠습니까. 좋아하지 않는 자가 많으니 이 제도가 파괴되지 않는다고 보장할 수 없고 다만 목전의 원망과 매도를 초래할 뿐이니, 이 점이 또 신이 망언의 잘못을 후회하지만 어찌할 수 없다고 하는 것입니다.

관인(官人)의 구채(丘債)[61]는 실로 매우 부끄러운 일입니다. 그 구채

61 구채(丘債) : 구종채(驅從債)이다. 관인의 구종에게 주는 전곡(錢穀)인데, 각 관

의 많고 적음에 따라 관직의 미악(美惡)으로 여겨 구채가 많은 관직은 즐겨 맡고 구채가 적은 관직은 공공연히 회피합니다. 본조(本朝)에서 정치가 가장 잘된 때로는 중종 기묘년(1519, 중종14)만 한 때가 없었으나, 기묘년에 정치가 아름다웠다고 말하는 자들은 반드시 구채를 사가(私家)의 수입으로 삼지 않은 것을 들어 말하는데, 이는 조광조(趙光祖)가 염치의 도로써 창도하였기 때문입니다. 오늘날 풍속의 구투(苟偸)함이 이와 같은 것은 대개 녹(祿)이 박하여 염치를 상실한 데서 연유한 것입니다. 그러므로 신은 감액한 녹을 원상(原狀)의 수준으로 끌어올리고 구채를 제거하기를 청합니다. 정록(正祿)은 일정한 액수가 있지만 구채는 일정한 한도가 없기 때문에,-신이 일찍이 전조(銓曹)에 있을 적에 장악원(掌樂院)에 구채의 폐단이 있음을 듣고 장악원의 아전을 불러 물어보니, 장악원의 장관이 면포(綿布)가 거칠고 척수(尺數)가 모자란다는 핑계로 으레 1필에 반 필씩을 더 받았으므로 2필이 3필이 되고 4필이 6필이 되었다고 대답했습니다. 신이 장악원 장관에게 글을 보내어 불러서 힐문(詰問)하니 과연 아전의 말과 같으므로 신이 장관을 꾸짖고 그 잘못을 시정하게 한 일이 있었는데 지금은 어떠한지 알 수 없습니다. 악공(樂工)의 가포(價布)는 민간의 극히 괴로운 일이 되고 있는데, 그 이유는 면포가 고와야 하고 척수가 길어야 하기 때문입니다. 원관(院官)도 이러한데 다른 사람들이야 더 무슨 말을 하겠습니까. 신이 또 듣건대, 대동청(大同廳)에 부정이 더욱 심하다 하므로 낭청을 불러 대동청의 조례(條例)를 물어보니, 필가미(筆價米)가 70여 섬이고 역서가미(曆書價米)가 60여 섬이고 기타의 물건도 이에 준한다 하므로, 신은 그 말을 듣고 매우 놀랐습니다. 송 태조(宋太祖)가 일찍이 말하기를 "서생(書生)의 안공(眼孔)은 작다."

사에서는 그 구종채를 관인에게 주어 마음대로 쓰게 하였다.

라고 하였으니, 신이 빈한한 출신이어서 안공이 더욱 작기 때문에 이처럼 놀랐는지는 알 수 없습니다. 대동청은 바로 대신(大臣)과 중신(重臣)이 관장하는데도 낭관과 서리들의 부정이 이러한데, 하물며 다른 관청이겠습니까.- 식견이 있는 관인 이외는 모두 신이 청한 것을 불편하다 여겨 신을 나무라고 있으니, 이 점이 또 신이 망언의 잘못을 후회하나 어찌할 수 없다고 하는 것입니다.

동성(同姓)끼리 혼인하는 것을 금하는 것은 충분한 근거가 있습니다. 본조의 예제(禮制)는 중국의 제도를 본받은 것입니다. 역대에 있었던 일을 두루 고찰해 보건대, 오직 왕망(王莽)의 처가 바로 동성인 왕씨(王氏)였고 유총(劉聰)[62]의 사위가 동성인 유성(劉姓)이었을 뿐이니, 저 역적과 오랑캐의 풍속을 어찌 본받아서야 되겠습니까. 그러나 왕망도 오히려 이것을 수치로 여길 줄 알았기 때문에 찬역(簒逆)한 뒤에 모든 유씨(劉氏)를 왕씨로 개성(改姓)하면서도 그 자부(子婦)만은 왕씨로 바꾸지 않고 그대로 유씨로 두었으니, 이는 곧 동성끼리 혼인하였다는 혐의를 분변하려는 뜻이 있었던 것입니다. 우리 국가에서는 후(后)·빈(嬪)과 부마(駙馬)를 고를 적에 모두 이에 대해 근엄히 하는데 사부(士夫)의 집에서 본받을 줄을 모르니 어찌 이상하지 않습니까. 그러므로 신이 금단하기를 청하여 다행히 윤허를 받았으나, 식견 있는 자와 예를 좋아하는 사람 이외에는 모두 자신들에게 불편하다고 여겨 노하고 나무라며, 심지어 신이 조종(祖宗)의 옛 제도를 변경

62 유총(劉聰) : 흉노족의 후예국인 후조(後趙)의 임금이다. 전조의 창시자인 유연(劉淵)의 넷째 아들이었는데, 형을 죽이고서 스스로 임금이 되었다. 묘호(廟號)는 열종(烈宗)이다.《晉書 孝懷帝紀》

하였다고까지 하고 또 간혹 위의 명을 따르지 않고 여전히 동성끼리 혼인하는 자까지 있으니, 이 점이 또 신이 망언의 잘못을 후회하나 어찌할 수 없다고 하는 것입니다.

안흥(安興)에 창고를 설치하는 이해(利害)에 대해서는 신도 감히 알 수 없으나, 권문세가의 뇌물로 오는 짐을 운송하는 데 불리하다는 것만은 분명합니다. 배에는 크고 작은 것이 있고 화물(貨物)에는 많고 적음이 있으니, 화물을 배의 규모에 알맞게 싣는다면 비록 풍파를 만나더라도 배가 침몰될 걱정이 없지만, 세력에 억압되거나 돈을 받고 권문세가로 가는 사물(私物)을 싣는 경우가 공물(公物)의 갑절이 되기도 합니다. 배의 격군은 요행만을 생각할 뿐 배에 실을 수 있는 짐의 양은 계산하지 않으며, 따라서 실은 물건이 너무 많아 배와 수면이 평형이 되면 짚과 새끼로 뱃전을 보충하여 물이 넘어 들어오는 것을 막으므로 파도가 조금만 쳐도 인명(人命)과 공사(公私)의 물건이 함께 침몰되니 어찌 통탄할 노릇이 아닙니까. 신이 일찍이 이런 일을 목도하였기 때문에 감히 안흥에 창고 설치하기를 청한 것입니다. 이는 바다에서 풍파의 걱정을 면하고자 해서만이 아니라 사물을 운반하는 이러한 폐단도 방지하기 위해서입니다.

창고를 설치하려면 약간의 소모 경비와 방해되는 바가 있을 것입니다. 그러나 전하께서는 곧 윤허하는 덕음(德音)을 내려 "창고를 세운다면 진실로 인명의 익사를 면하게 할 수 있다."라고 하셨으니, 이 밖에 다시 무엇을 생각할 것이 있습니까. 아, 이 덕음이야말로 지극히 인애(仁愛)롭고 지극히 덕스러운 마음입니다. 옛날에 제 선왕(齊宣王)이 한 마리의 소를 차마 죽이지 못하자 맹자(孟子)는 백성을 보호할 수 있는 왕도(王道)를 기대하였고,[63] 송 철종(宋哲宗)이 개미가 상할 것을 염려하여 세수한 물을 개미가 없는 곳에 버리자 정자(程子)는 이 마음을 천하에 미루어야 한다고 하였는데,[64] 하물며 전하의 이 마음을 저 두 임금의 마음에 비교하면 어찌 백배 천배가 넘을 뿐이겠습니까. 신은 마음속으로 적이 칭송하며 창고를 세우는 이 한 가지 일이 우리 전하의 어진 마음과 어질다는 소문[65]을 온 천하에 충만하게 할 수 있으니 진실로 작은 일이 아니라고 여겼고, 이 일을 자신들에게 불편하게 여기는

63 옛날에……기대하였고 : 전국 시대 제나라 선왕이 새로 주조한 종(鐘)에 소의 피를 바르기 위해 소를 끌고 가는 자를 보고 말하기를 "소를 놓아주라. 나는 그 소가 두려움에 벌벌 떨면서 죄 없이 사지로 나아가는 것을 차마 보지 못하겠다."라고 하였다. 이에 맹자는 "지금 은혜가 금수에게까지 미쳤으되 그 공효가 백성들에게 이르지 않는 것은 유독 무슨 이유입니까?"라고 한 뒤, 소를 불쌍히 여기는 마음을 미루어 확장하면 백성을 인(仁)으로 다스리는 왕도 정치를 충분히 이룰 수 있다고 말해 주었다. 그러나 제 선왕은 결국 왕도 정치를 시행하지 못하였다. 《孟子 梁惠王上》

64 송……하였는데 : 북송의 정이(程頤)가, 철종이 양치질하고 난 물을 뱉을 때 개미를 피해서 버렸다는 말을 듣고 실지로 이런 일이 있었는지 철종에게 묻자, 철종이 "그런 일이 있다. 개미를 다치게 할까 실로 염려해서였을 따름이다."라고 하니, 정이가 "이 마음을 미루어 사해(四海)에까지 미친다면 이것이 바로 제왕이 나라를 다스리는 중요한 방도입니다."라고 하였다. 《宋元學案 卷15 伊川學案》

65 어진……소문 : 제 선왕이 새로 주조한 종에 피를 바르기 위해 끌고 가는 소를 보고 불쌍히 여겨 양으로 바꾸도록 명하였는데, 맹자가 제 선왕에게 죄 없이 죽기는 마찬가지인데 소와 양을 구별할 필요가 있겠느냐고 묻자 제 선왕은 자신의 행위에 대해 명쾌하게 설명하지 못하였다. 이에 맹자가 제 선왕의 행위는 인(仁)을 행하는 방법으로서, 끌려가는 소는 보았지만 양은 보지 못하였기 때문에 그렇게 한 것이라고 대신 해명해 주었다. 한편 맹자는 "지금 임금이 어진 마음과 어질다는 소문이 있는데도 백성들이 그 혜택을 입지 못하여 후세에 모범이 될 수 없는 것은 선왕(先王)의 도를 행하지 않기 때문이다."라고 하였다. 《孟子 梁惠王上, 離婁上》 여기에서는 창고를 설치하는 일을 시행하는 것도 인을 실행하는 방법 중의 하나임을 비유적으로 말한 것이다.

무리들이 서로 주거니 받거니 하며 오직 저해하기만을 일삼아 분분한 말들이 지금까지 계속될 줄은 미처 생각지 못했습니다. 이 점이 또 신이 망언의 잘못을 후회하나 어찌할 수 없다고 하는 것입니다.

조정에서 생민(生民)의 고혈을 다 짜내어 위에 바치게 하나 끝내 진어(進御)하는 것에 만분의 일도 되지 못하고, 다만 서리(胥吏)들이 부정한 방법으로 이익을 얻는 것이 될 뿐입니다. 전부터 그러한 것을 누가 알지 못하였겠습니까마는 서리들이 권문(權門)과 결탁하여 근거를 굳힌 것이 조정보다 더 심하니, 누가 그들의 비위를 거스르려 하겠습니까. 신은 진실로 우매하여 감히 명(明)나라 광록(光祿)의 제도를 진달하였으니, 이 제도가 비록 삼대(三代)의 정법(正法)은 아니나 역시 한 시대의 깊은 폐단을 구제할 수는 있습니다. 저 무지한 서리들은 이익을 잃었으므로 비방하는 것이 진실로 마땅하거니와, 저 사대부로서 서리들과 이익을 함께하는 자들까지 노한 기세로 팔을 걷어붙이고 눈을 부라리고 이를 갈면서 심지어 신을 나라를 망칠 사람으로 몰아세우니, 이 점이 또 신이 망언의 잘못을 후회하나 어찌할 수 없다고 하는 것입니다.

서얼을 방한(防閑)하는 제도는 애당초 조종(祖宗)께서 정하신 제도가 아닙니다. 그러므로 국초에 정도전(鄭道傳)은 그 어미가 실로 사비(私婢)였는데도 대제학이 되었습니다. 그렇다면 방한은 아마도 중간에 생긴 것인 듯합니다. 맹자가 성탕(成湯)이 성인임을 칭찬하여 말하기를 "현자를 등용하되 부류를 따지지 않았다."라고 하였는데,[66] 더구

66 맹자가……하였는데 : 《맹자》 〈이루 하(離婁下)〉에 "탕 임금은 지나치거나 못 미치는 것이 없는 중도를 지켰으며, 어진 이를 가려 쓰되, 부류를 따지지 아니하셨다."라고 하였다.

나 지금 인재가 묘연(眇然)하여 항상 부족할까 걱정되는 때이니 서얼 중에 쓸 만한 자가 있다면 버리기가 아깝습니다. 그러므로 신이 일찍이 탑전에서 진달하였더니 전하께서도 역시 옛 제도의 협애(狹隘)함을 탄식하셨습니다. 그런데 뜻밖에 신을 비방하는 자들이 말하기를 "본조가 유지된 것은 오직 적서(嫡庶)의 구분이 매우 분명하였기 때문인데, 지금 적서의 구분을 어지럽히고 사사로이 친분이 있는 마음을 실행하려 한다."라고 하니, 이 점이 또 신이 망언의 잘못을 후회하나 어찌할 수 없다고 하는 것입니다.

승도(僧徒)들이 신역(身役)을 피하고 놀면서 백성의 양식을 축내어 국가의 해가 되는 것을 어찌 이루 다 말할 수 있겠습니까. 몇 해 전 어떤 선비가 총섭(摠攝)인 각성(覺性)에게 중의 수가 얼마나 되느냐고 묻자, 대략 17만 명이라고 했다 합니다. 지금은 인구도 증가하고 도역(逃役)이 날로 늘어나고 있으니, 그 수가 이뿐만이 아닐 것입니다. 승도의 수가 늘어날수록 그 피해가 더욱 많아질 것이므로 신이 감히 그 승도들을 모두 몰아내어 환속시킬 것을 건의하였더니, 의논하는 자들이 반드시 변이 생길 것이라 여겨 신의 건의를 채택하지 않았습니다. 그러나 이 말이 한번 나오매 승도들의 원망하고 욕하는 말이 지금까지 끊이지 않고 있으니, 이 점이 또 신이 망언의 잘못을 후회하나 어찌할 수 없다고 하는 것입니다.

사부(士夫) 집 아녀자도 개가(改嫁)해야 한다는 설은 비록 선정 이언적(李彦迪)과 조헌(趙憲)이 일찍이 말한 바이나, 신은 이 문제를 성상께 진달한 적도 없고 또한 조신(朝臣)에게 언급한 적도 없는데, 곧 이 문제를 가지고 신을 비방하여 심지어 신이 삼강(三綱)을 무너뜨리려 한다고까지 합니다.

사민(士民)들이 평생 동안 편히 놀면서 한푼도 바치지 않은 잘못은 진실로 옛 현인이 탄식한 바입니다. 그러므로 인조조(仁祖朝)와 효종조(孝宗朝)의 집정(執政)들이 모두 사민에게도 신포(身布)를 거두자고 발의하였으나, 행하기 어려움을 고려하여 그 의논을 바로 중지하였는데, 신이 무엇 때문에 많은 사람의 노여움을 사려고 다시 그 일을 발의하겠습니까. 그런데 도리어 이 문제를 가지고 신을 비방하여 심지어 신이 명분을 버리고자 한다고까지 합니다.

김징(金澄)의 옥사(獄事)[67]는 그 사건이 어떠한 것인지 알 수 없으나 신처럼 두려워 몸 둘 바를 모르는 자가 어찌 감히 한마디인들 할 수 있겠습니까. 그런데 신을 꾸짖는 자들은 장차 소(疏)를 지어 김징을 신원(伸冤)하려 한다 하기도 하고, 상소문을 지어 놓았으나 아직 올리지 않았다 하기도 합니다. 신의 사실만을 주워 모으더라도 신의 죄를 만들기에 충분할 것인데, 지금 없는 사실을 꾸며 있었던 사실로 만들기에 온갖 힘을 다 쓰고 있으니, 아, 두렵습니다.

또 신의 말은 그것이 경전에 실려 있는 것이라 하더라도 반드시 꺾임을 당합니다. 몇 해 전에 있었던 정릉(貞陵)의 논의[68]를 보더라도, 우리 성후(聖后)는 임사(任姒)와 같은 덕으로 상황(上皇)의 명을 받아 유신(維新)의 대운(大運)을 돕고, 성자(聖子)의 효향(孝享)을 흠향하시니, 오늘날에 그 의식(儀式)을 회복하는 것은 귀신에게 질정하여도 의심이

67 김징(金澄)의 옥사(獄事) : 김징이 전라 감사로 있을 적에 어머니를 위하여 연회를 베푼 일이 있었는데, 대간이 상소하여 장죄(贓罪)로 논한 사건이다. 김징은 우암의 문도이다. 《草廬集 卷26 行狀》

68 정릉(貞陵)의 논의 : 정릉은 태조의 계비인 신덕왕후(神德王后)의 능호로, 신덕왕후를 태묘에 부묘하자는 논의를 가리킨다.

없고 백세 뒤에 성인을 기다려도 의혹이 없다고 이를 만합니다. 그런데 듣자니 역시 팔을 걷어붙이고 눈을 부라리며 그 의논을 탑전에서 배척하려 하는 자[69]가 있다 하니, 신이 만약 그 일의 의논에 참여하지 않았다면 신을 꾸짖는 것이 어찌 이처럼 심한 데까지 이르렀겠습니까.

신은 본래 흔단(釁端)이 많아 항상 비방의 소용돌이 속에 있는 데다가 또 영남 사람의 비방을 만남으로부터 황연(黃堧), 이석복(李碩馥), 이태양(李泰陽)의 상소[70]가 계속 이르렀습니다. 고인의 말에 "천 사람이 손가락질하면 병이 없어도 절로 죽는다."라고 하였으니, 신은 구멍을 찾아 숨고 입을 다물고 있어도 오히려 죄를 면하지 못할까 염려되는데, 곧 지난해에 감히 다시 의견을 내고 이해(利害)를 논한 것이 또 시의(時宜)에 크게 어그러졌습니다. 옛날 송(宋)나라의 신하 손부(孫傅)가 말하기를 "조종(祖宗)의 법은 백성에게 은혜를 입히고, 희풍(熙豐)-왕안석(王安石)이 집권한 때이다.-의 법은 국가를 이롭게 하였고, 관녕(觀寧)-채경(蔡京)이 집권한 때이다.-의 법은 소인을 이롭게 하였다."

69 팔을……자 : 이경석(李景奭)을 가리킨다. 이경석이 신덕왕후의 부묘에 대한 논의를 저지하기 위하여 빈청에 홀로 나가 청대하였는데, 영의정 정태화(鄭太和)가 이를 저지하며 말하기를 "이 논의가 비록 송상(宋相)에게서 나왔으나 지금 조정의 공론은 하나로 모아지고 있소. 혼자 막는다 한들 어쩔 것이오."라고 하자, 이경석이 다른 일로 아뢰고 조정을 나왔다고 한다. 《宋子大全隨箚 卷2》

70 황연(黃堧)……상소 : 1667년(현종8) 2월 29일 영남 유학(幼學) 황연이 상소를 올려 우암과 송준길 등이 색목이 맞지 않으면 현우를 따지지 않고 일체 물리쳤다고 비난하였고, 같은 해 5월 11일 영남 유학 이석복이 상소를 올려 대신과 중신들이 나라를 해치고 임금의 마음을 좀먹는다고 비난하였으며, 역시 같은 해 8월 6일 영남 유학 이태양이 응지 상소(應旨上疏)를 통하여 조정의 과격한 무리가 당파를 심어 나라를 그르친다고 또 비난하였다. 《顯宗實錄 8年 2月 29日, 5月 11日, 8月 6日》

라고 하였습니다. 지금 신이 진달한 것이 끝내 이런 세 가지에 해당되지 않는데도 원망이 신의 일신에 모일 뿐만 아니라 위로 국가에까지 미치고 있으니, 조용히 신의 죄를 생각하매 만번 죽어도 속죄하기 어렵습니다. 바라건대 자애로운 성상께서 특별히 불쌍히 여겨 이후로는 다시 부르지 말고 띠고 있는 직명도 아울러 삭제하시어 신으로 하여금 안심하고 죽을 수 있도록 해 주소서. 그리해 주시면 매우 다행이겠습니다. 신은 매우 두려워 몸 둘 바를 모르겠습니다.

송자대전

제14권

疏 소

사정을 아뢰고 서추의 면직을 청하는 상소 신해년(1671, 현종12) 1월 17일

陳情乞免西樞疏 辛亥正月十七日

삼가 아룁니다. 신의 조급한 성미는 늙어 감에 따라 그 정도가 더욱 심해져 갔습니다. 그러던 중 변고[1]를 당한 이후로부터 가슴이 끓어오르고 타들어 가고 부끄럽고 두렵고 분하고 억울한 나머지, 낮이면 사람들 앞에서 고개를 숙인 채 말도 제대로 하지 못하고 밤이면 날이 새도록 담벼락을 맴돌면서 잠들지 못하게 되었습니다. 그리하여 기혈은 메마르고 호흡은 바닥나, 아무리 정신을 수습하여 평상의 상태를 조금이나마 회복하고자 해도 그럴 수 없는 상황이 돼 버리고 말았습니다. 대체로 한번 마음을 상하면 오성(五性)이 파괴되어 더 이상 사람의 모습을 갖출 수 없는 것입니다. 그러나 이런 상황을 두고 감히 일월 같은 광명이 비추지 못한 부분이 있어서 그렇다거나 천지 같은 인자함이 포용하지 못한 부분이 있어서 그렇다고 여기는 것은 아닙니다. 대개 생각건대, 지금 우리 성상께서는 일월 같은 광명으로 천지 같은 인자함을 드리우고 계시니 천하에 존재하는 모든 군생(群生)들 그 어느 것 하나 성상이 세우신 준칙을 지킴으로써 자신의 몸과 명예를 아끼지 않는 자가 없습니다. 그런데 신은 유독 어떤 사람이기에 하늘까지 닿을 이

1 변고 : 1670년 9월 7일 종각(鐘閣)에 난입한 일로 형조에서 조사를 받던 공산(公山) 사람 이세직(李世直)이 공초에서 우암의 집에서 우암과 그 측근들이 역모를 꾸미는 일을 들었다고 무함한 일을 가리킨다. 《顯宗實錄 11年 9月 15日》

악명을 얻어 감히 밝은 하늘 아래 얼굴을 들고 다니지 못한 채 도리어 성상의 진념(軫念)을 초래하는 것입니까. 이것이 신이 성상의 뜻을 받들어 억지로 스스로를 달래고 스스로를 이해시켜 보려고 해도 끝내 그렇게 될 수 없는 까닭입니다.

직명을 내려 주시고 그로 인하여 변통하여 마침내 새로운 명이 내려졌으니 이것만으로도 이미 두렵고 떨릴 만한데, 어제 특별한 돌보심으로 또 유지를 내려 불러 주셨으니 신은 이전보다 만배나 더 황공하였습니다. 그 당시 사관의 말에 대답하면서 스스로 '조금 정신을 가다듬으면 혹 말에 조리를 갖출 수 있을 것이다.'라고 생각하였으나, 그 가운데 사리에 어긋나고 망녕된 것이 분명 헤아릴 수 없을 만큼 많았을 것입니다. 이로 인하여 생긴 스스로에 대한 의구심으로 병이 하나 더 추가되었으니, 아아, 실로 일찌감치 죽어 버리는 것만 못합니다. 현재 사람이 죽어 나가고 도적이 일어나니, 그 차마 보지 못하고 차마 들을 수 없는 실상과 크게 두렵고 크게 놀랄 만한 이야기들은 날로 달로 더해져만 갑니다. 그리하여 신을 아는 사람들은 모두 신에게, 어째서 구중궁궐 안에서 한마디도 진달하지 못하느냐고 책망합니다. 신이 그렇게 하고 싶지 않은 것은 아니지만 '이런 성명(姓名)을 가지고 분별없이 나아가 말을 하는 것만도 벌써 감히 못 할 짓이며, 또 상심한 상태에서 하는 말이 절제를 모르고 무심결에 터져 나옴으로써 많은 사람을 경악케 할까 두렵다.'라는 생각에 끝내 묵묵히 있었던 것입니다. 이것이 또 은덕을 저버린 신의 죄를 스스로 속죄할 수 없는 까닭입니다.

신의 직명이 비록 서추라는 한산한 직분이지만, 치욕을 입고 망쳐진 몸으로 원보(元輔)에게 으레 제수되는 반열에 스스로 함께한다면 실로 참람한 점이 있습니다. 삼가 바라건대 밝은 성상께서는 미천한 신의 충심을 긍휼히 여겨 속히 직책을 체차해 주심으로써 편안한 마음으로 목숨을 마칠 수 있게 해 주소서. 그리해 주신다면 그보다 다행한 일이 없을 것입니다. 신은 지극히 떨리고 두려운 마음을 금할 길이 없습니다.

음식물을 사양하는 상소 신해년(1671, 현종12) 4월 10일

辭食物疏 辛亥四月十日

삼가 아룁니다. 신은 방금 도신(道臣)이 전해 준 성상의 유지를 받들었는데, 신이 궁핍한 근심에서 필시 벗어날 수 없을 것이기에 음식물을 제급(題給)하라는 내용이었습니다. 이에 신은 그 은혜를 생각하고 감격하여 저도 모르게 눈물이 절로 흘러내렸습니다. 아아, 국가가 이렇게 혹독한 흉년을 만나 어떻게 해결할 방법이 없는 상황이니, 우러러 생각건대 성상께서는 음식을 대할 때 드시는 것조차 잊고 밤이 되어서는 주무시는 것조차 잊으시면서 간절한 마음으로 언제나 굶어 죽은 시체가 쌓여 가는 것을 염려하고 계실 것이니, 그 슬퍼하고 차마 못 하시는 뜻은 비단 음식이 목구멍에 넘어가지 못하는 심정 그 이상일 것입니다. 그런데 이러한 때에 어찌 초야에 묻힌 신까지 염려할 겨를을 내어 이렇게 특별한 은명(恩命)을 내리시는 것입니까. 신은 더욱 놀랍고 두려운 마음을 금할 길이 없습니다.

신은 삼가 그 어진 은혜를 우러러 생각하여 서둘러 그 음식을 받아야 마땅합니다. 다만 생각건대 밝은 성상께서는 구중궁궐에 깊숙이 거처하시므로, 들어서 알고 계시는 죽은 백성의 숫자가 실제 백에 하나도 미치지 못할 텐데, 그럼에도 오히려 슬퍼하고 애달파하는 하교가 누차 성상의 글 가운데에 나옵니다. 하물며 신은 초야에 묻힌 몸으로서 매일 차마 보지 못할 광경을 목도하고 있으며 매일 차마 듣지 못할 일들을 듣고 있는데, 유독 무슨 마음으로 차마 사적인 은혜를 누리며 처자식의 즐거워하는 낯빛을 볼 수 있겠습니까. 또 신은 나라의 후한 은혜를 받았으니 어찌 감히 물러나 쉰다고 국가를 잊을 수 있겠습니까. 그러나 성품과 자질이 어둡고 어리석으며 견식이 누추하고 어설퍼서, 한 번이라도 소장을 올려 그 대책을 진달함으로써 백성을 살리려는 조정의 논의에 하찮으나마 도움을 주지 못하였으니, 신의 죄는 만번 죽어도 오히려 가벼울 지경입니다. 용서를 받는 것만도 큰 다행인데, 하물며 잘못된 은혜를 받는 것은 말해 무엇 하겠습니까. 그리고 신의 불초한 자식이 은혜를 입어 조정에서 녹을 먹으며 또 신의 아우 하나는 현재 군수로서 녹봉을 받고 있으니, 그들은 필시 그 아비와 형을 굶어 죽게 하지는 않을 것입니다. 삼가 바라건대 자애로운 성상께서는 즉시 명을 거두시어 본도의 꼴 베고 목축하는 신하들로 하여금 구휼을 위한 죽의 비용에 보태게 함으로써, 굶주림에 허덕이는 수십 명의 목숨이 성은을 입을 수 있도록 해 주소서. 그리해 주신다면 그보다 큰 다행은 없을 것입니다.

신은 이어 또 삼가 기억하건대, 지난날 성상께서 온양(溫陽)에 행행하시던 날에 주제넘게도 음식물을 내리는 명을 사양하였는데, 그때 밝은 성상께서는 신의 사양이 진심이며 가식이 아니라는 점을 분명히 살펴서 억지로 받게 하지 않으셨습니다. 신이 지금까지도 그것에 대해 감사하고 다행이라고 여기면서 '미천한 신의 외로운 충심을 외람되게도 성상께서 일월같이 밝게 비춰 알아주셨으니 이보다 더 큰 영광이 어디에 있겠는가.'라고 생각하였습니다. 그러나 신이 지난날 사양한 것은 의리상 감히 받지 못하는 바가 있었기 때문이었는데, 이제는 의리상 감히 못 하는 점 외에 또 마음에 차마 받지 못하는 부분이 있습니다. 사방으로 통달하는 총명이 어찌 또 지금의 이 처지를 양찰하지 못하시겠습니까. 고인이 말하기를 "사양하여 본래 이익은 잃지 않으면서 아름다운 이름까지 차지한다."라고 하였습니다. 이제 신이 혹 은혜로운 허락을 얻지 못하고 도신이 끝까지 받으라고 닦달한다면 이는 신이 실로 고인의 기롱을 범하면서도 스스로 해명을 할 수 없는 꼴이 되는 것입니다. 밝은 성상의 천지와 같은 인자함으로 어찌 차마 신으로 하여금 한 사람의 인원수만 채우게 하시겠습니까. 재차 바라건대 밝은 성상께서는 재결해 주소서. 신은 지극히 두렵고 떨리는 마음을 금할 수 없습니다.

우의정을 사직하는 상소 신해년(1671, 현종12) 5월

辭右議政疏 辛亥五月

삼가 아룁니다. 황천이 재앙을 내려 나라가 장차 전복되려 하니, 이는 실로 상규(常規)로 임용된 관리나 평범한 자질의 사람이 부지할 수 있는 수준이 아닙니다. 밝은 성상께서는 정히 서둘러 덕과 재주를 갖춘 사람을 구하여 재상의 자리에 앉히고 먹고 자고 할 겨를도 없이 급급하게 만분의 일이나마 혹 보존하기를 도모하셔야 하는데, 도리어 보잘것없는 신을 그 자리에 충원하시니 아아, 밝은 성상조차도 국사의 위급함이 이 정도로 심한 줄을 알지 못하시는 것입니다. 무릇 나라는 백성을 근본으로 삼는데, 백성이 다 죽고 나면 어찌 나라가 유지될 수 있겠습니까. 금년에 사람이 죽어 나간 실상이 성상께 전부 진달될 길이 없었기 때문에 밝은 성상조차도 나라의 형세가 이 정도인 줄을 알지 못하시니, 신이 그 까닭을 말씀드리겠습니다.

무릇 사람이 죽은 경우에 그 지역의 감사와 수령에게 책임을 지우는 것은 조정의 사체(事體)가 본래 그러합니다. 그러나 이 때문에 백성들은 사람이 죽었다는 말을 감사와 수령이 듣기 싫어한다고 미리 짐작하여 감히 사람이 죽은 일을 보고하지 못합니다. 또 사람이 죽으면 감사와 수령이 그 친족과 인근 마을 사람에게 책임을 지우는 것 역시 당연한 의리여서 주공(周公)으로부터 정자(程子)에 이르기까지 그렇게 하지 않음이 없었지만,[2] 그러나 이 때문에 백성들은 더욱 두려워한 나머지

2 주공(周公)으로부터……없었지만 : 주공이 지었다고 하는 《주례(周禮)》 〈지관사

행여 사람이 죽은 일을 면밀하게 은폐하지 못할까 두려워합니다. 백성들부터가 이미 이러한데 수령과 감사가 어떻게 그 사실을 들어서 조정에 보고할 수 있겠습니까. 또 길에 쓰러져 죽어 있는 자가 한정이 없지만 그 고을에 사는 주민들은 또 그 시체를 즉시 거두어 묻지 않았다는 관장(官長)의 견책을 받을까 두려워 시체를 끌어내 사람의 왕래가 드문 궁벽한 곳에 버리곤 합니다. 이에 관인(官人)이 출행할 때에 아무것도 보이는 것이 없으면 참으로 죽은 자가 완전히 없는 줄만 알고, 사실은 완전히 그렇지 않다는 것을 알지 못합니다. 그 버려진 시체는 모두 여우와 너구리, 까마귀와 솔개의 밥이 되어 앙상한 잔해만 어지러이 노출되니, 아아 이것을 차마 말할 수 있겠습니까. 이 어찌 음양의 화기(和氣)에 거듭 감응되지 않겠습니까.

봄과 여름의 교체기인 요사이 가뭄이 또 혹독하여 보리와 밀이 하나도 없으니, 굶어 죽는 백성의 숫자가 장차 지난날보다 더 많을 것입니다. 백성들 역시 관에 저축된 곡식이 이미 바닥나 저희들을 어찌할 수 없으리란 것을 알고는, 또 서로 모여 무리를 지어 작은 무리는 약탈하고 큰 무리는 사람을 죽여 심지어는 밤에 남의 집을 도륙하는 일까지 흔하게 발생합니다. 그러나 백성 된 이들도 또한 관인의 귀에 거슬릴 것을 지레 염려하여 감히 그 사실을 고하지 못하니, 사정이 이 지경에

도(地官司徒) 대사도(大司徒)〉에 고을을 다스릴 때 8가지의 형벌을 적용한다는 내용이 나오는데, 거기에 '친족간에 화목하지 못한 자에게 내리는 형벌'과 '인척간에 화목하지 못한 자에게 내리는 형벌'이 포함되어 있다. 한편 '정자'는 송나라의 정호(程顥)로, 그가 진성 영(晉城令)을 지냈을 때 고을에 고아와 외로운 자와 병으로 폐인이 된 자가 있으면 그들을 모두 그들의 친족과 마을 사람들에게 책임을 지워 살 곳을 잃지 않게 하였다고 한다. 《二程全書 卷11 明道先生行狀》

이르러 겨우 살아남은 백성은 더욱 호소할 곳이 없습니다. 이러한 몇 가지 사실은 실로 위망(危亡)의 형세가 코앞에 닥친 것이라고 이를 만합니다. 아아, 밝은 성상께서는 이를 어떠한 시절이라 여기시기에, 재주와 덕 있는 사람을 널리 찾아 그에게 재상의 직임을 책임 지우지 않고 도리어 전혀 보잘것없는 신을 그 자리에 충원하신 것입니까. 이는 지혜로운 사람이 아니라도 놀라 한심스럽게 여길 일입니다. 옛날에 강을(江乙)이란 자가 굶어 죽자 그 어미가 울부짖기를 "삼공(三公)이 내 자식을 죽였다."라고 하였습니다.[3] 무릇 신은 이미 지은 죄가 애당초 적지 않은데, 오늘날 밝은 성상께서 다시 신으로 하여금 외람되이 조정에 서게 하여 하는 일 아무것도 없으면서 한갓 만민의 원망만을 듣게 하려 하시니, 신은 진실로 몸 둘 곳을 모르겠습니다. 자애로운 성상께서 어찌 차마 신으로 하여금 이러한 지경에 이르게 하시겠습니까. 삼가 바라건대 밝은 성상께서는 위로 국사를 생각하고 아래로는 신의 몸을 불쌍히 여겨 빨리 신을 체직하고 마땅한 사람에게 다시 제수하시어 거의 다 끊어져 가는 국운을 연장하소서. 그리하신다면 매우 다행이겠습니다. 신이 명을 받은 초기에 곧장 이러한 진정을 진달했어야 하나, 집안에 구기(拘忌)해야 할 병이 있어 황공하여 감히 그러지 못하였습니다. 아직도 먹고 자는 것을 제대로 할 수 없으나 시일이 점점 지체됨에 따라 일이 늦어지는 것이 두려운 까닭에 감히 이 소장을 올려 승정원의 재결을 기다리는 바입니다. 신은 몹시도 황공하고 근심스러운 심정을 이길 수 없습니다.

3 옛날에……하였습니다 : 강을은 위(魏)나라 출신으로서 후에 초(楚)나라에서 벼슬한 사람인데, 이 이야기는 《전국책(戰國策)》 〈초책(楚策)〉에 나온다.

두 번째 상소 신해년(1671, 현종12) 8월 21일

二疏 辛亥八月二十一日

삼가 아룁니다. 신은 오랜 세월 동안 폐질을 앓고 있으니, 단지 말을 할 줄 아는 하나의 시체에 불과합니다. 그러나 신은 용렬하고 보잘것없어 벼슬길을 감당할 수 없는 실상이 그보다 더욱 심한 점이 있었기에, 그 더 심한 점을 버려둔 채 그다음 단계를 말할 수는 없었습니다. 또 신은 '만약 질병의 상태를 말하게 되면, 마치 면직을 바라는 마음이 오직 그러한 이유로만 생겨난 것이고 그 외엔 오히려 감당할 수 있는 것처럼 비춰질 것이다.'라는 생각을 하였습니다. 신은 실로 이 점이 꺼려져서 감히 그것까지 아울러 거론함으로써 성상을 번독하게 할 수 없었습니다.

신은 지난달 초순께부터 거듭 독한 설사병을 앓아 거의 죽을 뻔한 것이 네다섯 차례가 넘습니다. 그러나 다행히도 성상께서 가없는 은혜로 의약(醫藥)을 보내 주시어 양화(陽和)의 기운이 젖어듦에 따라, 그에 힘입어 헐떡이는 목숨을 지금까지 이어 오고 있습니다. 이 모두가 크나큰 은혜인지라 밤낮으로 감격의 눈물을 흘리고 있으니, 분골쇄신한다 해도 어찌 보답할 수 있겠습니까. 그러나 두 달간 낫지 않고 이어진 병으로 인하여 기혈(氣血)이 이미 탈진된 상태여서, 다시 일어나 사람 노릇 할 가망이 전혀 없습니다. 이러다 하루아침에 눈을 감게 되면, 이는 신이 외람되게도 성스러운 조정의 새 명을 악취 나는 해골과 썩어 버린 시체에 공연히 버리게 하는 꼴이 될 뿐입니다. 사리로 살펴보건대 어찌 감히 이와 같이 할 수 있겠습니까. 삼가 바라건대 자애로운 성상께서는 속히 체직을 허락하시어 신으로 하여금 편안한 마음으로 죽을 수 있도록 해 주소서. 그리해 주신다면 그보다 더 큰 다행은 없을 것입니다.

또 신이 방금 삼가 도신(道臣)이 보낸 관문(關文)을 보았는데, 전교로 인하여 월름(月廩)을 실어 보낸다는 것이었습니다. 신과 같은 보잘것없는 인간은 비록 조정에 있더라도 자리만 차지하고 녹만 받아먹는 것이 부끄러울 것인데, 하물며 신은 현재 사은숙배도 하지 않고 편안하게 초야에서 쉬고 있는데 감히 공름(公廩)을 낭비할 수 있겠습니까. 옛날 정자(程子)는 조정에서 벼슬을 하면서 날마다 경연에 나아갔음에도 오히려 녹봉을 청하지 않았습니다. 지금의 이 일이 비록 전례(前例)를 칭탁한 것이라고는 하나 어찌 정자에게 죄를 얻지 않겠습니까. 삼가 바라건대 밝은 성상께서는 속히 내린 명을 거두심으로써, 신음하고 아파하는 신으로 하여금 두렵고 당혹하게 하여 큰 병 하나를 더 보태는 일이 없도록 해 주소서. 그리해 주신다면 실로 끝까지 보살펴 주는 은혜가 될 것입니다. 신은 지극히 두렵고 떨리는 마음을 금할 수 없습니다.

세 번째 상소 신해년(1671, 현종12) 10월 23일

三疏 辛亥十月二十三日

삼가 아룁니다. 신은 몸을 조섭하는 일에 어두운 탓에 병에 걸려 몹시 위중한 상태까지 갔으나 집안에 재물이 없어 의술과 약재를 쓰지 못하였는데, 삼가 성상께서 불쌍하고 가련하게 여기시어 재차 의관을 보내어 좋은 약을 쓰도록 해 주셨습니다. 지금까지 목숨을 연명하고 있는 것은 모두 그 덕분으로서, 마른 나무에 다시 싹이 나고 썩은 뼈에 새살이 돋는다는 말로도 신의 영광과 감격을 표현하기에는 충분하지 않습니다. 그러나 원기가 이미 고갈된 상황에서 합병증이 따라 생겨 몸이 야위어 버린 끝에 부종이 일어났는데, 이는 실로 오랜 병으로 반드시 죽을 조짐이어서 신은 손가락을 꼽아 죽을 날만 기다릴 뿐 더 이상 바라는 것이 없었습니다. 그러나 다만 직명이 아직도 그대로 있어 어진 사람이 진출할 길을 오랫동안 방해하였으므로, 신은 밤낮 근심과 두려움 속에 갇혀 지내느라 또 하나의 큰 병이 더해졌습니다. 그러던 중 뜻밖에 밝은 성상께서 신의 병에 대해 스스로 힘을 낼 수 있는 정도로 여기고 그로 인하여 다시 근신을 보내어 외람되이 부르는 명을 내리시니, 신은 삼가 엎어진 동이 밑은 일월 같은 광명으로도 다 비추지 못한다는 사실이 한스럽습니다. 바라건대 밝은 성상께서는 미천한 신의 정상을 굽어살피고 위로는 국사의 위급함을 생각하시어 신의 직명을 빨리 체차하여 다시 마땅한 사람을 등용하심으로써 위태로운 나라를 만분의 일이나마 부지하소서. 그리하신다면 매우 다행이겠습니다.

신이 또 생각건대, 녹봉을 내리라는 명을 아직까지 거두지 않고 계신

데 신은 이미 먼 외방에 있어 사은숙배할 기약이 없으니 참으로 이른바 '초망(草莽)의 신하'[4]입니다. 초망의 신하는 비록 구휼해 주면 그것을 받는 예가 있으나, 녹봉의 경우는 성현께서 감히 받을 수 없다고 하였으니, 그 의리가 엄격합니다. 신은 물론 전하께서 신의 곤궁함을 불쌍히 여기시어 골짜기에서 죽어 가는 지경에서 벗어나게 하려고 이러한 특별한 은혜를 내리신 줄 압니다. 다만 성현의 가르침에 죄를 얻게 되는 것을 생각하지 않으신다면 삼가 전하께서 신을 불쌍히 여기시는 방법에 혹 철저하지 못함이 있게 될까 두려우니, 삼가 바라건대 이미 내린 명까지 아울러 거두시어 미천한 분수에 편안하도록 해 주소서. 신은 매우 간곡히 기원하는 마음을 견디지 못합니다.

또 신은 지난해 경술년(1670)에 병으로 인하여 부름에 나아가지 못하였는데, 그때 돌이켜 생각하기를 '무술년(1658, 효종9)과 기해년(1659) 두 해의 한 달가량 무람없이 국사를 논하여 위로는 나라에 폐해를 끼쳤고 아래로는 신의 몸에 비방을 부른 것이 헤아릴 수 없이 많았으니 비록 뒤늦게 후회한들 방법이 없다.'라고 하였고, 이에 삼가 자책하는 소장을 갖추어 전하께 올리려 하였으나 마침 이세직(李世直)의 변고[5]를 만나 두렵고 떨려 감히 올리지 못하였습니다. 그러나 그중 한두 가지 일은 국가 경제의 득실에 관계가 있는 것이어서 끝내 전하께 진달

4 초망(草莽)의 신하 : 《맹자》 〈만장 하(萬章下)〉에 "서울에 있는 사람을 '시정(市井)의 신하'라 하고 초야에 있는 사람을 '초망의 신하'라고 하는데, 이들을 모두 서인(庶人)이라 한다."라고 한 데서 나온 말이다.

5 이세직(李世直)의 변고 : 1670년 9월 공산(公山) 사람 이세직이 종각(鐘閣)에 난입하여 형조에 체포되었는데, 조사 과정에서 우암이 충청 감사 이홍연(李弘淵) 등과 모여 역모를 꾸몄다고 거짓으로 고한 일을 가리킨다. 《顯宗實錄 11年 9月 15日》

하지 않을 수 없는데, 신은 병으로 혼미한 상태가 현재 극에 달하여 깨끗이 베낄 방법이 없으므로 다만 당시의 초본을 그대로 올리니 삼가 바라건대 한번 열람하여 재결하시기 바랍니다. 한편 신은 두 조정의 은택을 입었으므로, 노병으로 거의 죽게 되어 신음하고 괴로워하는 중에도 국사를 염려하면서 온갖 걱정으로 밤이 새도록 잠을 이루지 못하고 때때로 침석에서 일어나 앉곤 합니다. 진실로 전하 가까이에 한번 나아가 신의 어리석은 충정을 다 쏟아 내기를 바라지만, 뜻대로 되지 않습니다. 그런데 어제의 천둥 번개는 또 매우 경악스러운 것으로서 신은 놀랍고 두려워 마치 살고 싶지 않은 사람처럼 병을 무릅쓰고 억지로 일어나, 속히 붓과 벼루를 가져다가 어리석은 생각을 삼가 아래와 같이 기록하였습니다. 이것으로써 성은에 만분의 일이나마 보답하고 지하로 돌아가서 성고(聖考)를 뵙기를 바라니, 삼가 바라건대 밝은 성상께서는 아울러 살펴 주소서. 신은 너무도 황공한 마음 견디지 못합니다.

1. 올해 농사는 풍년이 든 곳은 비록 풍년이 들었으나 묵혀 버려진 곳이 실로 많으며, 한전(旱田)의 경우에는 수확이 전혀 없습니다. 이는 대개 천시(天時)는 매우 순조로웠으나 인력이 매우 모자라 빈민들은 대부분 농사일을 버려두고 부유한 자들은 간혹 힘써 농사를 지었기 때문입니다. 풍년이 든 곳은 모두 가난한 자들의 전답이 아니므로 가난한 자들은 이 추수기에도 봄여름과 다름없이 식량이 부족한 실정이니, 조정에서 반드시 서둘러 처리하여 구호책을 세운 뒤에야 남은 백성들이 거의 살아날 가망이 있을 것입니다.

1. 백성들이 아무런 근심과 원망 없이 자신들의 전리(田里)에 안주하는 것은 전적으로 재해로 인한 피해의 실상을 사실대로 조사

하여 억울하게 하지 않는 데에 달려 있습니다. 그런데 오늘날 아전들의 농간은 그 일에서 더욱 심하게 일어나는데 답험관(踏驗官)[6]은 두루 돌아다니지 못합니다. 또 국법에 재해로 인한 피해 조사를 사실대로 하지 않으면 그 수령을 파면한다는 규례가 있기 때문에 약간의 권세를 가진 자가 수령으로 있는 고을에는 답험관이 감히 자세히 조사하려는 마음을 먹지 못하고, 또 고을을 잘 다스리는 자가 수령으로 있는 고을에는 이 일로 인하여 파면되어 가는 것을 애석히 여겨 또한 전혀 캐묻지 않습니다. 그러므로 한결같이 아전의 마음대로 조종하도록 내맡겨 두니, 뇌물을 써서 풀려나는 자는 모두 세력이 있는 토호이거나 부유한 백성들이고, 억울하게 당하는 자는 모두 외롭고 가난한 백성들뿐입니다. 옛 현인이 말한 "우리나라는 반드시 서리(胥吏)들 때문에 망할 것이다."라는 것[7]을 여기에서 더욱 징험할 수 있습니다. 신의 어리석은 견해로는, 우선 수령을 파면하는 법을 바꾸고 또 답험관을 많이 내보내는 동시에 답험하는 기한을 넉넉히 주어 반드시 한 아전이 주관하는 곳에 반드시 두세 차례 다시 세밀히 조사하여 그 간사한 행위를 일체 엄중히 따진다면, 아마도 염려하고 두려워하여 감히 함부로 속이거나 감추지 못할 것입니다.-이 일은 올해에는 이미 할 수 없으니 별도로 다른 해를 기다려야 마땅할 듯합니다.-

6 답험관(踏驗官) : 농사가 잘되고 못된 것을 파악하기 위하여 현장을 답사하여 그 손실에 따라 조세를 매기는 관리를 말한다.

7 옛……것 : 1568년(선조1) 5월 남명(南冥) 조식(曺植)이 올린 상소에서 서리의 부정한 실상을 서술하면서 한 말이다. 《南冥集 卷2 戊辰封事》

1. 신이 삼가 듣건대, 조정에서 올해의 부세(賦稅)에 기유년(1669, 현종10) 전결(田結)의 예를 준용한다 하니, 이것이 비록 연례(年例)에 비추어 보아 당연한 것이지만, 올해의 경우는 보통의 해와 다른 점이 있습니다. 묵고 재해를 입은 전지가 이미 많은 데다 그 묵고 재해를 입은 전지의 대부분은 못살고 가난한 백성들의 것인데, 만약 약간 풍작이었던 기유년의 전결을 올해 재해를 당한 백성들에게 적용하여 부세를 징수한다면 그 부르짖고 원망함이 응당 어떠하겠습니까. 지난 경술년(1670)에는 응당 기유년의 연분(年分)을 적용했어야 하는데, 전 충청 감사 이홍연(李弘淵)이 사유를 갖추어 계청(啓請)하여 그 해의 전결 수를 적용하였기에 백성들이 실질적인 혜택을 입어 지금까지 성덕을 칭송하고 있습니다. 그러므로 올해의 부역(賦役)은 올해 전결의 수를 적용하되, 기유년 전결 수의 부족액은 임시로 보류하였다가, 조금 풍작이 되기를 기다려 추가로 징수한다면 피폐한 백성들이 거의 보존될 수 있을 것입니다.

1. 올해에 각 군보(軍保)에 죽은 자가 매우 많은데, 만약 보통 때와 같이 반드시 바꾸어 정한 뒤에야 징포(徵布)를 면제한다면 그 이웃과 친척들이 결코 지탱하지 못할 것입니다. 반드시 덕음(德音)을 빨리 내리시어 열읍(列邑)으로 하여금 바꾸어 정하지 않아도 징포를 면제하고 현존한 군보에게만 군포를 징수하게 하신다면 피폐한 백성들이 많은 혜택을 입을 것입니다. 그러나 군보의 생사 여부에 대한 허실을 조사해 내는 것 역시 전적으로 아전의 손아귀에 달렸는데, 올해에는 떠돌아다니다 죽은 자가 많으니 진실로 그 허실을 밝히기가 어렵고, 비록 제집에서 죽은 자라 하더

라도 검시하여 입안(立案)한 일이 없으니, 그 아전들의 기만을 어찌 이루 다 헤아릴 수 있겠습니까. 반드시 별도로 어사를 보내시어 분명하게 자세히 조사하여 만일 죽은 자를 산 자로 만들었거나 산 자를 죽은 자로 만든 것이 있을 경우 일체 군율로 처리한다면 아전들은 혹 두려워하여 꺼리는 바가 있고, 백성들은 호소하고 원망하는 일이 없게 될 것입니다.

1. 도적이 곳곳에 가득 깔려 있어 살생과 약탈을 자행하는 경우가 매우 많은데도 관리들은 한결같이 그들을 엄호하기만 일삼고 한 번이라도 혹 그 실상을 고하면 불쾌한 기색을 보이면서 오직 자기 경내에 도적이 없다는 칭송만 하도록 만들고자 합니다. 그러므로 사나운 무리들은 마치 믿는 곳이나 있는 것처럼 모두들 눈을 부릅뜨고 말도 제대로 못 할 정도로 격분하면서 양민들로 하여금 감히 건드리지도 못하게 하니, 이러한 풍습을 어찌 기를 수 있겠습니까. 옛날 한 무제(漢武帝) 말년에 도적이 떼 지어 일어나 금할 수 없자 드디어 침명법(沈命法)을 만들었으나, 도적이 일어나도 고발하지 않고 상하가 서로 숨기므로 도적이 점점 많이 생겨 망한 진(秦)나라의 전철을 거의 밟을 뻔하였습니다. 저 담이나 넘는 좀도둑의 무리는 물론 치도율(治盜律)로 다스릴 수 없으나, 인물을 살상한 자의 경우야 어찌 버려두고 따지지 않을 수 있겠습니까. 주 부자(朱夫子)는 일찍이 "쌀의 유통을 막는 자는 귀양 보내고, 벼를 약탈하는 자는 참한다.〔閉糴者配 劫禾者斬〕"라는 여덟 글자를 구황의 좋은 계책으로 여겼으니, 이는 대개 부자가 감히 곡식의 유통을 막지 않으면 이웃들이 도움을 받을 곳이 있게 되고, 이미 도움을 받을 곳이 있는데도 오히려 벼를 약탈한다면 그 죄가

사형에 해당하기 때문일 것입니다. 그런데 지금은 부자의 도움이 없고 다만 관가에서 마련한 죽소(粥所)만이 있을 뿐이니, 벼를 약탈하는 근심을 진실로 막기 어렵습니다. 그렇다고 일체 그것을 방임하고 잘 조치하지 않는다면 그 뻗어 나는 형세가 매우 두려울 만합니다.

지금 금산(錦山)의 도적들이 단지 보통 사내들이 아니고 보면 그 형세가 그치지 않을 뿐만이 아닙니다. 잡힌 자가 매우 많은데도 오히려 놀라 흩어지지 않고 감히 대낮에 신고한 자를 베어 죽이며, 또 그 뒤에 예전과 똑같이 도적이 되어 사람을 해치니, 손쓰기 어려운 형세를 이미 알 만합니다. 그들의 공초에서 "장차 호령(湖嶺) 사이의 큰 산과 긴 골짜기를 점거한 뒤 관곡(官穀)을 약탈하여 그곳에 쌓아 두고 산으로 다니는 포수들과 승려 무리들을 많이 끌어들여 그 세력을 확장하려고 하였다."라고 하니, 과연 이와 같다면 그들의 뜻이 작은 데 있는 것이 아닙니다. 그 무리 가운데 어찌 황소(黃巢)나 방랍(方臘)[8]과 같이 포악하고 드센 자가 없겠습니까. 옛날 인조(仁祖) 말엽에 유탁(柳濯)의 무리가 호서(湖西)에서 일어나자 그곳의 수령과 감사들이 허둥지둥하면서 어찌할 바를 몰랐는데, 고(故) 상신(相臣) 이시백(李時白)이 금위군과 어영군을 이끌고 남쪽으로 내려가자 다행히 그 무리들은 스스로 세력이 적고 약하다는 사실을 알고 바로 해산하였기에 무사할 수 있었으니, 만약 그렇지 않았다면 위태로웠을 것입니다. 오늘의

8 황소(黃巢)나 방랍(方臘) : 황소는 당나라 말 희종(僖宗) 때 반란을 일으킨 사람이고, 방랍은 북송(北宋) 말기에 반란을 일으킨 사람이다.

사정은 또 그때와는 다르니, 먹을 것이 없어 거의 죽어 가는 백성들이 배불리 먹고 편히 산다는 소리를 듣는다면, 어찌 저잣거리로 몰리듯 그들을 따르지 않겠습니까. 이에 반드시 서둘러서 백성들을 위로하고 안정시킴으로써 우리 백성들로 하여금 흔연히 소문을 듣고 부러워하는 마음이 들지 않도록 해야 하고, 그런 다음에 체포와 주벌을 엄히 행하여 그 싹을 잘라 버린다면 국가가 거의 편히 유지될 수 있을 것입니다.-지금 호랑이에게 잡아먹혀 죽은 자가 수없이 많은데도 수령과 장령들은 호랑이를 잡거나 쫓을 마음이 없으니, 또한 상벌의 운용을 분명하게 보이시면 이 근심은 약간 해소될 것입니다.-

1. 백성을 위로하고 안정시키는 책임은 전적으로 수령과 감사에게 있으니, 반드시 충심과 이해심, 강직함과 명석함, 그리고 측은해하는 마음과 자애로운 마음을 갖춘 사람이라야 그 성과를 볼 수 있습니다. 신의 어리석은 생각에는 이미 과거에 두드러진 치적이 있는 사람이라면 연한이나 품계 및 죄를 지어 신문을 당하였거나 과실로 견책을 당한 것 등에 구애받지 말고 일체 뽑아 파견하되, 그가 주청(奏請)하는 여러 가지 일을 중간에서 저지하거나 물리치지 말도록 하고, 만약 일을 게을리하거나 제 몸을 살찌우는 자가 있으면 그 죄를 하나하나 엄중히 추궁하되, 감사가 그 죄를 살펴 드러내지 못하면 그와 똑같은 죄로 다스려야 할 것이니, 그런 뒤에야 거의 감격하고 두려워함이 있어 사공(事功)에 나아갈 수 있을 것입니다.

1. 송 효종(宋孝宗)이 일찍이 말하기를 "진정(賑政)은 실상을 파악하고 서둘러 실시하는 것만 한 것이 없다."라고 하였는데, 주자는 이 말을 극찬하여 성인의 말씀이라고 하였습니다. 그런데 근자

의 진정에는 그 실상을 파악하지 못하는 것이 한정 없이 많고 실시가 늦어져 시기에 맞추지 못하는 경우가 많습니다. 시험 삼아 작은 일 한 가지를 말해 보면, 죽소를 마련하는 즈음에 작은 고을의 경우에는 수령이 직접 가서 스스로 점검하기 때문에 멋대로 속이는 일이 혹 적지만, 큰 고을에서 죽소를 먼 외방에 나누어 설치하는 경우에는 감관(監官)과 색리(色吏)들이 기민의 수를 허위로 늘려 그에 맞게 쌀을 받아다가 제 몸을 살찌우는 한편, 마련한 죽에는 쌀알이 몹시 드물고 또 그것조차 모자라면 새로 물을 더 붓습니다. 죽을 먹는데도 죽어 가는 것은 모두 이 때문이니, 이는 실상을 파악하지 못하여 일어나는 폐해입니다. 또 감사나 수령이 청하는 일을 조정에서 으레 모두 머물러 두고 그 가부의 결정을 다 제때에 하지 않기 때문에 가부의 결정이 났을 때에는 이미 상황이 변하여 소용없게 되니, 이는 서둘러 실시하지 못하여 일어나는 폐해입니다. 반드시 허위로 보고하는 외방의 폐단을 통렬히 징벌하고, 외방에서 청하는 일을 조정에서 또 신속하게 부응해 준 뒤에야 도움이 있을 것입니다.

1. 기민이 비록 혹 죽을 먹는다 하더라도 맨바닥에서 노숙을 하기 때문에 열흘이 안 되어 반드시 죽게 되니, 반드시 미리 토담집을 짓고 땔감을 준비하여 추위에 떠는 고생이 없게 한 뒤에야 백성들이 살아날 수 있을 것입니다.

1. 올해에는 빈호(貧戶)의 전역(田役)과 신역(身役)을 규례에 따라 징수하여서는 절대 불가하니 모쪼록 충분하게 임시로 경감해야 하고, 만약 나라의 재용이 부족하면 응당 각 관사와 각 아문(衙門)에 저축된 것을 가져다 쓰면 됩니다. 이것들이 비록 얼마 되지

는 않는다고 하더라도 적은 것을 모아 합하면 많은 양이 될 것입니다. 그리고 또 쓸데없는 제반 비용 일체를 없애고 오직 근근이 버텨 간다는 마음을 갖는다면 가난한 백성들은 은혜를 입게 되고 나라의 재용도 뚝 끊어지는 지경까지는 이르지 않을 것입니다. 이는 오직 위로 밝은 성상부터 아래로 백관에 이르기까지 모두 곤궁한 상황에 처해 있다는 마음을 가지는 것에 달려 있으니, 그런 뒤에야 이를 논의할 수 있습니다. 또 옛날에는 재해를 만나면 반드시 내탕고(內帑庫)의 재물을 내주었습니다. 이 내탕고의 재물로는 백성을 두루 구제할 수는 없지만, 백성들이 이로 인하여 우러러 임금의 덕의(德意)를 알게 된다면 비록 구덩이에 굴러 죽는다 하여도 원망하지 않을 것입니다.

1. 흉년을 한번 겪자 풍속이 확 변하여 그 부모가 죽었는데도 버젓이 곡읍(哭泣)할 줄을 모르며, 혹은 전혀 부모의 시체를 거두지 않는 자도 있으며, 혹은 그 시체를 끌어다가 은밀한 곳에 버리고 술과 고기를 먹으며 극히 흐드러지게 놀아나기도 하며, 혹은 제 부모 형제가 어떤 사람에게 피살되었다는 것을 뻔히 알고 있으면서도 그 사람과 웃고 이야기하며 상대하기도 합니다. 비록 제 부모 형제가 피살된 것에 약간의 곡절이 있다 하더라도 그 자제 된 자가 어찌 차마 이와 같이 할 수 있겠습니까. 이는 비록 흉년 때문에 본성을 잃어 그렇게 된 것이라고는 하지만 또한 정교(政教)가 시행되지 않아 그런 것이기도 합니다. 신의 어리석은 생각에는, 조정에서 거듭 밝혀 효유하여 열읍(列邑)에 반포해서 장사 지내지 않은 자는 장사 지내게 하고 복(服)을 입지 않은 자는 늦게라도 복을 입게 하여 더불어 다시 새 출발을 하게 하여야 합니다. 그런

데도 오히려 장사 지내지 않거나 복을 입지 않으며 술과 고기를 먹는 자가 있으면 형법을 엄히 시행하여 두려워할 바를 알게 해야 하니, 그런 뒤에야 거의 인륜이 밝아져서 국가가 도움을 받게 될 것입니다.

1. 유탁(柳濯)의 변란[9]으로 보건대, 숙위(宿衛)는 결코 단출하게 해서는 안 됩니다. 그런데 신이 삼가 듣건대 의론하는 자들이 정초군(精抄軍)의 상번(上番)하는 군졸을 파하고자 한다고 합니다. 이는 군사로써 군사를 기르는 것이어서 경비(經費)와 관계가 없으니, 의론하는 자의 말을 좇아서는 안 될 듯합니다.

신은 궁벽한 골목에 살고 있고 또 병으로 칩거하고 있는 몸으로서 다만 눈으로 본 것과 귀로 들어 기억하는 것을 이 몇 가지 조목으로 기록함으로써 성총(聖聰)의 만분의 일이나마 보탬을 드리는 바이니, 만약 견문이 넓고 시무를 아는 사람이 하나하나 충분히 헤아린다면 폐단을 또 어찌 이루 헤아릴 수 있겠습니까. 신이 삼가 엎드려 생각건대, 작년 가을에 흉년이 들고 또 금년 여름에 보리 흉년이 든 것이 실로 국가가 전복될 운수인데 또 금년 겨울에 우레가 일어나니 내년이 또 걱정입니다. 전하께서 지난 과거의 일을 죽 살펴보시건대 어찌 오늘과 같은 상황을 맞이하고서 나라가 멸망하지 않은 경우가 있었습니까. 오늘의 형세는 마치 큰 전란 끝에 상처가 아물지 않고 신음이 가라앉지 않은 것과 흡사합니다. 이에 백성을 보호하는

9 유탁(柳濯)의 변란 : 1646년(인조24) 3월 이산현(尼山縣)의 유탁이라는 자가 권대용(權大用) 등과 함께 임경업(林慶業)을 대장으로 삼아 청나라를 토벌하려 한다고 하면서 역모를 꾀한 일을 가리킨다. 《仁祖實錄 24年 3月 28日》

방도는 반드시 마치 기절하여 숨만 겨우 붙어 있는 사람을 자리에 편안히 누이고 입맛을 돋우는 음식으로 요양을 시킨 뒤, 집안사람을 경계하여 떠들거나 경거망동하지 못하게 하고 내외를 고요히 하여 소생하기를 기다리는 것과 같이 한 뒤에야 만분의 일의 효과나마 바랄 수 있습니다. 이는 전하와 조신(朝臣)들이 급급한 태도를 가지고 조석으로 그 대처 방안을 강구하며 딴생각을 품지 않는 것에 달려 있는데, 신이 삼가 전하는 말을 듣건대 크게 그렇지 않은 바가 있으니, 이는 어째서입니까?

게으름과 안일함은 임금이 매우 경계해야 할 일인데, 신이 삼가 듣건대 전하께서는 대단치 않은 공무마저 한결같이 미루는 것을 상례로 삼으시고, 형옥(刑獄)에 관한 일은 사람의 목숨과 관계된 것인데도 오히려 몇 달을 끌며 혹은 심지어 매우 작은 죄인데도 몇 달을 가두어 둔다고 하니, 이것으로 미루어 보면 그 나머지도 알 수 있습니다. 만약 성상의 체후가 편찮아 응대하는 것이 피곤하시다면 어찌하여 편전에 앉거나 누우신 채로 해당 관리를 자주 부르거나 혹은 주사(籌司)와 후사(喉司)와 함께 상의하여 처결하지 않으십니까. 궁중에 깊숙이 거처하며 신하들을 접견하지 않는 것은 바로 조고(趙高)가 이세(二世)를 그르친 방법[10]입니다. 그러나 이세 때에는 비록 베개를 높이 베고 뜻을 멋대로 부리는 것을 일삼아도 조고는 오히려

10 조고(趙高)가……방법 : 조고는 진나라의 환관으로, 진 시황이 죽자 승상 이사(李斯)와 짜고 조서(詔書)를 위조하여 진 시황의 장자 부소(扶蘇)를 죽이고 차자 호해(胡亥)를 이세로 세운 뒤 정권을 농단하였다. 그는 자신의 비행이 이세에게 알려질 것을 두려워한 나머지 이세를 꾀어 깊은 궁중에 거처하게 하고 조정에서 대신들을 접견하지 못하게 하였다. 《史記 秦始皇本紀》

"폐하께서는 법률을 숙달한 신하와 시중(侍中)들과 일을 기다리고 있다가 일이 닥치면 이를 헤아리게 하십시오."라고 하였으니, 그가 주달한 일은 오히려 오늘날처럼 적체되지는 않은 것입니다. 그렇다면 오늘의 일을 어느 시대에 비교해야 합니까? 이 때문에 대소 관료가 서로 본받고 중외(中外)가 관직을 태만히 하며 다만 청담(淸談)과 술을 즐기는 것을 일삼을 뿐, 국가와 백성의 근심은 망각의 영역으로 내버려 둡니다. 전하께서는 당장 부지런하지 않아도 그다지 일에 해가 되지 않는다고 하시다가 결국 오늘의 폐해가 이와 같은 지경에 이르렀으니 경계하지 않아서야 되겠습니까. 신이 먼 옛날의 일을 인용할 것도 없습니다. 우리 조정의 성조(聖祖)께서는 추위가 아주 심한 날 밤에 죄수들이 불쌍하여 침실 안으로 승지를 급히 불러들여 죄수의 수를 물으셨습니다. 이에 승지가 하나하나 세어 대답하니, 성조께서 내전(內殿)을 돌아보시며 말씀하기를 "이 사람은 나의 보배로운 신하이다."라고 하셨습니다. 열성(列聖)께서 장소와 시간을 가리지 않고 정사에 힘쓰셨기 때문에 당시 신하가 직책을 수행함이 이와 같음을 여기에서 알 수 있습니다.

또 오늘날의 고질적인 폐단은 바로 사치에 있는데, 신이 삼가 들으니 지난번 가례(嘉禮) 때에 허비한 비용이 엄청나서 호조에서 소비한 은화(銀貨)가 수만 냥에 이르렀다고 합니다. 기억을 더듬어 보면, 과거 성고(聖考)께서 전하의 가례 때에 비용을 절약한 것이 등록(謄錄)에 모두 기록되어 있으니 상고하여 그 사실을 알 수 있습니다. 전하께서는 그 당시 나라의 빈부(貧富)가 오늘에 비교하여 어떠했으며, 농사의 흉풍(凶豐)이 오늘에 비교하여 어떠했으며, 시사(時事)의 안위가 오늘에 비교하여 어떠하였는지를 한번 생각해 보십시오. 당시의 절약도 오히려 이와 같았기에 중외에서는 '이번에는 반드시 절감하고 또 절감하여 겨우 예의만을 이룰 것이다.'라고 기대하였는데, 들리는 바로는 전하께서는 성고께서 절감한 것 외에 다시 절감한 것이 없기 때문에 비용이 이 정도까지 많았다고 하니, 이로써 미루어 보면 나머지도 모두 알 만합니다. 전하께서는 생민의 고혈을 짜내어 궁액(宮掖)의 한때 보고 들을 거리를 공급하시지만, 자손에게 계책을 전해 주어 편안케 하는 방법은 또 이처럼 좋지 못하니, 신은 삼가 한탄스럽습니다. 더구나 입과 배를 채우는 봉양은 더더욱 심히 말단의 일이나 그것으로도 충분히 백성에게 해를 끼칠 수 있는 데이겠습니까.

지난번 간신(諫臣)이 일찍이 "척리(戚里)의 신하가 생복어를 곤수(閫帥)에게 사사로이 징수하여 대궐에 바쳤다."라고 하자 척리의 신하는 그런 일이 없다고 하면서 이러쿵저러쿵 법석을 떨며 스스로 옳다고 하였는데, 듣는 사람들은 전혀 옳게 여기지 않았습니다. 그런데 그 뒤에 그 일이 가라앉았는지의 여부는 알 수 없거니와, 삼가 듣건대 금년 여름에 통영(統營)에서 다시 척리의 분부로 인하여 사적으로 두 차례 바쳤다고 합니다. 신이 들은 바가 이와 같다면 신이 듣지 못한 것도 응당 또 있을 것이니, 열읍에 해를 끼치는 것은 차치하고 논하지 않는다 하더라도 그 체통을 손상시킴은 응당 어떠하겠습니까. 옛날에 성종대왕(成宗大王)께서 일찍이 병을 앓으실 때 의원이 붕어로 치료할 수 있다고 하자, 상께서는 근시(近侍)를 돌아보며 이르기를 "지금 장마가 져서 물이 많이 불었으니 붕어를 잡는 사람이 물에 빠질 염려가 있다. 어찌 입과 배를 채우는 것을 가지고 남에게 누를 끼칠 수 있겠는가."라고 하셨습니다.

또 신이 기억하건대 지난 무술년(1658, 효종9) 가을 성고께서 편찮으실 때 조신(朝臣)이 주사(廚司)에 별미가 없음을 걱정하여 경기의 고을에 분부를 내려 메추리를 진상하게 하고, 또 해서(海西)에 명하여 어란(魚卵)을 진상하게 하였는데, 성고께서는 그것을 백성을 괴롭히는 일이라 하며 서둘러 중지하라 명하셨으니, 이 어찌 밝은 성상께서 마땅히 본받아야 할 바가 아니겠습니까. 척리의 신하로 말하더라도 그 충성하는 방법이란 실로 여자와 내시의 경우에 가까우니 참된 충성이 아닙니다. 《예기》에 이르기를 "임금을 섬길 때에 좌우로 나아가 봉양하되 일정한 방도가 있다."라고 하였고, 또 옛사람이 말하기를 "우리 임금에게 없는 것이 어찌 이 물건이겠는가. 입과 배만을 지극히 봉양하니 어쩌면 그리도 비루한가."라고 하였으니,[11] 이것이 어찌 신하가 마땅히 거울삼아 경계할 바가 아니겠습니까. 무릇 척리가 바치는 것이 실제로 진어(進御)에 쓰기 위한 것은 꼭 아니고 다만 사치스러운 풍습을 없애지 않았기 때문에 반드시 먼 지방의 진귀한 물건을 숭상하는 것이니, 신은 삼가 한탄스럽습니다. 신의 어리석은 생각에는 오늘의 형세는 바로 크게 엎어지고 크게 무너져 어찌해 볼 수 없는 때입니다. 전하께서는 반드시 크게 두려워하고 크게 진작하시어 그 거처와 의복과 탈것과 부지런함과 공검 절약을, 정히 선조(宣祖)께서 용만(龍灣)으로 파천하신 해와 인조(仁祖)께서 남한산성으로 몽진하신 때처럼 하시어 한 줌의 곡식이라 하더라도 감히 그것으로 민간을 소란케 하지 마시고, 신료들을 책려

11 옛사람이……하였으니 : 송나라 소식(蘇軾)이 〈여지탄(荔枝歎)〉에서 신하가 윗사람에게 차와 꽃을 바쳐 아첨하는 것을 비판하면서 한 말이다. 《古文眞寶 前集 卷6》

하여 감히 일을 폐하지 못하게 하시며, 또 자신에게 죄를 돌리는 말씀을 자주 내리고 지난날의 잘못을 깊이 진술하셔야 합니다. 그런 다음에야 백성들이 덕의(德意)의 실상을 알고서 감히 원망과 저주를 품거나 함부로 반역하는 마음을 갖지 않을 것입니다.

신이 또 생각건대, 임금의 직분에는 재상이 될 만한 사람을 논하는 것보다 더 큰 것이 없으니, 마땅한 사람을 재상으로 등용하면 난을 다스릴 수 있고 망할 것을 보존할 수 있거니와, 마땅한 사람을 등용하지 못하면 안정이 반드시 위태해지고 융성이 반드시 쇠해지는 것인데, 밝은 전하께서 어찌 이것을 알지 못하시겠습니까. 그런데 또한 신과 같은 자를 구차히 그 사이에 충당하셨습니다. 신은 결코 그에 마땅한 사람이 아닐뿐더러 또 곧 죽게 될 것이므로 그렇게 되면 다시 나아가 쓰일 시기가 없게 됩니다. 국세(國勢)의 위급함은 마땅히 불을 끄듯 물에 빠진 사람을 건지듯 해야 하니, 빨리 신을 체직하시고 속히 마땅한 사람을 구하여 그 직위에 두신다면 국사를 거의 바로잡을 수 있을 것입니다. 주자가 일찍이 임금이 재상을 논하는 내용으로 그 임금에게 진언하기를[12] "재상을 논하는 자가 자기 마음에 맞는 사람을 구하고 자기를 바로잡을 사람을 구하지 않으며, 사랑할 만한 사람을 취하고 두려워할 만한 사람을 취하지 않는다면 임금이 그 직분을 상실하는 것이며, 임금을 바로잡는 신하가 좋은 계책은 올리고 좋지 않은 계책은 시행하지 못하게 하는 일을 일삼지 않고 군주의 뜻과 일치시켜 그 의견이나 받드는 것을 능사로 여기며,

12 주자가……진언하기를 : 이하 주희의 말은 《회암집(晦庵集)》 권12 〈기유의상봉사(己酉擬上封事)〉에 보인다.

세상을 경영하고 사물을 주관하는 데에 마음을 쓰지 않고, 일신이 용납되고 군주의 총애를 굳건히 하는 것에 마음을 쓴다면 재상이 그 직분을 상실하는 것입니다. 자기를 바로잡아 줄 수 있고 두려워할 만한 사람을 선발한다면 반드시 스스로의 처신을 신중히 하는 사람을 얻을 것이므로 자신이 그에게 일을 맡기는 것도 신중해지지 않을 수 없을 것이고, 일을 맡기는 것이 이미 신중하다면 그는 좋은 계책은 올리고 좋지 않은 계책은 시행하지 못하게 하려는 뜻을 극진히 하고 세상을 경영하고 사물을 주관하는 마음을 실행할 수 있을 것입니다. 또 천하의 정직하고 성실하여 거리낌 없이 말하는 사람을 공정하게 뽑아 대간(臺諫)과 급사(給舍)의 직책을 맡김으로써 그 의론에 참여하게 하여, 자신의 복심(腹心)과 이목(耳目)이 될 자리에 항상 어진 사대부가 있게 하고 소인들이 있게 하지 않으며, 공적과 잘못을 가려서 승진시키고 벌주는 권한이 항상 조정에 있고 사적인 문벌에서 나오지 않게 하소서."라고 하였으니, 대개 이 말은 실로 임금이 재상을 논하는 중요한 방도입니다. 전하께서 한번 이러한 방법으로 사람을 구하신다면 반드시 마땅한 사람을 얻을 것입니다.

또 신이 삼가 듣건대, 근일 대간이 죄를 입을까 두려워하여 구차하게 용납되는 것만을 일삼는다고 하니, 이는 전하께서 그들의 말이 마음에 거슬려 그들의 뜻을 억누르고 꺾어 왔기 때문입니다. 근자에 듣건대, 윤계(尹堦)와 윤가적(尹嘉績)이 대신을 언급하자[13] 대신이

13 윤계(尹堦)와……언급하자 : 대간 윤계와 윤가적이 상소를 올려 영의정 허적(許積)의 권세가 갈수록 높아져만 간다고 하면서 비판한 것을 가리킨다.《顯宗實錄 12年 6月 19日》

스스로 불안하게 여기므로 두 신하도 감히 직위에 머물지 못한다 하니 신은 삼가 당혹스러웠습니다. 옛날에 제갈량(諸葛亮)이 그 참좌(參佐)에게 말하기를 "만약 작은 혐의를 피하려는 마음에 서로 논변하고 따지기를 어렵게 여긴다면 직분을 잃어 나라에 손실을 초래한다."라고 하였고, 또 말하기를 "무릇 나라에 충성할 생각을 가진 사람은 단지 나의 과오를 부지런히 공격한다면 적을 죽일 수 있으며 공을 이룰 수 있을 것이다."라고 하였습니다. 오늘날 우리나라의 위급한 형편은 피폐한 촉(蜀)나라보다 심하니, 더욱 어찌 제갈량의 마음을 스스로의 마음으로 삼지 않을 수 있겠습니까.

그러나 신은 두 신하의 말에 또한 유감으로 여기는 바가 있습니다. 주공(周公)이 노공(魯公 백금(伯禽))에게 말하기를 "대신이 자기의 말을 써 주지 않는다고 원망하게 하지 말아야 한다."라고 하였는데, 주자가 거기에 주석을 내기를 "대신이 적임자가 아니면 그를 내치고, 대신의 자리에 있다면 그의 말을 쓰지 않을 수 없는 것이다."라고 하였습니다. 또 《중용》의 구경(九經)[14]에 대신을 공경하라는 가르침이 있는데, 어떤 이가 묻기를 "가령 대신이 어질다면 괜찮겠지만, 만약 불행하게도 그 사람이 현자를 시기하고 능한 자를 질투하며 아랫사람을 제어하고 윗사람의 눈과 귀를 가려서 제 사욕을 이루는데도 임금이 깨닫지 못한다면 또한 어찌 염려되지 않을 수 있겠는

14 중용의 구경(九經) : 나라를 다스리는 아홉 가지 법으로, 몸을 닦는 것〔修身〕, 현자를 높이는 것〔尊賢〕, 가까운 친척을 친애하는 것〔親親〕, 대신을 공경하는 것〔敬大臣〕, 신하들을 체찰하는 것〔體群臣〕, 백성을 자식처럼 사랑하는 것〔子庶民〕, 공인들을 우대하여 오게 하는 것〔來百工〕, 먼 지방 사람을 회유하는 것〔柔遠人〕, 여러 제후국을 무마하는 것〔懷諸侯〕이다. 《中庸章句 第20章》

가."라고 하니, 주자가 대답하기를 "그렇지 않다. 현자를 높이는 것을 우선한다면 대신의 자리에 둔 자 가운데 필시 그와 같은 자는 섞여 들어가지 않을 것이다. 그런데 불행하게도 혹 잘못 세웠다면 또한 빨리 마땅한 사람을 구하여 바꾸어야 할 뿐인데, 어찌 반드시 간사한 짓을 하여 나라를 망칠 것을 알고도 오히려 그를 대신의 자리에 그냥 두어 그로 하여금 일단 문서를 받들고 직책을 수행하게 하겠는가."라고 하였습니다.

지금 주공의 말과 《중용》의 가르침을 가지고 주자가 주석한 말을 살펴보고, 또 주자가 임금에게 진언한 말로써 살펴보건대, 오직 걱정스러운 바는 임금이 재상에게 맡기는 것이 신중하지 못함에 따라 재상이 자임하는 것이 혹시라도 가볍게 되는 것입니다. 그렇다면 백관(百官)을 진퇴시키는 것은 재상의 직분이니 만약 어진 이를 버려두고 재주 있는 이를 막는 일이 있으면 정관(政官)을 초치하여 그 버려두고 막은 행위를 꾸짖는 것이 바로 그의 직분인데, 그런 재상이라면 무슨 잘못으로 여길 것이 있어 말을 하겠습니까. 그러나 만약 임금이 대신에게 맡기는 것이 신중한데도 대신이 자임하는 것이 '사(私)'를 위한 것이고 정관을 초치하여 말하는 것이 또 어진 이와 재주 있는 이를 위한 것이 아니라면 이런 사람은 재상으로 마땅한 사람이 아니니, 어찌 분명한 말로 곧바로 지적하여 마땅한 사람으로 바꾸기를 청하지 않고 도리어 말을 할 듯 말 듯 하면서 아교와 옻칠을 바른 듯 입을 꾹 다물기를 마치 3일 된 신부의 모습처럼 하겠습니까. 저 구차하게 용납되기를 바라면서 아무 말도 하지 않는 자들이야 물론 말할 것도 없거니와, 능히 말을 한다는 자들도 또 이와 같으니, 신은 삼가 애석하게 생각합니다. 그러나 이는 모두 완전히 구비하기를 요구하는 말일 뿐이니, 만약 이로 인하여 재상과 대간이 또다시 불안하게 여긴다면 이는 신이 바라는 바가 아닙니다.

네 번째 상소 신해년(1671, 현종12) 12월

四疏 辛亥十二月

삼가 아룁니다. 지금 나라 형세의 위급함이 전쟁으로 혼란한 와중과 다름이 없습니다. 신은 의리상 마땅히 도성으로 돌아가 존망을 함께하여야 하니, 이는 비단 충성이 지극한 뒤라야 알 수 있는 사실이 아닙니다. 더구나 지난날 받은 성상의 비답에 근심으로 마음 아파하는 뜻과 가엾은 마음으로 위급하게 여기는 말씀이 있으셨습니다. 이에 비록 목석과 같은 완고한 사람일지라도 눈물을 떨굴 지경이었는데, 신이 황급히 달려가야 할 의리는 또한 그보다 몇 배나 더한 점이 있으니, 어찌 감히 스스로 엉성하고 멸렬하다고 말하면서 다시 머뭇거릴 수 있겠습니까. 다만 오직 신이 앓고 있던 큰 병의 남은 증상이 기회를 틈타 곧장 일어남으로써 기혈이 다 탕진되기에 이르렀고, 한겨울의 음산한 기운이 밤낮으로 침투함으로써 혈맥과 기운이 완전히 상실된 나머지 점점 고질이 되어 죽음을 바로 앞두게 되었습니다. 그러다 홀연 이번 달 이후로는 다른 병증까지 더 얻어 상황이 너무도 심각합니다. 그리하여 신음으로 아파하면서 더디 죽는 것을 늘 괴로워하고 있으니, 보는 사람들이 모두 딱하게 여기고 있습니다. 이러한 상태로 어찌 몸을 일으켜 길을 떠날 가망이 있겠습니까.

생각해 보건대, 신이 띤 직명은 다른 일반적인 관직에 비할 바가 아니니, 정히 서둘러 체직함으로써 어진 덕을 지닌 사람을 구해 현재의 어려움을 구제하게 해야 할 것입니다. 어찌 오래도록 이 직책을 향리 사이의 반쯤 죽은 사람에게 버려두고 있을 수 있겠습니까. 삼가 바라건대 자애로운 성상께서는 조정의 격무를 염려하시고 미천한 신의 위급한 병을 살피시어 속히 제칙을 명하여 -원문 다수 결락- 몹시 다행이겠습니다.

다섯 번째 상소 임자년(1672, 현종13) 1월

五疏 壬子正月

삼가 아룁니다. 신이 받은 은혜는 몹시도 깊은데 털끝만큼도 그에 보답하지 못하였습니다. 그러나 지난번 위망한 형세가 코앞에 닥친 것을 목도하고는 두려운 심정을 이기지 못하여 마침내 면직을 청하는 소장에다 터무니없는 말을 대략 아뢰었습니다. 그중 마지막 부분에서 아뢴 것은 망녕된 생각에 '대간(臺諫)은 언제나 전하께서 대신(大臣)을 신임하고 대신은 자임함이 중하다고 말하니, 이는 성현(聖賢)의 훈계를 강구하지 않고 세속의 소견에만 끌린 것일 뿐이므로 그 불가함이 필연적인 것이다.'라고 하였으므로 신이 그 잘못됨을 바로 말한 것입니다. 또 그 아래의 "대신을 바꾸어……"라고 한 것은 가정으로 한 말입니다. 이는 대개 "대신이 마땅한 사람이 아니라면 대간이 어찌하여 곧장 지적하여 바꾸기를 청하지 않고 도리어 말을 할 듯 말 듯 하면서 아교와 옻칠을 바른 듯 입을 꾹 다무는 습관을 행하겠는가."라는 말로서, 간신(諫臣)의 큰 도리를 개괄적으로 말한 것이지, 대신을 정말 마땅하지 않은 사람이라고 여겨 반드시 바꾸어야 한다고 한 것이 아닙니다. 그러나 이 말이 비록 가정하여 한 말이지만, 감히 말하지 못할 듯이 하다가 끝내 감히 말해 버린 것은 이유가 있어서 그러한 것입니다.

고 판서 서필원(徐必遠)은 바로 지금 상신(相臣 허적(許積))의 지기지우(知己之友)입니다. 그의 신속히 닮으려는 염원이 도부(桃符)의 축문에 드러나기까지 하였으니,[15] 그의 사모하는 의리는 가히 끝이 없다고 할 만합니다. 그런데도 불충하다는 비판이 소장에 드러났으니,[16]

무릇 불충은 신하의 큰 죄입니다. 일반적인 정으로 말해 보건대 지기지우가 이렇게 비판을 하였다면 그 유감스러운 마음이 필시 심할 텐데 상신은 도리어 여유 있는 안색과 태연한 마음으로 조금의 불평도 없이 편안히 그 말을 받아들였습니다. 이에 신은 일찍이 그의 큰 도량에 감복하여 '대신의 체통은 응당 이와 같아야 한다.'라고 생각하였기 때문에 감히 소장의 마지막 부분에서 그를 언급할 때 조금의 염려도 하지 않았고, 마음으로 하는 생각과 입으로 하는 말이 똑같이 서로 '만약 내가 그분의 잘못된 점을 곧바로 공격하더라도 반드시 그분은 개의치 않을 것이다. 그런데 하물며 이러한 말을 하는 것이 그렇게 큰 비판이 아님에랴.'라고 하였습니다. 그리하여 마침내 마음 가는 대로 글을 쓴 뒤에 봉하여 올린 것입니다. 그러다 삼가 들으니 신의 소장이 봉입된 지가 이미 여러 날이 지났다고 하는데 과연 아무런 말이 없었으므로, 신은 스스로의 생각이 망령된 것이 아니었음을 다행으로 여겼습니다.

15 그의……하였으니 : 서필원이 벗인 허적의 뒤를 이어 재상이 되기를 염원하였다는 말이다. 도부는 두 개의 복숭아나무 판자에다 글자를 새긴 부적이다. 진(晉)나라 사마소(司馬昭)의 동생인 사마유(司馬攸)의 아명이 도부였는데, 사마소가 그를 몹시도 애지중지하여 언제나 자신이 앉은 걸상을 어루만지며 "이는 도부의 자리이다."라고 하였다고 한다. 허적이 재상이 된 이후로 언제나 서필원에게 장난으로 "그대가 나의 자리에 오를 것이다."라고 하였기 때문에 이렇게 말한 것이다. 《宋子大全隨箚 卷2》

16 불충하다는……드러났으니 : 1669년 1월 우암이 태안(泰安)에 창고를 설치할 것을 건의하여 조정에서 이를 추진하게 되자 형조 판서 서필원이 반대 입장을 표명하며 "좌의정 허적과 예조 판서 김좌명(金佐明)이 옳지 않다는 것을 분명히 알면서도 감히 쟁집하지도 않은 채, 반은 가하다 하고 반은 불가하다 하며 반은 편리하다 하고 반은 불편하다고 하다가 마침내 대략 설치하여 가부를 시험하자는 논의로 결정하였으니, 불충한 죄를 어찌 모면할 수 있겠습니까."라고 하였다. 《顯宗實錄 10年 2月 6日》

그러나 그 후에 들리는 말로, 그가 인책(引責)하고 들어갔고 이에 밝은 성상께서는 이것이 신의 망녕된 말 때문이라고 하셨다고 합니다. 무릇 일월의 밝음은 털끝만큼의 작은 것조차 반드시 비추는 법인바, 피차간의 정상을 반드시 통촉하여 이러한 하교를 하신 것이니, 신의 죄는 이미 말로 할 수 없었습니다. 그 뒤에 윤경교(尹敬教)의 소장이 갑자기 나와 하지 못하는 말이 없을 정도로 공척(攻斥)을 하였는데,[17] 이는 실로 신이 알지 못하는 바이며 또한 신이 예상하지도 못하였던 일입니다. 그러나 밝은 성상께서 또 그 말을 신의 뜻과 부합한다고 여기고 또 그것이 '아교와 옻칠'이란 풍자에 격동된 것이라 의심하시니, 그렇다면 그 죄는 윤경교에게 있는 것이 아니라 실로 신에게 있는 것입니다.

그런데 지금 의론하는 자가 성상의 하교를 빙자해 벌 떼같이 비방을 일으켜 신을 근본이라 하고 윤경교를 지류라 하니, 그 형적을 구명해 보면 진실로 그렇기도 합니다. 그렇다면 성상의 하교에서 말씀하신 '윤경교의 흉악함과 교활함'이란 것은 곧 신의 흉악함과 교활함이며, '윤경교의 간악한 형상'이란 것은 곧 신의 간악한 형상이며 '윤경교는 금수'라는 것은 곧 신이 금수가 되는 것입니다. 그러나 신은 윤경교와 비록 대대로 혼인으로 맺어진 우호가 있지만 서로 간의 연배 차이가 현격하여 한 번도 평소에 차분하게 이야기를 나눈 일이 없으니 비록 조정에 함께 선다고 해도 꼭 주장하는 의론이 서로 상통하고 가부(可否)를 조율하리란 보장이 없습니다. 하물며 신은 머나먼 궁벽한 곳에

17 윤경교(尹敬教)의……하였는데 : 1671년 12월 헌납 윤경교가 상소하여, 유현(儒賢)인 우암의 건의는 받아들이지 않고 백성에게 해가 되는 영의정 허적의 말만 따라주면서 날로 국사를 망치고 있다고 아뢴 것을 가리킨다. 《顯宗改修實錄 12年 12月 5日》

멀리 떨어져 있는 사람이니 말해 무엇 하겠습니까. 그런데도 지금 신을 꾸짖는 자가 심지어 "신이 몰래 근기(近畿) 지역으로 와서 윤경교와 함께 약속하고 돌아갔다."라고까지 하니, 이것이 사실이라면 신이 윤경교와 함께 귀신이 되고 물여우가 된 형상[18]은 실로 차마 입에 올릴 수조차 없는 것입니다. 이는 금수 중에도 심한 것이니 '흉악함과 교활함'이라든가 '간악한 형상'이라 하는 것은 오히려 충분하지 않은 평가가 될 것입니다. 총명한 상신은 필시 이러한 말을 믿지 않을 텐데, 사람들의 말이 또한 너무 심한 것입니다.

그러나 차분히 이렇게 된 이유를 생각해 보니, 신의 평소 행동에 반드시 무상하고 불측한 것이 많았기 때문에 사람들이 이런 말을 신에게 하는 것입니다. 신은 스스로 부끄럽기에도 겨를이 없으니 어찌 감히 남을 탓하겠습니까. 다만 우매하고 망녕된 신은 크나큰 천지에 유감이 없을 수 없습니다. 신이 말한 바가 과연 어리석고 망녕되어 도움 될 것이 없고 그저 난을 일으키기에만 알맞다면 밝은 성상께서 응당 불가하다는 뜻을 보이심으로써, 일이 일어나기 전에 방지하셨어야 옳습니다. 그런데 도리어 너그럽게 용서하고 칭찬하고 총애하여 참으로 신의 말이 훌륭하고 아름다운 것처럼 하시니, 대성인이 성심으로 아랫사람을 대하는 도리는 삼가 이와 같지는 않을 듯합니다. 그때 신이 이미 비답을 받았던 데다 또 거처하는 곳이 깊고 외져서 윤경교의 일을 미처 듣지 못하였기 때문에 다시 버젓이 소장을 올려 마치 보통의 사람처럼

18 귀신이……형상 : 나쁜 마음을 품고 몰래 남을 음해하는 것을 가리킨다. 《시경》〈소아(小雅) 하인사(何人斯)〉의 "귀신이나 물여우는 볼 수가 없다고 하지만, 너는 뻔뻔스럽게 얼굴을 들고서, 끝없이 사람을 보는구나."라는 말에서 유래하였다.

관례에 따라 면직을 청하였으니, 그 거만하여 꺼리는 것이 없는 죄가 더욱 심하였는데도 전하께서는 또 죄로 여기지 않으셨습니다. 그러다 지난번 사관을 멀리 보내어 따스한 말씀으로 비답을 내려 주셨으니, 신이 은혜에 감사하여 죽기를 각오하는 마음과 두려움으로 어쩔 줄 모르는 뜻을 어찌 모두 진달할 수 있겠습니까. 게다가 지니고 있는 직명의 체차를 받지 못하였으니 신의 곤궁함은 또한 너무도 심해졌습니다. 삼가 바라건대 밝은 성상께서는 신의 괴로운 질병을 가련히 여기고 신의 무거운 죄를 살펴 속히 체직을 허락하고 이어 신의 죄를 다스리심으로써, 편한 마음으로 생애를 마칠 수 있도록 해 주소서. 그렇게 해 주신다면 실로 처음부터 끝까지 보살펴 주시는 은혜가 될 것입니다.

한편 은혜로운 봉록에 대해서는 비록 오늘날의 이 죄가 없다 하더라도 초야의 신하로서 그것을 함부로 받을 의리는 전혀 없습니다. 그런데도 도신(道臣)과 현관(縣官)은 매번 이미 내려진 명이라고 하면서 받기를 독촉하고 있는데, 신은 이에 더욱 어찌할 바를 모르겠습니다. 고인이 죄를 지어 두려움에 떨고 있는 와중에서 비록 사양할 만한 점이 있어도 감히 사양하지 못했던 것은, 두려운 마음이 지나쳐 의리를 분간할 겨를이 없었기 때문인데, 더구나 신은 현재 스스로의 잘못을 진술하여 죄주기를 청하고 있는 상황이니 더욱 감히 이를 함부로 청할 수 없습니다. 다만 생각건대 성스러운 군주가 아랫사람을 대함에 차라리 그 죄를 다스릴지언정 그 의리를 굽히지 않으며, 신하가 스스로 처신함에 차라리 그 형벌을 받을지언정 이치를 매몰하는 것을 어렵게 여깁니다. 그러므로 이것까지 아울러 감히 번독하게 진달하였으니, 부디 자애로운 성상께서는 헤아려 처결해 주시기를 재차 바랍니다. 신은 지극히 두렵고 황공한 마음을 견디지 못합니다.

여섯 번째 상소 임자년(1672, 현종13) 4월 26일

六疏 壬子四月二十六日

삼가 아룁니다. 신은 질병이 위독한 이유로 감히 직책을 사면해 주시기를 바랐습니다. 그리고 겸하여 또 일찍이 망언을 아뢴 뒤에 마침내 다소간의 사달이 일어났기에 신은 그 죄를 용서받을 수 없을 것이라 생각하여, 이어 그 죄를 감처해 주실 것을 청하였습니다. 그런데 이번에 밝은 성상께서 멀리 근시(近侍)를 보내 소장의 비답을 내리게 하셨는데, 그 위로하고 타이르는 말씀이 매우 지극하였고 또 올라와 직분을 맡으라고 하셨습니다. 이에 감격에 겨워 죽기를 각오하는 미천한 신의 마음 그 어찌 한량이 있겠습니까. 더구나 지금 자전(慈殿)의 체후가 비록 편안하지만 성상의 체후는 오히려 불편하시어 미천한 이 정성이 언제나 타는 듯 불안해하고 있으니, 어찌 한번 대궐로 나아가 문후를 살피는 반열에 함부로 참여하고서 돌아오고 싶지 않겠습니까. 그러나 미천한 신하는 평소부터 병골(病骨)이라 작년 크게 병을 앓은 뒤로부터 몸에는 살 한 점도 없어 온 뼈가 죄다 드러났고, 이에 미약한 숨을 겨우 유지하며 죽을 날이 오롯이 박두해 있는 상황입니다. 그러하니 대궐을 그리워하는 마음 비록 간절하지만 참으로 어찌하지 못하여 다만 북쪽을 바라보며 길게 탄식만 내뱉고 이어 눈물만 삼킬 뿐입니다. 또 신의 묵은 죄가 아직 감처되지 않음에 따라 조정의 의론이 오래도록 답답해하고 있는 상황인데, 10여 년 이래로 다툼의 단서가 그치지 아니하여 소문이 들릴 때마다 가슴이 꺼지는 듯 두려운 심정입니다. 대개 신이 그동안 저지른 죄악이 이와 같이 중첩되어 있으니, 그 재주 없고 별 볼일 없는 실상은 일단 아뢸 겨를도 없습니다. 그런데도 아직까지 밝은 성상께서는 분명하게 살펴 주지 않으시니 신은 삼가 답답합니다. 삼가 바라건대 밝은 성상께서는 속히 직명을 체차하는 명을 내리심으로써 공적으로나 사적으로나 편하게 해 주소서. 그리해 주신다면 그만한 다행은 없을 것입니다.

녹봉을 사양하는 일은 누차 성상께서 번거롭게 하교하시도록 하니 더욱 심히 두렵습니다. 이는 의리상 크게 어그러지는 일이 아닌 것 같으니, 신이 감히 애써 받음으로써 걱정하고 길러 주시는 자애로운 성상의 은혜에 부응하지 않겠습니까. 그러나 대개 성인(聖人)께서 맡은 일을 공경히 하고 녹봉은 뒤로 제쳐 두어야 한다는 가르침을 내셨으니,[19] 어찌 감히 맡은 일이 없는데 녹봉을 먼저 받을 수 있겠습니까. 이천 정자(伊川程子)는 이미 강직(講職)을 맡았는데도 녹봉을 청하지 않았으니, 하물며 직분을 맡기도 전에 지레 먼저 녹봉을 받는다면, 아마도 그러한 의리는 없을 듯합니다. 신은 평상시 농토에서 나오는 수확으로 먹고사는 날에도 오히려 한 마리 좀 벌레가 아닌가 하는 부끄러움이 있었는데, 다시 감히 공름(公廩)을 소모함으로써 죄를 무겁게 할 수 있겠습니까. 삼가 바라건대 이 점까지 아울러 살펴 주시어 속히 이미 내린 명을 거두어 신으로 하여금 하나의 하자를 제거하게 해 주소서. 그리해 주신다면 실로 갚을 수 없는 지극한 은혜가 될 것입니다. 신은 지극히 두렵고 황공한 마음 이기지 못합니다.

19 성인(聖人)께서……내셨으니 : 《논어》 〈위령공(衛靈公)〉에 공자가 "군주를 섬기되 맡은 일을 공경히 하고 녹봉은 뒤로 제쳐 두어야 한다."라고 한 것을 말한다.

좌의정에 승배된 뒤에 인책하여 체직을 청하는 상소 임자년 (1672, 현종13) 5월 28일

陞拜左議政後引罪乞遞疏 壬子五月二十八日

삼가 아뢰니다. 신이 근자에 외람되이 신이 처한 상황과 질병의 실상을 가지고 진정을 토로하여 면직되기를 청하고, 그로 인하여 스스로의 죄를 열거하여 국법에 복주되기를 바랐으나, 소장이 들어간 지 3개월이 되었는데도 아직 윤허의 명을 받지 못했으니 신의 황공함이 날로 더해 갑니다. 지금 전하께서는 어진 덕을 지닌 사람을 새 정승으로 정하시는데, 신을 서차에 따라 승진시키고는 근시(近侍)를 보내어 다시 소명(召命)을 내리기까지 하시니 신은 병든 가운데 깜짝 놀라 거의 까무러칠 뻔하였습니다. 신 일신의 낭패는 물론 말할 것도 없거니와 나라의 체모로 헤아려 보면 어찌 이와 같이 해서야 되겠습니까. 신은 죄를 지었으나 아직 그 죄가 감처되지 않아 나라 사람들의 비방이 바야흐로 들끓고 있습니다. 전하께서 깊은 인덕으로 비록 서둘러 신에게 형벌을 시행하지 않고자 하시지만, 그렇다고 또 신으로 하여금 차서에 따라 승진케 함으로써 사람들을 놀라게 해서야 되겠습니까. 신은 항상 '밝은 성상께서 백성을 불쌍하게 생각하고 일에 부지런함이 극진하신데도 하늘의 노여움이 오히려 그치지 않고 인심이 오히려 복종하지 않아 국사가 날로 어찌할 수 없는 지경이 되어 가는 것은 무슨 까닭인가.'라고 괴이쩍게 여겼더니, 지금 신에 대한 대우로 보건대 다른 것도 미루어 알겠습니다. 그렇다면 하늘의 노여움과 인심이 이와 같은 지경에 이른 것은 이상할 것 없으니, 이러고도 오히려 나라가 보존되는 것은 실로 큰 요행이라 하겠습니다. 어째서 그렇겠습니까?

임금의 도는 스스로의 몸을 닦는 것 외에는 오직 정승을 논하는 것만이 지극히 중대하고도 시급한 일이 됩니다. 임금을 도와 백관을 통솔하는 자가 정승인지라, 군덕(君德)의 득실과 인물의 사정(邪正)을 헤아리지 않는 것이 없으니, 가리지 않아서도 안 되며 또한 혹시라도 자리를 비워 두어서도 안 되는 것은 분명한 이치입니다. 그런데도 전하께서는 신을 구차하게 정승의 자리에 충원하였으니 그 가리지 않으심이 심하고, 1년이 넘도록 직책을 방기하였는데도 끝내 거두지 않았으니 자리를 비워 두심이 극에 이르렀습니다. 이미 마땅한 사람을 가리지도 못하시고 또 그 직책마저 비웠는데도 걱정하지 않으신다면 비록 나라가 망하지 않기를 바란들 가능하겠습니까. 만약 성상의 지혜가 혼자 나라를 다스리기에 충분하여 보상(輔相)에게 기대할 것이 없다는 생각으로 그렇게 하시는 것이라면, 요순(堯舜) 같은 성인으로서도 오히려 아랫사람에게 임무를 성취하도록 요구할 것을 권하였으니, 어찌 고명하신 성학(聖學)으로서 혹 이를 모르실 리가 있겠습니까. 만약 신을 지극히 용렬하고 비루한 자라고 여기시어 스스로 하시는 일에 족히 해가 되지 않을 것이라는 생각에 반드시 오게 하려는 것이라면, 정승을 세우는 도리에 어긋날 뿐 아니라 성덕(聖德)을 극기복례(克己復禮)의 경지로 나아가게 하는 방법이 아니며, 만약 신이 지은 죄를 끝내 용서할 수 없다는 생각에 반드시 빨리 오게 하여 죄를 다스리고자 하시는 것이라면 이는 성신(誠信)의 도가 아니니 어떻게 전하께서 이런 일을 하시겠습니까. 이 몇 가지 일에 대하여 신은 실로 감히 알 수 없는 점이 있고, 그로 인하여 삼가 한심스럽게 생각하는 것이 있습니다. 옛날에 선유(先儒)가 곽공(郭公)이 망한 것에 대해 논하기를 "선을 선으로 여겨 좋아하고 악을 악으로 여겨 미워하였기 때문이다."라고 했으니,[20] 선을 선으로 여겨 좋아하되 능히 등용하지 않는다면 선으로 여길 줄 아는 것이 귀할 것 없고, 악을 악으로 여겨 미워하되 능히 제거하지 않는다면 악으로 여길 줄 아는 것이 귀할 것 없습니다. 혹 모르는 것이라면 오히려 기대할 것이 있겠지만 이미 알고도 능히 행하지 못한다면 군자는 멀리 떠나가고 소인은 꺼리는 바가 없게 될 것입니다.

지난겨울에 전하께서는 윤경교(尹敬教)가 대신(大臣)을 비판하였다고 하여 흉악하고 교활하다는 말로 그를 꾸짖으시고 악을 멀리한다는 것으로 그를 내쫓으셨으니, 악을 악으로 여겨 미워하심이 지극하다고 할 만합니다. 그러나 또 그의 비판이 신이 올린 소장의 뜻에서 비롯된 것이라고 하셨으니 이는 신이 응당 악의 수괴가 되고 윤경교는 응당 협박에 못 이겨 따른 죄과에 해당하는 것입니다. 그러므로 지난날 헌신(憲臣)의 소장에서 또 "전하께서 이미 송시열과 윤경교를 표리 관계로 여기시면서 도리어 송시열의 죄를 윤경교에게만 씌우는 것은 타당치 못합니다."라고 하였으니,[21] 이는 진실로 옳은 말이어서 전하께서는

20 옛날에……하였으니 : 춘추 시대 제 환공(齊桓公)이 놀이를 나갔다가 폐허가 된 성곽을 보고 "이것이 누구의 성곽이며 어째서 망했느냐?"라고 묻자, 야인(野人)이 "이는 곽씨(郭氏)의 성곽인데 선을 선으로 여겨 좋아하고 악을 악으로 여겨 미워하였기 때문에 망하였습니다."라고 하였다. 환공이 "선을 좋아하고 악을 미워하는 것은 사람의 선행(善行)인데, 이곳이 폐허가 된 것은 어째서이냐?"라고 묻자, 야인은 "선을 좋아할 줄만 알고 능히 행하지 않았으며, 악을 미워할 줄만 알고 능히 제거하지 않았기 때문에 폐허가 된 것입니다."라고 대답하였다. 《新書 雜事4》

21 헌신(憲臣)의……했으니 : 1672년 5월 11일 집의 이상(李翔)이 응지 상소(應旨上疏)를 올려 천재지변이 발생하는 것은 허적(許積) 같은 비루한 자를 재상에 앉혔기 때문이라며 그 죄상을 비판했는데, 그때 한 말이다. 《宋子大全隨箚 卷2》《顯宗實錄 13年 5月 11日》

그 말에 스스로 해명할 수 없으셨습니다. 그런데 지금 삼가 듣건대, 전하께서 또 윤경교를 요즈음 일의 근본으로 여겨 그에게 안치(安置)하는 형벌을 보태셨다고 합니다. 윤경교가 근본이 된다면 신은 또 근본의 근본이어서 그 죄가 안치에서 끝나고 말 정도뿐이 아닌데, 전하께서는 오히려 신의 죄를 다스리지 않을 뿐 아니라 도리어 새 직임에 임명하기까지 하셨습니다. 어찌하여 전하께서는 악을 악으로 여겨 미워하는 도리가 이같이 전도되어 몸소 곽공의 전철을 따르려고 하십니까. 상신(相臣)이 물러간 이유가 사람들에게 공박과 배척을 받은 데에만 있지 않고 혹 윤경교에게만 죄를 준 데에도 있는 것이 아닙니까? 삼가 바라건대 전하께서는 분발하여 영단(英斷)을 내려서 빨리 새로 제수한 명을 거두고 악을 악으로 여겨 미워하는 뜻을 통렬히 보이시어 신을 안치의 형벌보다 등급이 더 높은 형벌에 두소서. 그리하신다면 하늘의 노여움이 반드시 그치고 인심이 반드시 기뻐할 것입니다. 그러나 그렇게 하지 않고 형정을 베푸는 것이 이와 같이 어그러진다면 굳이 지혜로운 자가 아니더라도 나라가 반드시 망할 것을 알 수 있을 것입니다.

또 신이 삼가 상신 허적(許積)의 소본(疏本)[22]을 보니, 신과 함께 성고(聖考)의 명을 받았다고 하였는데 신이 지난날을 돌아보며 생각하건대 눈물이 흐르는 것을 감당할 수 없습니다. 아아, 이는 참으로 그렇습니다. 그러나 지금 당시의 일을 자세히 진술하려고 하니, 진실로 차마 할 수 없는 바가 있고 다만 전하의 효성스러운 마음만 괴롭힐

22 허적(許積)의 소본(疏本) : 1672년 4월 28일 허적이 올린 사직 상소의 원본을 가리킨다. 《顯宗實錄 13年 4月 28日》

뿐이므로 감히 진언하지 않습니다. 무릇 한 조정에서 함께 임금을 섬긴 자는 진실로 형제의 도가 있으니 그 정의(情義)가 이미 또한 가볍지 않은 것인데, 하물며 허적은 신에 대해 사체나 의리로 헤아려 보건대, 또 다른 사람보다 애당초 특별한 부분이 있습니다. 그러므로 허적이 국정을 담당했을 적에 향리의 백성들이 혹 세금 거두기를 너무 각박하게 한다고 원망하면 신은 "국가 재정이 급하기 때문에 그리하는 것이다."라고 말하였고, 혹 윗사람의 명령을 순종하기만 하는 것이 너무 심하다고 비방하면 신은 또 "온 조정이 다 그런데 무엇 때문에 허적만을 나무라는가. 밝은 성상께서 평소에 아첨을 좋아하시는 마음으로 인도해서이니 어찌 신하만의 죄이겠느냐."라고 하였으며, 혹 그가 독단적으로 일을 행하는 것이 너무 심하다고 하면 신은 또 "백관을 진퇴시키는 것이 대신의 직책이니 마땅히 어떻게 진퇴시키는가를 살펴야 할 뿐이다."라고 하면서, 허적을 비난하는 말을 들을 적마다 반드시 두둔하려는 마음을 품었습니다. 대개 이는 허적을 위해서가 아니라 성고의 총명을 손상할까 두려워서였고 또한 개인적인 의리를 생각해서였습니다. 대개 당시에 밝으신 명을 받고서 장차 그와 생사를 함께하려고 하였는데, 오늘에 와서 남들을 따라 그를 공척한다면 이것이 어찌 신의 마음에 차마 할 수 있는 바이겠으며 또 어찌 성고를 크게 저버리는 것이 아니겠습니까.

그러므로 매양 '만일 허적이 전하의 잘못을 바로잡고 아름다운 것을 드러내며 조정을 바르게 하고 백성을 편안히 하여 전하로 하여금 선왕의 뜻과 사업을 잘 계승하게 한다면 온 나라가 그 복을 받을 뿐 아니라 사람을 알아보는 성고의 명철함을 드러내는 것이고 신 또한 더불어 영광이 있을 것이다.'라고 여겼습니다. 이 때문에 매양 스스로 '허적에게 충심을 다하여 사람들에게 실망을 주지 않기를 깊이 바라는 자로 아마도 나보다 더한 사람은 없을 것이다.'라고 여기기도 하였습니다. 이런 까닭에 간혹 신이 허적만 후하게 대하는 것을 병통으로 여기는 사람도 있었으나 신은 끝내 생각을 바꾸지 않았습니다. 그런데 지난해 신이 허적에게 크게 실망하고 나서부터는 신에게 병통이 있다고 여기던 사람들에게 할 말이 없게 되었습니다. 국가가 화란(禍亂)을 거친 뒤에도 큰 법도와 큰 윤리가 다 없어지지 않은 것은 오직 몇 사람의 현신(賢臣)이 죽음으로써 의리를 밝히고 성고께서 포장(褒奬)하시는 은전이 유명(幽明) 간에 밝게 빛났기 때문이며, 그리하여 우리나라의 상도(常道)를 지키는 백성들이 천하 후세에 할 말이 있게 된 것입니다. 그런데 지난해 마침 죽은 사람의 묘비문을 짓는 일로 인하여 지난 무신년(1668) 11월에 허적이 입대하여 한 말을 보게 되었는데, 거기에서 허적은 곧 두세 명의 신하[23]를 '일 만들기를 좋아하고 위선으로 명예를 구하는 사람'이라고 하였습니다. 허적의 소견과 생각이 어찌 이렇습니까. 이는 천하 사람을 거느리고서 이적(夷狄)과 금수(禽獸)의 영역으로 들어가고자 하는 것이니, 그 해가 어찌 홍수와 맹수의 피해 정도로 그치겠습니까. 그러나 다행히 성학이 고명하여 그 설을 물리쳐 말끔히 사라지게 하셨으므로 사람이 사람 노릇을 할 수 있게 되었으니, 밝은 성상의 공이 우(禹) 임금에 못지않습니다. 아, 어찌 허적이 성고의 총명을 이렇게까지 손상할 줄을 생각이나 하였겠습니까. 이 뒤로는 신이 비록 드러내 놓고 배격하지는 않았으나 항상 상심하고 탄식하여

23 두세 명의 신하 : 병자호란 때 청나라와의 화의를 반대하고 척화를 주장하여 죽음을 당한 홍익한(洪翼漢), 윤집(尹集), 오달제(吳達濟)를 가리킨다.

거의 침식조차 잊을 지경이었습니다. 이 어찌 허적의 한 몸만을 위해서 그렇게 한 것이겠습니까. 어리석은 신으로서도 오히려 이와 같으니 다른 사람들의 마음이 어떠한지는 이로 인하여 알 수 있습니다.

근일 송준길(宋浚吉)의 소장에서 노기(盧杞)를 거론하기까지 하였는데,[24] 그 주된 뜻을 보건대 꼭 허적을 노기에 비유한 것이 아니고 전하께서 깨닫지 못하심이 그 당시와 같다는 점을 말한 것일 뿐입니다. 그러나 그의 비유가 그다지 딱 맞는 것은 아니어서 간혹 조리에 맞지 않는다고 의심하는 사람도 있었는데, 허적의 소장이 한번 나오자 사람들은 더 이상 그에 대해 돌봐줌이 없었고, 이에 신은 더욱 허적을 깊이 애석하게 여겼습니다. 허적이 이미 "술을 머금고 현(賢)을 피한다."라는 말로 송준길을 이임보(李林甫)에 비유하였으니,[25] 노기 운운한 것에 속 시원하게 보복한 것인지라 그만하면 그만둘 만도 한데, 또다시 기필코 "권세가 위에 있지 않다."라는 말로 성심(聖心)을 의혹시키고 노하게 하는 일대 관건으로 삼았습니다. 예로부터 군자를 무함하고자 하는 소인들이 언제 이러한 말을 하지 않은 적이 있었습니까. 본조(本朝)로써 말하더라도, 우리 중종대왕(中宗大王)께서 기묘명현(己卯名賢)에 대한 은우(恩遇)가 매우 융성하였는데, 김식(金湜)[26]이 급제하자 특별

24 근일……하였는데 : 1672년 4월 17일 송준길이 허적을 비판하다 체직된 윤경교를 변호하는 소장을 올리면서, 허적을 당 덕종(唐德宗) 때의 간신인 노기에 비유하였다. 《顯宗實錄 13年 4月 17日》

25 허적이……비유하였으니 : 당 현종(唐玄宗) 초기의 재상 이적지(李適之)가 이임보의 무함으로 인하여 파면된 뒤 "현을 피하여 처음 재상에서 파직되고 성을 좋아하여 우선 술을 마신다.〔避賢初罷相, 樂聖且銜杯.〕"라는 말로 이임보를 풍자하였다. 《舊唐書 李適之列傳》 여기에서 현(賢)은 탁(濁)의 뜻이고 성(聖)은 청(淸)의 뜻이다.

히 기쁘고 다행이라는 조서를 내리기까지 하셨으니, 당시 소인들은 틈을 탈 수 없게 되었으므로 드디어 이 말을 하면서 상의 마음을 요동시켰습니다. 중종대왕의 명성(明聖)하심으로도 이 망극한 말에 동요되지 않을 수 없었고, 드디어 간사하기가 왕망(王莽)과 동탁(董卓)과 같다는 교서가 내려짐에 따라 당시의 신하들이 나란히 죽음을 당하였습니다. 이 한마디 말은 실로 고금의 소인이 진기한 보배로 삼은 것인데, 지금 마침내 대신의 입에서 나왔습니다. 그 말이 가령 한때의 분노에 의해 우연히 격발되어 나온 것이라고 한다면 해로울 것이 없지만 만약 깊은 뜻이 없지 않다고 한다면 어찌 두렵지 않겠습니까.

저 거칠고 비루하며 오만한 자 및 젊은 대간들이 한갓 준엄하고 격렬하게 하는 것만을 일삼아 아무것도 고려하지 않고 행동하는 경우라면 물론 그럴 수도 있습니다. 그러나 허적은 세 조정의 노신으로서 몸소 영의정이 되었으니 국가를 위한 심원한 우려가 의당 이르지 않는 곳이 없어야 하는데, 도리어 한때의 분함을 참지 못하여 만 리 밖에 가공할 말[27]이 있는 것도 돌아보지 않고 말을 가려 할 줄 모르니, 이 어찌 매우 애석한 일이 아니겠습니까. 그러므로 처음에는 송준길의 말을 지나치

26 김식(金湜) : 1482~1520. 본관은 청풍(淸風), 자는 노천(老泉), 호는 동천(東泉)·정우당(淨友堂)이다. 1519년(중종14) 현량과에서 장원으로 급제하였다. 기묘사화가 일어나자 선산에 유배되었으나, 뒤따라 일어난 신사무옥에 연좌되어 다시 절도로 옮겨진다는 소식을 듣고 거창에 숨었다가 〈군신천재의(君臣千載義)〉라는 시를 남기고 자결했다. 명종 때 복관되었고, 선조 때 영의정에 추증되었다.

27 만……말 : 1671년 복선군(福善君) 이남(李柟)이 동지사(冬至使)로 청나라에 갔을 때, 청 황제가 이남에게 "너희 나라는 신하가 강하고 임금이 약하기 때문에 정치가 안정되지 못하는 것이 아니냐."라고 한 것을 가리킨다. 《宋子大全隨箚 卷2》

게 여기던 사람들도 지금은 "그 말이 과연 징험되었다."라고 하니 허적은 생각지 않은 것이 심하다 하겠습니다. 신이 일찍이 허적에 대해 말한 적이 없었으나 지금 허적이 이미 성고 때의 일을 말하기에 신은 서글픈 마음을 이길 수 없어 대략 그 실상의 한두 가지를 진술하였습니다. 삼가 전하께서 이를 또 어떻다고 여기실지 모르겠습니다. 그러나 오늘날 어지럽게 다투는 것이 애당초 신하들의 시비 득실에서 일어난 것이니 진실로 큰일이 아니거니와, 오직 전하의 지나친 거조가 날로 더 심하여 한 상신이 있는 것만을 알고 종사와 국가가 있는 줄을 알지 못하시니, 어찌 매우 괴이하다 하지 않을 수 있겠습니까. 신이 지금 스스로 죄를 청하면서 오히려 이상과 같은 말을 하였으니 그 죄가 더욱 큽니다. 삼가 바라건대 전하께서 이 죄까지 아울러 감단(勘斷)해 주소서. 그리해 주시면 신은 죽어서도 눈을 감을 수 있을 것입니다. 신은 너무도 황공하고 간절히 기원하는 마음을 이기지 못합니다.

두 번째 상소 임자년(1672, 현종13) 8월 3일

二疏 壬子八月三日

삼가 아뢰옵니다. 신이 소장을 올려 사면이 되기를 바랐고 또 이어 감죄(勘罪)를 청한 것이 이미 석 달이나 되었습니다. 명을 기다리며 두려움으로 하루하루를 지내고 있었는데, 이번에 자애로운 성상께서 외람되이 융숭한 비답을 내려, 죄를 주지 않으셨을 뿐만 아니라 이어 올라오라는 유지를 내리셨습니다. 이에 신의 감격과 두려움은 실로 끝이 없었으나 다만 이 직명에 대해서는 또 체차한다는 윤허를 받지 못하였으니, 비단 미천한 신만 근심으로 답답해할 뿐이 아닙니다. 조정의 막중하고 막대한 직위가 이렇게까지 오래도록 공석으로 남아 있으니, 이것이 국사에 관계됨이 작지 않습니다. 어째서 성명하신 전하께서 이 점을 염려치 않으시어 이렇게까지 오래 시일을 그대로 지나쳐 보내시는 것입니까. 신은 삼가 큰 의혹을 금할 수 없습니다.

또 신이 지난번 소장에서 말씀드린 것이 망발 아닌 것이 없었는데, 그중 한 대목은 유독 심하여 놀랍다는 하교를 내리시게 하였으니, 신은 여기서 더욱 어찌할 바를 모르겠습니다. 그러나 이는 신의 말이 아니라 바로 주자(朱子)가 일찍이 한 말인데, 다만 신이 성명한 세상에 그 말을 인용하였으니 그 잘못이 심하므로 이 또한 신의 큰 죄입니다. 그러나 옛일을 가지고 말해 보건대, 영(郢) 땅 사람이 쓴 글은 물론 잘못된 것이지만 연(燕)나라 사람이 또 그것을 잘못 말해서 연나라가 마침내 그로 인하여 크게 다스려졌습니다.[28] 그러한즉 사람이 잘못 말한 것을 임금이 어떻게 받아들여 활용하느냐에 따라서 도리어 나라에 보탬이 있게도 되는 것입니다. 지금 신의 잘못되고 망녕된 말은 분명 죄를 줄 만하지만, 전하께서 만약 이로 인하여 스스로 반성하기를 '신하가 내 마음을 알지 못함이 이와 같으니, 그렇다면 혹 내가 신하의 마음을 알지 못함도 이와 같지나 않은가.'라고 하시면서, 모든 진언한 것에 대하여 조용히 따지고 근원을 찾아가는 도리를 반드시 행하시면, 임금의 도가 아래에 통하고 신하의 도가 위로 행해져서 태평을 이룩할 공이 거의 있게 될 것입니다. 여하튼 신의 나아가기 어려운 정상을 누차 이미 다 아뢰었는데 천도(天道)는 고원하여 끝내 따라 줄 기약이 없으니, 참으로 '한결같이 버틴다.'라는 격입니다. 군신지간에 어찌 이렇게 하는 것을 바라겠습니까. 또 신이 지난번 소장에서 상신(相信)의 일을 아뢸 때 일자를 잘못 적었고, 게다가 말을 하는 가운데에는 비록 뜻을 잃지 않았으나 문자 사이에 혹 본래 면목이 아닌 부분이 있었습니다. 이 때문에 자못 물의를 일으켰으니 신이 늙고 병들어 오락가락한다는 사실을 여기에서 알 수 있습니다. 삼가 바라건대 밝은 성상께서는 위로 국사의 중함을 생각하고 아래로 고달픈 신의 정상을 딱히 여겨 속히 체직을 허락하심으로써 공적으로나 사적으로나 편하게 해 주소서. 신은 하늘 같은 성상을 우러러 너무도 절박하게 간청하는 마음을 금치 못하겠습니다.

28 영(郢)……다스려졌습니다 : 영 땅 사람이 밤에 연(燕)나라 재상에게 보내는 글을 쓰는데 방 안이 침침하므로 촛불을 잡고 있는 자에게 "촛불을 들라."라고 말하고는, 그 글 속에 '촛불을 들라.'는 말까지 잘못 써넣었다. 그 글을 받은 연나라 재상은 "촛불을 들라는 말은 '밝음을 숭상한다〔尙明〕'는 뜻이니, 이는 어진 이를 임용하라는 암시이다."라고 하고, 연왕(燕王)에게 이 뜻을 아뢰어 연나라가 크게 다스려지게 되었다. 《韓非子 外儲說》

세 번째 상소 임자년(1672, 현종13) 8월

三疏 壬子八月

삼가 아룁니다. 신은 전혀 보잘것없는 몸이지만, 다만 견마지로를 다하는 성품만큼은 하늘로부터 타고나 끝내 그것을 사라지게 할 수 없습니다. 그런데 삼가 듣건대 고인의 말에 "임금을 아버지처럼 사랑한다."라고 하였으니,[29] 어찌 아버지가 병들었을 때 그 자식이 물러나 있으면서 걱정을 끼치지 않는 경우가 있겠습니까. 신은 물론 이것이 막대한 죄인 줄을 알지만 스스로 그 죄를 면치 못하고 있는 실정이니, 그렇다면 스스로 '견마지로의 성품'이라고 말한 것은 또한 허언일 뿐입니다. 신은 그러므로 늘 "형장에 복주되어 다른 사람의 경계가 되기를 원한다."라고 말해 온 지가 오래입니다. 하물며 지난번에 삼가 자애로운 성상께서 멀리까지 승지를 보내어 소장의 비답을 전달토록 하셨는데, 그때 성상의 체후가 달포가 지나도록 나을 때가 없다고 말씀하셨으니, 이에 신의 의리상 어찌 기운을 다하여 달려가 약시중을 드는 반열에 가까이 있고 싶지 않았겠습니까. 다만 미천한 신의 고달픈 병이 이미 한 해를 넘기고 상척(喪慼)의 참혹함마저 더하여 마음이 파멸되어 버렸고, 그리하여 이제는 더 이상 남은 것도 없이 기운이 다 사라져 버린 상황입니다.

29 고인의……하였으니 : 중종(中宗) 때 기묘사화(己卯士禍)로 화를 입은 조광조(趙光祖)가 죽음을 앞두고 지은 시의 일부분이다. 그 전후 대목은 다음과 같다. "임금을 아버지처럼 사랑하고, 나라를 집안처럼 걱정하였네. 밝은 해가 내려다보니, 내 마음을 환히 알고 있으리." 《靜菴集 附錄 卷1 事實》

이에 비록 조금씩이라도 몸을 움직여 대궐에 다다르고 싶으나 스스로 힘을 낼 가망이 전혀 없으니, 이는 신이 의리를 무시하고 은혜를 저버려서 스스로 대죄를 초래한 것이 아닙니다.

또 삼가 생각건대, 삼공(三公)이 도를 논하고 육경(六卿)이 직분을 나누어 맡는 제도는 예로부터 지금까지 바뀐 적이 없는데, 지금 신 때문에 대료(大僚)가 텅 비어 버린 것이 어느덧 1년이 지났습니다. 하늘의 형상으로 헤아려 보아도 이미 이는 상도(常度)가 아닌 데다, 시무를 가지고 다른 사람이 홀로 고생을 하게 만드는 것이 두렵습니다. 하늘을 본받고 아랫사람을 너그럽게 봐주는 성인의 도리로 볼 때 응당 이렇게 하면 안 되지 않을까 합니다. 삼가 바라건대 자애로운 성상께서는 특별히 딱하게 여기고 헤량하시어 속히 체직을 허락함으로써 공적으로나 사적으로나 편하게 해 주소서. 그리해 주신다면 그만한 다행은 없을 것입니다. 전하께서 만약 신에 대해 단지 사면만 바라는 것이고 실제 정황은 그렇지 않다고 여기신다면, 이는 신이 군부(君父)의 병을 염려하지 않고 개인적인 편안함이나 도모하는 것이니 그 죄는 용서키 어려울 것인지라 또한 응당 유사에게 맡겨 떳떳한 법으로 다스려야 할 뿐입니다. 삼가 바라건대 밝은 성상께서는 한번 헤아려 주소서. 신은 지극히 두렵고 간절히 청하는 마음을 이기지 못합니다.

네 번째 상소 임자년(1672, 현종13) 9월

四疏 壬子九月

삼가 아룁니다. 신은 8월 7일에 외람되이 전하께서 멀리까지 승지를 보내 소장의 비답을 내려 주시는 은혜를 입었습니다. 이에 신은 감격이 극에 달하여 눈물을 떨구었고 두려움은 더욱 깊어져 갔습니다. 그리하여 즉시 짧은 소장을 써서 삼가 융숭한 은혜에 사례하고 이어 직명을 체차해 줄 것을 청하였습니다. 그러다 뜻하지 않게 이번에 승지가 또 와서 특별히 별유(別諭)를 내렸는데, 윤음(綸音)이 자상하고 간곡하여 귀신도 눈물짓게 하고 미물까지 감동하게 할 정도였습니다. 비록 도성에 머무는 원로대신일지라도 이 정도의 대우를 받을 수 있는 자는 얼마 되지 않는데, 신은 멀리 외방에 사는 미천한 몸으로 십수 일 동안 연거푸 전에 없는 특별한 은전을 받았습니다. 신의 분수 넘침이 망극하여 장차 신명의 주벌을 초래할 것임은 물론 말할 것도 없거니와, 옥술잔의 누런 울창주가 도리어 질그릇 가운데 부어졌으니[30] 어찌 성덕에 누가 되지 않겠습니까. 신의 당혹스러움과 두려움은 다만 일신의 사사로움 때문만은 아닙니다. 아아, 군부(君父)의 은혜로운 예우가 이에 이르렀으니, 신자(臣子) 된 자가 비록 혐의하는 바가 있다 하나 어찌 감히 버젓이 그 명을 받들지 않겠습니까. 만약 신이 조금이라도 스스로 힘을 내어 대궐에 나아갈 수 있다면 3, 4년간이나 성상을 그리워하던 미천한

30 옥술잔의……부어졌으니 : 능력도 없는 보잘것없는 사람에게 당치도 않은 높은 대우가 주어졌다는 말이다.

신의 심정에 조금이나마 위로가 될 수 있을 뿐 아니라, 또한 감격하고 황공한 마음을 성상의 앞에서 진달할 수 있을 것입니다. 또 그와 동시에 지척의 거리에서 절하고 일어나는 즈음에 노쇠하고 병든 몸으로 직임을 감당하지 못하는 신의 실상을 자애로운 성상께서 장차 반드시 살피심으로써, 가련하고 딱하게 여기는 마음이 일어남에 따라 사면을 바라는 신의 간청을 허락하실 것이 분명합니다. 이에 어찌 이와 같이 번독하게 함으로써 허다한 시일을 허비하고 허다한 소장을 올릴 일까지 있겠습니까. 그러나 신이 앓고 있는 위독한 병의 실상은 이루 다 말할 수 없을 정도이기 때문에, 끝내 뜻을 스스로 이루지 못하여 늘 몸을 뒤척이며 부르짖다가 이어 눈물을 흘리곤 하니, 신이 처한 상황은 곤궁하다 할 만합니다. 삼가 바라건대 밝은 성상께서는 특별히 살펴 주셔서 속히 청한 바를 허락하여 신의 본직과 겸직을 일체 체차해 주소서. 그리해 주신다면 그만한 다행은 없을 것입니다. 신은 지극히 격발되고 간절히 바라는 마음을 이기지 못합니다.

체직한 뒤에 소명을 거두기를 청하고 이어 잠계를 아뢰는 상소 임자년(1672, 현종13) 11월 3일

遞職後乞收召命仍陳箴戒疏 壬子十一月三日

삼가 아룁니다. 신은 외람되이 자애로운 성상께서 특별히 가엽게 여기고 살펴 주어 직명의 체차를 허락해 주시는 은혜를 입었습니다. 이제부터는 편안한 마음으로 생의 마지막을 기다릴 수 있게 되어 더 이상 두렵고 황공한 마음이 없게 되었으니, 은덕에 감사하는 마음이 가슴에 있지만 보답할 길이 없어 오직 살아서는 목숨을 바치고 죽어서는 결초보은하겠다는 생각만 할 뿐입니다. 다만 소명(召命)이 이어서 내려졌는데 그 사의(辭意)의 간곡함은 이전보다 더하였습니다. 이것부터가 이미 우매한 신이 감히 받들 수 있는 것이 아닐뿐더러, 미천한 신의 고질병이 추위를 만나 더 악화된 관계로 자리에서 일어나 길을 나서고 싶지만 스스로 힘을 낼 가망이 전혀 없습니다. 이에 신은 사면의 행운을 깊이 얻자마자 바로 소명을 어기는 죄를 짓게 되었으니, 이는 신이 나라의 형법에 저촉하는 행위가 멈출 틈이 없는 것이라, 공손히 집안에서 엎드리고 있으면서 주벌이 내려지기만을 기다리고 있습니다. 한편 신은 보잘것없는 몸으로 헛된 명성을 도적질함으로써 성상의 조정을 속인 것이 지금까지 몇 해가 되는데, 실정을 숨기기 어려워 본말이 모두 탄로가 난 뒤에도 계속해서 실상을 가리고 감추면서 융숭한 은혜에 먹칠을 하였습니다. 신은 이를 생각할 때마다 저도 모르게 부끄러움으로 흐르는 땀이 옷을 적셔 한기가 온몸에 퍼지곤 합니다. 더구나 지금은 백성들은 잔폐하고 재앙은 거듭 계속되어 상하가 걱정하고 황급해하는 시기인지라, 정히 가식을 일삼고 순전히 도적질이나 하는 부류를 분명하게 물리쳐 현자가 진출하는 길을 열고, 서둘러 박실(朴實)하고 충직한 선비를 구하여 예우함으로써 시사를 만분의 일이나마 도모해야 할 것입니다. 어찌 응당 어진 선비를 우대하는 총명(寵命)을, 이미 시험해 보았으나 공효가 없던 추물(醜物)에게 또다시 베풀어야 하겠습니까.

또 신은 병중에 삼가 느끼는 바가 있습니다. 오늘날은 마침 양기(陽氣)가 회복되는 초기이니, 삼가 생각건대 전하께서는 몸을 가리고 재계하면서 성덕(聖德)을 함양하시는 가운데, 필시 화들짝 경계하고 반성하며 무럭무럭 덕이 드러남으로써 날마다 새로워지는 공이 있을 것입니다. 그런데 신은 삼가 궁벽한 산에 은거하여 하찮은 재주나마 바쳐서 도움을 드리지 못하고 있으니, 외로운 충정은 언제나 성상을 잊지 못하여 슬픔과 탄식만 공연히 깊어 갑니다. 삼가 바라건대 전하께서는 위로 천심에 답하여 성스러운 덕과 공경하는 덕이 날로 발전함에 따라, 사사로운 마음의 싹을 이겨 제거하고 사도(邪道)에 이끌림을 완전히 끊어 버리시어, 늘 안씨(顔氏)가 도에 거의 도달한 것[31]을 마음에 품고서 궁천(窮泉)의 은미한 기운을 기르소서.[32] 그리하신다면 점차 질병이

31 안씨(顔氏)가……것 : 공자의 제자 안회가 거의 도의 경지에 도달했던 것을 가리킨다. 공자가 《주역》 〈복괘(復卦) 초구(初九)〉를 해설하면서 "안자(顔子)는 도의 경지에 거의 도달하였다. 선하지 못한 일이 있으면 그것을 모르는 일이 없었고, 그것을 알고서는 반복해서 행하는 일이 없었다."라고 하였다. 《周易 繫辭傳下》

32 궁천(窮泉)의……기르소서 : '궁천'은 깊은 샘을 가리킨다. 이는 막 생겨나는 양의 기운을 기르라는 말이다. 《회암집(晦庵集)》 권4 〈재거감흥 20수(齋居感興二十首)〉 중에서 《주역》 〈구괘(姤卦)〉와 〈복괘(復卦)〉를 노래한 여덟 번째 시에 "추위의 위세 팔방의 중앙인 구야를 가두나, 양기의 덕은 궁천에서 이미 밝았네.〔寒威閉九野, 陽德昭窮泉.〕"라고 한 것을 원용한 표현이다.

없는 경사가 생겨나 끝내 태평을 이룩할 복록을 보게 될 것입니다. 신은 간절히 기원하고 두려워하는 지극한 마음을 이기지 못합니다.

송자대전

제15권

소차
疏箚

영릉을 천장할 때 지문을 찬술할 것을 사양하는 상소 계축년 (1673, 현종14) 6월 29일

辭寧陵遷葬誌文撰進疏 癸丑六月二十九日

삼가 아룁니다. 방금 예조 낭관이 천릉도감(遷陵都監)의 계사와 관련하여 성상의 전교를 전유(傳諭)하였는데, 신으로 하여금 새로운 지문을 지어 바치라는 것이었습니다. 신은 삼가 생각건대, 지난 기해년(1659) 가을 전하께서는 신이 일찍이 선왕의 대궐에 외람되이 발을 들였었다는 이유로 지문을 지으라고 명하신 바 있는데, 신이 감히 비루한 재주로 주제넘게 그 임무를 담당하였으나 천지 같은 그 광대함과 일월 같은 그 광명을 감히 만분의 일조차 형용해 내지 못하였습니다. 신은 성고(聖考)께 세상에 다시없는 은우(恩遇)를 넘치게 받았으나 식견은 얕고 재주는 엉성하여 생전에 이미 성고의 뜻에 우러러 보답하지 못하였으며, 정신은 황폐하고 글솜씨는 졸렬하여 사후에 성고의 덕을 또 능히 현양하지 못하였습니다. 이를 뒤미처 생각할 때마다 가슴이 꺼지는 듯 두려운 마음이 들었습니다. 그런데 지금 면례(緬禮)를 거행하는 가운데 또다시 이 명을 받게 되니, 새로운 슬픔이 절로 북받치고 예전의 한이 더욱 극심해집니다. 더구나 신의 나이가 70에 육박하였으니 흐릿한 정신과 쇠약한 기운은 더욱 지난날에 비할 바가 아닙니다. 어찌 노둔한 몸을 채찍질하여 다시 전철을 밟을 수 있겠습니까. 또 지금 이 임무를 감당할 만한 뛰어나고 훌륭한 문장 실력을 지닌 사람이 따로 있는데, 도리어 깊은 산에서 사슴과 멧돼지와 함께 어울려 살아가는 자에게 그 임무를 맡기신다면 어찌 조정의 체면에 손상이 가지 않겠습니까. 또 신은 이익수(李翼秀)의 소장[1]이 나온 뒤로부터 삼가 듣건대 여론이 신에게 몹시도 무겁게 죄를 돌리고 있다고 합니다. 이 때문에 신이 지난날 사관이 돌아갈 때에 황공하다는 뜻을 대략 진달하였는데, 뒤이어 또 듣건대 방외(方外)의 소장[2]이 마침내 올라와 크게 불충하다는 죄목이 가해졌으니, 신은 실로 왕법(王法)으로 보아 용서할 수 없는 죄인입니다. 이에 다만 형리(刑吏)에게 돌아가 유사의 처단이 내려지기를 기다려야 마땅한데, 하물며 붓을 잡고 글을 써서 감히 밝은 명을 받들고는 마치 죄 없는 사람인 양 행세할 수 있겠습니까. 삼가 바라건대 밝은 성상께서는 위로 사체의 중대함을 헤아리고 아래로 미천한 신의 상황을 살피시어, 서둘러 이미 내린 명을 거둠으로써 감당할 만한 사람에게 그 임무를 내려 주소서. 그리해 주신다면 그만한 다행은 없을 것입니다. 신은 너무나 두렵고 간절히 바라는 마음을 견딜 수 없습니다.

1 이익수(李翼秀)의 소장 : 1673년 3월 종실인 영림부령(靈林副令) 이익수가 상소하여 영릉(寧陵) 즉 효종의 능을 조성할 당시에 흙을 단단히 다지지 않아 석물에 틈이 생기는 등 그 제도가 매우 엉성하였다고 지적하면서, 천릉(遷陵)할 것을 청한 일을 말한다. 《顯宗實錄 14年 3月 24日》

2 방외(方外)의 소장 : 장현광(張顯光)의 아들인 장응일(張應一)이 1673년 6월 14일 영릉에 하자가 있다는 소식을 듣고 올린 응지 상소(應旨上疏)를 가리킨다. 여기에서 그는 영릉의 역사(役事)를 감독했던 제관(諸官)과 봉심(奉審)했던 대신(大臣)들의 실책을 거론하면서 당시 조정에서 수원산(水原山)이 좋다고 한 논의가 있었는데 이를 무시하고 현재의 자리에 능을 쓰도록 주장한 것이 문제라고 지적하는 한편, 이익수의 천릉 주장을 적극 지지하였다. 《顯宗實錄 14年 6月 14日》

다시 좌의정에 제수된 것을 사직하는 상소 계축년(1673, 현종14) 8월 6일

復拜左議政辭免疏 癸丑八月六日

삼가 아룁니다. 신이 외람되이 덕의(德意)를 받들어 새 지문(誌文)을 지어 올렸는데 일찍이 또 비석에 새길 글자를 쓰라는 명까지 아울러 받았습니다. 신은 우러러, 자애로운 성상께서 신이 가진 욕의(褥蟻)의 염원[3]을 헤아리셨기에 신으로 하여금 비루한 재주로 미천한 정성을 스스로 펼 수 있게 하신 것이라는 사실을 알았고, 이에 신은 거의 다 죽어 가는 근력을 헤아리지 않고 죽음을 무릅쓰고 길에 올랐습니다. 그런데 근기(近畿)의 경계에 이르렀을 적에 천만뜻밖으로 새로운 명이 내려졌다는 사실을 갑자기 듣게 되었습니다. 이에 신은 황공하고 두려웠으며 또 욕의의 정성을 앞에서 말한 바와 같이 이룰 수 없다는 것이 스스로 한스러웠습니다. 대개 이번 걸음은 실로 털끝만큼의 다른 뜻도 없는 것이었는데 지금 갑자기 이런 큰 낭패를 당하게 되니, 신은 삼가 이로부터 달아나 곧장 향리로 돌아가고 싶은 심정입니다. 그런데 이어 삼가 스스로 생각해 보니, 성고(聖考)께서 묻혀 계신 곳을 끝내 봉심하지 못하고 돌아간다면 신이 비록 죽더라도 의당 눈을 감기 힘들 것인지라, 이 때문에 신은 감히 계속해서 앞으로 나아가 다만 홍제동(弘濟洞)에 이르기를 기약하고 동시에 이어 비답이 내려지기를 기다립니다.

3 욕의(褥蟻)의 염원 : 욕의는 잠자리를 깔아 땅강아지와 개미를 쫓는다는 '욕누의(蓐螻蟻)'의 준말로, 승하한 임금을 따라 죽으려는 신하의 충성을 말한다.

만약 체직의 명을 듣게 된다면 삼가 마땅히 이어 대궐로 나아가 끝내 지문을 쓰는 일에 정성을 바치고 또 그로 인하여 성상을 한번 뵙고, 또 그로 인하여 난수(灤水)의 조회(朝會)[4]에서 슬픔을 다함으로써, 의리를 다하며 충성을 바치고자 한 초심을 저버리지 않게 될 것입니다. 그렇게 되지 않는다면 미천한 신의 좁고 막힌 마음은 끝내 돌리기 힘들 텐데 이는 신이 성고와 성명께 거듭 큰 죄를 짓는 것이니, 미천한 신의 상황은 가히 곤궁하다 이를 만합니다. 신은 슬픔으로 눈물짓고 슬피 간청하는 지극한 마음을 이기지 못합니다.

4 난수(灤水)의 조회(朝會) : 이장(移葬)할 때 신하들이 죽은 선왕을 조현(朝見)하는 것을 말한다. 주(周)나라 문왕(文王)이 아버지 계력(季歷)을 초산(楚山)에 장사 지냈다가 난수의 강물이 그 무덤을 침식하여 다시 이장할 때 3일 동안 그 관을 조정에 안치하였던 고사에서 유래된 말이다.《戰國策 魏策2》

이전의 간청을 다시 말씀드리고 이어 신릉에 표석을 세우고 지회를 쓸 것을 청하는 상소 계축년(1673, 현종14) 8월

更申前懇仍請新陵立表石用地灰疏 癸丑八月

삼가 아룁니다. 전하께서 다시 슬하의 참척(慘慼)[5]을 당하시고 성궁(聖躬)의 손상을 염려하지 않을 정도로 지나치게 슬퍼하신다는 말을 듣고부터 신은 요동치는 마음을 걷잡을 수 없어 마음과 입에서 저절로 "어떻게 하면 빠른 시일에 체직의 명을 받고 서둘러 상경하여 위로해 드리는 심정을 펼 수 있겠는가."라고 하였으며, 그리하여 밤낮으로 기다리면서 심장과 눈이 모두 구멍이 날 뻔하였습니다. 그런데 지금 비답을 받아 봄에 신이 생각했던 바와 크게 다르니, 신의 방황과 번민을 어찌 이루 다 말씀드릴 수 있겠습니까. 신이 이번에 올라올 적에 삼가 '백관이 직무에 힘쓰고 만민이 일을 향해 달려가는 이때를 당하여 편안히 물러나 있으니 마음이 감히 편안치 못하다.'라고 생각하였고, 또 자애로운 성상께서 신의 작은 충정을 살펴 신으로 하여금 일을 맡아 행하는 반열의 끝에서 충성을 바칠 수 있게 하셨다는 생각을 하였습니다. 이에 신은 슬픔을 머금고 은혜에 감격하여 행장을 꾸려 앞으로 나아갔으나, 도중에 갑자기 길을 떠나지 못하게 되니 상황이 낭패스럽습니다. 그러나 신릉의 곁에 머무르면서 날마다 신릉의 역사(役事)가 이루어지는 것을 듣고 있으니 자연 먼 외방에 물러나 있는 것과는 차이

5 슬하의 참척(慘慼) : 1673년 7월 24일 현종의 딸인 명선공주(明善公主)가 천연두에 걸려 죽은 것을 말한다.

가 있습니다. 지금 성상의 비답에서 신을 깨우치고 책망하신 것이 간곡하고 자상하여 마치 인자한 어미가 어린 자식을 가르치듯 하셨으므로 신은 끝없이 감읍하며 분골쇄신하기만을 생각하였습니다. 다만 신의 미천한 정성과 종적이 아직도 밝은 성상으로부터 불쌍히 여겨 살펴 주시는 은혜를 받지 못함이 스스로 한스러울 뿐입니다.

신이 그동안 남들의 공격과 배척을 받은 것은 차치하고 논하지 않더라도, 단지 근래의 일만을 가지고 논해 보겠습니다. 장응일(張應一)이 올린 응지 상소[6]에 신의 죄명도 기록되었는데 장응일은 곧바로 삭직의 처벌을 받았습니다. 그런데 지금 또다시 귀양의 형률을 적용하려고 논하고 있으니 이러한 때에 신이 어찌 안심하고 감히 들어갈 수 있겠습니까. 신이 삼가 생각건대, 신을 서인(庶人)의 자격으로 불러 부역을 시켜서 그에 따라 나아가 부역을 하는 것이라면 자연 그러한 의리는 있을 것입니다. 그러나 신에게 직명을 가지고 명에 응하게 하신다면 끝내 감히 할 수 없는 바가 있습니다. 그러므로 감히 지난번 소장에서 간청하면서 삼가 반드시 살펴 주리라 여겼는데 지금 도리어 그렇지 않으시니, 이는 신이 종전에 전하를 섬긴 것이 보잘것없어 믿음을 받지 못한 소치인바, 다시 무슨 말을 하겠습니까. 그러나 지금 비답에서 이미 성궁에 병이 있다고 하교하셨으니 신이 어찌 차마 이대로 물러갈 수 있겠습니까. 그러므로 감히 재차 신의 작은 충정을 다하여 다시 성상의 귀를 번독하게 하는 바이니, 혹여 일찌감치 체직의 명을 받는다면 신은 응당 서둘러 서쪽으로 달려가 문후하는 반열로 나아가고, 그로 인하여 역사를 하는 목수들의 사이에 몸을 둘 것입니다. 신은 매우

6 장응일(張應一)이……상소 : 334쪽 주2 참조.

간곡히 기원하는 지극한 정성을 이기지 못합니다. 그리고 지문(誌文)의 글자를 쓰는 문제는, 신이 본래 쌍구법(雙鉤法)에 어둡고, 또한 미리 차출된 사람이 있으니 어찌 성상께서 번거롭게 염려하시게까지 하겠습니까.

신은 이어 말씀드릴 것이 있습니다. 옛날에 정자(程子)가 일찍이 산릉(山陵)의 일을 논하면서 "죽는 자는 끝없이 이어지고 국가는 흥망과 성쇠가 있게 마련인데, 신하는 흥망과 성쇠를 말하기 꺼려 구차하게 인정만을 따라, 가신 분을 저버린다."라고 하였는데, 여기에서 이른바 '가신 분'이란 선군(先君)을 가리키는 것입니다. 신이 젊어서부터 유람하기를 좋아하여 전대의 능묘를 차례로 살펴보았는데, 촌마을의 주민들이 비록 어떤 곳을 가리키며 능묘라고 말하더라도 근거할 만한 흔적이 전혀 없었고, 비록 약간의 흔적이 있다 하여도 또 어떤 왕이 묻혀 있는 곳인지 알 수가 없었습니다. 그러므로 백세토록 잊지 못할 만한 공덕이 있는 임금의 능묘일지라도 훼손되고 경시되어 극히 마음이 아팠습니다. 무릇 살아서는 한 나라의 임금이었는데 죽은 뒤에는 후인들이 알아보는 사대부의 무덤만도 못하게 되니 어찌 탄식을 금할 수 있겠습니까. 신은 묘표(墓表)의 제도가 어느 때부터 시작되었는지 알 수 없으나, 공자께서 스스로 연릉 계자(延陵季子)의 묘비에 새길 글자를 쓰셨으니[7] 이것이 백세 뒤의 본보기가 됨은 의심할 여지가 없습니다.

7 공자께서……쓰셨으니 : 연릉 계자(延陵季子)는 춘추 시대 오(吳)나라의 공자(公子) 계찰(季札)이다. 그는 예를 잘 알고 박식하며 외교 수완이 뛰어난 것으로 유명하였는데, 그가 죽어 장사 지낼 때 공자가 그 비석의 전면에 전서(篆書)로 "아아, 연릉 계자의 묘소로다."라고 썼다 한다. 《古今事文類聚 前集 卷60 孔子題墓》

우리 태조(太祖)와 태종(太宗) 두 능묘에 모두 신도비(神道碑)가 있으나 자체(字體)가 가냘프고 작아 마멸되기 쉽고 또 이미 국사(國史)가 있으니 덕행을 비석에 거듭 기록할 필요는 없습니다. 그러므로 그 뒤에 마침내 그 계획을 중지하고 다시 이어 가지 않은 것은 잘한 생각이지만, 그로 인하여 먼 후일을 도모하는 계획이 없음은 애석합니다. 신은 삼가 생각건대, 우리 선왕의 깊은 인(仁)과 지극한 덕(德)은 드높고 빛나니, 비록 천만세의 먼 훗날이라도 진실로 혈기를 지닌 부류라면 누가 그 능침(陵寢)을 높이지 않겠습니까. 그러나 신자(臣子)의 망극한 정은 어찌 한갓 후세 사람만 믿고서 스스로 선왕의 공적을 무궁히 전할 계획을 하지 않을 수 있겠습니까. 삼가 바라건대 지금부터 시작하여 표석을 세우고 큰 글자를 깊게 새기도록 명하여 후세 사람에게 보이소서. 그리하신다면 천만세의 오랜 세월이 지난다 하여도 누가 감히 높이 받들지 않겠습니까. 초 소왕(楚昭王)은 오랑캐의 임금인데도 당(唐)나라 때까지 그 지방 사람들이 오히려 옛 은덕을 기리며 무덤을 알아보았는데,[8] 하물며 지극한 덕과 깊은 인을 지니신 우리 성고(聖考)야 말할 것이 있습니까.

신은 또 삼가 듣건대, 국가 산릉의 제도에 외재궁(外梓宮) 밑에 다만 비단 요 하나를 깔 뿐, 석회(石灰)로 다지지 않는다고 하니, 신은 삼가 놀라움을 금할 수 없습니다. 《맹자》에 말하기를 "흙이 살갗에 닿지

8 초……알아보았는데 : 초 소왕은 초 평왕(楚平王)의 태자로 그의 사당이 선성(宣城)에 있었는데, 당나라 한유(韓愈)가 그 지역 사람들이 여전히 매년 10월에 모여서 초 소왕의 제사를 지내는 것을 보고는 〈제초소왕묘(題楚昭王廟)〉를 지어 그 광경을 묘사하였다. 《韓昌黎集 卷9》

않게 한다면 유독 만족스럽지 않겠는가."라고 하였습니다.[9] 온 나라 신자들의 성의를 모아 군부(君父)의 체백(體魄)을 모시면서 도리어 흙이 살갗에 닿지 않게 하라는 경계를 위배한다면 어찌 마음에 만족스럽다고 할 만하겠습니까. 또 이는 흙이 살갗에 닿지 않게 하려는 것일 뿐만이 아닙니다. 정자가 말하기를[10] "흙이 있으면 벌레가 있으니 벌레가 뼈를 갉아 먹을 것이 매우 두렵다."라고 하였고, 또 말하기를 "땅에는 땅 짐승이 있기 때문에 옛사람들은 무덤 속에 철을 넣어 그것을 피하였다."라고 하였으니, 이러한 말로 본다면 진실로 저도 모르게 몸에 소름이 끼칩니다. 주자(朱子)가 부친을 장사 지낼 때 생각을 다 짜내어 먼 후일을 도모하는 계획을 철저하게 하였는데 그가 만든 장사(葬事)의 법에, 반드시 관(棺) 밑 두세 자를 석회로 쌓는다고 하였습니다. 이와 같이 한다면 그 사방과 상하가 어찌 두루 완전하고 견고해져서 토기(土氣)와 벌레와 짐승의 침탈로부터 벗어날 수 있지 않겠습니까. 그런데 어떤 사람은 이와 같이 하면 땅의 기운이 막혀 그 땅이 아무리 길지(吉地)라 하더라도 그 발복(發福)을 보지 못한다고 하니, 이는 술가(術家)의 불경(不經)한 말입니다. 무릇 옛날의 제왕들은 모두 석곽(石槨)을 사용하였습니다. 석곽이 땅의 기운을 막는 것은 필시 석회보다 갑절은 더 될 텐데, 그 복록의 성대함은 후세에 비할 바가

9 맹자에……하였습니다 : 《맹자》 〈공손추 하(公孫丑下)〉에 "법제(法制)에 할 수 있고 재물도 있으면 옛사람도 모두 좋은 관곽(棺槨)을 썼으니 내 어찌하여 홀로 그렇게 하지 않겠는가. 게다가 죽은 이를 위해 흙이 살갗에 닿지 않게 한다면 사람의 마음에 유독 만족스럽지 않겠는가."라고 한 말을 인용한 것이다.

10 정자가 말하기를 : 이하 정자의 말은 《이정문집(二程文集)》 권6 〈기장용백관사(記葬用柏棺事)〉에 나온다.

아니었습니다. 술가의 설은 이치에 어두워 반드시 몹시 큰 해가 닥칠 것이니, 이 어찌 구습을 따르기만 하고 변통하지 않아서야 되겠습니까. 또 주자가 지가(地家)의 법술에까지 통달하였음은 〈산릉의장(山陵議狀)〉[11]에서 자세히 확인할 수 있는데, 그럼에도 오히려 관 밑에 석회를 쌓는 법을 만들었으니, 지금 이 법을 사용하지 않고 술가의 말을 믿는다면, 그 당시 대사(臺史)의 말을 믿어 주자의 건의를 받아들이지 않은 것[12]과 무엇이 다르겠습니까. 삼가 바라건대 전하께서는 다시 조정 신하들과 의논하여 처리하소서.

신이 또 삼가 듣건대, 신혈(神穴 광중(壙中))을 너무 깊고 넓게 판다고 합니다. 대개 능묘의 위치는 반드시 그 산기슭의 적당한 곳으로 정하기 때문에 산세가 그다지 험하고 웅장하지 못한데, 만약 일반적으로 정해진 척수(尺數)만큼 다 판다면 자연적으로 이루어진 흙이 거의 깎여 없어져, 좌우를 호위하고 있는 흙이 모두 객토(客土)가 될 것이니, 그렇다면 길지를 가리는 뜻이 어디에 있겠습니까. 선유(先儒)는 지가의 설에 현혹되지 않았는데도 반드시 수맥이 깊고 흙이 두터운 곳이 좋다고 하였으며, 정자도 흙으로 좌우를 보호한다는 설을 말하였으니, 만약 너무 많이 깎아 낸다면 수맥이 깊고 흙이 두터운 것과 흙으

11 산릉의장(山陵議狀) : 주희가 1194년 송 효종(宋孝宗)의 산릉에 대하여 의견을 개진한 글이다. 《晦庵集 卷15》

12 대사(臺史)의……것 : 대사는 지관(地官)이다. 주희가 〈산릉의장〉을 올렸으나 조정에서는 그 건의를 받아들이지 않고 묏자리를 구하는 일을 오로지 대사에게만 전담시켰다. 이에 주희는 〈경연유신면진사사차자(經筵留身面陳四事箚子)〉를 올려 "장례 모실 곳을 가릴 적에 오로지 대사들의 고루하고 허망한 말만 듣고서 그들이 서로 결탁하여 현혹하는 꾀에 떨어지기만 하였다."라고 하였다. 《晦庵集 卷14》《宋子大全隨箚 卷2》

로 좌우를 보호하는 이치에 반드시 해로운 바가 있을 것입니다. 또 주자가 당시 임금의 산릉을 만드는 데 못처럼 넓게 파는 것을 상상하여 극히 근심하고 한탄한 나머지 사대부의 장제(葬制)를 만들 적에 좁게 만드는 것이 마땅하다고 몹시도 말하면서 외관(外棺)을 쓰지 못하게까지 하였으니, 그 뜻이 어찌 심원하지 않습니까. 그러나 본조(本朝)의 제도에는 사용되는 물건이 너무 많기에 애당초 광중을 넓고 크게 파지 않을 수 없습니다. 무릇 예문의 뜻이 크게 갖추어지면 근심을 막는 방도가 부족하게 되니, 이 때문에 주자는 명기(明器)까지도 사용하지 말라고 하였으니, 삼가 바라건대 전하께서는 조정 신하들에게 하문하시어 광중에 넣는 의물(儀物)을 되도록 줄이는 쪽으로 힘쓰소서. 만약 줄일 수 없다면 의물을 담는 석함(石函)을 작게 만들어 신혈을 너무 심하게 깎아 내지 않게 하신다면 매우 다행이겠습니다. 신이 지난 기해년(1659) 효종대왕의 초상 때, 이러한 사실을 일찍 알지 못해 어리석은 충정을 바치지 못한 것을 매양 한으로 여겼습니다. 그러므로 지금 감히 외람됨을 무릅쓰고 이렇게까지 진달하였으니 죄가 백번 죽어도 마땅합니다. 오직 밝은 성상께서는 재결하소서. 신은 지극히 감격하고 우려되는 마음을 이기지 못하여 감히 면직을 청하는 상소로 인하여 죽음을 무릅쓰고 이것까지 아뢲니다.

지문을 쓰는 것을 사양하는 상소 계축년(1673, 현종14) 8월 16일

辭誌文書寫疏 癸丑八月十六日

삼가 아룁니다. 신이 그저께 삼가 체직의 명을 받고서 정력을 헤아리지 못한 채 새벽이고 밤이고 할 것 없이 올라왔는데, 그러다 오랫동안 몸이 상한 나머지 돌연 설사병이 발작하였습니다. 신은 그럼에도 감히 조금도 쉬지 못하고 죽음을 무릅쓰고 배를 타고 와서 이제는 강기슭에 이르렀는데, 이에 목숨이 거의 끊어질 듯하여 도성에 들어갈 만한 기운이 더 이상 없게 되었습니다. 지난날 이미 길에서 지체하여 묘지석(墓誌石)의 역사(役事)가 미루어지게 하였는데 지금 또 이렇게 되니, 죄가 더욱 큽니다. 삼가 바라건대 자애로운 성상께서는 억지로 어떻게 할 수 없는 신의 병세를 양찰하여 속히 지문을 쓰는 일을 다른 사람의 손에 맡기심으로써, 제때에 일을 하지 못할 우려를 없애 주소서. 그리해 주신다면 그만한 다행은 없을 것입니다. 신은 지극히 두렵고 간절히 기원하는 마음을 금할 수 없습니다.

대죄하는 차자 계축년(1673, 현종14) 8월 17일

待罪箚 癸丑八月十七日

삼가 아룁니다. 신이 거의 끊어져 가는 목숨으로 더위를 무릅쓴 채 길에 오른 것과 체직을 받은 뒤에 밤낮 할 것 없이 올라온 것은 다름이 아니라, 다만 지문(誌文)을 쓰는 일이 정말 급하여 늦출 수가 없었기 때문입니다. 그런데 불행히도 질병이 발작하여 들어가 사은할 방법이 없게 되었고, 이에 삼가 '이 일은 촌각을 다투는 급한 일인데 신의 병이 낫는 것은 예단할 수가 없다.'라는 생각으로 신이 감히 어제 신의 상황을 아뢰었습니다. 당초에 밝은 성상께서 만약 신이 글씨를 잘 쓴다고 여겨 명을 내리신 것이라면 신은 물론 그것을 감당할 수 없습니다. 그러나 그 명을 내리신 뜻은 이 때문이 아니니, 신 역시 그 점을 우러러 알았기에 죽음을 무릅쓰고 조정에 나온 것입니다. 그러하니 실로 구구한 견마(犬馬)의 정성으로써 이를 고사한다면 스스로 정성을 바칠 것이 없었습니다. 그런데 이제 비답을 받고 보니 실로 미천한 신의 평소 생각과는 달랐는지라 실로 극히 두려운 마음이 듦과 동시에 스스로를 애처롭게 여깁니다. 임금을 섬김이 성실치 못하여 이 지경에 이르렀으니 부끄러워 땀이 옷을 적시는 가운데 어찌할 바를 모르겠습니다. 두려운 마음으로 대죄하면서 삼가 성상의 처결을 기다립니다. 신은 지극히 두렵고 떨리는 마음을 금할 수 없습니다.

양주 목사 정시대를 변호하는 차자 계축년(1673, 현종14) 8월 19일
伸救楊州牧使鄭始大箚 癸丑八月十九日

삼가 아룁니다. 방금 경기 감사의 서목을 보았는데 양주 목사 정시대가 신의 행차에 나와 기다리지 않았다는 이유로 파출(罷黜)을 당하기까지 하였다고 하니, 신은 경악을 금치 못하겠습니다. 신이 호서(湖西)에서 길을 나설 당시 다만 개인의 말을 타고 길에 올랐기 때문에 열읍(列邑)에 통고하지 않았는데, 이는 대개 보잘것없는 행차로 감히 고을을 번거롭게 할 수 없었기 때문입니다. 그러다 여주(驪州)에서 올라올 때에는 통고만 하지 않은 것이 아니라 곧바로 산사(山寺)에서부터 배를 타고 강을 건너 밤낮 할 것 없이 앞으로 나아갔는데, 그 모습은 배를 타고 노 저어 가는 상인과 똑같았습니다. 이러한즉 3, 4십 리나 멀리 떨어진 곳에 있는 저 양주의 관리가 어찌 신의 행차가 지나가는지의 여부를 알 수 있었겠습니까. 그자가 알지 못한 것은 실로 신이 그렇게 만든 것입니다. 책임을 지고 응대하는 일이 몹시도 바쁜 이러한 시기에 잘 다스리는 고을 관리가 까닭 없이 파직을 당하였으니, 신은 실로 두렵고 부끄럽습니다. 삼가 조정에서 그때의 사정을 잘 살피지 못한 것은 아닐까 하여 감히 이렇게 진달하니, 삼가 바라건대 밝은 성상께서는 양찰해 주소서.

지문을 서사하는 일을 사양하는 차자 계축년(1673, 현종14) 8월 22일

辭寫誌箚 癸丑八月二十二日

삼가 아룁니다. 신은 오늘날 감히 사역(事役)하는 말단에서 부지런히 임무를 수행하지 않을 수 없기에 무더위와 바람을 무릅쓰고 지친 몸을 이끌며 올라왔습니다. 그런데 지문(誌文)의 글자를 쓰는 일은 평소 익숙지 않을뿐더러 또 근자에 질병이 많이 생겨 더욱 제대로 된 모습을 갖추지 못할 것이니, 기필코 지극히 아름답게 하시려는 전하의 뜻에 잘못을 초래할까 몹시 두렵습니다. 지금 우선 지문 중의 19자 정도를 먼저 써서 도감(都監)에 보냈습니다. 삼가 바라건대 전하께서는 가져다가 보신 뒤 헤아려 취사하시고 솜씨 좋은 자에게 그 일을 옮겨 맡기소서. 그리해 주신다면 그만한 다행은 없을 것입니다.

두 번째 차자 같은 날

二箚 同日

삼가 아룁니다. 신은 방금 도감에서 지석(誌石)을 그려 보내온 것을 보았는데, 정간(井間)이 몹시도 좁고 짧았습니다. 신은 눈이 아주 흐릿하여 그 작은 글자를 더욱 제대로 된 모양으로 써내지 못합니다. 시험삼아 정간에 따라서 써 보았는데 세 글자를 쓰면 반드시 4칸을 침범하였고, 이에 누차 고치고 누차 시험해 보아도 끝내 그 칸의 경계 안에 글자를 써넣지 못하였습니다. 또 신은 어제 지석을 봉심(奉審)하였는데 더 이상 조금도 넓힐 여지가 없었습니다. 신은 처음에 이와 같을 줄 생각지 못하고 대번에 이 임무를 담당하였는데, 알아차린 것이 또한 뒤늦었고 시일도 이미 박두해 있는 상황인지라, 이보다 심한 낭패가 없습니다. 신은 결코 능숙한 기술자 대신 선부르게 일을 맡다가 대사를 그르치도록 할 수 없으니, 삼가 바라건대 속히 담당 관사에 명하여 다른 사람에게 다시 이 일을 맡기소서. 그리하신다면 그보다 다행은 없을 것입니다.

지문을 쓴 뒤에 교외로 나가 대죄하는 차자 계축년(1673, 현종14) 9월 5일

寫誌後退出郊外待罪箚 癸丑九月五日

삼가 아룁니다. 신의 그동안의 행적은 재차 번독하게 아뢰지 않는다고 해도 밝은 성상께서 이미 환히 알고 계실 것입니다. 다만 공경히 직임을 수행하라는 명이 외람되이 간절하였던 까닭으로 남들의 비판을 아랑곳하지 않고 어리석음을 무릅쓰고 명에 부응하였습니다. 그런데 지금 맡은 일이 이미 끝났고 또 병이 침투함에 따라 두려워하며 스스로 위기감을 느끼고 있기 때문에, 부득불 물러나 교외에 칩거함으로써 능묘 주변에 도랑을 파고 흙을 높이 쌓아 올리는 기일을 기다릴 수밖에 없습니다. 온 신료가 분주히 뛰어다니면서 임무를 수행하는 이때에, 사역(事役)하는 사이에 참여하지 못하고 버젓이 편한 곳으로 나아갔으니, 지은 죄가 큽니다. 황공한 마음으로 대죄합니다.

국구의 논척으로 인하여 대죄하는 상소 계축년(1673, 현종14) 9월 13일

因國舅論斥待罪疏 癸丑九月十三日

삼가 아룁니다. 신이 처한 상황을 전후의 소장에 대략 진술하였으니, 다시 진달하여 전하를 번독하게 할 필요가 없습니다. 그러나 서울에 있으면서 삼가 역사(役事)를 맡아 행할 적에 들으니, 어떤 외방(外方) 사람이 소장을 통하여 별의별 말들을 끝까지 다하면서 신의 죄를 논하였는데 그 소장을 도신(道臣)에게 부탁하여 올려 주기를 청하였으나 도신이 받아들이지 않자, 행장을 꾸리고 올라와 직접 그 소장을 올리려 한다고 하였습니다. 그런데 그가 올라왔는지의 여부도 자세히 알 수 없고 또 그 소장에 적힌 말이 과연 신이 들은 바와 같은지도 알 수 없으니 이는 물론 반신반의해야 할 문제로 치부해야 할 것이지만, 화살에 상처 입은 새가 굽은 나무만 봐도 놀라고 사냥에 쫓긴 짐승이 빈 활에도 놀라는 것은 당연한 사정입니다. 이에 신이 처음에는, 일이 끝나기 전에 그 소장이 들어온다면 공사(公私)가 말할 수 없을 만큼 낭패를 겪을까 봐 두려웠기에 밤낮으로 걱정하였으나, 일이 이미 끝난 뒤에는 감히 더 이상 머무름으로써 과녁의 정곡(正鵠)처럼 화살만 기다릴 수는 없었습니다. 그러므로 정신없이 조정에서 물러나 칩거하였는데 아직까지 아무것도 들리는 바가 없으니, 그 허실을 알기가 어렵습니다. 인간 만사에는 참으로 없는 일이 없으니 차후의 일 또한 알기 어렵습니다. 그러나 신이 어찌 감히 이런 때에 바로 향리로 돌아갈 수 있겠습니까. 다만 능 앞에 삼가 엎드려 계릉(啓陵)할 날만을 기다릴 뿐입니다.

그런데 삼가 어제 듣자니, 부원군 김우명(金佑明)이 신이 건의한 능 앞에 표석(表石)을 세우는 일을 잘못이라 한다고 합니다.[13] 무릇 표석을 세우는 것의 정당성 여부는 신도 감히 알 수 없으나, 열성(列聖)의 세 능과 북로(北路)의 여러 능에 모두 표석이 있고 보면, 표석을 세우는 것은 오늘에 처음으로 창시한 것은 아닙니다. 신자(臣子)로서 군부(君父)를 위하여 영원히 전할 수 있는 계획을 함에 있어서 의리에 해가 없는 것이라면 그만둘 수 없을 듯하였기에 감히 망녕된 말을 진달하여 다행히 채택해 주시는 은혜를 받았습니다. 그런데 지금 김우명은 복희씨(伏羲氏)의 묘를 가지고 말을 하였습니다.[14] 복희씨의 묘에 과연 표석이 있는지의 여부는 알 수 없으나 공자께서 계찰(季札)의 묘비에 새길 글자를 쓰셨고 보면, 묘표를 세우는 도리가 반드시 있었던 것입니다. 계찰이 나라를 사양한 의리는 태백(泰伯)과 백이(伯夷)의 경우와 일치하니[15] 그 이름 역시 백세토록 없어지지 않고 전해질 텐데도 공자

13 부원군……합니다 : 1673년 9월 9일 영돈녕부사 김우명이 현종을 청대한 자리에서 국릉(國陵)에 표석을 세우는 일은 300년 동안 있지 않았던 일이라고 하면서 우암이 청한 표석을 세우는 일을 반대한 것을 가리킨다. 《顯宗實錄 14年 9月 9日》 김우명은 딸이 현종의 비이므로 청풍부원군(淸風府院君)에 봉해졌다.

14 복희씨(伏羲氏)의……하였습니다 : 김우명이 "옛날 명(明)나라 홍무(洪武) 초에 역대 제왕들의 35개 능을 거슬러 제사 올렸는데, 위로는 복희씨에게까지 미쳤습니다. 복희씨 때로부터 홍무 때까지 연대가 얼마나 떨어져 있습니까. 그런데도 그 묘를 알아내었는데, 이것이 과연 그 곳에 비표(碑表)가 세워져 전해 내려왔기 때문이겠습니까."라고 한 것을 가리킨다. 《顯宗改修實錄 14年 9月 9日》

15 계찰이……일치하니 : 계찰은 춘추 시대 오왕(吳王) 수몽(壽夢)의 넷째 아들인데, 수몽이 왕위를 물려주려고 하자 사양하고 받지 않았다. 태백은 주(周)나라 태왕의 장남

께서 오히려 그의 묘비에 새길 글자를 쓰셨으니, 어찌 오로지 전해지고 전해지지 않을 것만을 위하여 그렇게 한 것이겠습니까. 그러나 사람에게는 각각의 소견이 있는 것이니, 이를 가지고 시비의 단서를 만드는 것은 물론 각각 자기 의견을 진술하는 것이어서 해로울 것 없으나, 그는 곧 말하기를 "송시열이 꺼낸 말에 대해 사람들이 감히 논의하지 못하는 것이 마치 경대부(卿大夫)가 말을 하면 사서인(士庶人)이 감히 그 잘못을 바로잡지 못하는 것과 같다."라고 하고, 또 "이것은 송시열이 말한 것이기 때문에 여러 신하가 감히 입을 열지 못하는 것이다."라고 하니, 아아, 신에게 여러 신하와 사서인을 위협하고 억누를 만한 그 무슨 위세와 권력이 있어서 그와 같이 할 수 있겠습니까. 분명히 이와 같다면 이는 은연중 진(秦)나라 때의 조고(趙高)와 같은 꼴이 되는 것입니다. 그러나 조고의 경우엔 그 당시에 말〔馬〕이 아니라고 말한 신하들이 있었으니,[16] 그렇다면 신의 위세는 조고보다 더함이 있는 것

이다. 태왕이 막내아들 계력(季歷)의 아들 창(昌)이 성덕(聖德)을 갖춘 것을 보고 장차 상(商)나라를 정벌하기 위해 계력에게 왕위를 물려주고자 하였다. 이에 태백이 그 뜻을 알고 아우 중옹(仲雍)과 함께 형만(荊蠻)으로 달아나 은거하였다. 백이는 고죽국 왕의 장자(長子)였는데 부왕(父王)이 막내아들인 숙제(叔齊)를 후계자로 세우려 하였다. 그 후 부왕이 죽자 숙제는 왕위를 사양하였으나 백이는 "이는 아버지의 유명(遺命)이다."라고 하고 끝내 거절하고 떠났다. 《史記 吳太伯世家, 伯夷列傳》

16 조고의……있었으니 : 진(秦)나라의 환관 출신 승상인 조고가 신하들의 마음을 떠보기 위하여 사슴을 바치면서 말이라고 하자, 이세(二世)가 웃으면서 "승상은 잘 모르는가? 사슴을 보고 말이라고 하다니."라고 하면서 좌우에 있던 신하들에게 물었다. 그러자 신하들이 아무 말도 하지 않거나 혹은 말이라고 하면서 조고의 뜻에 아부하는 자도 있었으며, 혹 사슴이라고 한 자도 있었는데, 조고는 사슴이라고 한 자들을 모두 법으로 얽어 죽였다. 《史記 秦始皇本紀》

입니다. 성명의 세상에 어찌 이와 같이 겁나는 신하를 용납할 수 있겠습니까. 신은 두렵고 떨려 어찌할 바를 알지 못하겠습니다. 빨리 형관에게 나아가서 죽음의 형벌을 청하고 싶은데, 도성에는 감히 가까이 갈 수 없으니 신의 계책은 가히 궁하다 하겠습니다.

신이 당초에 재앙이 일어날 기색이 이와 같을 줄을 모른 것은 아니지만, 나라에 충성하려는 작은 정성을 참을 길 없어 기다시피 하여 올라왔다가 이러한 큰 모욕을 당하였으니 다시 누구를 탓하겠습니까. 신은 의지할 데 없이 외로운 몸으로서 죄를 진 것이 매우 많기 때문에 윤선도(尹善道) 이후로 지금까지 단독으로 상소를 올려 신을 논죄한 자들의 숫자가 이루 헤아릴 수 없고, 유세철(柳世哲)의 소에 이르러서는 연명(聯名)한 사람이 1000여 명이나 되었으니, 이는 실로 근세에 없던 일입니다. 그러므로 신은 매양 '예로부터 구설수가 심하기로는 나와 같은 사람이 없으니 만약 자애로운 성상의 돌보심이 없었다면 나의 집안은 오래전에 이미 멸망하였을 것이다.'라고 생각하였는데, 지금 도리어 "사람들이 감히 입을 열지 못한다."라고 하니 신은 실로 그 뜻을 알 수 없습니다.

민업(閔業)의 집안일에 대해서는 다 설명하려면 매우 길어 감히 자세히 진달할 수 없으나, 신이 이 일에서 실로 죄를 얻었으니 어찌 감히 그 대략을 진달하지 않을 수 있겠습니까. 대개 민업의 장자 민세익(閔世益)은 미친병이 있어 일찍이 아버지가 늘 자기를 죽이고자 한다고 하였다 합니다. 그러다 민업이 죽자 집안사람들이 민세익에게 상복을 입히려 하니, 민세익이 말하기를 "민업은 나와 불공대천의 원수인데 내가 어찌 그의 복을 입겠는가."라고 하였다 합니다. 이는 그 광증이 더욱 심한 것이니 인간의 도리로 책망할 수 없는 것입니다. 신이 그 아우 민광익(閔光益)과 서로 친하기 때문에 그 일을 듣고서 말하기를 "민세익은 이미 어찌할 수 없으니 그 아들 민신(閔愼)이 아버지 대신 할아버지를 위해 상복을 입는 것은 주자(朱子)의 밝은 가르침에 위배되지 않는다."라고 하였습니다. 이는 대개 주자가 일찍이 임금에게 올린 차자에 "삼년상은 천자(天子)로부터 서인(庶人)에 이르기까지 귀천의 차이가 없으니 적자(適子)가 응당 아버지의 후사가 되어 대종(大宗)의 중임을 받들어야 하나, 자리를 이어받아 상을 주관할 수 없는 경우에는 적손(適孫)이 계통을 이어 대신 상을 주관하는 것이 의리상 당연하다."라고 하였기 때문입니다. 그 뒤에 주자는 또 주소(註疏)에서 "임금으로서 할아버지에게서 나라를 물려받은 자는 응당 참최복(斬衰服)을 입어야 한다."라고 한 말을 증거로 얻고는, 스스로 말하기를 "내가 애당초 말한 것은 다만 인정(人情)과 예율(禮律)로써 한 말인데, 뒤에 이 설명을 보고서야 비로소 의심이 없게 되었다."라고 하였습니다. 그 주소의 말은 전적으로 임금의 일을 가리킨 것이나, 주자는 인정과 예율로써 단정하여 임금이나 사서인이나 공통으로 행해야 할 가르침으로 삼았으니 후인들이 어찌 감히 그것을 준용하지 않을 수 있겠습니까. 그러므로 신이 민씨의 집에 말해 주었고 민씨의 집에서는 결단하여 그것을 실행했던 것입니다. 그런데 지금 김우명은 그것을 두고 '무부(無父)'라고 하니, 신의 생각에는 아버지를 대신해서 할아버지의 상을 치렀으니 이는 바로 '유부(有父)'입니다. 어찌 '무부'의 도를 주자가 말하였겠습니까.

또 김우명이 말한 "할아버지의 상이 끝나기 전에 아버지가 죽었을 경우 자식은 아버지의 장사가 끝나기 전에는 감히 곧바로 아버지를 대신하여 할아버지의 상복을 입을 수 없다."라는 것은, 진실로 고설(古

說)에 있는 말입니다. 그러나 이 말은 응당 별도의 설이 될 뿐입니다. 주자가 이런 설이 있는 것을 모르지 않았음에도 임금에게 올리는 차자에 이상과 같이 말한 것은 반드시 그 가운데 반드시 절충하고 재량해 처리하는 도리가 있어서일 텐데 이제 어찌 감히 주자의 정론을 버리고 구차히 다른 설을 따를 수 있겠습니까. 그때 신이 또 민씨 집안에 말하기를 "이는 변례(變禮)의 큰 것으로서 더욱 사람들이 보기 힘든 경우이니 반드시 해당 조(曹)에 보고하여 조정의 결정을 청하여 한 시대 군주의 제도로 정한 뒤에야 후회할 일이 없게 될 것이다."라고 하였더니, 그 집에서는 즉시 신의 말대로 하였습니다. 그런데 해당 조에서 이를 물리치고 받아들이지 않았으므로 그 집에서는 끝내 어찌할 바를 몰랐습니다. 그러다 얼마 뒤에 듣자니, 뭇사람들이 시끄럽게 떠들어 대며 신만을 공격할 뿐 아니라 주자까지 공격한다고 하였습니다. 이에 어떤 사람이 신에게 "자네와 민씨 집안이 응당 함께 죄를 얻게 될 것이다."라고 하였습니다. 그 말에 신은 삼가 탄식하기를 '이는 실상 주자의 말씀이지만, 말한 사람이 나이기 때문에 이처럼 시끄럽게 된 것이다.'라고 하였습니다. 이는 주자가 "오늘 시끄럽게 하는 말은 본래 정씨(程氏) 때문에 나온 것이 아니라 다만 의향[17]에 영합하여 그 사람이 있는 곳을 보고 공격하는 것이다. 만약 청허(淸虛)를 높이고 담론하면 노자(老子)까지 아울러 공격하고 재계(齋戒)를 닦으면 석가(釋迦)까지 아울러 공격하며, 〈삼경자설(三經字說)〉[18]을 읽었으면 왕씨(王氏 왕안석(王

17 의향 : 송 영종(宋寧宗) 경원(慶元) 연간에 도학(道學)을 위학(僞學)이라고 규정하고는 주희의 학문을 일절 금지하도록 한 한탁주(韓侂胄)의 의향을 가리킨다. 《朱子書節要記疑》

安石))까지 아울러 공격하고 〈권서(權書)〉와 〈형론(衡論)〉을 읽었으면 삼소(三蘇 소순(蘇洵)의 삼부자)까지 아울러 배척한다."라고 한 말과 같습니다. 대개 그 일의 잘못은 실로 민씨 집안에서 스스로 만든 것이 아닌데, 지금 도리어 그들을 서울에서 살지 못하게 하고 또 장차 끝까지 추궁을 하려고 합니다.

김우명이 또 말하기를 "신주(神主)의 방제(旁題)와 체천(遞遷)은 모두 거리끼는 바가 있으니 결행할 수 없다."라고 합니다. 무릇 주자의 차자 중에 비록 복상(服喪)을 말하였을 뿐 방제와 체천을 말한 글은 없으나, 성경(聖經)에 "70세면 집안일을 자손에게 전해 준다."라고 하였으니,[19] 이는 대개 사람의 나이 70이 되면 혈기가 쇠하기 때문에 집안일을 자손에게 전하고 모든 상례(喪禮)와 제사에도 더 이상 참여하지 않고 자손이 그 일을 대행하는 것입니다. 그렇다면 할아버지와 아버지가 살아 있더라도 아들이나 손자가 상례와 제사를 대행하는 것은 예로부터 있어 온 것입니다. 그러므로 주자가 선조의 제사를 적손에게 전할 적에 고묘(告廟)한 글이 있고, 또 조천(祧遷)에 대한 누군가의 물음에 답한 글에 "장래의 손자가 제사를 받들 것이니, 그 형세상 또한 이와 같이 하는 것이 마땅하다."라고 하였던 것입니다. 무릇 자손이 할아버지나 아버지에 대해서도 오히려 쇠하고 늙었다는 이유로 상례나 제사를 대신하니, 더구나 유독 미친 아버지를 대신하는 것이 어찌 불가하겠

18 삼경자설(三經字說) : 왕안석의 저작으로 《모시의(毛詩義)》와 《상서의(尙書義)》와 《주관신의(周官新義)》를 합친 이른바 《삼경신의(三經新義)》를 가리킨다.

19 성경(聖經)에……하였으니 : 《예기》 〈곡례 상(曲禮上)〉의 "70세가 되면 노(老)라고 한다. 이 나이가 되면 집안일을 자손에게 전해 준다."라는 말에서 나온 것이다.

습니까.

"거리끼는 바가 있으니 결행할 수 없다."라고 한 말은 실로 그러한 일이 있습니다. 신이 또 민씨 집안에 이르기를 "이미 상을 주관하였다면 앞으로 제사를 받들지 않을 수 없고, 이미 제사를 받들게 되었다면 신주의 방제와 선세(先世)의 체천은 모두 일맥상통하는 일이다. 그러나 이는 천서(天敍)와 천질(天秩)[20]의 큰 것이므로, 반드시 다시 해당 조에 아뢰어 허락을 받은 뒤에 행하는 것이 좋을 것이다."라고 하였습니다. 그 집에서는 신의 이 말을 옳게 여겼기 때문에 감히 지금껏 마음대로 하지 않았으니, 이것이 오늘날 트집을 잡는 바탕이 된 것입니다. 전후의 곡절이 불과 이와 같으니, 김우명이 이에 대하여 불가하다는 생각이 있으면 곧바로 신의 죄를 청하여야 할 것인데 무엇 때문에 이와 같은 본뜻을 감추는 모호한 말을 하면서 민씨 집안으로 하여금 무거운 추궁을 대신 받게 하는 것입니까. 어쩌면 또 신에 대하여 이것을 말미암아 '남들이 감히 그 잘못을 바로잡지 못한다.'라는 뜻의 증거로 만들려는 것입니까, 아니면 '그 말엽을 다스리면 근본은 절로 그 가운데에 있다.'라는 생각에 이러는 것입니까? 이 점을 모르겠습니다.

오늘날 사대부들이 남의 집을 빼앗는다는 것에 이르러서는, 신도 그러한 죄를 범하였습니다. 신의 집안에 딸린 사람이 가는 곳마다 상당히 많은 데다 또 글을 묻기 위하여 따르는 자들도 약간 있으므로 서울과

20 천서(天敍)와 천질(天秩) : 천서는 하늘의 윤서(倫敍)로, 군신·부자·형제·부부·붕우의 윤서를 이르고, 천질은 하늘의 품질(品秩)로, 존비와 귀천에 대한 높고 낮은 품질을 이른다. 《서경》 〈고요모(皐陶謨)〉에 "하늘이 윤서로 법을 두시니 우리 오전(五典)을 바로잡아 다섯 가지를 돈후하게 하시며, 하늘이 품질로 예를 두시니 우리 오례(五禮)로부터 하여 다섯 가지를 떳떳하게 하소서."라고 한 데서 온 말이다.

시골에서 남의 것을 점유한 사례가 꽤 있어서 남의 비판을 초래하고 있으니, 김우명이 전하께 아뢰는 것이 어찌 마땅하지 않겠습니까. 그러나 삼가 괴이쩍게 생각하는 것은, 이러한 사실을 제목에 넣어서 분명히 말하지 않아, 신으로 하여금 '남들에게 감히 말하지 못하게 한다.'라는 죄를 더욱 가중되게 하는 것입니다. 신은 이에 대해서 황공한 마음 더욱 이길 수 없습니다. 대개 한번 나왔다가 이러한 비판을 당하였으니, 원래부터가 종적이 불안하였던 신은 이에 더욱 어떻게 처신해야 좋을지를 알지 못하겠습니다. 떠났다가 다시 와서 계릉(啓陵)하는 날에 사의(私義)를 극진히 하는 것이 의리에 마땅할 듯하기에 신은 행장을 꾸려서 떠나려 했더니, 어제 아침에 승지가 또 몹시도 은근하고 간곡하신 성교(聖教)를 전하였기 때문에 신은 차마 떠나는 일을 곧장 결행치 못하고 다시 이렇게 머뭇거리게 되었습니다. 이런 신을 보고 남들이 신이 장차 다시 들어와서 공사(公私)의 일을 그르치려 한다고 하지 않겠습니까. 신의 황공함과 부끄러움은 이에 더욱 절절합니다. 신이 그동안 지은 죄가 이처럼 크니 끝내 요행으로 면할 수 없습니다. 삼가 바라건대 자애로운 성상께서는 빨리 유사에게 명하여 신의 죄를 의논하여 처리하게 하시어 떠도는 말을 종식시키소서. 그리하신다면 매우 다행이겠습니다.

두 번째 상소 계축년(1673, 현종14) 9월 26일

二疏 癸丑九月二十六日

삼가 아룁니다. 신이 소장의 비답을 받으니, 지극히 정성스럽게 깨우치고 타일러 주셨으며 또 신을 빨리 들어오라 하시므로 신은 실로 황공하여 명을 받들기에도 겨를이 없어야 합니다. 그러나 신이 삼가 생각건대 민씨(閔氏) 집안의 변례(變禮)가 비록 인륜에 관계된 일이기는 하나 남들이 혹 시비를 다툴 수 있고, 남의 집을 번거롭게 한 일이 비록 금령을 어긴 것이기는 하나 신이 혹 알지 못했다는 이유로 스스로 해명할 수 있는 것입니다. 그러나 "사람들로 하여금 감히 입을 못 열게 하고 경대부로 하여금 감히 그 잘못을 바로잡지 못하게 한다."라는 죄에 이르러서는, 전하께서 아무리 신을 불쌍히 여긴다 하더라도 완전히 용서하실 수는 없을 것입니다. 아아, 이것이 어떠한 죄명입니까. 이는 실로 권세를 잡고 위복(威福)을 멋대로 하여 장차 국가를 망치려는 일로, 조정에 있는 모든 신하가 전부 서둘러 쫓아내고자 하여 송골매가 참새를 채는 것보다 더 심하게 할 터인데, 지금껏 아무런 말도 들을 수 없습니다. 이에 의론하는 사람들은 필시 '이 사람에게는 참으로 권세를 잡고 위복을 멋대로 하는 실상이 있기에 이렇게 하는 것일 뿐이다.'라고 여길 것입니다. 이 때문에 신이 가슴이 꺼질 듯 두려워 감히 나아갈 수 없을 뿐만 아니라 다시 스스로 죄상을 늘어놓지 않을 수 없습니다.

또 삼가 생각건대, 국구(國舅)가 장차 남의 '무부무자(無父無子)'를 꾸짖으려 하였다면 어찌 예법을 범해서는 안 된다는 것을 알지 못했겠습니까. 그런데도 집안의 기일(忌日)이 있으면 그에 따른 규정된 휴가가 있다는 사실조차 돌아보지 않고 급급하게 면대를 청하여 서둘러 신의 죄를 들추면서 맨 먼저 이것을 말하였으니, 이 어찌 신이 하는 일에 실로 위급한 형세가 있어 하루도 늦추어서는 안 된다고 생각해서가 아니겠습니까. 신은 이 때문에 더욱 황공하고 당혹스러워 몸 둘 곳을 모르겠습니다.

신은 시사(時事)가 크게 변한 뒤로는 매양 고려 때의 일로 인하여 한심함을 금치 못하는 것이 있습니다. 대개 고려 때에는 임금은 약하고 신하는 강하여 심지어는 원(元)나라에 가서 참소하고 세력을 부리는 자도 있었으니, 비록 당시 임금이 앞에는 참소하는 무리가 있는 것을 알지 못하고 뒤에는 도적이 있는 것을 보지 못해서 그 지경에 이르렀다고 하더라도 그때 신하들의 죄를 어떻게 이루 헤아려 다 꾸짖을 수가 있겠습니까. 그런데 일전에 신하가 강하다는 말이 갑자기 만 리 밖에서 나오고 권력이 위에 있지 않다는 말이 계속 상신(相臣)의 소장 중에 나오자 대소 신료들이 벌벌 떨면서 말하기를 "누가 그런 사람이냐."라고들 합니다. 지금 신이 공격당하고 있는 말은 실상 그 말과 서로 같은 것이며 그 명칭을 조금만 바꾼 것일 뿐이니, 신이 지난날 남을 위하여 대신 두렵게 여겼던 것이 도리어 신에게 있게 될 줄 어찌 생각이나 하였겠습니까.

더구나 민씨 집안의 일에 대해 전하께서 비록 신의 죄를 벗겨 주시려 하나, 그렇게 할 수 없는 사실이 있으므로 다시 그 곡절을 진술하겠습니다. 과거에 유생 구시경(具時經)이란 자가 향리로 신을 찾아와서 "서울에 사는 최씨(崔氏) 집안에 폐질을 앓는 자가 있는데 그 아버지가 죽는다면 어떻게 해야 합니까?"라고 묻기에 신이 주자(朱子)의 차자에

담긴 내용을 입으로 외면서 대답해 주었더니, 구시경이 서울로 돌아와서 그의 벗인 고회(高晦)에게 그것을 이야기했다 합니다. 그러다 민씨 집안이 상을 당했을 적에 고회가 그 집으로 가서 과거 구시경에게 들은 말을 가지고 신을 인용하면서 진선(進善) 박세채(朴世采)에게 물으니, 박세채도 옳게 여기므로 마침내 주자의 차자를 보내어 보여 주었습니다. 이에 민씨 집안에서는 드디어 그 설에 따라 행하였고, 그런 뒤에도 오히려 감히 자신하지 못하여 서둘러 신에게 편지를 보내어 묻기에 신은 대략 지난 소장에서 진술한 바와 같이 대답해 주었습니다. 그러고 보면 이 일은 처음부터 끝까지 모두 신이 저지른 것이니, 민씨 집안이 아직 감죄(勘罪)되기 전이라면 신도 아직 감죄되지 않은 중에 있는 것입니다. 또 삼가 듣건대 박세채도 소장으로 심회를 아뢰고 대죄하고 있다고 하는데, 이 죄의 우두머리인 신이 어찌 감히 방자하게 성상을 가까이할 수 있겠습니까. 또 듣건대 경연의 신하가 탑전(榻前)에서 "민씨 집안의 일은 조정에서 반드시 조사하여 처리할 것이 아니다."라고 하자 밝은 성상께서 "이 일은 인륜에 관계되는 것이므로 방치할 수 없다."라고 하셨다 하니, 신은 고명한 성상의 학문이 보통을 완전히 뛰어넘는다는 사실에 감탄하였습니다. 대저 임금의 직분은 천서(天敍)와 천질(天秩), 천명(天命)과 천토(天討)를 이행하는 데 불과한 것이어서 순(舜) 임금이 설(契)에게 명한 것도 오직 이것뿐이었으니, 이것에 조금이라도 분명치 않은 점이 있으면 나라가 나라다울 수 없습니다. 이는 사람마다 다 알고 있는 것이니, 어쩌면 경연의 신하가 죄화(罪禍)가 장차 닥칠 것이므로 먼저 넋이 빠져서 저도 모르게 그런 실언을 한 것은 아닐는지요. 어찌 그리도 평소의 식견과 이렇게 상반되는 말을 하였단 말입니까. 또 이 일이 신으로 인하여 과연 윤상(倫常)을 무너뜨리는 점이 있다면 신이 가장 먼저 죄를 받는 것이 지극히 명백한 이치인데, 경연의 신하가 한 말은 또 마치 신을 위하여 그 일을 막아 신의 죄를 덮어 주려는 것처럼 비춰지니, 이는 실로 사람들로 하여금 의심이 없을 수 없게 하는 짓입니다. 그런데도 전하께서는 또 신의 죄를 벗겨 주고자 하시니, 비록 자애로운 성상께서 미천한 신을 불쌍히 여기시는 은혜로운 뜻에는 감격하나 신은 의리를 돌아보고 법을 두려워하여 끝내 감히 명을 받들 수 없습니다.

또 신은 본래 늙고 병들어 거의 죽게 된 몸으로 객지를 이리저리 옮겨 다닌 지가 벌써 3개월이 되는데, 묵은 병이 점점 심해져서 신음하며 고통스러워하는 실정이니 계릉(啓陵)하기 전에 갑자기 죽게 될까 염려됩니다. 비록 죄의 명목이 없다고 하더라도 대궐을 향해 기어서라도 나아갈 만한 근력마저 없으니, 신은 이에 또 명을 어긴 죄까지 짓게 되었습니다. 삼가 바라건대 밝은 성상께서는 신이 그동안 지은 죄를 모두 다스려 개인적인 분수에 편안할 수 있도록 해 주소서. 또 신이 어제 삼가 호조에서 받은 성상의 비답을 보니, 신이 사양했던 월름(月廩)을 다시 보내 주라고 하셨습니다. 신은 대죄하는 중이기에 앞으로의 사생(死生)과 거취(去就)가 어떻게 될지 알 수 없으니 은례(恩例)를 함부로 받는 것은 의리로 보아 감히 하지 못할 바입니다. 삼가 바라건대 신의 사면을 아울러 윤허하소서. 그렇게 된다면 신이 안심하고 죄를 받을 수 있을 것이니 이 또한 천지와도 같이 감싸 주는 성은일 것입니다. 신은 지극히 두렵고 외람스러운 심정을 견디지 못하겠습니다.

소장을 다 쓴 뒤 홀연 지난밤에 대간이 국구를 논계하였다는 말을 듣고 신은 더욱 경악하여 어쩔 줄 몰랐습니다. 신이 머무른 곳은 바로 선릉(先陵)과 매우 가까운 곳으로서 일을 맡은 내외의 관원들이 모두 이미 모여 있으니 이곳 역시 하나의 조정인 셈인지라 신은 감히 여기에 계속 눌러 있을 수 없었습니다. 그러므로 약간 상류로 옮겨 계릉하는 날이 되면 어리석음을 무릅쓰고 다시 와서 사적인 정회를 멀리서나마 펼 작정입니다. 그러나 사람들이 이로 인하여 신이 드디어 고향으로 돌아간다고 여길까 염려되므로 감히 이렇게 아뢰는 바입니다.

신릉에서 하직하고 돌아갈 때 올린 상소 계축년(1673, 현종14) 10월 7일

自新陵辭歸時疏 癸丑十月七日

삼가 아룁니다. 신은 이러한 처지임에도 성은을 입게 되어 외람되이 신하들의 뒤를 따라서 하늘에 사무치는 애통한 심정을 조금이나마 해소할 수 있었으니, 당장 저녁에 죽는다고 해도 전혀 아쉬운 것이 없습니다. 다만 구릉(舊陵)의 신혈(神穴)이 매우 평안하였으니 이것은 비록 음양의 기운이 순조로움을 바치고 온갖 신이 상서로움을 모은 소치이지만, 또한 어찌 성상의 효성이 돈독하고 지극하여 영험이 저절로 이르러 그렇게 된 것이 아니겠습니까. 다만 생각건대, 주자(朱子)는 부친의 무덤을 두 번 옮겼으나 산릉(山陵)에 대해서는 놀라게 할까 염려된다는 경계를 하였으니,[21] 이 어찌 제왕가의 사체가 보통 사람과 자연히 달라서 그런 것이 아니겠습니까. 당초 땅을 한 자쯤 파낸 뒤에 이미 광중(壙中)에 이상이 없다는 것을 살폈는데 일을 맡은 여러 신하가 망극한 자들의 말을 두려워한 나머지 그대로 개봉(改封)하자는 의론을 끝내 내놓지 못하였습니다. 신릉이 길하다는 것은 비록 옛날부터 일컬어 온 바이지만 또한 어찌 이미 편안한 땅에 그대로 모시는 것만

21 주자(朱子)는……하였으니 : 주희가 1194년 송 효종(宋孝宗)의 산릉을 정하는 일이 제대로 이루어지지 않는다고 비판하면서 "비좁은 곳을 파내고 부수는 사이에 주변의 여러 능묘를 놀라게 할까 우려되니, 이런 사실을 분명히 알면서도 겨를을 내어 돌아보지 않습니다."라고 한 것을 가리킨다. 《晦庵集 卷15 山陵議狀》

하겠습니까. 신의 어리석은 의견은 이미 경자년(1660)에 헌의(獻議)할 적에 모두 말씀드렸지만 여러 대신에게 저지당한 나머지 시행해 주시는 은혜를 입지 못하였고, 오늘날에 이르러서는 신의 위태로운 처지가 나무 위에 아슬아슬하게 앉아 있는 새보다도 더 심한 지경인 데다 또 국구(國舅)에게 중한 죄를 얻었기 때문에 넋을 잃고 몸이 새파랗게 질려 감히 한마디도 그 사이에서 낼 수 없게 되었으니, 선왕을 저버린 신의 죄는 만번 죽어도 속죄하기 어렵습니다. 다만 지나간 일은 말하지 말고, 오직 지금부터 번거로운 말들이 영원히 종식됨에 따라 능묘 안에 묻힌 성고(聖考)의 의관(衣冠)이 만세토록 편안하여 끝없는 보우하심이 있게 되길 바랄 뿐입니다.

한편 신은 표석(表石) 한 조목에 대해서 편치 못한 점이 있습니다. 전하께서 사간원에 내린 비답에서 이미 이와 같이 말을 하지 않는 것은 국가에 복이 되지 않는다고 말씀하셨는데,[22] 국구가 아뢴 말은 곧 신을 배척하는 말이고, 표석에 관한 일도 그중에 들어 있습니다. 그런데도 아직까지 표석 세우기를 중지하고 쓰지 말라는 명은 듣지 못했으니, 이는 전하의 마음에 실은 이것을 그르다고 여기면서도 억지로 행하시는 것인바, 아마도 '정성스럽고 신실하게 하여 후회를 남기는 일이 없

22 전하께서……말씀하셨는데 : 1673년 9월 25일 사간 최후상(崔後尙)이 "지난번 청풍부원군 김우명(金佑明)이 표석을 세우는 일과 민업(閔業) 집안의 상례에 관한 일로 청대하여 진달하였습니다. 대개 표석을 세우는 한 가지 조항은 대신이 아뢴 것으로 인하여 이미 명이 내려졌으니, 그 사체의 중함이 큰데 감히 분수와 지위를 넘어 진달할 수 있겠습니까."라고 하자, 현종이 "표석의 일은 비록 대신이 아뢴 것으로 인하여 이미 명이 내려졌다 하더라도 만약 이를 핑계하고 사람들이 감히 말하지 못한다면 또한 국가의 복이 아니다."라고 한 것을 가리킨다. 《承政院日記 顯宗 14年 9月 25日》

어야 한다.'[23]라는 도리가 아닌 듯합니다. 삼가 바라건대 밝은 성상께서는 다시 조정의 신하들에게 물어 그 가부를 자세히 살펴보고 시행 여부를 결정하소서. 그런 뒤에야 사리에도 맞고 명분도 바르게 될 것이니 부디 다시는 우물쭈물하고 구차히 하여 사람들의 비방을 초래하지 않게 하시기를 바랍니다.

신은 또 밝은 성상의 뜻에 이해하지 못하는 점이 있습니다. 밝은 성상께서 신에게 전후로 위로하고 타이른 말씀이 간절할 뿐만이 아니었기에 신은 그 성은을 생각하며 감격하였으니, 몸이 문드러지고 가루가 된들 어떻게 보답하겠습니까. 그러나 삼가 짐작하기로는, 성상께서 신이 하는 일이 국가에 해가 된다고 생각하시기 때문에 사간원에 내린 비답이 이렇듯 엄하였던 것입니다. 성상의 뜻이 과연 이와 같다면 또한 마땅히 자세히 말씀하고 분명하게 가르치심으로써 천성이 어리석고 사리에 어두운 신으로 하여금 깨달음을 얻어 스스로 처신할 수 있도록 해야 하니, 이것이 바로 천지같이 품어 주는 마음인 것입니다. 그런데 지금은 그렇지 않습니다. 한편으로 신을 논핵하지 않는 것은 국가의 복이 아니라고 하시고, 또 한편으로는 신을 죄가 없는 사람인 양하면서 신을 나오도록 하여 면유(面諭)하려고까지 하시니, 이에 어리석은 신의 의혹은 더욱 심해집니다.

신이 또 삼가 듣건대, 밝은 성상께서 김만중(金萬重)이 상신(相臣)

23 정성스럽고……한다 : 《예기》 〈단궁 상(檀弓上)〉에 나오는 말이다. 자사(子思)가 말하기를 "상을 당하면 3일 만에 빈(殯)을 하는데, 시신과 함께 관에 넣는 물건은 반드시 정성스럽고 신실하게 하여 후회를 남기는 일이 없어야 한다."라고 한 것을 가리킨다.

을 공격한 것을 두고 믿는 자가 있어서 그렇게 한 것이라고 말씀하셨기 때문에,[24] 바깥에서 왁자지껄 말을 전하면서 김만중이 믿는 자란 바로 신이라고들 합니다. 아아, 김만중이 비록 심히 어리석다 하더라도 어찌 오늘날 신의 처지가 제 몸 하나 구하는 데도 겨를이 없다는 것을 몰라서 오히려 신을 믿었겠습니까. 성상의 하교에서 가리키는 바가 과연 신에게 있다면 이는 밝은 성상께서 신의 상황을 헤아리지 못하시는 것일 뿐만 아니라, 또한 김만중의 사람됨을 살피지 못하신 것입니다. 일전에 전하께서는 매양 군신 사이는 서로의 마음을 아는 게 중요하다고 하교하시곤 하였는데, 오늘날 밝은 성상께서 알아주시지 않아 이 지경까지 이를 줄 어찌 생각이나 했겠습니까. 신은 다시 함부로 성상을 가까이할 면목이 없으니, 이 때문에 신은 머뭇거리며 끝내 감히 나가지 못하는 것입니다.

한편 신이 크게 한스럽게 생각하는 것이 있습니다. 삼가 듣건대 세자의 학문이 날로 진보하고 덕성이 다달이 성취되고 있다고 하니, 서둘러 한번 뵙고서 돌아와 초야에서 죽고 싶은 심정입니다. 그러나 이 마음이 영영 꺾여 더 이상 그것을 이룰 날이 없게 되니, 이 점이 실로 마음에 잊히지 않아 눈을 감을 수 없는 이유입니다. 신이 신릉에 곡을 하고 하직함에 끝없는 슬픔이 밀려오고 영영 전하와 멀어져 심사가 아득하

24 김만중(金萬重)이……때문에 : 1673년 9월 김만중이 면대를 청하는 상소를 올려, 과거 허적(許積)이 재상에 뽑힌 뒤 송준길에게 배척을 받자 소장을 올려 "형벌을 주고 복을 주는 권력이 상에게 있지 않다."라고 하였다고 하면서, 결코 군자라 할 수 없는 그 같은 자를 영의정에 둔 것은 부당하다고 논척하였다. 이에 현종은 김만중의 파직과 추고(推考)를 명하고 이어 "김만중은 필시 다른 사람의 사주를 받고 이렇게 한 것이니, 잡아다 심문하라."라고 하였다. 《顯宗實錄 14年 9月 12日, 14日》

므로, 이에 감히 한 편의 소장을 올림으로써 명을 어긴 죄가 내려지기를 기다리는 바입니다. 삼가 바라건대 전하께서는 재량하여 처리하소서. 신은 몹시 황공하고 두려운 마음을 이기지 못합니다.

상전을 사양하는 상소 계축년(1673, 현종14) 11월 30일

辭賞典疏 癸丑十一月三十日

죄지은 신하 송시열은 삼가 아뢰니다. 신이 석고대죄하고 있던 가운데 삼가 들으니, 죄 많은 미천한 몸이 참람하게도 신하들의 반열에 끼어 천릉의 은례(恩例)를 함께 받았다고 합니다. 이에 신은 삼가 지극히 놀랍고 부끄러우며 두려운 마음을 이기지 못하였습니다. 신은 외람되이 천박한 재주를 가지고 대략 '일이 있어 부르면 나아가 복무한다.'라는 의리[25]를 행하였는데, 그저 서인(庶人)이 흙짐 지고 돌을 나르는 것과 다름이 없었고, 맡아 한 일의 자질구레한 정도는 또 그보다 한층 더한 부분이 있었습니다. 애당초 상을 내릴 만한 노고의 실상이 없고, 게다가 지금 신이 지은 죄가 감처(勘處)되지 않아 여론이 한창 들끓고 있는 실정이니, 정히 이러한 때에 융숭한 상전을 받는다면 심히 사리에 어긋나는 것이 아니겠습니까. 삼가 바라건대 밝은 성상께서는 속히 내린 명을 거두어 미천한 분수를 편안하게 해 주소서. 그리해 주신다면 그만한 다행은 없겠습니다. 신은 너무도 두렵고 간절히 염원하는 마음을 이기지 못합니다.

25 일이……의리 : 《맹자》 〈만장 하(萬章下)〉에 "만장(萬章)이 '서인이 군주가 자신을 불러 부역을 시키면 가서 부역을 하고, 군주가 그를 만나 보고자 하여 부르면 가서 보지 않는 것은 어째서입니까?' 하고 묻자, 맹자께서 대답하였다. '가서 부역하는 것은 의(義)요, 가서 만나 보는 것은 의가 아니기 때문이다.'"라고 한 것을 인용한 것이다.

구릉의 일을 자세히 진술하고 거듭 상전을 사양하는 상소
갑인년(1674, 현종15) 1월 8일

詳陳舊陵事實申辭賞典疏 甲寅正月八日

삼가 아룁니다. 신이 한번 망언을 진술하였으니 만번 죽어도 애석할 것이 없습니다. 다만 외람되이 주어진 은례(恩例)만은 의리로 보아 감히 받기 어려우므로 대략 위급한 심정을 아뢰어 윤허가 내려지기를 바랐는데, 두려운 마음은 이전보다 갑절이나 더하였습니다. 그러다 삼가 성상께서 따뜻한 비답을 내려 주고 또 전일의 일까지 거론하며 타일러 주시니, 이는 참으로 죽은 자를 살리고 마른 뼈에 새살을 돋게 하는 격이었습니다. 아울러 지난겨울에 의원을 보내어 신의 병을 간호하게 하신 은혜를 생각하니 감격의 눈물이 절로 흘러 실로 몸 둘 바를 모르겠습니다. 다만 신은 지은 죄가 이미 무거우니 단지 입을 다물고 부끄러운 마음으로 죽어야 마땅하나, 자애로운 성상께서 이미 성심으로 미천한 신을 깨우쳐 주신 이상 신이 어찌 감히 시종 침묵으로 일관하면서 우리 성덕(聖德)을 저버릴 수 있겠습니까.

대체로 생각건대 구릉(舊陵)의 변고는 지난 경자년(1660)부터 시작되었는데, 그때그때 임시방편으로 보수만 하면서 14년이라는 오랜 세월을 그대로 보냈으니, 이는 외면이 비록 이와 같아도 내면은 석회(石灰)가 견고하여 아무런 걱정이 없다고 생각해서가 아니겠습니까. 주자(朱子)가 석회의 효과에 대해 논하기를 "세월이 오래되면 뭉쳐서 금석처럼 된다."라고 하였으니, 무릇 이미 금석처럼 되었다면 틈으로 새는 것쯤이야 걱정할 것이 뭐가 있겠느냐고 여겼는데, 구릉을 한 자쯤 파 들어가니 단단하고 견고한 것이 과연 주자의 말과 같았습니다. 그런데도 일을 중지하고 밝은 성상께 아뢰지 못한 것은, 그 일을 담당한 신하들이 의도한 바가 물론 필시 있었기 때문이겠지만, 변변치 못한 신도 남의 말이 두려워서 또한 팔짱만 끼고 아무 말 없이 그저 보고만 있었을 뿐이어서 그런 것이니, 신의 죄가 어찌 크지 않겠습니까. 아아, 전하께서 이미 재궁(梓宮)을 범하는 말을 하였다고 하여 조정 신하를 견책하셨으니,[26] 물론 성상의 효심이 예사롭지 않아서 엄숙하고 공경하는 마음이 이르지 않는 바가 없기 때문에 그런 것으로 알고 있습니다. 그러한즉 신도 감히 개릉(開陵)할 때의 상황을 그대로 말씀드리지는 못합니다. 다만 일찍이 보건대, 정자(程子)가 소릉(昭陵)을 논한 소장에 "인종(仁宗)의 유골과 유해가 큰 돌 밑에서 부서지게 한다."라고 하였습니다. 정자는 대현(大賢)으로서 군부(君父)를 엄하고도 공경스럽게 대해야 한다는 것을 모르지 않았는데도 이와 같이 말하였으니, 이는 어찌 신자(臣子)의 절박한 심정에 도리어 차마 직언하지 않을 수 없는 바가 있어서 그런 것이 아니겠습니까. 지금 신도 당시의 절박했던 마음을 한둘이나마 대략 진술하여 지난번 소장에서 신도 모르게 기휘(忌諱)를 범하게 된 실상을 드러

26 전하께서……견책하셨으니 : 1673년 6월 20일 응교 이선(李選)이 장응일(張應一)을 탄핵하는 상소를 올리면서 "간사하고 흉악한 무리가 밤낮으로 기원하는 것은 오로지 영릉(寧陵)의 광중(壙中)에 물이 고여 있는 데 있습니다. 재궁에 틈이 나 있는 것이 만일 조금이라도 의심스러운 점이 있게 되면 반드시 서로 앞장서고 일어나서 끝내 조정을 패란시킨 다음에야 그만두려 할 것입니다."라고 하자, 현종이 재궁을 범하는 말을 하였다고 하면서 대로하고는 그에게 삭탈관직 처분을 내린 것을 가리킨다. 《宋子大全隨箚 卷2》《顯宗實錄 14年 6月 20日》

내고자 합니다.

대개 9월 29일에 신은 처지가 불안하여 감히 능역(陵役)을 시작하는 데 가서 참여하지 못하고 있었는데, 그날 저녁이 되어 근시(近侍)가 성상의 뜻을 전유하므로 이튿날 새벽에 감히 능 앞으로 가서 총호사 김수흥(金壽興)에게 "어제 일을 시작할 때 흙 색깔이 어떠하던가?"라고 서둘러 물었습니다. 이에 김수흥이 대답하기를 "상석(裳石) 밑 갈라진 곳은 물이 샌 흔적이 있었으나 한 자 정도 파니 건조하고 단단하였습니다."라고 하기에, 신이 드디어 들어가 보니 막 퇴광(退壙)을 파는 중이었는데 다른 문제는 전혀 없고 다만 김이 무럭무럭 솟아나는 것만 보일 뿐이었습니다. 퇴광을 철거한 뒤에 일꾼들이 현궁(玄宮)을 향하여 일을 시작하였는데 사용했던 석회가 더욱 단단하게 굳어서 괭이가 부딪치면 때로 불꽃이 튀었습니다. 그때에 신은 마음이 철썩 내려앉고 놀라 애통해하면서 실로 가슴과 배에 괭이로 내려치는 듯한 기분이 들었는데, 만약 전하께서 그곳에 친히 임어하셨다면 어떤 지시를 내리셨을지 모르겠습니다. 아아, 신이 성고(聖考)의 일이라면 물불을 가리지 않는 것은 진실로 성상의 하교와 같으나 신은 도리어 호신(護臣)에게 청하여 전하께 달려가서 아뢰지 못하였으니, 신의 죄가 어찌 크지 않겠습니까.

옛날 정자는 소릉에 일이 있을 적에 그 벼슬이 매우 낮았으나 오히려 한기(韓琦)에게 극력 말하고 또 부필(富弼)에게 말을 했는가 하면 또 부필을 위하여 소장을 지어서 그 소를 올리라고 권하였는데, 부필이 남의 비판을 두려워하고 꺼려서 끝내 감히 올리지 못하게 되어서는, 또 부필을 충효(忠孝)의 죄인이라고 하였습니다. 그러니 이제 신은 어찌 정자의 뜻과 어그러져 영원히 충효의 죄인이 되지 않겠습니까. 소신이 저번에 올린 소장에서 스스로를 허물했던 것은 다만 이런 생각에서 나온 것일 뿐, 조금도 전하의 일을 지적한 일이 없고 또 풍수설을 말한 적은 추호도 없었습니다. 가령 신이 망녕되이 전하께서 풍수설에 현혹되었다고 했다 할지라도 주자의 〈산릉의장(山陵議狀)〉을 보면 "지리에 통달한 사람을 취하여 가장 길한 곳을 골라 신령을 만세토록 편히 모셔야 한다."라고 하였고, 또 "별도로 초야에 묻혀 있는 사람을 구하여 신궁(新宮)을 마련하여 수황(壽皇)의 유체가 안에서 편안하시게 하면 종사(宗社)와 생민(生民)이 다 밖에서 복을 받을 것이다."라고 하였습니다. 오늘날 비록 전하께서 실지로 풍수의 설 때문에 이렇게 천장(遷葬)하신 것이라고 하더라도 족히 전하의 진실된 효성을 알 수 있을 뿐 성덕에 누가 되는 것은 볼 수 없습니다. 어쩌면 신의 뜻이 관통하지 못하고 말이 분명하지 못하여 성상의 마음을 격동한 것은 아닐는지요.

신이 반복해서 생각건대, 미천한 신이 걱정하는 것은 무덤 안의 안온함에 있는데 전하께서 근심하시는 것은 무덤 밖에 물이 새는 것에 있으므로 이렇게 서로 의심하여 전하께서 신의 뜻을 끝까지 살펴 주시지 않는 것이 아니겠습니까. 그렇다면 전하의 하교가 이와 같음은 이상할 것이 없습니다. 그 밖에 성상의 비답에서 말씀해 주신 바는 감히 일일이 들어서 스스로 변명하지 못하지만, 다만 신의 말이 불평에서 나온 것이라고 하신 말씀은 더욱 황공하여 죽고 싶어도 죽을 수가 없습니다. 무릇 신자가 군부에 대해서는 비록 자신에게 죽음이 내려진다 하더라도 마치 낙토(樂土)에 나아가는 것처럼 달게 그 죄에 복주되어야 하는데, 더구나 전하께서는 신에 대하여 그 자애로운 보살핌과 은혜가 시종 어떠하셨습니까. 아아, 신이 신하 노릇 한 것이 형편없어, 그동안 남으로부터 들은 비판이 모두 제 몸을 멸하고 가문을 멸할 만한 죄목인데도 밝은 성상께서는 그때마다 번번이 감싸 주고 또 위로하여 주셨으니 신이 목숨을 부지하고 있는 것은 모두 전하의 망극한 은혜입니다. 지금 비록 억울하게 죽음을 당한다 하더라도 웃음을 머금고 은혜에 감격하여 아무런 원망이 없을 텐데, 더구나 지금 전하께서 신에 대해 조금도 불평할 만한 일이 없으신데, 신이 비록 풍병(風病)을 앓아 정신이 어지럽다 한들 어찌 감히 까닭 없이 대뜸 그러한 마음을 먹겠습니까. 이는 혹 신의 성품과 기질이 거친 까닭에 말로 드러나는 것이 어느 하나 온후하고 화평한 기운이 없어서 밝은 성상의 의심과 미움을 산 것이 아니겠습니까. 전하께서 만약 그동안 신에게 내린 은혜가 천지 부모의 인(仁)과 같았다는 사실을 기억하신다면 또한 신이 항상 죽음을 바칠 것만 생각했을 뿐 감히 다른 마음을 두지 않은 진심을 아실 것입니다. 전하께서 만약 여기에서 시험 삼아 살펴보신다면 비답의 여타 내용들은 모두 신의 변명을 기다리지 않더라도 저절로 분명해질 것이므로 다시 말씀드리지 않습니다.

오늘의 은례로 말씀드린다면 미천한 몸으로 능침(陵寢)의 일을 맡았으니 비할 데 없는 영광과 다행입니다. 여러 신하가 분주히 일을 받드는 수고에 비해 보면 어찌 그 차이가 서로 현격할 정도뿐이겠습니까. 신이 어리석음을 무릅쓰고 면직을 바라는 것은 참으로 성심에서 나온 것인데 아직 명을 거두지 않으시니, 이는 참으로 옛말의 "사양하였으나 당초의 이익을 잃지 않고 한갓 아름다운 명예만을 얻었다."라는 것이므로 신은 더욱 황공하고 부끄럽습니다. 삼가 바라건대 밝은 성상께서는 신의 마음을 헤아려 신의 청을 들어주소서. 그리고 위에서 진달한 구릉의 일에 만약 다시 어긋나고 잘못됨이 있어 무망(誣罔)한 죄를 범하였다면, 바라건대 엄중히 추궁하심으로써 나라의 형장을 밝히소서. 그리 하신다면 매우 다행이겠습니다.

국상에 나가다 병으로 길에서 지체하면서 위로를 드리는 상소 갑인년(1674년, 현종15) 3월 8일

赴國哀中路病滯陳慰疏 甲寅三月八日

삼가 아룁니다. 황천이 보우하지 않고 신민이 복이 없어 우리 자성왕대비(慈聖王大妃) 전하께서 문득 사방 백성들의 봉양을 버리고 떠나셨으니, 온 땅에 있는 만물이 모두 깊이 애통해하고 있습니다. 하물며 이 미천한 신은 넘치는 은혜를 받은 기간이 거의 30년이니, 슬픈 마음이 어찌 끝이 있겠습니까. 더욱이 성상의 체후가 평상을 회복하신 지 얼마 되지도 않았는데 조석으로 약을 맛보며 시병한 끝에 하늘에 사무치는 이 애통한 상황을 당하셨습니다. 삼가 생각건대 슬피 울부짖는 그 비통함과 슬픔으로 흙빛이 된 그 안색은 말로 표현하기 힘들 정도일 것이니, 신의 다급하고 타들어 가는 마음이야 또 어찌 이루 말할 수 있겠습니까. 신은 지난겨울부터 큰 병이 몸에 침투하여 넉 달이나 고통으로 괴로워하면서 실낱같은 목숨이 거의 다하려는 상황인 데다가, 또 소장을 올려 대죄하는 가운데에 있으니 감히 나아가지 못할 부분이 있었습니다. 그러나 솟구쳐 오르는 감정으로 인하여 감히 조금도 지체할 수 없어 죽음을 무릅쓰고 길에 올랐고, 그리하여 장차 빈전(殯殿)에 달려가 곡을 하고 이어 여막에서 성상을 위문함으로써 신자로서의 의리를 조금이나마 풀려고 하였습니다. 그런데 마침 인적이 없는 광야에서 갑자기 큰 비바람을 만나 온몸이 젖어 버려 한질이 크게 일어났고, 이어 예전에 앓던 병까지 함께 악화되어 겨우 근기(近畿)에 가까운 지역에 와서는 길가에 쓰러져 버리고 말았습니다. 그렇게 며칠 몸조리를 하는 동안 점점 병세는 위중해져만 가서 진퇴양난의 상황으로 장차 객귀(客鬼)가 되게 생겼으니, 북쪽 대궐을 바라보며 스스로 눈물만 삼킬 뿐입니다. 신이 근력을 헤아리지 않고 요행을 바라며 몸을 움직이다 이렇게까지 곤궁에 빠졌으니, 구구한 욕의(縟蟻)의 정성을 장차 또 어찌하면 좋겠습니까. 다만 바라건대 전하께서는 지나친 슬픔으로 병이 나면 효가 상한다는 경계를 깊이 생각하심으로써 종묘사직과 생민의 여망에 부응하소서. 그리하신다면 신은 갑자기 죽더라도 영영 한이 없을 것입니다. 신은 삼가 간곡히 울면서 기원하는 마음을 이기지 못합니다.

송자대전

제16권

소차
疏箚

숭릉 지문[1]을 찬술하여 올리는 일을 사양하는 상소 갑인년 (1674, 숙종 즉위년) 9월

辭崇陵誌文撰進疏 甲寅九月

대죄(待罪)하는 신하 송시열은 삼가 아룁니다. 공경히 생각건대, 우리 대행 대왕(大行大王)[2]께서는 성덕(聖德)이 순수하고 성대하며 은택이 넓고 깊어 떠받들기를 원하는 백성들이 모두 만수무강하기를 간절히 축원하였더니, 어찌 하늘이 어질지 못하여 갑자기 수명을 앗아가서 온 나라가 비통에 휩싸이고 만백성이 울부짖게 한단 말입니까. 더구나 신은 가장 깊은 은혜를 받고서도 보답할 길이 없게 되었으니, 슬픔과 그리움이 하늘에 사무쳐서 단지 저승에 따라가서라도 섬기기를 생각할 뿐입니다.

이제 우리 주상 전하께서 보위를 계승한 뒤에 효성으로 추모하며 아름다운 덕을 드러내시려고 신에게 무덤 속에 넣을 지문을 짓도록 명하셨습니다. 그러나 신은 늙고 병들어 죽음의 그림자가 드리워졌는지라 정신과 생각이 쇠락하여 성덕의 만에 하나도 형용해 낼 수 없습니다. 게다가 또 신이 불충하여 선조(先朝)에 죄를 지어 단지 근기 지방에 엎드려 지내며 엄한 처벌이 내려지기를 오래도록 기다리고 있었습

1 숭릉 지문(崇陵誌文) : 현종(顯宗)의 지문을 말한다. 숭릉은 현종과 명성왕후 김씨의 능이다.

2 대행 대왕(大行大王) : 왕이 승하한 뒤에 중국으로부터 시호를 받기 전까지 부르던 임시 칭호이다. 여기서는 현종을 가리킨다. 현종은 1674년 8월 18일에 승하하였다.

니다만 해당 관리가 일을 미루다가 미처 법조문을 살펴서 처결하지 못했으니, 지금에 와서 어찌 무단히 용서하여 갑자기 일을 말길 수 있겠습니까. 신 또한 어찌 감히 구차히 면하는 것을 다행으로 여겨서 염치를 무릅쓰고 명을 받듦으로써 전하께서 즉위하신 초기의 청명한 정치에 누를 끼치겠습니까.

삼가 바라건대 밝은 성상께서는 잘 살피시어 밝게 처분해 주소서. 신이 지엄한 소명(召命)에 마음이 급박하여 슬픔에 젖어 말없이 상을 치르시는 성상의 귀를 감히 이렇게 어지럽혔으니, 신의 죄가 더욱 커집니다. 신은 너무나도 두렵고 떨리는 마음을 견디지 못하겠습니다.

두 번째 상소 갑인년(1674, 숙종 즉위년) 9월

二疏 甲寅九月

대죄하는 신하 송시열은 삼가 아룁니다. 전하께서 상을 당하여 망극한 중에 내리신 전후의 유음(諭音)은 모두 애통한 심정을 다한 것이니, 신이 목석이 아니고서야 어찌 차마 즉시 명을 받들지 않겠습니까. 그러나 신에게는 차마 하지 못하는 큰 이유가 있습니다.

신은 일신이 용서받을 수 없는 죄를 지어 선조(先朝)에서 대명(待命)하며 여러 신하와 함께 처벌당하기를 바라고 있었습니다.[3] 지금 세월이 얼마 지나지 않았는데 갑자기 이전과 스스로 다르게 한다면 이는 선왕이 이미 승하하여 '알지 못하실 줄〔無能〕'로 여기는 것이니, -무능(無能) 두 글자는 예경(禮經)에 나오니, 부모가 죽어서 다시 지각이 있지 못함을 이른다.- 신이 비록 변변치 못하지만 어찌 차마 이러한 일을 하겠습니까. 이것이 신이 매번 성상의 하유(下諭)를 받을 때마다 문득 전날의 일을 생각하며 피눈물을 흘리는 까닭입니다.

또 지난번에 여러 신하가 죄를 얻은 것은 그 근원이 모두 신에게서

3 신은……있었습니다 : 1674년(현종15) 2월 효종의 비 인선왕후(仁宣王后)의 국상 때, 시어머니 자의대비(慈懿大妃)가 입을 상복을 두고 예송이 일어났다. 초상 직후 당시 정권을 잡고 있던 서인들이 대공복으로 결정했으나 대구 유생 도신징(都愼徵)이 상소하여 대공복의 오류를 지적하였다. 이에 현종이 대공복으로 정한 이유를 추궁하고 재검토할 것을 지시하였는데, 우암은 체이부정(體而不正)의 논리에 따라 대공복을 계속 주장하였다. 그러자 현종은 기해년(1659) 효종의 국상 때 기년설(朞年說)을 채택했음을 이유로 복제를 기년복으로 개정하고 서인의 중심인물들을 처벌하도록 하였다.

나왔습니다. 그래서 선왕께서 여러 신하를 벌하실 때에 신의 죄상이 여러 번 전교와 비망기에 나왔으나 단지 신의 성명만 거론하지 않으셨을 뿐입니다. 지금 여러 신하 가운데 귀양 간 자 외에도 감옥에 갇혀 아직 조사가 끝나지 않은 자들이 오히려 많으니, 저 여러 신하는 죄의 지엽이고 신은 죄의 근본입니다. 일월처럼 밝은 선왕께서 어찌 지엽만 다스리고 그 근본을 다스리지 않으려고 하셨겠습니까. 아마 적당한 때를 기다려 오다가 미처 실행하지 못하신 것입니다. 지금 신이 선왕께서 다시 근본을 다스리지 않았다고 하여 곧 스스로 죄가 없다고 여긴다면 이는 또한 선왕을 저버림에 거리낌이 없는 것이 아니겠습니까.

비록 전하의 입장으로 말하더라도 이렇게 슬픔으로 울부짖는 때를 당하여 어찌 차마 성급히 선왕의 유명(遺命)을 바꿀 수 있겠습니까. 이 때문에 지금 이렇게 큰 은혜를 내릴 때에도 처벌을 받은 여러 신하는 모두 거론되지 않는 것입니다. 그런데 유독 신에게만 죄를 묻지 않을뿐더러 도리어 불러들여 소임을 맡기는 은혜를 내리시니, 이는 신이 마음에 차마 하지 못할 바가 있을 뿐만 아니라, 의리상 또한 감히 받들지 못할 바가 있는 것입니다.

무릇 이렇게 아뢴 말씀은 실로 진심에서 나온 것이니, 삼가 바라건대 밝은 성상께서는 잘 살펴 주소서. 신은 피눈물을 흘리며 간청하는 지극한 마음을 가누지 못하겠습니다.

세 번째 상소 갑인년(1674, 숙종 즉위년) 9월

三疏 甲寅九月

대죄하는 신하 송시열은 삼가 아룁니다. 신은 지엄한 소명에 마음이 급박한지라 감히 한결같이 물러나 있을 수 없어 죄상의 경중도 돌아보지 않고 질병의 천심도 헤아리지 않은 채 곧바로 길을 나섰습니다. 그러나 갑작스러운 병세의 악화로 길이 지체되어 세 번 쉬고 도달할 길을 나흘이 되어서야 겨우 한강 언덕에 이르렀으니, 염치를 무릅쓰고 달려가는 제 종적(蹤迹)은 두려움이 더욱 깊어질뿐더러 태만하게 한 죄까지 겸하게 되었습니다. 삼가 바라건대 밝은 성상께서는 긍휼히 여겨서 속히 명을 거두어들이시고 이어서 신의 죄를 다스려서 나라의 법을 밝히고 신의 분수를 편안하게 해 주소서. 그리하신다면 매우 다행이겠습니다. 신은 너무나도 두렵고 간절한 마음을 견디지 못하겠습니다.

병을 아뢰고 대죄하는 상소 갑인년(1674, 숙종 즉위년) 9월

陳病待罪疏 甲寅九月

대죄하는 신하 송시열은 삼가 아룁니다. 신이 삼가 상소문의 비답을 받아 보니, "빨리 들어오라."라는 하교가 있었습니다. 신이 범한 죄는 우선 놓아두고 논하지 않더라도 신은 초가을부터 서습(暑濕)에 거듭 손상되어 거의 죽을 뻔한 적이 여러 번이었고, 서늘한 기운이 생긴 이후로 기학(氣瘧)이 뒤를 이어 한열(寒熱)이 날마다 일어나 수도 없이 땀이 났고 며칠 전부터는 또 이질 증세가 생겼습니다. 어제 바람과 한기를 무릅쓰다가 증세가 더욱 심해져서 창통(脹痛)과 급한 설사가 조금도 멈출 때가 없으니, 기력이 위태로워져서 일어나 움직일 방도가 없을 뿐만 아니라, 또 냄새나고 더러운 몸으로 감히 청엄(淸嚴)한 전하를 가까이할 수가 없습니다. 이에 진즉 명을 받들 수 없었던 것이니, 두려워하고 떨면서 단지 태만에 대한 처벌을 기다릴 뿐입니다. 삼가 바라건대 밝은 성상께서는 알맞게 처분해 주소서. 신은 너무나도 황공한 마음을 견디지 못하겠습니다.

의소[4] 갑인년(1674, 숙종 즉위년) 12월

擬疏 甲寅十二月

삼가 아뢰니다. 신은 질병이 오래도록 낫지 않고 날로 점점 위독해져서 소명(召命)을 어긴 지가 벌써 여러 날이 되었으니 밤낮으로 두려워하며 몸 둘 바를 모르고 있습니다. 또 삼가 생각건대, 신이 범한 죄는 끝내 용서받을 수 없는 것이기에 그 일의 전말을 대략 진술하려고 하였습니다만, 성상께서 바야흐로 황망(皇望)[5]한 상중에 계셔서 감히 번거롭게 아뢸 수가 없고 또 선조(先朝) 때 있었던 일이어서 말하려 하자 먼저 목이 막혀 또 자세히 말할 수 없었기 때문에 묵묵히 엎드려 있었던 것입니다.

지금 가만히 듣건대 예조의 여러 관원이 어제 이미 심리하여 처결했다고 합니다. 신의 죄도 응당 차례대로 법에 비추어 논의했을 텐데 지금 수일(數日)이 되도록 들리는 소식이 없으니, 이는 어쩌면 성상께서 늙고 병든 신을 가련하게 여겨 형벌을 내리지 않으시려는 것이 아니겠습니까. 아니면 신의 죄상이 아직 성상의 재가를 거치지 않아서입니

4 의소(擬疏) : 올리려고 지었다가 올리지 못한 상소를 말한다. 《송자대전수차(宋子大全隨箚)》 권2에 "선생이 장차 상소문을 갖추어 전말을 대략 진술하여 제신들과 함께 처벌되기를 청하려고 하였으나 마침 파직하는 명이 있어 결국 올리지 못하였다."라고 하였다.

5 황망(皇望) : 황황(皇皇)과 망망(望望)을 합한 것으로, 부모상을 치르는 자식의 애달픈 심정을 표현한 말이다. 《예기》 〈단궁 하(檀弓下)〉의 주에 황황은 경황이 없는 것이고, 망망은 돌아보지 않는 모양이라고 하였다.

까? 신은 감히 구차히 모면하는 것을 다행으로 여겨서 끝내 그 대략을 진달하지 않을 수 없습니다. 삼가 바라건대 성상께서는 잘 살펴 알맞게 처분해 주소서.

오늘의 일은 그 근원이 실제 기해년(1659, 현종 즉위년) 대상(大喪) 때에 나온 것입니다.[6] 그 당시 논의가 매우 여러 가지였지만 적(嫡)과 서(庶) 이 두 글자를 분변하는 데 지나지 않았으니, 신의 어리석은 견해는 다음과 같았습니다.

옛사람이 "무왕(武王)은 서자(庶子)로서 적통(嫡統)을 빼앗았다."[7] 라고 하였으니, 이는 무왕이 성덕(聖德)을 지녔지만 문왕(文王)의 차자였기 때문입니다. 무왕의 어머니는 실로 태사(太姒)이니, 무왕은 실제 이른바 적처(嫡妻)의 소생인데도 오히려 그를 서자(庶子)라고 한 것은 장자인 백읍고(伯邑考)와 구별하기 위한 것입니다. 서(庶)는 천한 호칭이 아니고 바로 중(衆) 자(字)의 뜻이거늘, 어째서 적통을 빼앗았다고 한 것입니까. 적(嫡)은 첫 번째 맏아들을 일컫는 것이니, 무왕이 중자(衆子)로서 왕위에 올랐기 때문에 '적통을 빼앗았다'고 한 것입니다. 이미 그 자리에 올랐으면 적통이 여기에 있게 되어 그 장자는

6 오늘의……것입니다 : 이번 갑인년(1674)의 예송은 지난번 기해년(1659)의 예송으로부터 시작된 것이라는 말이다. 기해년에 효종이 승하하자 인조의 계비인 자의대비(慈懿大妃)의 상복을 두고 서인과 남인 사이에 벌어진 논쟁을 이른바 기해예송(己亥禮訟)이라 하는데 이때 우암 중심의 서인은 기년복을 주장하였다.

7 무왕(武王)은……빼앗았다 : 《한서》 〈매복전(梅福傳)〉에 "제후는 종통을 빼앗고, 성서는 적통을 빼앗는다.〔諸侯奪宗, 聖庶奪嫡.〕"라고 하였다. 그 주석에 "적통을 빼앗음은 문왕이 장자인 백읍고를 버리고 무왕을 세운 것이 이것이다."라고 하였다. 성서(聖庶)는 성덕을 갖춘 서자라는 말이다.

적통이 끊어지는 것입니다.

이를 오늘날의 일에 견주어 보면, 우리 인조대왕은 문왕이고 소현세자는 백읍고이고 우리 효종대왕은 무왕인 것입니다. 무왕이 이미 서자가 되었고, 예문(禮文)에 "서자로서 승중(承重)한 자는 그 부모가 삼년복을 입을 수 없다."라는 글이 있는 데다가 국전(國典)에 또한 "장자와 중자는 다 같이 기년복을 입는다."라는 글이 있기 때문에 그 당시 대신과 예관들이 신의 주장을 따라 대왕대비가 기년복을 입도록 결정했던 것입니다. 그 이른바 기년복이라는 것은 장자에 대한 기년복이 아니라 중자에 대한 기년복이었습니다. 당시의 기년복이 이미 중자에 대한 기년복이었기 때문에 지난봄 대왕대비께서 왕대비의 상에 중부(衆婦)에 대해 입는 대공복을 그대로 입었던 것이니, 전후의 복제를 기년복과 대공복으로 한 것은 바로 일관된 기준에 따라 거행한 것입니다.

효종대왕을 무왕에 견주어 서자라고 한 사람은 신이니, 오늘날 이에 의거하여 왕대비를 중부라고 하는 것이 어찌 예관들의 죄이겠습니까. 또 이른바 "체(體)이기는 하나 정(正)은 아니다."라는 것[8]은 바로 서자에 대한 주석이기 때문에 신이 경자년(1660)의 논의 때에 거침없이 말하며 꺼릴 줄 몰랐던 것이니, 지금 대신들이 이것을 아뢰었다는 이유로 처벌을 받는다면 이 또한 어찌 대신들의 죄이겠습니까.

8 체(體)이기는……것 : 가통을 계승한 아들일지라도 적장자가 아니면 부모가 그를 위하여 삼년복을 입을 수 없다는 것이다. 체(體)는 부조(父祖)를 계승한 것을 말하고, 정(正)은 적장(嫡長)을 말한다. 가공언(賈公彦)의 《의례소(儀禮疏)》 권29 〈상복(喪服)〉에 "비록 승중일지라도 삼년복을 입을 수 없는 경우가 네 가지가 있다.……셋째는 체(體)이기는 하지만 정(正)이 아닌 것이니 서자를 세워서 후사가 된 경우이다."라고 하였다.

신이 전날 올린 소(疏)에서 "여러 신하는 죄의 지엽이고 신은 죄의 근본입니다."라고 한 것은 진실된 말이고 거짓이 아닙니다. 이런 까닭으로 선왕께서 대신(大臣)[9]을 처벌할 때에 첫째는 "의탁한 의론이다." 라고 하시고, 둘째는 "선왕을 잊고서 다른 의론에 의탁했다."라고 하셨습니다. 대저 의탁한 자에게 진실로 죄가 있다면 의탁하도록 한 자에게는 홀로 죄가 없겠습니까. "임금에게 박하게 하고 누구에게 후하게 하는가."라는 하교에 이르러서는 그 죄상을 밝힌 뜻이 더욱 엄격하고도 분명합니다. 총명한 선왕께서 언사로 드러내신 것이 이와 같으니, 전하께서 선왕의 지업(志業)을 계승하시는 도리로 볼 때 또한 어찌 버려두고 따져 보지 않을 수 있겠습니까. 지금 성상께서 즉위하시어 시행하는 일마다 이치에 합치하기 때문에 만백성이 모두 바라보며 덕화가 날로 이루어지기를 기대하거늘, 지금 이 일에 신만 홀로 법망에서 빠졌으니, 어찌 형장(刑章)이 문란하다는 것으로 사람들의 이목에 크게 의심을 받지 않겠습니까.

삼가 바라건대 밝은 성상께서는 빨리 유사(有司)에게 신의 죄를 논하도록 명하시어 나라의 법을 바로잡고 신의 마음을 편안하게 해 주소서. 그리해 주신다면 매우 다행이겠습니다. 신은 너무도 격렬하고 간절히 바라는 마음을 견딜 수 없어 삼가 죽음을 무릅쓰고 아뢥니다.

9 대신(大臣) : 김수흥(金壽興)이 당시 영상이었다. 《宋子大全隨箚 卷2》

허물을 인혐하며 소명을 거두어들이기를 청하는 상소 경신년(1680, 숙종6) 10월 12일

引咎請收召命疏 庚申十月十二日

삼가 아룁니다. 신은 천지간에 용납되기 어려운 죄를 짓고서 천지처럼 망극한 은혜를 입었는데, 지금 이 별유(別諭)는 또 귀신을 울게 하고 돼지나 물고기도 감동시킬 만합니다.[10] 사람들이 모두 "정숙자(程叔子)도 부릉(涪陵)에서 풀려나 돌아와서 즉시 서감(西監)의 직책을 수행하였거늘,[11] 더구나 지금의 새로운 명은 더욱 사은숙배하지 않을 수 없다."라고 합니다. 신이 가만히 생각건대, 정숙자가 연좌된 일은 간사한 당인(黨人)이라는 이유에 불과할 뿐이지만, 예로부터 지금에 이르기까지 신하의 죄명이 다시 신과 같은 것이 있었습니까. 어찌 감히 전대의 일을 끌어와서 사람들 사이에 얼굴을 들 수 있겠습니까.

또 삼가 생각건대 신의 죄를 논하는 자들이 거의 온 나라에 가득합니

10 신은……만합니다 : 우암이 갑인년(1674) 12월에 파직되어 이듬해 6월 장기(長鬐)에 위리안치되었다가 거제(巨濟), 청풍(淸風), 합천(陜川) 등지로 이배되었다. 경신년(1680) 6월에 경신환국으로 완전히 풀려났는데, 그해 10월 숙종이 영중추부사에 제수하면서 별유를 내려 불렀다.

11 정숙자(程叔子)도……수행하였거늘 : 정숙자는 북송의 정이(程頤)를 말하고 서감은 관명으로 서경 국자감(西京國子監)을 가리킨다. 정이가 원부(元符) 3년(1100)에 귀양지인 부주(涪州)로부터 풀려나서 돌아온 뒤에 서경 국자감에 복직되자 곧바로 휘종에게 사은숙배하고 직임을 수행하였다. 이 일을 문인 윤돈(尹焞)이 의심하자, 정이는 "주상이 즉위하여 맨 먼저 큰 은혜를 입었으니, 이렇게 하지 않으면 무엇으로 덕의(德義)를 우러러 받들겠는가."라고 하였다. 《二程全書 卷50 伊川年譜》

다. 거리에서 말하고 골목에서 얘기하며 짝지어 말하고 무리로 의논하는 자들이 오늘에는 혹 조금 줄어들었지만 그 속에는 필시 모두 분개하고 불평하는 마음이 있을 것이니, 전하의 신성(神聖)한 덕으로도 그들을 융화시키지 못하실 듯합니다. 이 때문에 성상의 은혜가 더욱 높아질수록 미천한 신의 두려움은 더욱 깊어지니, 신의 정세는 살아 있는 것이 죽는 것만 못합니다. 신이 오늘 올라온 것은 단지 한번 근교로 달려와서 이 위급한 마음을 진달한 뒤에 물러나 초야에서 죽음으로써 온전히 살려 주시는 성상의 깊은 사랑을 끝마치려 해서일 뿐입니다.

삼가 바라건대 밝은 성상께서는 신의 외로운 마음을 헤아려서 소명을 특별히 거두어들여 시종의 은혜를 온전하게 해 주소서. 그리해 주신다면 매우 다행이겠습니다. 신은 너무나도 위태롭고 두려운 마음을 견디지 못하겠습니다.

돌아가서 아들의 병을 구호하기를 청하는 상소 경신년(1680, 숙종6) 10월 18일

乞歸救子病疏 庚申十月十八日

삼가 아룁니다. 신은 성상의 엄명에 마음이 급박하여 "우선 장례 기일을 물리라."라는 하교[12]를 삼가 받들고는 날짜를 며칠 물려 정한 뒤에 우매함을 무릅쓰고 조금 머물며 도성에서 처벌을 기다릴 계획이었습니다. 그런데 방금 들으니 신의 아들이 장례 행차를 따라 수원(水原) 지역에 이르렀는데 질병이 위독하다고 합니다. 대개 묵은 병이 있는 그녀석이 애써 장례를 치르는 데다가 또 장례 날짜가 미루어짐으로 인하여 오래도록 밖에서 지내다가 이렇게 되었으니, 이는 신이 자애롭지 못하여 이 지경에 이른 것입니다.

옛날에 자식이 부모에 대하여 "마음이 산란하다."라는 말이 있었으니,[13] 부모가 자식에 대해서도 어찌 다르겠습니까. 신은 자식을 사랑하는 마음에 가슴이 철렁하여 감히 만번의 죽음을 무릅쓰고 휴가를 청하여 내려가서 제때에 치료할 계획으로 삼을까 합니다. 삼가 바라건대 자애로운 성상께서는 신의 지극한 심정을 헤아려 특별히 빨리 돌아가도록 윤허해 주소서. 그리해 주신다면 매우 다행이겠습니다.

12 우선……하교 : 우암이 부인 이씨(李氏)의 묘소를 공주(公州)에서 수원의 만의(萬義)로 옮길 때에 내린 하교이다. 《宋子大全 附錄 卷8 年譜》

13 옛날에……있었으니 : 삼국 시대 서서(徐庶)가 유비를 도와서 대업을 이루려고 하였는데 조조가 모친을 인질로 삼고 자신을 부르자, 서서가 유비를 떠나 조조에게 가면서 한 말이다. 《三國志 蜀書 諸葛亮傳》

신은 자손의 병에 휴가를 청하는 전례가 없음을 잘 알지만 실로 마음이 놀라고 정신이 미혹하여 이러한 망녕된 일을 함으로써 만번 죽을죄에 빠지게 되었습니다. 다시 바라건대 밝은 성상께서는 아울러 긍휼히 살펴 주소서. 신은 너무나도 위태롭고 두려운 마음을 견디지 못하겠습니다.

교외로 나갈 때에 사정을 진달하는 상소 경신년(1680, 숙종6) 10월 23일

出郊時陳情疏 庚申十月二十三日

삼가 아룁니다. 신의 종적은 만분 불안하지만 부모가 자식을 가르치는 듯한 간곡한 말씀에 감격하고 두려워서 감히 성급히 물러나지 못하고 있습니다. 어제 신이 외방의 장본(狀本)과 대신(臺臣)의 계사를 가만히 보니, 논핵을 받은 사람은 모두 예전에 신의 죄를 논의했던 이들이고, 대저 신의 죄명도 역도의 괴수로 단정하고 또 "멀리 지방에서 조정의 권력을 잡고 있다."라는 말을 원안(原案) 외에 보태어 넣었습니다. 지금 신이 그저 경저(京邸)에 있는데도 한창 생겨나는 의논이 이와 같으니, 이후로 신의 죄를 논하는 자들은 '지방에서 권력을 잡고 있다'고 말할 뿐만이 아닐 것입니다. 신은 깜짝 놀라고 눈이 휘둥그레져서 온몸이 모두 새파래지고 오정(五情)이 끓는 듯하여 참으로 몸 둘 곳을 모르겠습니다.

신은 천번 생각하고 백번 헤아려 보아도 물러나 떠나는 것 외에는 다시 다른 계책이 없습니다. 다만 지금 내전(內殿)의 기후가 편안하지 않으시어 궁궐 안팎이 모두 걱정하고 있으니, 신하의 정리로 볼 때에 어찌 감히 멀리 떠날 수 있겠습니까. 삼가 교외의 경기에 엎드려서 내전의 환후가 쾌차하시기를 기다려야 할 것입니다. 무엇보다 성상의 은혜가 높고 무겁건만 은혜를 저버림이 이 지경에 이르렀으니 그 죄는 만번 죽어도 마땅할 것입니다. 신은 너무나도 황공하고 두려운 마음을 견디지 못하겠습니다.

위로의 말씀을 올리고 대죄하며 사정을 진달하는 차자 경신년 (1680, 숙종6) 11월 2일
進慰仍待罪陳情箚 庚申十一月二日

삼가 아뢰니다. 신민(臣民)이 복이 없어 왕후께서 승하하셨습니다.[14] 아, 이러한 분의 이러한 덕은 세상에 언제나 있지는 않으니 전하의 비통하고 애달픈 심정이 어찌 끝이 있겠습니까. 비록 그러하더라도 성정(性情)을 쓸 때에는 중도를 얻는 것을 귀하게 여기니, 삼가 바라건대 성상께서는 슬픈 생각을 지나치게 하느라 하늘의 조화를 손상하지 마셔서 위로는 자전(慈殿)의 마음을 위로하고 아래로는 신민의 바람에 부응하소서. 죽음의 그림자가 드리워진 노신(老臣)은 부복(俯伏)하여 울며 기도하는 지극한 마음을 견디지 못하겠습니다.

신은 운명의 길이 험난하여 마침 은혜로운 소명에 응할 때에 이러한 큰 슬픔을 만나게 되니, 지금과 옛날을 돌아보며 단지 늙어서도 죽지 못함을 한스러워할 뿐입니다. 게다가 신에게는 다시 만번 죽어도 용서받기 어려운 죄가 있습니다. 대저 질문이 있는데도 대답하지 않는 것은 대등한 관계 이하의 사람에게도 오히려 감히 하지 못할 것이거늘, 하물며 군부(君父)의 명에 있어서이겠습니까. 신이 근래에 예송(禮訟)에 대하여 외람되이 하문을 받은 것이 여러 번일 뿐이 아니었습니다만 신이 전날을 경계하고 뒷날을 조심하여 진동이 올 때에 두려워하느라[15]

14 왕후께서 승하하셨습니다 : 숙종의 원비(元妃) 인경왕후(仁敬王后) 김씨가 세상을 떠난 것을 말한다.

끝내 감히 대답하지 못했고, 심지어 승선(承宣)이 다시 특지(特旨)로 독촉까지 하였지만 신이 죽어도 감히 입을 열지 못했습니다. 신이 범한 죄는 이보다 더할 것이 없는데도 유사(有司)가 문책하지 않고 대신(臺臣)이 탄핵하지 않으니, 신은 가만히 괴이하게 여깁니다. 삼가 바라건대 속히 치죄하여 형벌을 밝히도록 명하소서.

또 신에게는 천만번 감히 편안하지 못할 일이 따로 있습니다. 조정에서 한창 조언(造言)의 형률로써 대신들을 치죄하고 있는데 신 또한 빈말을 만들어 어진 재상을 무함한 죄[16]가 있으니, 일은 비록 크고 작음이 있더라도 그 마음을 쓰고 뜻을 둔 기틀은 다름이 없습니다. 신이 어제 도당(都堂)에서 그 재상의 아들을 만났는데, 공무 끝에 개인적으로 선대의 교분을 말하고 이어서 당시의 실상을 해명하려고 했으나 신은 부끄러운 마음이 먼저 일어나 얼굴과 목이 모두 붉어져 우물우물하다가 끝내 말하지 못했으니, 신의 손이 닿는 곳마다 면목이 없음은 이것을 통해 알 수 있습니다. 하물며 옛날 신을 논죄했던 사람들이 오늘날 차례로 논핵을 받고 있으니, 신이 이러한 때에 어찌 감히 편안한 마음으로 도성 아래에 누워 쉼으로써 그 죄과를 더하겠습니까.

15 진동이……두려워하느라 : 《주역》 〈진괘(震卦)〉에 "진동이 올 때에 돌아보고 두려워함은 두려워하여 복을 이루는 것이다.〔震來虩虩, 恐致福也.〕"라고 하였다.

16 빈말을……죄 : '어진 재상'은 정재숭(鄭載嵩)의 아버지 정태화(鄭太和)를 가리킨다. 《송자대전》 부록 권8 〈연보〉에 의하면, 우암이 일찍이 어떤 사람의 질문에 기해예송 때 정태화와 문답한 말을 적어 보여 준 적이 있었다. 1676년 정태화를 현종의 묘정에 배향하려 하자, 조사기(趙嗣基)가 반대하는 상소를 올리면서 정태화와 우암이 문답한 말을 끌어와 "정태화는 실로 송시열과 함께 예를 그르쳤기 때문에 배향할 수 없다."라고 주장하였다. 정재숭이 이에 상소하여 우암이 기록한 말은 꾸며 낸 것이라 지적하니, 우암은 듣고서 일소에 부쳤다고 한다.

또 신이 언제나 스스로 슬퍼하는 일이 있습니다. 옛날 관고(貫高)는 한(漢)나라의 미천한 대부였습니다. 조왕(趙王)의 옥사가 이미 처결되어 비록 고제(高帝)의 관대한 용서를 받았지만 오히려 스스로 "신하로서 이미 반역의 이름을 갖게 되었으니 살아갈 수 없다."라고 하고 끝내 자신의 목숨을 끊었으니,[17] 지난날 신을 두고 이유정(李有湞)과 함께 모의하여 날을 정해 거사하려 하였다고 한 것[18]이 백인(柏人)의 일[19]과 어찌 다르겠습니까. 이 차마 들을 수 없는 죄명을 뒤집어쓴 이상 사실이 아니라고 스스로 핑계할 겨를도 없이 목숨을 끊어야 하지만 신은 용기도 없고 힘도 없어 관고도 할 수 있었던 일을 해내지 못하고 있으니,

17 옛날……끊었으니 : 관고는 한나라 조왕(趙王)의 정승이다. 한 고조가 조왕을 심히 모욕하자, 관고가 분개하여 고조를 죽이려고 하였으나 뜻을 이루지 못하였다. 그 뒤에 관고를 원망하던 자가 밀고하여 조왕이 압송될 때 관고가 함께 장안으로 따라가서 조왕을 변호하며 가혹한 문초를 받으면서도 끝내 다른 말을 하지 않으니, 고조가 이에 감동하여 조왕과 관고를 방면해 주었다. 그러나 관고는 "신하로서 임금을 시해하려 하였다는 오명을 갖게 되었으니, 어찌 다시 임금을 섬길 면목이 있겠는가."라고 하고 목을 찔러 자결하였다. 《漢書 張耳陳餘傳》

18 지난날……것 : 1679년 3월 각 도의 승군(僧軍)을 징발하여 강화도에 돈대(墩臺)를 쌓았다. 이때 감독관 수사(水使) 이우(李偶)에게 이유정이란 자가 사람을 시켜 봉서(封書)를 전하였는데, 소현세자의 손자인 임창군(臨昌君)을 추대하여 반정하자는 내용이었다. 이에 국청을 열어 이유정을 붙잡아 추문하고, 그해 4월 29일 이유정은 복주되었다. 일이 여기에서 그치지 않고 남인들에 의하여 이유정을 사주한 자가 우암이라는 주장이 일어나게 되었다. 《燃藜室記述 卷33 肅宗朝故事本末 李有湞投書之變》

19 백인(柏人)의 일 : 백인은 조(趙)나라의 현 이름이다. 관고가 백인현 측간 벽 속에 사람을 숨겨 두고 고조를 시해하려 하였다. 고조가 이 현에 묵으려 하다가 마음이 경동되어 현의 이름이 무엇이냐고 물었다. 백인이라고 대답하자, 고조가 "백인이란 남에게 핍박당하는 것이다."라고 하고 묵지 않고 떠났다. 《漢書 張耳陳餘傳》

이것이 신이 밤낮 스스로 슬퍼하며 마음이 무너져 내리는 이유입니다.

신은 전하께서 지난해에 신을 살려 주실 때에 신에게 다른 뜻이 없음을 이미 살펴 주셨고 올해에 이르러서는 전후로 내리신 교유(教諭)가 봄바람이 불어 만물이 살찌는 듯한 덕음(德音)이 아닌 것이 없음을 진실로 잘 알고 있습니다. 탑전에서 친히 내리신 따뜻한 말씀으로 말하면 마치 부모가 자식을 어루만지듯이 애연(藹然)하고 훈훈하니, 신이 비록 변변치 못하지만 어찌 감히 밝은 성상께서 신의 외로운 심정을 살피지 못하신다고 생각하겠습니까. 이것은 천만번 그렇지 않은 점이 있습니다.

신의 여러 가지 편안하기 어려운 사정은 위에서 아뢴 바와 같으니, 감히 경기 지방으로 물러나 엎드려서 인산(因山)이 끝나기를 기다리지 않을 수 없습니다. 만약 그 사이에 불러서 상사(喪事)와 관련된 일을 시키신다면 신이 감히 급히 달려가 공경히 수행하여 신하의 직분을 다하지 않겠습니까. 신의 위태로운 마음을 호소할 곳이 없어 밝은 성상 앞에 대략 진술하였으니, 너무나도 황공하고 두려운 마음을 견디지 못하겠습니다.

신이 달려와서 임한 이후로 연이어 빈궁(殯宮) 아래에 있었기 때문에 지금 이 차본(箚本)을 감히 곧바로 진달할 수 없어 후사(喉司)에 청하여 종이를 바꾸어 올리게 하니, 아울러 성상께서 살펴 주소서.

익릉의 지문[20]을 찬술하여 올리는 일을 사양하는 차자 경신년 (1680, 숙종6) 11월
辭翼陵誌文撰進箚 庚申十一月

삼가 아뢰니다. 신은 어제 대행 왕비(大行王妃)의 지문을 찬술하라는 명을 받았습니다. 신은 지혜와 힘이 약하고 정신과 생각이 쇠락하여 대행 왕비의 부덕(婦德)을 만에 하나도 형용하지 못함을 스스로 잘 알고 있습니다. 다만 생각건대 천신(賤臣)이 영결하는 도리로 볼 때 이것을 버리면 작은 정성이라도 바칠 수 없기 때문에 병을 무릅쓰고 길에 올라 때맞추어 명을 받들려고 계획하였더니, 갑자기 길에서 크게 낙상을 당하여 골절의 고통으로 거의 일을 살필 수 없게 되었습니다. 무엇보다 태만히 명을 어길까 두려워서 들것의 부축을 받고 앞으로 나아가서 한강 가에 이르니, 병세가 갈수록 심해져서 다시 몸을 가누기 어렵기 때문에 시골집에 엎드려 방문을 닫고 조리하고 있습니다. 다시 정상인으로의 회복은 단시간에 기약할 수 없을 듯하고 찬술하는 일은 몹시 급하니, 삼가 바라건대 자애로운 성상께서는 이러한 사정을 헤아려 감당할 만한 사람에게 옮겨 제수하시어, 신으로 하여금 안심하고 치료할 수 있게 하여 공적으로나 사적으로나 편리하게 해 주소서. 그리해 주신다면 매우 다행이겠습니다.

20 익릉(翼陵)의 지문(誌文) : 인경왕후(仁敬王后)의 지문을 말한다. 익릉은 숙종의 원비 인경왕후 김씨의 능이다.

두 번째 차자 경신년(1680, 숙종6) 11월 24일

二箚 庚申十一月二十四日

삼가 아룁니다. 신이 낙상을 당한 부위는 청홍색의 무리를 이루고 동통이 점점 극심해지고 있습니다. 만일 어혈(瘀血)이 고름이 되고 만다면 장차 생사의 귀로에 이르게 될 것이고 비록 이와 같지는 않더라도 단시간에 나을 수 있는 상태가 아닌 듯하여 차임(差任)하신 지문 짓는 일은 미리 준비하여 기다릴 수 없게 되었습니다. 신은 외람되이 병을 치료하라는 명을 받고 이미 며칠이 지났으나 아직 앞으로 나아갈 수 없어 밤낮으로 두려워하며 몸 둘 바를 모르고 있습니다. 삼가 바라건대 밝은 성상께서는 공사 간의 사정을 굽어살펴 속히 지문을 찬술하는 소임을 다른 사람에게 옮겨 제수하시어 신으로 하여금 또한 안심하고 치료하여 살아날 길을 찾을 수 있게 해 주소서. 그리해 주신다면 매우 다행이겠습니다.

도성 밖에 이르러 대죄하는 차자 경신년(1680, 숙종6) 11월 27일

至城外待罪箚 庚申十一月二十七日

삼가 아뢰옵니다. 신이 세 번이나 지엄한 소명을 받게 되어 두려운 마음에 몸 둘 바를 모르겠습니다. 그러나 신은 질병 외에도 편안치 못한 사정이 없지 않아 감히 다시 사직을 청하지 않을 수 없습니다. 죽음을 참고 올라와서 겨우 도성 밖에 이르렀을 때에 통증이 증가하여 비틀거리며 엉금엉금 기어갈 뿐만 아니라, 현재 조심해야 할 질병이 곳곳에 가득 퍼져서 신이 지나온 곳은 질병의 오염을 면치 못하게 되었습니다. 이 때문에 감히 삼가 대궐로 달려가서 함부로 은명(恩命)에 사례하지 못하니, 예법이 어긋나고 정의(情意)가 막혀서 죽어도 남는 죄가 있습니다. 신은 대죄하며 너무나도 황공한 마음을 견디지 못하겠습니다.

지문을 찬술하여 올릴 때의 차자 경신년(1680, 숙종6) 12월
誌文撰進箚 庚申十二月

삼가 아룁니다. 신은 노쇠하고 병들어 정신과 생각이 시들고 흩어지니 글을 짓는 작은 기예조차 제 모양을 이루지 못합니다. 다만 대행 왕비의 장례일이 정해짐으로 인하여 신에게 지문을 찬술하라고 명하시니, 백관들이 황급히 각각의 업무를 집행하는 때를 당하여 비록 토목의 일을 맡더라도 감히 늙고 병들었다는 이유로 사양할 수 없거늘, 하물며 지문을 짓는 일이야 말할 것이 있겠습니까. 다만 신의 어둡고 쇠퇴한 모양은 위에서 진술한 바와 같기 때문에 세 차례 사양하는 상소를 올렸으나 끝내 면직되지 못하여 삼가 억지로 초고를 지은 뒤에 다시 정서하여 올립니다. 다만 우리 대행 왕비로 말하면 착한 덕과 아름다운 행실은 신의 필설로 형용할 수 있는 바가 아니니, 한 가지만 들고 만 가지를 누락한 것이 마치 천지의 조화를 말로 그려 내는 것과 같게 되었습니다. 삼가 바라건대 성상께서 살펴보고 쓸 만하지 못하다면 다시 문장을 담당하는 신하에게 따로 찬술하여 올리도록 명하시어 영결하는 대사에 유감이 없게 하소서. 그리하신다면 매우 다행이겠습니다.

신이 가만히 생각건대, 신이 찬술한 문장은 그 사실이 대내(大內)에서 내린 원록(原錄)보다 외람되이 열에 두셋이나 더 많아졌습니다. 이는 신이 일찍이 성비(聖妃)의 고조부 문원공(文元公) 김장생(金長生)에게 수학하였고 고(故) 문충공(文忠公) 장유(張維)[21]는 신을 동

21 장유(張維) : 1587~1638. 본관은 덕수(德水), 자는 지국(持國), 호는 계곡(谿谷)

문의 사람으로 보았기 때문에 신이 두 집안의 자제들과 가까이 지낼 수 있어 남들이 미처 알지 못하는 일들을 알 수 있었기 때문입니다. 지문 중에 "인선왕후(仁宣王后) 운운"한 것은 신이 문충공의 윤자(胤子) 판서 장선징(張善瀓)에게 들은 것이고, "술인(術人) 운운"한 것에서 이른바 술인은 곧 문원공의 윤자 판부사 김집(金集)의 측실 아들 참봉 김익련(金益煉)이고 그가 말한 것은 김반(金槃)과 김익겸(金益兼)[22]을 이장할 때에 신이 직접 들은 것이고, "갑인년(1674) 이후 운운"한 것은 역적 정원로(鄭元老) 등의 공초(供招)에 나오는 것입니다. 그 나머지 원록 외의 사소한 일들도 모두 신이 평소에 김씨 집안 자제들에게 들은 것이니, 신은 감히 망녕되이 근거가 없는 말을 하여 '옳지 못한 일을 한 죄〔不韙之罪〕'[23]를 범하지 못합니다.

또 삼가 생각건대, 원록은 생략을 위주로 하였지만 지금 신이 찬술한 것은 번다해도 줄이지 않았습니다. 이는 왕의 말씀은 의당 간략해야 하지만 신하가 찬양하는 글은 상세함을 꺼리지 않기 때문이니, 이 점도 아울러 살펴 주소서.

이다. 1609년(광해군1)에 문과에 급제하여 대제학, 대사헌, 예조 판서 등을 역임하였다. 효종 비 인선왕후(仁宣王后)의 아버지이고, 김장생의 문인이다. 저서로 《계곡만필(谿谷漫筆)》, 《계곡집(谿谷集)》 등이 있다.

22 김반(金槃)과 김익겸(金益兼) : 김반은 김집의 동생이고, 김익겸은 김반의 아들이다.

23 옳지……죄 : 제반 사실을 따져 보지도 않고 일을 벌이는 것을 말한다.

서산의 선영에 성묘하러 가기를 청하는 차자 경신년(1680, 숙종6) 12월

乞往西山先墓箚 庚申十二月

삼가 아룁니다. 신이 외람되이 지문의 초본을 올려 밝은 성상의 인가를 삼가 받게 되었으니 신이 맡은 일은 이미 대략 끝났습니다. 그러나 신의 질병이 깊어져서 죽을 시기가 날로 닥쳐오니, 자애로운 성상께서 비록 물러나 돌아가기를 허락하셨으나 신은 이미 자력으로 멀리 돌아갈 가망이 없습니다. 신의 조묘(祖墓)가 경성(京城)의 서북쪽 수십 리 땅에 있으니, 신이 이곳으로 가서 엎드려 지내면 하루아침에 갑자기 세상을 떠나더라도 그대로 그곳에 묻힐 수 있어 일이 매우 편리할 것입니다. 게다가 또 신이 근래 6, 7년 동안 성묘하지 못했는데 소나무가 쓰러지고 묘역이 무너졌다는 소식을 듣고 마음속으로 두려워서 잠을 자든 밥을 먹든 편안하지 못했습니다. 지금 속히 가서 살펴보고자 하니, 삼가 바라건대 자애로운 성상께서는 아울러 긍휼히 여겨 살펴 주소서.

사정을 진달하여 돌아가기를 청하고 이어서 음식물을 사양하는 차자 경신년(1680, 숙종6) 12월 10일

陳情乞歸仍辭食物箚 庚申十二月十日

삼가 아뢰니다. 신의 위태로운 정세는 그동안 올린 소장에서 이미 다 말씀드렸고, 신병(身病)의 위험과 사정(私情)의 절박함은 또 어제의 차자에서 진언하였습니다. 신은 본래 몇 달 동안 지체하면서 인산(因山)이 끝나기를 기다리려 하였지 감히 급히 고향으로 돌아가려는 뜻을 가졌던 것이 아닙니다. 신이 어제 별유(別諭)를 받아 보건대, 말뜻이 너무 성대하고 칭위(稱謂)가 과당하여 마치 빈사(賓師)의 지위로 대하시는 듯하였으니, 이것이 어찌 천신이 조금이라도 감당할 수 있는 바이겠습니까. 감당할 바가 아닌데도 감당한다면 귀신이 죽일 뿐만 아니라 여론이 해괴하게 여겨 중외가 떠들썩할 것이니 성세에 얼마나 누가 되겠습니까. 신이 이 하교를 받고부터 밤새도록 잠을 이루지 못하여 벽을 따라 서성이며 마치 큰 허물을 걸머진 것처럼 땀이 흘러 등을 적시기까지 하니, 굳게 마음을 먹고 물러가야지 감히 조금도 머물러서는 안 됩니다.

아, 임금과 신하가 있어 온 이래로 군부(君父)의 은혜를 받은 사람으로 어찌 신과 같은 자가 있겠습니까. 신이 만약 보답할 수 있는 재주와 힘이 있는데 감히 자신을 편리하게 하거나 편안함을 도모하려는 마음을 조금이라도 낸다면, 신이 비록 못났지만 또한 떳떳한 본성을 타고난 사람인데 어찌 이와 같이 하겠습니까. 어찌 이와 같이 하겠습니까. 크게 밝은 하늘이 실로 이 마음을 내려다보고 있습니다.

또 신이 정재숭(鄭載嵩)의 일[24]에 대하여 또한 뒤미처 생각해 보니 자책할 점이 있습니다. 지난번에 전하께서 신으로 하여금 〈서명(西銘)〉을 강설하게 하시니, 신이 '백성은 나의 동포이다.〔民吾同胞〕'[25]라는 뜻으로 되풀이하여 논하고 찬탄하였습니다. 그러나 정재숭을 만나게 되어서는 신이 말하고자 하는 바를 말하지 못하였으니,[26] 이것이 어찌 동포로 여기는 뜻이겠습니까. 예로부터 오늘날에 이르기까지 이미 음양(陰陽)과 빙탄(氷炭)처럼 피차간을 스스로 구분 짓는 것은 매우 한스러운 일이었는데 지금 또 한 관청 안에서 다시 남과 나를 아무 상관 없는 진(秦)나라와 월(越)나라 사람처럼 여기는 일이 있으니, 동포로 여기는 도리에 어찌 어그러지지 않겠습니까. 신이 얼마 전에

24 정재숭(鄭載嵩)의 일 : 1678년 윤3월 우의정 정재숭이 부친 정태화(鄭太和)의 예론을 변호하는 상소를 올렸다. 당시 조정에서는 정태화 역시 우암과 마찬가지로 기해예송 때 기년복을 주장했으니 현종의 묘정에 배향해서는 안 된다는 주장이 일어났었다. 정재숭은 이에 자신의 아버지가 국제(國制)에 의거하여 기년복을 정한 것은 우암이 체이부정(體而不正)의 설을 끌어와서 종통을 흐린 것과는 근본적인 차이가 있다고 변호하며 우암을 지척하였다. 이후 1680년 경신환국으로 서인이 집권하고 우암이 조정에 돌아와서 정재숭이 올렸던 상소에 대하여 마음이 편치 못하다는 차자를 올리자, 정재숭도 이에 맞서 상소하여 자신의 뜻을 굽히지 않으며 출사하지 않았다. 이에 정언 이굉(李宏)이 계사를 올려 정재숭을 탄핵하자 숙종은 체직하라는 비답을 내려 12월 12일 정재숭이 사면(辭免)되었다.

25 백성은 나의 동포이다 : 장재(張載)의 〈서명〉에 나오는 구절로, 모든 사람은 천지를 부모로 삼는 나의 동포라는 말이다.

26 정재숭을……못하였으니 : 우암이 1680년 11월 2일에 올린 차자에서 "신이 어제 도당(都堂)에서 그 재상의 아들을 만났는데, 공무 끝에 개인적으로 선대의 교분을 말하고 이어서 당시의 실상을 해명하려고 했으나 신은 부끄러운 마음이 먼저 일어나 얼굴과 목이 모두 붉어져 우물우물하다가 끝내 말하지 못했습니다."라고 하였다.

이러한 뜻을 성상께 아뢰고는 스스로 이를 행하지 못했으니, 이는 성인의 말씀을 업신여겼을 뿐만 아니라 또한 전하를 속인 것입니다. 구구한 이 마음이 저도 모르게 귀향을 청하는 글에 드러났는데, 뜻하지 않게 이 일이 번져 가서 정재숭이 문을 닫고 출사하지 않은 지 이미 두 달이 되어 가니, 이는 실로 신의 죄입니다. 지금 신이 사퇴하지 않는다면 정재숭의 마음에 사죄할 수 없어 끝내 출사할 날이 없을 것입니다. 삼가 바라건대 밝은 성상께서는 이를 아울러 긍휼히 여기고 살펴 주소서.

차자의 원본이 완성되었을 즈음에 삼가 자애로운 성상께서 신의 객지 생활을 염려하여 초식(稍食 녹봉)을 더 하사하셨다는 소식을 들었습니다. 이렇게 하늘이 노하고 백성이 곤궁한 날을 당하여 신이 도랑에서 굶어 죽은 귀신이 되지 않은 것만으로도 이미 망극한 성은이고 신의 분수를 뛰어넘는 일입니다. 맡은 일이 날로 쌓여 가도 옛사람이 오히려 몰래 탄식한 적이 있었거늘,[27] 하물며 이렇게 하사하는 은혜가 있는 데이겠습니까. 신이 이에 더욱 움츠리며 주저하는 바가 있게 되니, 그렇다면 성상께서 신을 돌보아 머무르게 하시려는 것이 바로 신을 쫓아내는 길이 될 것입니다. 아울러 양찰하여 초식을 하사하라는 명을 거두어 주소서. 신은 간절히 기원하는 마음을 견디지 못하겠습니다.

27 맡은……있었거늘 : 《시경》 〈패풍(邶風) 북문(北門)〉의 "국사가 나에게 몰려들거늘, 정사가 모두 나에게 더해지도다.〔王事適我, 政事一埤益我.〕"라는 구절을 차용한 것이다.

포름[28]을 사양하는 차자 경신년(1680, 숙종6) 12월 12일

辭庖廩箚 庚申十二月十二日

삼가 아룁니다. 신은 곧바로 도성 문을 나와 길가에서 대죄하고 있습니다. 질병이 깊어져 조만간 죽게 될 이런 때에 호조에서 쌀과 반찬을 실어 보내왔는데, 성상의 하교에 이른바 포름이라는 명목이었습니다.

저 포름이라는 두 글자는 그 출처를 따져 보면 몹시 감당할 수 없는 점이 있습니다. 또 신이 삼가 성상이 하교하신 뜻을 생각해 보건대, 이는 신으로 하여금 도성에 있을 때에 수령하게 하신 것인데, 지금 신이 이미 도성 문을 나와 버렸으니, 이는 곧 재야의 신하인 것입니다. 초야에 있으면서 국가의 초식(稍食)을 받는 것은 참으로 옛 성인이 감히 하지 않았던 일입니다.

또 신이 삼가 생각건대, 현재 백성은 곤궁하며 재물은 고갈되었고 또 신릉(新陵)의 조성 경비가 소요되는 때를 당하여 한 푼의 돈과 한 자의 베도 마땅히 아껴야 하는데 도리어 사용하지 않아도 될 곳에 허비해 버린다면, 밝은 성상의 입장에서는 헛되이 내려 주시는 것이 되고 미천한 신의 입장에서는 헛되이 받는 것이 됩니다. 신이 비록 못났더라도 감히 옛사람의 깊은 경계를 범하여 맑은 조정에 누를 끼칠 수는 없습니다. 밝은 성상께서 끝내 구휼하는 은전을 내리려 하신다면 우선 신이 병이 나아 조정으로 돌아와서 아침도 먹지 못하고 저녁도 먹지 못하여 굶주림으로 문호(門戶)를 나가지 못할 때[29]를 기다린 뒤에 유사

28 포름(庖廩) : 임금이 하사하는 반찬과 쌀을 말한다.

에게 명하여 보내 주신다면 신이 감히 다시 사양하지 않을 것입니다. 그러나 현재 굶주려서 문호를 나가지 못하는 이들이 온 나라에 두루 가득하니, 신이 어찌 감히 홀로 은사(恩賜)를 입는 것을 편안히 여기겠습니까. 아울러 잘 헤아려 살펴 주소서.

29 아침도……때 : 《맹자》 〈고자 하(告子下)〉에 나오는, 임금이 주는 녹을 받아도 되는 하나의 경우를 말한다.

정재숭의 체직으로 인하여 소명을 거두어들이기를 청하는 차자 경신년(1680, 숙종6) 12월

因鄭載嵩遞職乞收召命箚 庚申十二月

삼가 아룁니다. 신은 병세가 여전해서 은혜로운 소명을 오래도록 어기게 되어 마치 큰 죄를 진 듯 밤낮으로 황공합니다. 이때에 병조 판서 정재숭이 마침내 체직되었다는 소식[30]을 홀연 듣게 되었으니, 미천한 신의 일 때문에 어찌 이 지경에 이른단 말입니까. 신은 초야의 천한 몸이고 저 사람은 교목(喬木)의 세신(世臣)입니다. 막 중임을 위임받아 바야흐로 공로를 떨치는 것은 성상께서 바라시는 바이고 조정에서 기대하던 것인데, 지금 갑자기 지위를 버리고 한가하게 물러났습니다. 저 사람은 비록 마음이 넓고 도량이 커서 남들의 사소한 일이나 물정을 예사롭게 보아 넘기지만 신을 못마땅하게 여기는 마음이 있는 듯합니다. 신은 단지 총애만 그르칠 뿐이고 시대에는 도움이 되지 않아 그 죄가 이미 중하거늘, 하물며 이처럼 국사에 해까지 끼치고 있는 데이겠습니까. 신이 잠시 조정에 있어도 맞닥뜨리는 일이 이와 같으니, 만일 오래도록 머문다면 반드시 말하기 어려운 일과 처리하기 어려운 단서가 뜻밖에 발생하게 될 것입니다. 이러한 지경에 이르게 되면 성상께서 비록 신의 몸을 용납하고 보호하여 큰 죄에 이르지 않게 하시려고 해도 또한 그럴 수 없을 것입니다.

삼가 바라건대 밝은 성상께서는 헤아려 살펴 소명을 거두어들이고

30 정재숭이……소식 : 407쪽 주24 참조.

이어서 처음부터 일을 그르친 신의 죄를 다스리시어 공적으로나 사적으로나 다행스럽게 하소서. 신은 너무도 간절히 기원하는 마음을 견디지 못하겠습니다.

신이 지내고 있는 촌사(村舍)에는 조심해야 할 질병이 없지 않기 때문에 신이 삼가 깨끗한 땅으로 옮겨 와서 재계하며 묵은 뒤에 감히 이 차자를 올립니다. 그러나 오히려 우려를 과하게 하지 않을 수 없어 삼가 승정원에 청하여 또 종이를 바꾸어 적어서 들이도록 하니, 아울러 성상께서 살펴 주소서.

자성의 언찰[31]을 받고 도성에 들어가 대죄하며 올린 차자

경신년(1680, 숙종6) 12월

承慈聖諺札入城待罪箚 庚申十二月

삼가 아룁니다. 신이 교외에 물러나 엎드려 있으면서 여러 차례 소지(召旨)를 어겼으니 황공하고 두려워서 밤낮으로 편안하지 않습니다. 아, 보잘것없는 신은 곧 개미처럼 미천하니 어찌 따질 만한 생사 문제가 있기에 감히 질병을 말하며 지엄한 명을 이처럼 오래도록 그냥 저버린단 말입니까. 그런데도 처벌을 더하지 않고 은혜로운 유시가 더욱 성대하니, 신은 진실로 그러한 연유를 모른 채 설날을 기다렸다가 축수의 만세를 부르는 반열에 삼가 달려가려고 하였습니다. 그런데 뜻밖에 옛날 여중요순(女中堯舜)[32]의 일을 홀연히 신의 몸에 다시 보게 되었으

31 자성(慈聖)의 언찰(諺札) : 숙종의 어머니 명성왕후(明聖王后)가 보낸 언문 편지를 가리킨다. 《송자대전》 부록 권13 〈묘표〉에 "곧이어 왕후 김씨가 승하하자 즉시 돌아와서 곡림(哭臨)하고 왕명을 받들어 왕비의 묘지문을 지어 올렸다. 선생이 다시 차자를 남기고 교외로 나오니, 주상은 도승지를 보내어 그대로 머물며 보도(輔導)할 것을 간곡히 부탁하였다. 한편 자성께서도 시정(寺正) 김석연(金錫衍)을 보내어 언찰을 하사하였다. 이에 선생은 이는 여중요순이 편지를 보내어 사마광을 머물도록 한 것과 같다고 여겨서 특별한 은혜에 감격하며 명을 받들어 도성에 들어갔다."라고 하였다.

32 여중요순(女中堯舜) : 여인 중의 요순이라는 말로, 송나라 영종(英宗)의 후비(后妃)인 선인황후(宣仁皇后) 고씨(高氏)를 가리킨다. 선인황후는 아들 신종이 죽자 어린 철종을 도와 섭정하면서 왕안석의 신당을 몰아내고 사마광 등을 등용하여 원우(元祐)의 성세(盛世)를 이룩하였으므로 사람들이 여중요순이라고 일컬었다. 당시 사마광이 고향으로 돌아가려고 하자 편지를 보내어 만류하였다고 한다. 《宋史 英宗宣仁聖烈高皇后》

니, 이는 의당 옛날의 큰 현인도 사양할 일이고 그 나머지 사람은 모두 감당할 수 없는 일입니다. 더구나 신처럼 전혀 보잘것없는 사람은 시대에 조금의 도움도 없는 데 있어서이겠습니까.

아, 자성(慈聖)의 성대한 덕은 송나라 선인황후(宣仁皇后)보다 훨씬 뛰어나시지만 조금도 조정의 의논에 간여함이 없으십니다. 그런데 신의 우둔함과 태만함으로 인하여 천고에 드문 이수(異數)를 시행하지 않아야 할 천신(賤臣)에게 시행하시도록 하였으니, 신의 죄는 여기에 이르러 만번 죽어도 용서되기 어렵습니다. 신은 자신도 모르게 감격의 눈물이 얼굴을 뒤덮고 부끄러워 흘린 땀이 옷을 적셔서 땅에 엎드려 머리를 부딪치며 죽기를 구하지만 죽지 못하고 있습니다. 신이 한참 동안 생각해 보건대 끝내 감히 이대로 엎드려 있을 수 없고 문자로 드러내어 심정을 진달해야 하겠기에 드디어 벌떡 일어나 죽음을 참고 달려왔으니, 염치와 질병은 돌아볼 겨를이 없습니다.

다만 신이 우거하는 교외에는 조심해야 할 질병이 한창 치성하고 집안의 어린아이가 현재 또한 이 병에 걸렸습니다. 이에 감히 대궐 가까운 지역에 나아가지 못하였고 차본(箚本)을 적어 올리면서도 재계하며 하루를 묵느라 태만히 한 죄가 다시 갑절을 더하게 되었습니다. 신은 너무나도 황공하고 두려운 마음을 견디지 못하겠습니다.

진수당에서 올린 차자 신유년(1681, 숙종7) 1월 3일

進修堂奏箚 辛酉正月三日

삼가 생각건대 천서(天敍)와 천질(天秩)[33] 중에 군신(君臣)과 부자(父子)가 가장 중요하니, 이것이 이른바 천경(天經)이고 지의(地義)이고 민이(民彝)인 것입니다. 예로부터 제왕(帝王)이 몸을 바르게 하고 집안을 다스리는 것도 이것에 달려 있었고 기강을 유지하고 강령을 제시하는 것도 이것에 달려 있었습니다. 진실로 이것을 버린다면 인류가 금수(禽獸)의 지경에 들어가고 중국이 오랑캐로 전락할 것이니, 두려워하지 않을 수 있겠습니까.

우리 동방은 기자 조선(箕子朝鮮) 이래로 이미 예의의 나라였기 때문에 고려에 이르러서도 오랑캐인 원(元)나라의 풍속에 오히려 다 변화되지 않았습니다. 명나라 태조 고황제(太祖高皇帝)가 처음 천하를 평정했을 때, 문충공(文忠公) 정몽주(鄭夢周)가 제일 먼저 대의를 건의하고[34] 이하(夷夏)와 음양(陰陽)을 분변하여 원나라를 버리고 명나라를 섬겼습니다. 우리 태조대왕께서 개국하자, 명나라 고황제가 중국과 똑같이 대우하여 흡족한 은례(恩禮)를 베풀어 주었고, 우리 태조대

33 천서(天敍)와 천질(天秩) : 《서경》 〈고요모(皐陶謨)〉에 나오는 말로, 채침(蔡沈)의 주에 "서(敍)는 군신, 부자, 형제, 부부, 붕우의 윤서(倫敍)이고, 질(秩)은 존비, 귀천에 대한 등급의 높고 낮은 품질(品秩)이다."라고 하였다.

34 문충공(文忠公)……건의하고 : 《포은집(圃隱集)》 〈행장〉에 "명나라가 처음 일어났을 때, 공이 조정에 힘껏 청하여 맨 먼저 명나라에 귀부하여 고황제에게 크게 칭찬을 받았다."라고 하였다.

왕께서도 충정(忠貞)하고 근실한 자세로 아들이 아버지를 섬기듯이 하였기 때문에 임진왜란 때 충분한 보답을 받아 종사(宗社)가 망하다가 다시 보존되었고 백성이 죽어 가다가 다시 살아났으니, 우리 동방 수천 리 안의 풀 한 포기 나무 한 그루도 어찌 황제의 덕에 젖지 않은 것이 있겠습니까. 이 때문에 우리 선조대왕께서 더욱 충성을 다하여 손수 '재조번방(再造藩邦)'이라는 네 큰 글자를 써서 잊지 못하는 뜻을 깃들였던 것입니다. 그런데 불행하게도 병자·정축년의 변란[35] 때에는 국세가 미약하고 장상(將相)들이 노둔하여 삼전도(三田渡)의 일[36]이 있기까지 하였으니, 통한을 견딜 수 있겠습니까. 그러나 인조대왕께서는 정성스러운 뜻이 더욱 돈독하여 명나라의 경절(慶節) 때마다 홀로 후원(後苑)에 이르러 통곡하며 절하셨고 몇몇 대신들 또한 은밀히 사의(私義)를 펼쳐서 명나라의 칭찬과 장려를 받았으니, 종사가 지금까지 부지되어 온 것은 실로 이 천서와 천질에 힘입은 것입니다.

그 까닭은 무엇이겠습니까. 군상(君上)은 신민(臣民)이 본받는 대상이기 때문에 군상이 의리를 숭상하고 윤상(倫常)을 바르게 하면 임금에게 충성하고 어른을 섬기는 의리가 밝아져서 비록 위급한 때가 오더라도 오히려 굳게 단결하여 해이해지지 않는 것이니, 송(宋)나라 애산(崖山)의 일[37]을 보면 알 수 있습니다. 만약 혹 이와 반대가 되면

35 병자·정축년의 변란 : 병자호란을 말한다. 병자년(1636, 인조14) 12월 청나라 태종이 2만의 대군을 이끌고 조선을 침략하여 정축년(1637) 1월 30일에 인조가 삼전도에서 항복함으로써 끝난 전쟁이다.

36 삼전도(三田渡)의 일 : 1637년 인조가 삼전도에 수항단(受降壇)을 쌓고 삼배 구고두(三拜九叩頭)의 예를 갖춰 청나라 태종에게 항복한 일을 말한다. 삼전도는 경기 광주군 중대면(中垈面) 송파리(松坡里)에 있던 나루이다.

어버이를 뒤로 하고 임금을 버리는 풍조가 성행하여 끝내는 다 빼앗지 않고는 만족하지 않는 지경에 이르게 될 것입니다. 그러므로 주자(朱子)가 그의 부친인 위재(韋齋) 주송(朱松)의 말을 외어 특별히 드러내기를 "부자간과 군신간의 의리는 천지간에 피할 곳이 없으니, 마치 원기(元氣) 속에서 호흡하는 사람이 숨이 한번 이어지지 않으면 이치상 반드시 죽음에 이르게 되는 것과 같다."라고 하였으니, 이는 진실로 바뀔 수 없는 지극한 의론입니다. 그 기미가 이와 같으니 두려워하지 않을 수 있겠습니까.

우리 효종대왕에 이르러서는 인조대왕께서 당하신 위험과 모욕을 가슴 아파하고 위와 아래가 전도됨을 분개하시어 밤낮으로 마음에 다짐하고 뜻을 가다듬었으니 그것은 모두 '복수설치(復讐雪恥)'라는 네 글자일 따름이었습니다. 이 때문에 금주(金珠)와 피폐(皮幣) 등의 예물을 가지고 청나라를 왕래하는 중에도 무기와 깃발을 들고 분발하려는 뜻이 실제 그 속에 담겨 있었던 것입니다. 일찍이 상신(相臣) 이경여(李敬輿)의 상소에 대해 비답하기를 "지극한 아픔이 가슴속에 있건만 해는 저물고 갈 길은 멀기만 하다."라고 하셨고, 또 일찍이 이러한 뜻을 지금의 상신 민정중(閔鼎重)에게 말씀하신 적이 있었습니다. 그러면서 또 반드시 이르기를 "이치가 그 요점을 얻지 못하면 끝내 허위로 돌아가고 말 것이다. 왕자(王者)가 신봉할 것은 "하늘은 사사로이 덮어

37 애산(崖山)의 일 : 애산은 중국 광동성(廣東省) 신회현(新會縣) 남쪽 바다에 있는 섬이다. 남송 말기 원나라의 침공으로 송나라가 위태롭게 되자, 장세걸(張世傑) 등이 황제 조병(趙昺)을 받들고 이곳으로 피난하였다. 그러나 결국 원나라 장수 장홍범(張弘範)에게 패하여 멸망하였다. 《宋史 張世傑列傳》

주는 법이 없고, 땅은 사사로이 실어 주는 법이 없고, 해와 달은 사사로이 비춰 주는 법이 없다."라는 것일 뿐이다. 나에게 사사로움이 없어야 곧 신하들을 독려할 수 있고 신하로서 공무를 봉행하지 않고 사리(私利)를 꾀하는 자에게 형륙을 가할 수 있다."라고 하셨습니다. 효종대왕의 뜻이 이와 같았기 때문에 기해년(1659, 효종10) 봄에 민유중(閔維重), 남구만(南九萬), 이익(李翊) 등을 보내어 외방을 염탐하게 하면서 무릇 여러 궁가의 염분(鹽盆), 어살(漁箭), 원당(願堂) 등 무릇 궁가의 사적인 일에 관계된 것을 일체 규찰하여 혁파할 터전으로 삼게 하셨으니,-이때의 글이 아직 민유중 등의 집에 있다.- 이때에 효종대왕의 뜻은 푸른 하늘의 흰 해처럼 분명하였습니다. 그러나 불행하게도 민유중 등이 미처 복명하기도 전에 효종대왕께서 갑자기 승하하셨으니, 이것이 어찌 우리 동방만의 불행이겠습니까. 또한 천하의 불행인 것입니다. 그렇지만 당시 효종대왕의 뜻이 어찌 시세(時勢)를 헤아리지 않고 경솔히 큰 화를 야기하려고 한 것이었겠습니까.

효종대왕께서 일찍이 말씀하기를 "인구를 증가시키고 재물을 비축하며 백성을 가르치고 훈련시키기를 의당 구천(句踐)이 한 것처럼 세월을 두고 천천히 도모해야 할 것이다."[38]라고 하셨고, 또 일찍이 말씀

38 인구를……것이다 : 온 나라 군민(軍民)이 치욕을 씻기 위하여 한마음으로 발분하여 나라를 부강하게 하는 것을 말한다. 춘추 시대 때 오왕(吳王) 부차(夫差)가 월왕(越王) 구천을 부초(夫椒)에서 크게 이기고는 항복을 받아야 한다는 오원(伍員)의 충고에도 불구하고 월왕의 화의(和議)를 받아들이자, 오원이 말하기를 "월나라가 10년 동안 인구를 증가시키고 재물을 비축하며 10년 동안 백성을 가르치고 훈련시킨다면 20년 뒤에 오나라는 아마 쑥대밭이 되지 않겠는가."라고 하였다. 그 뒤에 과연 구천이 와신상담한 끝에 오나라를 멸망시켰다. 《春秋左氏傳 哀公元年》

하기를 "우리 국력의 강약을 알아보고 저들의 흔단(釁端)의 심천(深淺)을 살펴야 한다."라고 하셨고, 또 말씀하기를 "이것은 학문하는 방도와 다름이 없으니, 천천히 하여 급속히 이루려 하지 말고 급급히 하여 감히 태만하지 말아야 한다."라고 하셨고, 또 일찍이 말씀하기를 "이 뜻이 강하게 서고 이 마음이 맑고 밝아지는 것은 모두 학문에 달려 있다."라고 하셨습니다. 이 때문에 성궁(聖躬)이 편찮으실 때에도 날마다 경연(經筵)에 나아가서 주공(周公), 공자(孔子), 정자(程子), 주자(朱子)의 글을 강론하며 요순(堯舜)의 정일(精一)한 연원[39]을 탐구하셨으니, 이것이 효종대왕께서 뜻이 컸던 까닭이고 정치의 요체를 잡으셨던 까닭입니다.

우리 현종대왕에 이르러서도 선왕의 뜻을 잇고 선왕의 일을 전술(傳述)하려 하지 않은 것은 아니었지만, 불행히도 오랫동안 병석에 계셔서 마음처럼 일할 수 없었고 신하도 국사(國事)를 담당하지 못하여 15, 6년 동안 하는 일 없이 세월만 보냈기 때문에 국세가 날로 쇠퇴해져서 진작되지 못했으니, 이는 실로 선대왕(先大王 현종)께서 일찍이 개연히 탄식하신 바입니다. 신이 무신년(1668, 현종9)에 온양(溫陽)의 별궁에서 어가를 따라 서울로 들어왔을 때, 일찍이 연석(筵席)에서 은근히 효종의 뜻과 일을 계승할 단서를 조금 말씀드렸습니다. 선왕께서 또한 수긍하는 뜻을 보이셨으나 남들이 들으면 번다해질 것이라는

39 요순(堯舜)의 정일(精一)한 연원 : 요 임금이 순에게 천하를 물려주면서 "진실로 그 중도를 잡으라.〔允執厥中〕"라고 하였고, 순 임금이 우(禹)에게 천하를 물려주면서 "인심은 위태하고 도심은 은미하니, 정밀하고 한결같아야 진실로 그 중도를 잡으리라.〔人心惟危, 道心惟微, 惟精惟一, 允執厥中.〕"라고 하였다. 이것이 만세토록 심학(心學)의 연원으로 전해진다.《論語 堯曰》《書經 大禹謨》

이유로 사관에게 기록하지 못하게 하셨으니, 이 일이 또한 매몰될 것이라고 생각했습니다.

우리 전하께서 즉위하신 초기에 적신(賊臣)[40]이 나라를 맡아보며 대의를 가탁하였으나 실제는 자신의 사욕을 채우느라 흉악한 짓을 자행하다가 끝내 형륙에 빠지게 되었으니, 그 뒤로 모든 사람들이 일체 이 일을 경계로 삼아 춘추대의(春秋大義)를 기피할 일로 여겼습니다. 저 왕망(王莽)이 요순을 가탁하여 한(漢)나라를 찬탈했지만 사람들이 이 때문에 요순을 나쁘게 여기지 않았으며, 황소(黃巢)가 탕무(湯武)를 가탁하여 당(唐)나라를 어지럽혔지만 어느 누가 이 때문에 탕무를 의심하였습니까.

지금 전하께서는 총명하고 지혜로운 성왕(聖王)으로 신무(神武)하여 함부로 죽이지 않는 덕을 지니셨으니, 신이 비록 우매하지만 전하께서 큰일을 해낼 수 있음을 확실히 알고 있습니다. 그 까닭은 무엇이겠습니까. 지난번 흉역(凶逆)의 변란에 전하께서 침착하게 기미를 살펴서 영단(英斷)을 내리시되 성색(聲色)을 바꾸지 않고 눈 깜짝할 사이에 바람에 구름이 걷히듯이 시원스레 처리하셨으니, 이를 미루어 나간다면 무슨 일인들 이루지 못하시겠습니까.

그러나 큰일을 하려고 하신다면, 그 요점은 다른 곳에 있지 않고 실로 자신의 사욕을 버리고 천리(天理)를 회복하는 데 달려 있을 뿐입니다. 사욕과 천리는 한쪽이 성하면 한쪽이 소멸되는 것으로, 나라의 치란과 안위가 여기에 매여 있습니다. 예로부터 위란(危亂)을 좋아하고 치안(治安)을 싫어한 임금이 누가 있겠습니까. 오직 자신의 사욕을

40 적신(賊臣) : 윤휴(尹鑴)와 허적(許積)을 가리킨다.

이기지 못했기 때문에 신하들까지 서로 본받아 어쩔 수 없는 지경에 이르게 된 것이니, 경계하지 않을 수 있겠습니까.

신이 일찍이 주자의 말을 외워서 효종대왕께 아뢰기를 "중원의 오랑캐를 쫓아내기는 쉽지만 한 몸의 사욕을 없애기는 어렵고, 세상에 드문 큰 공을 세우기는 쉽지만 지극히 은미한 본심을 보존하기는 어렵습니다."라고 하였더니, 효종대왕께서 이 말을 깊이 음미하고 하교하기를 "이 말은 참으로 띠에 적어 둘 만하다."라고 하셨으니, 아, 당시 효종대왕의 뜻과 학문이 이와 같았습니다.

신은 한번 속마음을 드러내고 싶었으나 그럴 날이 없을까 염려해 왔는데, 너무나 다행스럽게 오늘날 신손(神孫 숙종)을 조우하여 대략 이렇게 진술하였으니, 삼가 바라건대 전하께서는 유념하소서. 오늘날 전하께서 신을 돌보아 주심이 지극하고 신을 만류하심이 지극하지만, 신은 늙고 병들어 죽음의 그림자가 드리워진지라 정신이 아득합니다. 그 속을 들여다보면 달리 가진 것이 없고 이 한 가지 일만 마음속에 항상 잊지 못하고 있었는데 이제 대략 진달하였으니, 이후에 갑자기 죽게 되더라도 유감이 없을 것입니다.

이 일 이외에는 비록 신을 서울에 있으면서 수명이 다하여 죽게 하시더라도 더 이상 국가에 유익함이 없을 것입니다. 다시 바라건대 자애로운 전하께서는 예(禮)로써 신을 물러가게 하여 고향에 돌아가 죽게 해 주소서. 그리해 주신다면 매우 다행이겠습니다.

신이 기억하기로는 지난 기해년(1659) 봄에 사대(賜對)할 때 곁에 한 사람도 없었으니, 이는 송나라 효종이 장식(張栻)과 일을 논할 때의 옛 규례였습니다. 이 때문에 말한 바가 비록 많았지만 끝내 외부로 흘러 나가지 않았던 것이니, 이 차본(箚本)을 유중(留中)하소서.

사사로운 뜻을 버리고 공적인 도를 넓히기를 청하고 이어서 훈신들의 추록[41]에 대하여 논하는 차자 신유년(1681, 숙종7) 1월

請去私意恢公道仍論追錄諸勳箚 辛酉正月

삼가 아룁니다. 신이 그저께 주차(奏箚)로 성조(聖祖 효종)의 뜻과 일을 대략 진달하였는데, 전하께서 한가한 틈에 조용히 살펴보고 비답을 내려 주시니, 신은 성상의 뜻이 어디에 있는지를 삼가 알게 되어 너무도 기쁜 마음을 견디지 못하겠습니다.

삼가 생각건대 성조께서는 규모가 지극히 크고 공부가 몹시 엄밀하시어 안으로 심신(心神)에서부터 시작하여 밖으로 언행에까지 이르렀습니다. 그래서 이치와 일이 서로 배양되고 강령과 기강이 어지럽지 않아 정(靜)으로 동(動)을 제재할 수 있었기 때문에 바람에 풀이 쓸리듯이 사방이 자연히 따랐던 것이니, 이는 정치의 요체를 얻은 효험이었습니다.

이른바 요체라는 것은 무엇입니까. 사사로운 뜻을 버리고 공적인 도를 넓히는 것을 이릅니다. 신은 나라가 약해질수록 사(私)를 더욱 버리지 않을 수 없고 공(公)을 더욱 넓히지 않을 수 없다고 생각합니다. 옛날 주자(朱子)가 송나라가 남도(南渡)하여 혼란한 때를 당하여 가만

41 훈신(勳臣)들의 추록(追錄) : 경신환국의 공로로 1680년(숙종6) 5월 김석주(金錫胄) 등 5인에게 보사 공신(保社功臣)을 녹훈하고, 그해 11월에 이사명(李師命), 김익훈(金益勳), 조태상(趙泰相), 신범화(申範華), 이광한(李光漢), 이원성(李元成) 등 6인을 추록하였다. 《肅宗實錄 6年 5月 18日, 11月 22日》

히 나라를 진작하려고 한 계책[42]도 공과 사 두 가지를 분별하는 데에 지나지 않았습니다. 그 〈무신봉사(戊申封事)〉에 "사(私)라는 명칭은 어떠한 것입니까? 자기 혼자만의 생각에 근거할 뿐 그 밖의 것과 소통하지 못하는 것을 일컫습니다. 지금 바르지 못한 한 생각을 이기지 못하여 사심(私心)을 갖게 되고, 가인(家人)이나 측근을 바로잡지 못하여 사인(私人)을 두게 되니, 사심으로 사인을 쓰게 되면 사비(私費)가 없을 수 없어 이에 안으로는 경비의 수입을 축내고 밖으로는 잉여분의 세금을 헌납받아 사재(私財)를 축적하는 일이 있게 됩니다. 그리하여 천하만사의 폐단이 모두 이로부터 나오게 되니, 이 어찌 애석하지 않겠습니까."라고 하였습니다.

또 시세(時勢)의 이해(利害)에 있어 합하면 강해지고 나뉘면 약해지는 이유를 논하면서 제갈량(諸葛亮)의 "궁중(宮中)과 부중(府中)이 법을 달리해서는 안 된다."라는 말을 인용하여 말하기를 "소열(昭烈) 부자[43]가 조그마한 촉(蜀) 땅으로 천하의 10분의 9를 차지한 위(魏)나라와 오(吳)나라에 맞서서 중원을 취하여 한실(漢室)을 부흥하려고 하였습니다. 제갈량 같은 충성과 지혜로 촉을 위하여 깊이 도모할 적에도 그 계책이 이와 같은 데에 지나지 않았으니, 시무(時務)의 요체를 깊이 알았고 선왕의 법에도 은연중에 합치했다고 할 만합니다."라고 하였습니다. 그러나 후주(後主)의 행위가 제갈량이 경계한 바와 같지 못했기

42 주자(朱子)가……계책 : 주희가 남송 효종 15년 무신년(1188)에 올린 〈무신봉사(戊申封事)〉를 말한다.

43 소열(昭烈) 부자 : 촉한(蜀漢)의 선주(先主) 유비(劉備)와 그 아들 후주(後主) 유선(劉禪)을 가리킨다. 소열은 유비의 시호이다.

때문에 주자가 또 깊이 탄식하기를 "저 조그마한 촉이지만 그 가운데에 또 공과 사로 나뉜 것이 마치 이쪽과 저쪽 두 나라인 것 같았으니, 이는 양주(梁州), 익주(益州)의 반을 가지고 오나라와 위나라 전체를 도모하려고 한 것입니다. 게다가 또 소인을 가까이하고 군자를 멀리하며 법령을 폐하고 간사한 무리를 보호하여 안에서 나오는 계책이 날마다 밖의 일을 해치도록 하고 공적으로 세운 일이 언제나 사적인 일을 이기지 못하도록 하니, 이 공사(公私) 양국(兩國)이 또 서로 공격하여 안의 사(私)가 항상 이기고 밖의 공(公)이 항상 졌던 것입니다. 밖으로는 적과 인접한 근심이 있고 안으로는 음사(陰邪)의 도적이 있어 날마다 협공해 마지않는다면 나라를 다스리는 사람 또한 몹시 위태로울 것입니다."라고 하였습니다.

신이 근래에 삼가 보건대, 정령(政令)를 내릴 때에 조금이라도 궁금(宮禁)과 관련된 것이 있으면 반드시 머뭇거리고 미루어 비록 대간이 간쟁하고 대신이 논하더라도 사심을 극복하여 선(善)을 따르는 도량이 없으십니다. 이와 같다면 어찌 어둡고 혐의하는 마음이 날로 가슴속에 쌓여서 온갖 일의 병통이 되지 않겠습니까.

대저 털끝만 한 사심이 마음속에 잠복해 있더라도 정치와 일에 해가 됨은 그림자가 형체를 따라 생기는 것처럼 빠르거늘, 더구나 언어나 행사(行事)에 나타난 것이 이와 같으니, 신하들이 어찌 서로 본받아 이것을 사리의 당연한 것이라 여기지 않겠습니까. 이 병통을 없애지 않으신다면 비록 수고롭게 어진 이를 구하더라도 어진 이가 결코 등용되지 못할 것이며, 비록 정사에 부지런하더라도 정사가 결코 이루어지지 못할 것입니다. 전하께서 진실로 심신(心神)을 깨끗이 씻어 내어 한결같이 천리를 밝히고 사심을 없애기에 힘쓰신다면 조정의 신하가 그 누군들 정신을 깨끗이 하고 스스로 분발하여 전하의 아름다운 덕을 받들지 않겠습니까. 조정의 신하가 이와 같다면 감사(監司)도 자연히 출척(黜陟)의 도를 밝혀서 선을 표창하고 악을 제거할 것이며, 감사가 이와 같다면 수령 또한 청렴을 기르고 수치를 멀리하여 관청의 일에 마음을 오로지 함으로써 자연히 은택이 백성에게 미치며 나라 안이 다스려지고 편안해질 것입니다. 이와 같다면 무슨 뜻인들 이루지 못하겠으며 무슨 일인들 성취하지 못하겠습니까.

전하께서 한가하실 때에 공과 사의 차이를 조용히 한번 생각해 보신다면, 무엇이 이롭고 무엇이 해로우며 무엇이 얻고 무엇이 잃는 것이겠습니까. 전하께서 만약 학문에 힘쓰고 마음을 다스려서 스스로 청명(淸明)하고 소광(昭曠)한 지경에 설 수 있으시다면 이를 알기가 어렵지 않아 저것을 버리고 이것을 따름은 단시간 내에 결정될 것입니다. 현재 하늘이 노하고 사람이 원망하여 위망(危亡)한 재앙이 조만간에 닥칠 상황이니, 전하께서 비록 분발하고 면려하여 편히 거처할 겨를이 없으실지라도 오히려 때가 늦어 미칠 수 없고 간절하지 않아 유익한 바가 없을까 두렵습니다. 더구나 이 조그마한 사의(私意)조차 버리지 못하고 연연하심으로써 아랫사람들로 하여금 실망하게 하고 이미 물러났다가 다시 들어온 신으로 하여금 한갓 거취의 의리만 잃게 하는 데 있어서이겠습니까.

전하께서 만일 큰일을 하고자 하신다면 모름지기 훈신(勳臣)을 정하는 일부터 결단하셔야 합니다. 한결같이 대신과 대간의 말을 따라 공도(公道)를 넓히시어, 공훈에 참여하였으나 안으로 부끄럽고 밖으로 서먹하여 감히 일에 달려가지 못하는 이들로 하여금 모두 그러한 마음을 시원스레 벗어던지고 사진(仕進)을 즐거워할 수 있도록 하신다면, 아랫사람들이 모두 마음을 새로이 다잡은 전하를 우러러볼 것이고, 또 전하께서 큰일을 하실 것이라 믿고서 초야에 묻혀 있던 신하들도 몰려나올 것입니다. 하물며 여러 조정의 큰 은혜를 입은 신 같은 사람이야 어찌 말할 것이 있겠습니까. 그렇게 하지 않으시면 이미 나온 사람도 오히려 빨리 떠나가지 못할까 두려워할 것이거늘, 하물며 나오지 않은 사람을 나오게 할 수 있겠습니까. 이렇게 되면 근근이 지탱해 가기도 어렵거늘, 하물며 선왕의 뜻과 일을 잇고 전술하기를 바랄 수 있겠습니까.

오늘날의 일은 말할 만한 것이 무수히 많지만, 그 병근을 따져 보면 모두 '사(私)' 자 하나에 있으니, 이를 다스리는 방법은 남에게서 찾을 수 없는 것입니다. 신이 그동안 받은 비답에 모두 "미비한 점을 돕도록 하라."라는 말씀이 있었고 성의가 간곡하시므로 차마 저버리지 못할 점이 있기 때문에 감히 만번의 죽음을 무릅쓰고 절절하게 아룁니다. 삼가 바라건대 전하께서는 유념하소서.

신은 오늘날의 공신들이 공도 없이 외람되이 상을 받았다는 것이 아니고, 다만 전후의 조치가 모두 모양을 이루지 못하여 국론이 지금까지 그치지 않도록 했다는 것입니다. 옥사가 아직 끝나지 않았는데도 행여 미치지 못할 듯이 곧바로 회맹제(會盟祭)를 시행하였으니, 이것이 무슨 거조란 말입니까. 여섯 사람을 앞에는 버렸다가 뒤에는 거두어들이기를 물결이 뒤집히듯 빠르게 했으니, 일은 비록 좋고 아름답지만 이처럼 급하게 하는 것은 치세의 기상이 아닌 듯합니다. 서울에 있는 신하들도 오히려 의심하고 괴이하게 여기거늘, 하물며 먼 외방에서 듣는 사람에 있어서이겠습니까.

옛날 문정공(文正公) 조광조(趙光祖)가 중종대왕을 조우하여 장차 치도(治道)를 일으키려 할 때에 맨 먼저 "예의염치(禮義廉恥)는 나라의 사유(四維)이니, 사유가 신장되지 못하면 나라가 멸망합니다."라고 하며 주상께 힘껏 청하여 자못 지나친 공훈을 삭제했기 때문에 당시 세도가 청명해지고 인심이 열복했으니, 이는 이미 지난 일로서의 명백한 증험입니다.

지금 이사명(李師命)[44] 같은 사람은 참으로 쓸 만한 인재인 데다가 또한 그에게 실제 공로가 있다고 들었습니다. 그러나 예로부터 훈적(勳籍)에는 기록되어 있으나 우선 낮은 품계에 두었던 사람이 없지 않았으니, 우선 이사명을 삼사(三司)에 두어 일을 논의하게 하는 것이 무엇이 불가하기에 도리어 급급히 높은 품계에 올려 주어 이사명으로 하여금 이렇게 심하게 명분이 혐의스럽고 행적이 막히게 하신단 말입니까. 이는 전하께서 이사명에 대한 조처가 좋지 못하여 이사명을 낭패하게 한 것입니다. 이 또한 전하께서 자신의 치우친 마음을 없애지 못하여 이처럼 일에 드러나게 함으로써 진언하는 사람들을 불울(怫鬱)하게 하고 공이 있는 사람들을 편치 않게 한 것이니, 애석함을 견딜 수 있겠습니까.

전하께서 만약 심신을 깨끗이 씻어 내어 지난 일을 뉘우치시고 조정 신하에게 분명히 알린 뒤에 삼공(三公)과 원훈(元勳)으로 하여금 다시 평의를 더하여 고칠 만한 사람은 고치고 그대로 둘 만한

44 이사명(李師命) : 1647~1689. 본관은 전주, 자는 백길(伯吉), 호는 포암(蒲菴)이다. 경신대출척에 가담하여 보사 공신(保社功臣) 2등에 추록되었으나 본직이 5, 6품밖에 되지 않는데 하루아침에 재상의 반열에 오른 것은 문제가 있다는 지적을 받다가 이듬해 5월에 비로소 보사 추록 공신(保社追錄功臣)에 녹훈하는 반교문을 받았다.

사람은 그대로 두어 인심이 흡족해하고 공신이 안심하도록 하기를 중종대왕 때의 일[45]처럼 하신다면, 이는 실로 제도를 일신하고 교화를 새롭게 하며 근본을 바르게 하고 근원을 맑게 하는 하나의 큰 전기가 될 것이니, 성상께서는 유념하소서.

신이 인하여 가만히 생각건대, 옛날 송 태조가 말하기를 "당 태종은 진언(盡言)을 잘 받아들였으니, 진실로 임금으로서 어려운 일이다. 그러나 스스로 그릇된 일을 하지 않아 신하들이 간쟁할 수 없게 하는 것이 더 나을 것이다."라고 하였습니다. 이제 전하께서는 스스로 그릇된 일을 하지 않는 도리도 다하지 못하고 또 겸허하게 받아들이는 도량도 부족하여 대신(臺臣)들의 말에 번번이 뽐내는 기색까지 보이시며, 심지어 한번 거슬리는 일이 있으면 오래도록 낙점을 아끼기까지 하십니다. 신의 생각에 이는 실로 사리에 더욱 해가 되는 사사로운 뜻이라고 생각합니다. 삼가 바라건대 전하께서는 밝게 살펴 사사로운 뜻을 극복하소서.

45 중종대왕 때의 일 : 중종조의 정국 공신(靖國功臣)이 처음에는 101인이 녹훈되었고 이후 16인이 추록되어 117인으로 늘어났다가 그 뒤로 76인이 삭훈(削勳)된 일을 말한다.

정사에 부지런하기를 청하는 차자 신유년(1681, 숙종7) 1월 10일

請勤政箚 辛酉正月十日

삼가 아룁니다. 순(舜) 임금이 우(禹) 임금을 일컬어 "나랏일에 부지런하였다."라고 하였고, 주공(周公)이 문왕(文王)을 일컬어 "해가 중천에 뜨고 또 해가 다시 기울 때까지 한가하게 밥 먹을 겨를도 없었다."라고 하였습니다.

우 임금과 문왕은 성인(聖人)이고 그 당시 보필한 신하도 모두 현철(賢哲)한 사람이었으니, 비록 팔짱을 낀 채로 일 없이 즐겁게 지내더라도 천하가 다스려지지 않음을 걱정하지 않을 것인데도 오히려 이렇게 하였습니다. 더구나 지금은 나라의 형세가 현우(賢愚)를 막론하고 모두 반드시 망할 것임을 알고 있는 데이겠습니까. 의당 군신과 상하가 심력(心力)을 하나로 하여 다급하게 서둘러 사공(事功)으로 달려가서 만에 하나라도 요행으로 면하기를 바라야 하거늘, 전하께서는 지난겨울에 60여 일이나 신하들을 접견하지 않으셨습니다. 이는 비록 자성(慈聖) 전하께서 조심해야 할 질병에 크게 놀라 지극히 근밀(謹密)하게 성상의 몸을 보호하셨기 때문에 전하께서 또한 감히 자성의 뜻을 받들지 않을 수 없어서였기는 하지만, 60여 일 동안 깊이 문을 닫고 나오지 않으신 것은 신은 삼가 너무 지나치다고 생각합니다. 지난번에 한번 연석(筵席)에 나아와 여러 정무를 결재하시니, 중외(中外)가 서로 기뻐하였고 뭇 의심이 절로 가라앉아서 모두 '전하께서 오늘부터 날마다 신하들을 접견하실 것이다.'라고 생각했습니다. 그러나 지금 또 6, 7일 동안 이전처럼 깊이 내전에만 계시니, 신하들이 명을 여쭐 곳이 없어

하는 일이라고는 단지 기일에 맞추어 올리는 문서 정리뿐입니다. 이에 여러 일들이 날로 무너지고 민생이 날로 초췌해지는데도 문무의 관원들은 태평 무사한 시절인 양 편안하고 즐거워하니, 어찌 한심하지 않겠습니까.

지금 조심해야 할 병이 아직 그치지 않아 경계하는 마음을 갑자기 늦출 수 없어서라면, 참으로 이른바 "두려움은 끝날 때가 없다."라는 격입니다. 임금은 하루 사이에도 만 가지 정무를 처리해야 하고 그중에는 또한 잠시도 미룰 수 없는 긴급한 정사가 없지 않거늘, 지금 이와 같이 그럭저럭 날짜만 넘기다가 이 같은 지경에 이르렀으니, 장차 이를 어떻게 하시겠습니까.

신의 어리석은 생각으로는 궁궐에 숙직하는 유신(儒臣)은 본래 재숙(齋宿)하여 깨끗한 사람이니 어전에 나와서 진강하도록 하여도 안 될 것이 없습니다. 또 대신 이하 무릇 아뢰고 싶은 신하들은 따로 생기(省記)를 만들어 궐내에 들어와 거처하게 하되 특별한 일이 있지 않으면 감히 나가지 못하게 하소서. 그리고 전하께서 조강, 주강, 석강에서 접견하기도 하고 야대(夜對)를 하기도 하여 조용히 정사를 토론하여 그들로 하여금 밝히지 않는 이치가 없고 거론하지 않는 일이 없게 하소서. 그리하신다면, 성덕(聖德)을 진보시키고 국세(國勢)를 부지하는 데 크게 유익한 바가 있을 것입니다.

대저 일은 매우 좋더라도 또한 행하기 어려운 것이 있습니다. 그러나 지금 신이 진달한 말씀은 실제 구애되거나 견제될 것도 없고 단지 전하께서 한번 분부하시는 데에 달려 있을 뿐입니다. 비록 신하의 입장에서 말하더라도 오래도록 청정하고 엄숙한 대궐에 지내게 되어 집안의 잡다한 일을 벗어날 수 있으니, 옛날에 이른바 "다스려지는 조정에 들어

가는 자는 덕이 날로 진보한다."[46]라는 공효를 오늘에 볼 수 있을 것입니다. 그렇다면 공사(公私)와 상하(上下)가 함께 유익한 바가 있을 것이니, 삼가 바라건대 밝은 성상께서는 속히 처분을 내려 주소서.

정자(程子)는 진강하려 할 때에 반드시 재숙하며 미리 경계했으니, 이는 생각이 어지러우면 들어가서 아뢰는 일이 결코 정밀하고 명백할 수 없기 때문입니다. 신이 또 장로(長老)에게 듣기를 "우리 세종조에는 정신을 가다듬어 정치했기 때문에 신하들이 비록 사처(私處)에 모이더라도 말하는 것이 국사가 아닌 것이 없더니, 후세에 이르러서는 사담(私談)하는 것이 모두 사가(私家)의 일뿐이었다. 또 그 뒤에는 밖에 나와서 남들과 담론하려 하지 않고 단지 방 안에서 처자들과 재물만 논하다가 동료가 찾아오면 부득이 나와서 만나기는 하지만 싫어하는 기색이 얼굴에 드러나기 때문에 왔던 사람이 즉시 돌아가 버린다. 이 때문에 풍습이 날로 낮아지고 국사도 날로 무너졌다."라고 하였으니, 이는 진실로 매우 절실한 말입니다. 삼가 바라건대 전하께서는 지금부터 성탕(成湯)처럼 이른 새벽에 덕을 크게 밝히며[47] 주공(周公)처럼 앉아서 아침을 기다리시어[48] 신하들을 책려

46 다스려지는……진보한다 : 장재(張載)가 말하기를 "처음 벼슬하는 사람이 잘 다스려지는 조정에 들어가면 덕이 날로 진보하고, 어지러운 조정에 들어가면 덕이 날로 퇴보한다."라고 하였다. 《張子全書 卷6 學大原上》

47 성탕(成湯)처럼……밝히며 : 상나라 이윤(伊尹)이 태갑(太甲)을 경계할 때 한 말이다. 《書經 太甲上》

48 주공(周公)처럼……기다리시어 : 《맹자》 〈이루 하(離婁下)〉에 "주공은 세 왕의 덕을 겸비하여 네 가지 일을 시행하기를 생각하되 부합하지 않는 것이 있으면 우러러 생각하여 밤으로써 낮을 이었고 다행히 터득하면 앉아서 아침이 되기를 기다렸다." 하였다.

하소서. 그리하신다면 풀 위에 바람이 부는 것처럼 따르지 않는 사람이 있겠습니까. 삼가 바라건대 전하께서는 깊이 유념하소서.

징수하는 베의 승척을 한결같이 당초의 사목대로 하기를 청하는 차자 신유년(1681, 숙종7) 1월

請收布升尺一依當初事目箚 辛酉正月

삼가 아룁니다. 신이 듣건대 《논어》에 "일을 신중히 하고 미덥게 한다." 라고 하였고, 또 "사람으로서 믿음이 없으면 그 가함을 알지 못하겠다." 라고 하였고, 또 "예로부터 누구나 다 죽음이 있지만 믿음이 없으면 존립할 수 없다."라고 하였으니, 그 뜻은 대개 '차라리 죽을지언정 믿음을 잃어서는 안 된다.'라는 것입니다. 그러므로 "나라는 백성에 의지하고 백성은 믿음에 의해 보전된다."[49]라고 하는 것이고, 사마광(司馬光) 또한 "믿음은 임금의 큰 보물이다."[50]라고 한 것이니, 참으로 빈말이 아닙니다.

국가가 그동안 백성에게 믿음을 잃은 일이 많았지만 그중에 대동면포(大同綿布)가 가장 심한 것입니다. 어째서입니까? 당초 대동법을 창설할 때에 고(故) 상신(相臣) 김육(金堉)이 규례를 정하되, 쌀은 먹을 만한 정도이면 되고 면포는 올수가 다섯 새〔升〕이고 길이가 35자〔尺〕이면 된다고 하고 견본 면포를 각 고을로 내려보내자 백성들이

49 나라는……보전된다 : 당 태종이 신하에게 "임금은 나라에 의지하고, 나라는 백성에 의지한다."라고 하였다. 《資治通鑑 唐紀》 이 구절은 당 태종의 이 말과 아래 주석에 실린 사마광의 말이 합쳐진 것이다.

50 믿음은……보물이다 : 사마광의 〈신론(信論)〉에 "대저 믿음은 임금의 큰 보물이다. 나라는 백성에 의해 보전되고 백성은 믿음에 의해 보전되니, 믿음이 아니면 백성을 부릴 수 없고 백성이 아니면 나라를 지킬 수 없다."라고 하였다.

모두 기뻐하였습니다. 불행하게도 뒤로 내려오면서 점점 예전 규례를 잃어 쌀은 옥처럼 흰 것을 거두기에 이르렀으나 옥처럼 희게 하는 것 외에는 더 희게 할 수가 없기 때문에 쌀의 폐단은 한계가 있게 되었습니다. 그러나 면포의 경우는 해마다 더욱 가중해서 올수가 여덟 새에까지 이르고 길이도 45자에까지 이르렀으니, 백성에게 믿음을 잃은 것이 이보다 큰 것이 없습니다. 이 때문에 백성들이 서로 말하기를 "장차 반드시 열 새에다 50자에까지 이르러야 그만둘 것이다."라고 하니, 이는 실로 탄식하며 원망하는 말입니다. 당초에 내려보냈던 견본이 모두 각 고을에 보관되어 있을 것이니, 속일 수 없는 일입니다. 효종대왕 때에 신이 일찍이 이 일을 탑전에서 진달하였더니, 즉시 하교하기를 "대동면포뿐만 아니라 무릇 나라에서 쓰는 면포는 모두 다섯 새에 35자를 기준으로 삼도록 하되, 먼저 내수사에서부터 시작하고 징수하는 면포는 일체 이것을 정식으로 삼아야 할 것이다."라고 하셨습니다. 이 하교가 한번 내려가자 향리의 백성들은 소식을 듣고 고무되지 않은 사람이 없었습니다만, 어떤 상신이 아전들에게 위협을 받아 극력 반대하였기 때문에 성상의 하교가 이미 내려졌다가 도로 중지되었으니, 식견 있는 사람들이 지금까지 한스럽게 여기고 있습니다.

신은 바라건대 오늘 속히 덕음(德音)을 내리시어 면포의 올수와 길이를 한결같이 당초 김육이 내려보냈던 견본을 기준으로 삼게 하소서. 그리하신다면 백성에게 미치는 은혜가 깊을 뿐만 아니라 백성들이 장차 "임금님께서 믿음을 잃지 않아 우리를 사랑함이 지극하시다."라고 할 것입니다. 대저 윗사람이 백성에게 믿음을 주고 백성이 윗사람을 믿어 위아래가 서로 믿게 되면 굳게 단결하여 흩어지지 않을 것이니, 저 규례를 이 규례로 바꾸는 것이 국가를 다스리는 데에 그 득실이 또한 어떠하겠습니까.

그리고 우리나라의 전역(田役)은 그리 과중하지 않지만 신역(身役)은 실로 감당할 수 없을 정도이니, 먼저 이를 유념하시고 아울러 면포의 올수와 길이를 경감해 주신다면 백성들이 매우 기뻐하고 흡족해할 것입니다. 《서경》에 말하기를 "민심은 잘 알 수 있지만 백성을 보양(保養)하기는 어렵다."라고 하였으니, 삼가 바라건대 자애로운 성상께서는 《논어》의 교훈을 유념하여 과단성 있게 시행하소서. 그리하신다면 국가를 위하여 매우 다행이겠습니다.

신이 또 삼가 생각건대, 백성들이 힘을 다하여 올이 가늘고 자수가 긴 면포를 공납하지만, 서울로 들여오게 되면 아전들이 모두 바꿔서 바치기 때문에 공용(公用)의 면포는 모두 올이 굵고 길이가 짧은 것뿐입니다. 참으로 이른바 "아랫사람은 이익을 얻고 윗사람은 원망을 얻으며, 백성들은 고혈을 짜고 아전들은 배를 두드린다."라는 것입니다. 그러므로 고(故) 문성공(文成公) 이이(李珥)가 일찍이 선정신 조식(曺植)의 말로 선조(宣祖)께 아뢰기를 "우리나라는 아전 때문에 망할 것입니다."라고 하였습니다. 바라건대 유념하여 알맞게 처리해 주소서.

두 번째 차자 신유년(1681, 숙종7) 2월 3일

二箚 辛酉二月三日

삼가 아뢰니다. 국가가 백성에게 믿음을 잃은 것이 많지만 그중에 더욱 심한 것으로는 또 대동면포를 거두어들이는 일만 한 것이 없습니다. 신이 일찍이 이 문제를 상달하니 주상께서 즉시 덕음(德音)을 내려 먼저 궁내로 들여오는 면포부터 개혁하게 하셨습니다. 이 소식이 전해지자 모두 기뻐하고 고무되어 말하기를 "우리 두 자전(慈殿) 전하[51]와 우리 주상 전하의 은혜를 장차 어떻게 갚을 수 있겠는가."라고 하였습니다. 이윽고 듣건대, 일을 담당한 신하가 장애되는 바가 있다는 이유로 속히 봉행하지 않고 날짜를 미루며 애써 저지할 단서를 만든다고 하니, 신은 한스럽습니다. 이른바 장애된다는 것은 몇 가지에 지나지 않으니, 단지 징수한 면포를 받아 쓰는 자들이 달가워하지 않을 뿐입니다. 받아 쓰는 자들 또한 면포를 봉급으로 받는 몇 곳의 아전과 군졸 및 구채(丘債)[52]가 있는 관리들에 지나지 않습니다.

신이 또 가만히 생각건대, 이 문제는 또한 해결하기 어렵지 않으니,

51 두 자전(慈殿) 전하 : 인조의 계비 자의장렬 왕후(慈懿莊烈王后) 조씨(趙氏)와 현종 비 명성왕후(明聖王后) 김씨(金氏)를 가리킨다. 《송자대전》 부록 권8 〈연보〉에 "두 자전에게 바치는 면포가 가장 올이 가늘고 자수가 길기 때문에 양전(兩殿)에서 이를 고쳐서 예전대로 따르도록 특별히 명하였다."라고 하였다.

52 구채(丘債) : 벼슬아치의 구종(丘從)에게 주는 전곡(錢穀)이다. 제사(諸司)에서 구종채를 관인에게 주어 마음대로 쓰게 하였다. 구종은 벼슬아치를 수행하는 하인을 말한다.

돈으로 대신 지급하면 공사 간에 모두 편리할 것입니다. 어떤 이는 유동(鍮銅 놋쇠)은 토산이 아니므로 돈을 무한히 만들어 낼 수 없다고 하지만 신이 또 생각해 보건대, 예로부터 철전(鐵錢)이 있었으니, 최근의 것으로 말하면 송조(宋朝)의 협우전(陜右錢)과 고려조(高麗朝)에서 시행했던 것이 그것입니다. 이를 통하여 말하면, 지금 이렇게 개혁하더라도 전혀 장애될 것이 없습니다만, 일을 맡은 신하가 이렇게 어물쩍 미루고 있으니, 신은 그 까닭을 알지 못하겠습니다.

또 어제 듣건대, 호조에서 무녀포(巫女布)를 징수하면서 전례에 따라 점검하여 수납하지 않았다고 합니다. 두 자성 전하께서 이미 고치라고 명하셨으면 신하 된 자는 이에 더욱 두려워하는 마음으로 우리 자성 전하의 덕의(德意)를 선양해야 합니다. 그런데도 지금 곧 이렇게 하고 있으니, 더구나 힘써 훌륭한 계책을 생각하여 성상의 정치를 돕기를 바라겠습니까. 지금 조정에는 현명하고 준수한 이들이 늘어서 있으니, 의당 백성을 구제하고 나라를 살리는 계획을 위로 아뢰고 아래로 반포해야 합니다. 그런데도 지금 주상께서 이미 시행한 선정(善政)을 도리어 저지하면서도 괴이하게 여기지 않고 있으니, 어찌 한심한 노릇이 아니겠습니까.

옛날 송나라 장돈(章惇)과 채경(蔡京)[53]의 무리가 백성에게 해독을 끼쳐 천하가 거의 망하게 되었을 때에 선인태후(宣仁太后)가 사마광(司馬光)을 등용하여 폐단을 구제하기를 불 속의 사람을 구원하고 물

53 장돈(章惇)과 채경(蔡京) : 송 철종(宋哲宗) 때의 간당(奸黨)으로, 왕안석의 신법을 복구하고 동문관옥(同文館獄)을 조작하여 유현(儒賢)인 사마광, 유지(劉摯), 양도(梁燾), 여대방(呂大防) 등을 축출한 장본인들이다. 《宋史 刑法2》

에 빠진 사람을 건져 내듯이 하였기 때문에 송나라의 종묘사직이 안정될 수 있었습니다. 지난번 간신들이 끼친 해독이 장돈과 채경에 못지않았는데도 지금 구제하는 것이 사마광처럼 급급하게 하지 않고 도리어 혹 이전의 모양을 답습하는 바가 있으니, 이것이 무슨 도리란 말입니까. 개혁하라는 전교가 이미 조보(朝報)에 게재되어 팔도의 사람들이 모두 듣고서 알고 있건만 이제 다시 이와 같이 하니, 이는 믿음을 잃은 것 중에 더욱 믿음을 잃은 것이라서 애초에 이러한 일이 없었던 것만 도리어 못하게 되었습니다. 그러나 처음의 발단은 실로 신으로 말미암은 것이니, 신은 이에 너무도 죄송하고 후회스러운 마음을 견디지 못하겠습니다.

삼가 바라건대 밝은 성상께서는 다시 일을 맡은 신하로 하여금 거듭 상량(商量)하게 하여 성조(聖朝)의 덕음을 적막한 지경에 이르지 말게 하소서. 신은 처음에 작은 도움이라도 보태고자 머뭇거리며 서울을 떠나지 않은 지 한 달이 넘었는데, 불행히도 몇십 일 사이에 세 번이나 슬하의 참상을 당하였습니다. 본디 학문으로 단련한 힘이 없어 감정을 억제하지 못하고 비통해하다가 묵은 병이 갑자기 위독해졌습니다. 가만히 생각건대, 이러다가 하루아침에 서울에서 갑자기 죽기라도 하면 온 나라에 웃음을 사게 될까 두렵습니다. 삼가 바라건대 자애로운 성상께서는 신의 직명을 거두시어 신으로 하여금 편안한 마음으로 조섭하게 하여 살길을 찾게 해 주소서. 그리해 주신다면 매우 다행이겠습니다.

공물과 병제를 개혁하기를 청하는 차자 신유년(1681, 숙종7) 2월 4일

請變通貢物兵制箚 辛酉二月四日

삼가 아룁니다. 신은 어제 올린 차자에서 대동면포를 징수하는 일을 논열하였습니다. 이윽고 그간의 대략적인 경과를 듣고 또 한밤중에 다시 생각을 해 보니, 그 섬세한 곡절 사이에는 신이 세밀한 데까지 생각하지 못하여 경솔히 말한 잘못이 있었으므로 신은 너무 성급하게 말한 후회를 견디지 못하겠습니다. 신은 타고난 성품이 조급하여 오래 참지 못하므로 하는 일마다 괜한 병통을 만들어 냅니다. 신 또한 이러한 성격을 스스로 알기 때문에 온갖 방법으로 바로잡으려 했지만 끝내 고치지 못하여 신은 스스로 슬퍼하고 있습니다. 신은 또 앞의 일을 경계로 삼지 못하고 다시 말씀을 올립니다.

오늘날의 큰 폐단이 두 가지가 있으니, 병제이고 공물입니다. 효종대왕께서 공물의 폐단을 지극히 잘 아셨기 때문에 기해년(1659, 효종10) 봄에 고(故) 상신(相臣) 정유성(鄭維城)과 고 판서 이시방(李時昉)으로 하여금 신과 도총부에 모여 숙달된 낭료를 정밀하게 선발하여 함께 의논하여 개정하도록 하셨습니다. 신들이 막 모여서 회의하던 중에 효종대왕께서 갑자기 승하하시는 바람에 일이 시행되지 못했으니, 신은 그때의 덕음(德音)을 생각할 때마다 저도 모르게 가슴이 무너져 내립니다. 또 기유년(1669, 현종10) 봄에 지금의 상신 민정중(閔鼎重)이 신과 공물의 제도를 고치기 위하여 논의했습니다. 그때 허적(許積)이 수상(首相)으로 탑전에서 민정중을 크게 꾸짖되 장돈(章惇)이 사마광(司馬光)에게 했던 것과 다름이 없게 했으니, 신은 지금 생각해도 한심함을 견디지 못하겠습니다.

병제의 경우는 그 폐단이 훈국(訓局)의 군졸보다 더 심한 것이 없습니다. 신이 무신년(1668) 세말(歲末)에 입시하여 탑전에서 아뢰었더니, 우리 선대왕께서 매우 옳게 여기시어 신하들과 상의하지도 않고 유혁연(柳赫然)에게 개혁하는 일을 전임하여 훈국의 군졸 1000명을 속히 혁파하게 하셨으니, 이는 실로 선대왕의 결단에서 나온 것이었습니다. 그러나 유혁연은 성실하게 나라를 위하는 마음이 없어 전보다 더 심한 폐단만 보태서 선대왕의 본의를 크게 실추하였으니, 지금 이른바 훈국 별대(訓局別隊)라는 것이 이것입니다. 이 두 가지는 실로 오늘날의 가장 큰 근심거리이니, 이 두 가지를 개혁하지 않으면 비록 지혜로운 사람이 있더라도 끝내 어떻게 할 수 없을 것입니다.

공물에 대한 한 가지 일은 민유중(閔維重)이 지난번 호조 판서로 있을 때 대략 변경한 것이 있습니다. 아전들 사이에 비록 좋아하지 않는다는 말이 있기는 하였으나 그래도 심한 손해에는 이르지 않기 때문에 또한 없애 버리려 하지 않고 오히려 시행되지 못할까 염려하였고, 경비 문제는 큰 도움을 얻게 되어 백성에게 세금을 거두지 않아도 산릉(山陵)의 큰 역사(役事)에 드는 비용을 마련할 수 있었으니, 만약 민유중의 정성스러운 마음과 충성스러운 생각이 아니었다면 누가 이렇게 할 수 있었겠습니까. 이는 참으로 정자(程子)가 말한 "조금 개혁하면 조금 이롭고 크게 개혁하면 크게 이롭다."라는 것입니다.

신은 삼가 효종대왕과 현종대왕의 지극한 뜻을 추모하고 본받아 이에 관한 설을 성상께 다 아뢰어 처분을 기다리려고 했습니다만 불행히도 신의 병이 이와 같아 정력이 미치지 못하므로 붓을 잡았다가 도로 놓았습니다. 그러나 이 두 가지 일이 끝내 고쳐지지 않는다면 신은 죽어도 눈을 감을 수 없습니다. 지금 호조와 병조의 장관은 모두 이 일을 감당할 수 있으니, 삼가 바라건대 밝은 성상께서는 급히 이 두 신하에게 명하여 두세 대신 및 식견 있는 경재(卿宰)들과 상세히 의논하여 개혁하게 하소서. 그리하신다면 매우 다행이겠습니다.

곡산 부사에 새로 제수된 김세귀를 고쳐 제수하기를 청하는 차자 신유년(1681, 숙종7) 2월 7일

請改金世龜新除谷山府使箚 辛酉二月七日

삼가 아룁니다. 본조(本朝)는 인후한 덕으로 나라를 세우고 예의로 신하를 부렸기 때문에 교화가 행해지고 인륜이 밝아졌으니, 300년을 유지해 오면서 세도(世道)가 폐해지지 않은 까닭은 모두 이러한 것이 있었기 때문입니다. 효종대왕께서는 더욱 이것을 중요한 도리로 여겼기 때문에 신하들이 모두 그 정리(情理)를 펼 수 있어 정리가 아래에서 펼쳐지고 세도가 절로 위에서 높아진 것입니다.

고(故) 판서 김익희(金益熙)[54]가 대제학이 되었을 때에 원수가 아직 살아 있어 문장을 찬술하는 데에 애로가 있다는 이유로 직책을 사직하기를 청하자 효종대왕께서 체직은 허락하지 않고 찬술하는 일은 특별히 면제해 주셨습니다. 선대왕 대에 이르러 김만기(金萬基)[55]의 일을 처리

54 김익희(金益熙) : 1610~1656. 본관은 광산(光山), 자는 중문(仲文), 호는 창주(滄洲)이다. 조부는 김장생(金長生)이고 부친은 김반(金槃)이다. 1633년(인조11) 증광 문과에 급제하여 대사성, 대사헌, 대제학 등을 역임하였다. 병자호란이 일어나서 강도(江都)가 함락되었을 때, 그의 어머니 서씨(徐氏)와 아우 김익겸(金益兼)이 함께 강도에서 순절하였다. 양관(兩館) 대제학에 임명되었을 때, 청나라로 보내는 문서는 의례 대제학이 주관하기 때문에 의리상 행할 수 없다는 이유로 사직을 청하자 효종이 그 일은 피할 수 있도록 특별히 허락해 주었다. 《滄洲遺稿 卷17 行狀》

55 김만기(金萬基) : 1633~1687. 본관은 광산(光山), 자는 영숙(永淑), 호는 서석(瑞石)이다. 증조부는 김장생이고, 부친은 병자호란에 강화도에서 순절한 김익겸이다. 1653년(효종4) 별시 문과에 급제하여 교리, 대제학, 병조 판서 등을 역임하였다. 숙종

한 것 또한 그러하였고, 김익희의 아들 김만균(金萬均)이 서장관의 사행을 면해 주기를 청하자 조정의 의론은 혹 손자와 아들은 차이가 있으니 이 일은 허락하지 않아야 한다고 했으나 선대왕께서는 마침내 그의 소원을 들어주셨으니, 덕이 지극이 두터웠고 의리가 몹시 성대하였습니다.

신이 삼가 고(故) 증 영의정 김응하(金應河)[56]의 손자 김세귀가 곡산부사에 새로 제수된 것을 보았습니다. 대저 곡산은 역참(驛站)의 일을 책임진 고을입니다. 그는 지위가 낮기 때문에 감히 스스로 말하지 못하지만 그 마음은 반드시 원통하고 크게 한스러운 바가 있을 것입니다. 사람은 비록 귀천의 다름이 있으나 인의(仁義)의 본성은 피차간에 간격이 없으니, 삼가 바라건대 밝은 성상께서는 특별히 김세귀를 체직하여 그로 하여금 원통하고 크게 한스러운 마음이 없도록 하소서. 그리하신다면 김세귀의 사적인 의리가 편안할 수 있을 뿐만 아니라 세도(世道)에도 크게 도움이 될 것입니다.

옛날 송(宋)나라 유갑(劉韐)[57]이 오랑캐의 변란에 죽자 그 아들 유자

이 즉위하자 국구(國舅)로서 광성부원군(光城府院君)에 봉해졌고, 경신환국 때 보사공신에 책록되었다. 시호는 문충(文忠)이고, 현종의 묘정에 배향되었다. 저서로 《서석집(瑞石集)》이 있다.

56 김응하(金應河) : 1580～1619. 광해군 때의 무신이다. 1618년(광해군10)에 명나라가 후금을 치며 원병을 청하였을 때, 도원수 강홍립을 따라 좌영장으로 출정하였다. 그해 3월 심하(深河)의 전역(戰役)에서 유정(劉綎)이 이끄는 명군이 대패하고 조선의 원군도 후금 군대에 항복하였으나, 홀로 3000명의 군사를 이끌고 수만 명의 적군을 상대로 고군분투하다가 중과부적으로 장렬히 전사하였다. 이후 명나라에서 요동백(遼東伯)에 봉하였고 조선에서도 영의정에 추증하고 충무(忠武)라는 시호를 내렸다.

57 유갑(劉韐) : 1067～1127. 정강(靖康)의 난에 순절한 송나라 충신이다. 시호는 충현(忠顯)이다.

우(劉子羽)가 진강부(鎭江府)를 맡고 있었는데, 오랑캐 사신이 깃발을 세워서 "강남을 위무한다.〔江南撫諭〕"라고 써 놓았습니다. 유자우가 밤에 그 깃발을 뽑으며 말하기를 "오랑캐가 이 깃발을 우리 고을에 내걸려고 하면 나는 죽음이 있을 뿐이다."라고 하였습니다. 접반사(接伴使)가 사달이 생길까 크게 두려워하여 본 깃발을 수색해 마지않았는데, 고을의 경계를 벗어났을 때에 그 깃발을 돌려주었습니다.

주자(朱子)가 이 때문에 이 일을 표창하였던 것이니,[58] 지금 김세귀가 만약 이러한 마음이 없다면 곡산 부사로 부릴 만하지 못할 것입니다. 만약 이러한 마음이 있다면 반드시 난처한 일이 생길 것이고, 설사 김세귀에게 끝내 이러한 마음이 없을지라도 조정에서 김세귀를 대우하는 것은 유자우의 처사로써 기대해야 할 것이고 유자우보다 못한 것으로 기대해서는 안 될 것입니다. 다시 바라건대 밝은 성상께서는 여기에 마음을 두셔서 부류에 따라 확장해 나가소서. 그리하신다면 또한 뜻을 잇고 일을 전술하는 한 가지 방법이 될 것입니다. 신은 너무나도 간절히 기원하는 마음을 견디지 못하겠습니다.

신의 말이 만약 성상의 뜻에 맞으신다면, 이 차본(箚本)은 바라건대 유중(留中)하시고 단지 승정원에 명하여 해당 조에 분부하도록 하소서. 그리하신다면 매우 다행이겠습니다.

58 주자(朱子)가……것이니 : 《회암집(晦庵集)》 권88 〈소부유공신도비(少傅劉公神道碑)〉에 이러한 사실을 특별히 기록하여 천명한 것을 말한다.

신임 공청 감사 이사명을 경직에 유임하고 전 공청 감사 어진익을 체직하지 말기를 청하는 차자 신유년(1681, 숙종7) 2월 13일

請留公淸監司李師命勿遞魚震翼箚 辛酉二月十三日

삼가 아룁니다. 오늘날 국세(國勢)의 위태로움은 실로 고금에 드문 바입니다. 병제(兵制)가 개혁되지 않아 놀고먹는 자가 많고, 공안(貢案)이 고쳐지지 않아 국용(國用)이 점점 위축되고 있습니다. 놀고먹는 자가 많으면 국용이 더욱 위축되어 백성은 세금 징수에 더욱 시달릴 것이니, 이는 지혜로운 사람이 아니더라도 나라가 나라답지 못할 줄을 알 것입니다. 효종대왕과 우리 선대왕께서는 이와 같은 사실을 깊이 알고 극력 개혁하려 하였으나 이루지 못하셨으니, 신민(臣民)의 애통함이 이에 더욱 간절해집니다. 신이 이것을 일찍이 탑전에서 진달하였고 다시 차자로 그 폐단을 극력 말씀드렸더니, 다행히 밝은 성상께서는 이를 불가하다고 여기지 않으셨습니다. 그러나 이 말이 한번 나가자 훈국(訓局)의 병졸과 공물(貢物)을 맡은 아전들이 어지러이 일어나서 거짓말과 비방으로 중외(中外)를 선동하여 일은 맡은 신하들이 그 계획을 시행하지 못하게 하니, 통탄을 견딜 수 있겠습니까. 그러나 아전과 군졸의 원망은 깊이 생각하지 않아서는 안 되니, 만약 조처할 좋은 방법이 있어 둘 다 편리하게 하지 못한다면 참으로 그들을 진정시켜 수습할 날이 없을 것입니다.

신이 삼가 보건대, 공청 감사 이사명은 이 일에 밝고 숙달된 데다가 시무(時務)에 마음을 두고 있으며 또 나라를 위하는 성심(誠心)이 있습니다. 신은 원컨대, 전하께서 우선 이 사람을 조정에 머물게 하여 그로 하여금 호조와 병조의 신하들과 함께 서로 논의하여 개혁하게 하소서. 그리한다면 반드시 그 재주와 슬기를 다하여 국사에 유익함이 있을 것입니다.

또 기억하건대, 주자(朱子)가 고향 땅에 벼슬하게 되면 반드시 사양하며 말하기를 "법리상 마땅히 피해야 한다."라고 하였습니다. 지금 이사명은 조부인 상신(相臣) 이경여(李敬輿)로부터 부친인 감사 이민적(李敏迪)과 외조부인 부윤(府尹) 황일호(黃一皓)와 외증조부인 판서 황신(黃愼)과 양가(養家) 외증조부인 대사간 윤황(尹煌)이 모두 호서(湖西)에 살고 있고 그 부형과 종족들이 도내에 많이 있습니다. 그래서 그 부친 이민적이 일찍이 호서 감사로 나갔을 때에 스스로 "불편한 점이 많다."라고 하였습니다. 지금 이사명이 고향 땅에서 불편함을 느낄 것은 장차 그 부친보다 더 심할 테니, 그렇다면 이사명을 새로 임명한 것은 더더욱 바꾸어야만 할 이유가 있는 것입니다.

또 신은 전 감사 어진익의 사람됨을 잘 알고 있습니다. 어진익은 권간(權奸)들이 무함하던 때에 세 차례나 심문을 당했으니, 그 꺾이지 않는 우뚝한 지조를 알 수 있습니다. 지금 남의 말 때문에 굳이 사직을 청한 것이거늘 새로 제수한 명을 거두어들이시니, 신은 삼가 애석하게 생각합니다. 또 듣건대 이른바 남의 말이라는 것도 헌납 박태손(朴泰遜)의 사적인 말입니다. 박태손 또한 필시 의견이 있어 말했을 것이지만 주공(周公)이 노공(魯公)을 경계하여 말하기를 "한 사람에게 완비하기를 요구하지 말라."라고 하였으니,[59] 무릇 사람을 등용하는 방도는

59 주공(周公)이……하였으니 : 《논어》 〈미자(微子)〉에 나오는 말이다. 노공은 주

응당 그 대절(大節)은 살피고 조금 부족한 점은 넘어가야 하는 것입니다. 공자가 "맹공작(孟公綽)은 조씨(趙氏), 위씨(魏氏)의 가신의 우두머리가 되기에는 넉넉하지만 등(滕)나라, 설(薛)나라의 대부는 될 수 없다."[60]라고 하였으니, 사람은 또한 여기에 잘하는 것이 있으면 저기에 못하는 것이 있습니다. 이렇게 인재가 드문 때에 사람을 너무 가혹하게 논박한다면 끝내 쓸 만한 사람이 없을 것이므로 신은 적이 우려하는 것입니다. 삼가 바라건대 밝은 성상께서는 대신에게 하문하여 신의 말이 어긋나지 않다고 여기시거든 전날 내린 명을 거듭 내려 어진익이 그대로 버려진 인재가 되지 않게 하소서. 이렇게 하는 것이 혹 한 가지 방도일 것입니다.

신이 이어서 가만히 생각건대, 외방의 일이 잘 다스려지고 잘 다스려지지 않음은 오로지 조정의 바름과 바르지 않음에 달려 있을 뿐입니다. 전하께서 진실로 이치를 밝히고 사욕을 이겨서 조정을 바르게 할 수 있다면, 외방의 신하들은 절로 마음을 가다듬고 정신을 깨끗이 하여 아름다운 덕을 받듦으로써 백성들이 성상의 은택을 입게 될 것입니다. 신은 너무나도 간절히 바라는 마음을 견디지 못하겠습니다.

공의 아들 백금(伯禽)을 가리킨다.

60 맹공작(孟公綽)은……없다 : 노나라 대부인 맹공작의 역량은 큰 나라 대부의 집안일은 맡아볼 수 있으나 아무리 작은 나라라도 그 나라의 국정을 담당하는 대부는 될 수 없다는 뜻이다. 《論語 憲問》

박태손의 사직으로 인하여 인혐하는 차자 신유년(1681, 숙종7) 2월

因朴泰遜辭職引咎箚 辛酉二月

삼가 아뢰니다. 신이 삼가 연일 소보(小報)를 보니, 논사(論思)하는 신하가 신의 차본(箚本)으로 인하여 사직하기를 청하며 "남을 논박함이 너무 가혹하다."라고 신에게 배척을 받았다고 하였습니다. 신이 비록 원래의 상소를 보지 못했으나 신은 너무나도 놀라운 마음을 견디지 못하겠으니, 신의 어리석은 뜻은 단지 인재를 아끼는 뜻에서 나왔을 뿐입니다.

또 듣건대 이 논사하는 신하는 평소 지론이 반드시 화평을 주장하여 비록 전날 괴란(乖亂)했던 무리일지라도 오히려 보호하고 애석해하여 반드시 대도(大道)에 함께 나아가려고 하면서 유독 어진익(魚震翼)에게만은 논박한 바가 있었으니, 이는 필시 까닭이 있는 것입니다. 그러므로 신이 차본에서 "반드시 의견이 있는 것이다."라고 했으니, 이것이 어찌 일찍이 배척하는 뜻을 둔 것이겠습니까. 그 아래에 "남을 논박함이 너무 가혹하다."라고 한 것은 사람을 등용하는 도리를 범범히 지적하여 말한 것이지 오늘날의 사람을 지적한 것이 아니었습니다. 그러나 그의 말이 이와 같은 것은 필시 신이 말을 구사할 때 망녕되이 그의 뜻을 저촉하였기 때문이니, 고요히 생각해 보매 자신도 모르게 부끄럽고 두렵습니다.

지금 국세(國勢)가 이와 같은지라, 서로 함께 작은 일을 털어 버리고 마음을 합쳐 협력하더라도 오히려 이루기 어려울까 두렵건만, 지금 언어에 두서가 없어 남을 불안하게 하여 일이 없는 가운데 일을 만들고 말았습니다. 전하의 넓게 포용하는 큰 도량으로는 혹 신을 용납하실지라도 신이 지은 죄는 끝내 스스로 용서할 수가 없습니다. 삼가 바라건대 밝은 성상께서는 신을 물리쳐서 여론을 잠재우소서. 그리하신다면 매우 다행이겠습니다.

흠위[61]를 모시고 보호하기를 청하는 차자 신유년(1681, 숙종7) 2월 19일

乞陪護廞衛箚 辛酉二月十九日

삼가 아룁니다. 신이 영결하는 예법에 그 정을 스스로 펼칠 수 있는 길은 오직 흠위를 모시고 보호하면서 하관하는 때에 한번 통곡하는 것이니, 신의 노쇠한 병이 비록 극심하지만 이 성심(誠心)은 막기가 어려워서 담당 관리에게 자청하였습니다. 지난밤에 삼가 성지(聖旨)를 받들어 보니 염려하고 위무하시는 뜻이 서찰의 가운데에 넘쳐 나서 특별히 신으로 하여금 가지 말도록 하시니, 신은 진실로 감격하여 어찌할 바를 모르겠습니다. 신 또한 새벽부터 밤까지는 감당하기 어려운 줄 스스로 알기 때문에 오늘 조용히 나가서 능소(陵所)의 제신들과 함께 공손히 맞이하려고 합니다. 이렇게 하면 구마(狗馬) 같은 천신(賤身)이 거의 성상께 염려를 끼치지 않을 수 있을 것입니다. 삼가 바라건대 성상께서 살펴 주셔서 신의 소원을 이룰 수 있도록 해 주소서.

61 흠위(廞衛) : 국상의 장례 행렬에 쓰던 여러 가지 도구이다. 여기서는 숙종의 원비(元妃) 인경왕후(仁敬王后) 김씨의 장례 행렬을 말한다.

곡반에서 나와 한강을 건널 때에 치사를 청하는 차자 신유년 (1681, 숙종7) 2월 20일

自哭班渡江時乞致仕箚 辛酉二月二十日

삼가 아룁니다. 나이 일흔에 벼슬을 그만두는 것은 신하의 큰 한도이고 예경(禮經)의 밝은 가르침이니,[62] 신하의 입장에서 말하면 염치를 길러 총애하는 자리에 눌러앉음을 면할 수 있고 임금의 입장에서 말하면 노신(老臣)을 위로하여 근력의 수고가 없도록 하는 것입니다. 이 때문에 임금과 신하가 모두 도리에 합당하게 되어 풍속이 더욱 청명해지는 것입니다. 옛날 주자(朱子)가 예순아홉 살 되던 해 겨울에 이미 벼슬을 그만두려는 절목을 갖추어 두었다가 이듬해 1월에 즉시 관례에 따른 소장을 올렸으니, 대저 신하는 치사하는 일에 이처럼 감히 삼가지 않을 수 없는 것입니다.

못난 신의 나이가 일흔다섯인지라 정신과 근력이 일에 전념하기 매우 어려우니, 만일 먼 변방으로 유배되는 일이 없었더라면 이미 오래전에 예법에 근거하여 벼슬을 그만두기를 청하였을 것입니다. 지난겨울에 우매함을 무릅쓰고 들어왔던 것은 진실로 성상의 큰 은혜에 감히 사례하지 않을 수 없었기 때문입니다. 그러나 예법을 범하고 규정을 어김은 작은 일이 아니기에 감히 그대로 머물지 못하고 교외로 물러나 엎드려 있었는데, 갑자기 자성(慈聖)의 휘음(徽音)[63]을 받고는 종적이

62 나이……가르침이니 : 《예기》 〈곡례 상(曲禮上)〉에 "대부는 나이가 일흔이 되면 벼슬을 그만둔다."라고 하였다.

편안하기 어려움도 헤아리지 않고 허겁지겁 들어와서 도성 아래에 엎드려 있은 지 이미 한 달 남짓 되었습니다. 사우(士友)들의 견책이 사방에서 이릅니다만 그래도 참고서 둘러대며 감히 돌아가기를 고하지 못했던 것은 단지 인산(因山) 전에는 차마 곧바로 돌아갈 수 없었기 때문입니다. 그러나 이제는 영결하는 예법이 끝나 작은 정성이 조금 펼쳐졌으니, 우매함을 무릅쓰고 돌아가기를 청할 시기는 바로 이때이므로 신이 곧 성 밖에서 그대로 맑은 한강을 건너왔습니다. 고개 돌려 대궐을 바라보매 눈물이 흐르는 심정을 견디지 못하겠습니다. 신은 대궐에 나아가 간청의 말씀을 드리고 영원히 성상과 작별해야 함을 모르지 않지만 이미 곡반에 참여하여 감히 함부로 궁전 뜰을 가까이할 수 없기 때문에 곧바로 물러 나올 수밖에 없었으니, 신의 죄와 허물은 더욱 피할 곳이 없습니다. 바라건대 전하께서는 애처롭고 가엾게 여겨 용서해 주소서.

신이 며칠 전에 소회를 대략 기술하여 차본(箚本)이 이미 이루어졌으나 또 성상을 자주 번거롭게 하는 것을 두렵게 여겨서 올리지 못하고 있었습니다. 그 가운데 성상의 덕에 보탬이 될 것이 조금 있기 때문에 아울러 올리니 한두 가지라도 채택해 주시기를 바랍니다.

63 자성(慈聖)의 휘음(徽音) : 413쪽 주31 참조.

일을 논하는 차자

論事箚

삼가 아룁니다. 신이 지난밤에 삼가 차자에 대한 비답을 받아 보니, 노신(老臣)을 위무하신 것이 지극하였습니다. 그런데 신의 당초 마음은 본래 인재를 아끼는 데서 나온 것이었습니다만, 이 일로 한바탕 분란을 일으켜서 그 사람[64]으로 하여금 세상에 용납되지 못하게 하였으니, 신은 가만히 후회하고 있습니다. 그러나 간언하는 사람은 결코 억눌러 꺾어서는 안 되는데도 전하께서는 연소한 사람[65]이 과격하다는 이유로 그를 내쳤습니다.

기억하건대, 옛날 선조대왕 때 문성공(文成公) 이이(李珥)가 황해도 관찰사로 나갔을 때에 대간(臺諫)이 황주 판관(黃州判官) 최해(崔瀣)가 탐오(貪汚)하다고 파직하기를 논하자, 이이가 도사(都事) 이원익(李元翼)을 보내어 사실 여부를 살펴보게 하였더니, 백성들은 청렴하고 근실하다고 칭찬하였고 관청의 창고는 가득 차서 넘쳐 났습니다. 이이가 이에 장계를 올려 최해의 억울함을 진달하고 이어 또 아뢰기를 "최해는 진실로 억울합니다. 그러나 최해의 이번 일 때문에 전하께서 대간을 믿지 않으신다면 관계되는 바가 작지 않습니다."라고 하였습니다. 신 또한 원하건대 전하께서 간언한 사람에게 혹 부실한 점이 있다

64 그 사람 : 《송자대전수차》 권2에 "그 사람은 어진익(魚震翼)인 듯하다."라고 하였다.

65 연소한 사람 : 《송자대전수차》 권2에 "박태손(朴泰遜)을 가리킨다."라고 하였다.

는 이유로 간언하는 사람은 모두 믿을 수 없다고 의심하지 마소서.

신이 부세(賦稅)와 병제(兵制)를 개혁하지 않아서는 안 된다는 의견을 여러 번 진달하였으나 폐단이 쌓여 온 끝이라서 좌우로 모두 장해가 생기며 일은 뒷전이고 비방만 앞섰기 때문에 성상께서 하고자 하시는 뜻대로 다 되지는 못하였습니다. 신의 생각에 '공물(貢物)의 제도는 먼저 긴요하지 않은 물품의 종류를 줄인다면 아전들도 크게 곤란한 지경에는 이르지 않을 것이며, 놀고먹는 군졸은 궐원이 생겨도 보충하지 않는다면 그 숫자가 점점 줄어들게 되어 소요하는 데에는 이르지 않을 것이다.' 하였으니, 이는 실로 효종대왕과 현종대왕의 뜻이었기 때문에 신이 번거로움을 피하지 않고 자주 말씀드렸던 것입니다. 또 전화(錢貨)가 시행되고 나면 쌀과 베의 용도가 점차로 긴박하지 않게 되고 나라의 저축도 점점 여유 있게 될 것입니다.

무인(武人)의 만과(萬科)에 이르러서는 또 오늘날 조처하기 어려운 큰 폐단이 되었습니다. 그 숫자가 거의 2만 명에 가까운데 모두 서울에 모여서 조용(調用)되기를 바라고 조용되지 못하면 원망하고 또 노여워합니다. 서울의 쌀값이 오른 것 또한 이 때문이고 농민도 점점 줄어드니, 이는 실로 식견 있는 사람들이 깊이 우려하는 바입니다.

어리석은 신의 생각으로는 정자(程子)의 "향공(鄕貢)의 수를 줄여서 이익에 유혹되는 바를 없애야 한다."라는 설[66]을 따라 각각 고을 수령으

66 정자(程子)의……설 : 송나라 정이(程頤)가 학제(學制)를 자세히 살핀 뒤에 시험을 월과(月課)로 고치고 향공의 진사 수를 줄이도록 철종에게 건의한 것을 가리킨다. 정이가 말하기를 "학교는 예의를 앞세우는 곳이니, 달마다 시험을 보여 경쟁하게 하는 것은 자못 가르치고 기르는 도가 아닙니다. 청컨대 시험을 월과로 고쳐서 도달하지 못하는 바가 있으면 학관이 불러 가르치게 하고 다시는 고하를 매기지 않도록 해야

로 하여금 기예를 시험하여 그중의 뛰어난 자를 선발하여 병사(兵使)에게 올리게 하고, 병사는 또 이들을 모아 시험하여 그중 뛰어난 자를 선발하여 병조에 올리게 한 뒤에 병조에서 또 이들을 모아 시험하여 순차대로 관직에 보임한다면, 이 수만 명의 사람이 각각 자기 고향으로 돌아가서 한편으로는 농사를 짓고 한편으로는 무예를 익히게 되어 공사(公私)와 경외(京外)가 모두 함께 편리하게 될 것이고, 천품(賤品) 중에 또한 반드시 쓸 만한 인재가 있을 것입니다. 신은 어리석고 어두운 마음으로 밤낮없이 생각하다가 간혹 밤새도록 잠자지 못하기도 하니, 신의 사정이 또한 애처롭다고 할 만합니다.

신은 또 죽음을 무릅쓰고 진계(陳戒)할 것이 있습니다. 신이 삼가 살펴보건대, 전하께서는 자질을 하늘로부터 타고나 총명이 남들보다 월등하시니, 이와 같으면 반드시 남을 도량이 좁다고 여기고 자신의 의견을 쓰는 병통이 있기 마련입니다. 시험 삼아 이사명(李師命)의 일[67]을 말씀드리자면, 전하께서 총애하여 발탁하고 녹훈하신 이래로 사람들의 비방이 산처럼 쌓여 중지될 기약이 없건만 유독 전하께서만 듣지 못하고 계실 뿐입니다. 그러므로 신이 일찍이 탑전에서 굳이 그를 청요직(淸要職)에 제수하여 사람들의 노여움을 격발할 필요가 없다고 했던 것이니, 이는 단지 그의 마음을 조금 편하게 하는 일일 뿐만 아니라 또한 사리로도 의당 그렇게 해야 하는 것입니다. 호서 감사에 제수

합니다. 존현당을 지어 천하의 도덕이 있는 선비들을 맞이하며, 향공의 진사 수를 줄여 이익에 유혹되는 것을 없애며, 번문을 생략하여 교관에게 가르치는 임무를 전적으로 위임하며, 행검을 장려하여 풍교를 후하게 하여야 합니다."라고 하였다. 《小學 善行》

67 이사명(李師命)의 일 : 427쪽 주44 참조.

하는 명이 있게 되어서는 말하는 자들이 또 "감사는 바로 외대(外臺)[68]인 것이니, 이 사람에게 맡길 수 없다."라고 하였습니다. 그러므로 신이 또 개차하여 군국(軍國)의 직임을 제수하기를 청했던 것이니, 이는 그의 재능을 두루 시험해 보려는 것일 뿐만 아니라 또한 중론(衆論)을 진정시키려는 방법이기도 합니다.

이번에 전하께서 또 기용하여 그를 승정원에 두시니, 분분한 말들이 또 이전보다 심하여 미온적이던 사람들까지 합세하여 비방하고 있습니다. 신이 삼가 이로써 살펴보건대, 전하께서는 노신의 말에만 유념하지 않으실 뿐 아니라, 이는 장차 중론도 무시하고 이기기만을 힘쓰시려는 것입니다. 대저 임금은 남을 이기지 못할까를 걱정하지 않고 오직 남에게 굽히지 못할까를 걱정하는 법입니다. 지금 이 이사명의 일은 비록 중론이 반드시 대공지정(大公至正)한 데서 나온 것인지는 알 수 없습니다마는 또한 오로지 강경하게 맞서기를 마치 군신이 서로 계교(計較)하듯이 함으로써 중론을 더욱 격노시켜 이사명이 불안해할 단서를 더하게 해서는 안 될 것입니다.

지금 그가 출사한 것은 비록 성상의 엄명에 급박해서이지만 또한 어찌 그 마음에 스스로 편할 수가 있겠습니까. 이는 전하께서 부의(浮議)를 진정시키려 하신 것이 도리어 격화시키는 결과가 되었고, 이사명을 총애하려던 것이 도리어 이사명을 괴롭히는 결과가 되었으니, 어찌 거듭 애석하지 않겠습니까. 신이 생각건대, 이사명은 분명 등용할 만한 좋은 인재입니다. 지금 군민(軍民)을 개혁하는 일이 바야흐로

68 외대(外臺) : 외방에서 대간의 일을 수행한다는 뜻으로, 감사(監司)를 일컫는 말로 많이 쓰인다.

급하니, 굳이 청요직에 둘 것이 아니라 우선 한직에 두어 그로 하여금 계책을 다하게 한 뒤에 서서히 그의 직임을 의논하신다면, 공사 간에 매우 다행일 것이고 또한 전하의 천도(天道)처럼 겸손한 도[69]에도 만의 하나 도움이 있을 것입니다.

신은 늙고 병들어 죽음의 그림자가 드리워져서 전하를 섬길 날이 매우 짧기 때문에 무릇 생각하는 바가 있으면 감히 숨기지 못합니다. 삼가 바라건대 자애로운 성상께서는 너그럽게 헤아려 주소서.

69 천도(天道)처럼 겸손한 도 : 《주역》 〈겸괘(謙卦) 단(彖)〉에 "'겸은 형통하다'는 것은 하늘의 도는 아래로 사귀어서 광명하고, 땅의 도는 낮아 위로 행하기 때문이다."라고 하였다.

송자대전

제17권

소차
疏箚

수원에서 남쪽으로 돌아가며 사정을 진술하고 이어서 경계할 일을 아뢰는 상소 신유년(1681, 숙종7) 3월 3일

自水原南歸陳情仍進戒疏 辛酉三月三日

삼가 아뢰옵니다. 신은 애초에 국상에 임한 신하들이 속히 사대(賜對)의 은혜를 입는 줄도 몰랐고 또 사정(私情)에 마음이 급박하여 곧바로 도성을 떠났던 것이니, 신의 죄는 만번 죽어 마땅하고 또 만번 죽어 마땅합니다. 신은 차마 성급하게 멀리 떠나갈 수 없어 근기 지방에서 머뭇거리며 반드시 명을 받은 뒤에 물러나 돌아가려고 합니다. 그러나 아직 은혜로운 윤허를 받지 못하였을 뿐만 아니라 내리시는 총명(寵命)은 갈수록 더욱 성대해지니, 신이 가만히 생각건대 끝내 성상의 뜻을 욕되게 할 수 없어 염치를 무릅쓰고 들어가기보다는 차라리 명을 어기는 죄를 몸소 범하여 담당자의 처벌을 받는 것이 오히려 조금 편안할 수 있는 길이라고 여깁니다. 이 때문에 점점 고향으로 향해 가서 감히 다시 머무르지 않는 것입니다. 신처럼 아침에 저녁을 기약할 수도 없는 목숨으로 어찌 다시 용안을 바라보기를 바라겠습니까. 갈림길에서서 눈물이 떨어져 말할 바를 모르겠습니다.

아, 신이 밝은 성상을 저버린 것을 어찌 말로 다 할 수 있겠습니까. 신이 소명에 응한 이래로 어전에 나아간 적이 여러 번이었습니다. 나아와서 진달하면 물 흐르듯 받아들이셨고 나가서 공경들과 의논하면 또한 의견이 차이가 없었는데도 신은 우매하고 고루(孤陋)하여 위로는 성상의 학문을 보익하지 못하고 아래로는 국가의 정치에 보탬이 되지 못했습니다. 아, 백성이 있어 온 이래로 군부(君父)의 두터운 은혜를 입은 사람 중에 신과 같은 이가 누가 있겠으며 은혜를 저버린 사람으로 또 신과 같은 이가 누가 있겠습니까.

비록 그러하나 시세의 위급함이 이와 같으니, 만일 이보다 더한 일이 있고 신의 근력이 혹 스스로 움직일 수 있다면 신은 응당 다시 서울 가까이에 이르러 도성을 멀게 여기지 않고 목숨을 다하여 성상과 고락을 함께할 것입니다. 이와 같이 하면 아마 오늘의 죄를 조금 갚을 수 있고 충성하려는 구구한 마음을 대략 펼칠 수 있을 것입니다.

무엇보다 눈앞에 닥친 대혼(大昏)의 예법[1]은 실로 국가의 흥폐에 관계된 것이니, 신은 원컨대 전하께서 유신(儒臣)으로 하여금 주자(朱子)가 진관(陳瓘)의 편지에 발문한 글[2]과 문성공(文成公) 이이(李珥)의 봉사(封事)[3] 중에 경계를 진달한 말을 상고하게 하시고 이를 채택하여 시행하소서. 그러면 이른바 호연한 기운이라는 것이 전하의 성학(聖學)으로써 어찌 천지 사이에 더욱 가득 차지 않겠으며 이른바 만복의 근원이라는 것 또한 어찌 영원히 만세에 미치지 않겠습니까. 신의 구구

1 대혼(大昏)의 예법 : 중전의 간택을 말한다.

2 주자(朱子)가……글 : 《회암집(晦庵集)》 권81에 실려 있는 〈발진요옹여형서(跋陳了翁與兄書)〉를 말한다. 진관은 송 철종(宋哲宗) 때 사람으로, 자는 영중(瑩中), 호는 요옹(了翁)이다. 진관이 재취(再娶)를 의논하며 그 형에게 편지를 보내어 말하기를 "그 집안은 청빈하고 그 사람은 나이가 많으니, 청빈하면 교만하지 않고 나이가 많으면 일을 잘 압니다. 또 주씨(周氏)는 온 집안이 선을 좋아하기 때문에 그 집안과 혼인하면 염려할 일이 없을 것입니다."라고 하였다. 주희가 그 편지에 발문을 적기를 "자신의 뜻을 서술하고 남의 선을 칭찬하면서 의리(義利)와 취사(就舍)의 사이에서 결정하지 않은 적이 없으니, 이에 공의 흉중이 언제나 호연(浩然)함을 알게 된다."라고 하였다.

3 문성공(文成公) 이이(李珥)의 봉사(封事) : 1574년(선조7) 이이가 올린 〈만언봉사(萬言封事)〉를 가리킨다. 《栗谷全書 卷5》

한 소회를 끝내 감히 스스로 감추지 못하고 다시 이렇게 외람되이 아뢰니, 전하를 잊지 못하는 외로운 충심을 혹시라도 살펴 주신다면 신은 죽어도 유감이 없을 것입니다. 신은 성상을 우러르며 간절하고 황송한 마음을 견디지 못하겠습니다.

옛날에는 장소(章疏)에 대해 윤허하지 않는 경우도 있고 비답하지 않는 경우도 있었으니, 신의 이 상소는 지극히 한만(閑漫)하므로 어찌 굳이 비답하실 필요가 있겠습니까. 만일 반드시 비답을 내리려 하실 경우에는 금군(禁軍)을 시키거나 도신(道臣)에게 전하게 하신다면 또한 절하고 받을 수 있을 것입니다. 현재 역로가 쇠잔하여 역졸의 종기와 굳은살을 차마 보지 못할 지경이니, 만약 사관(史官)을 시켜서 내려오게 하신다면 어찌 다시 하나의 폐단이 생겨나지 않겠습니까. 삼가 성상께서는 살펴 주소서.

직명과 상전을 사양하는 상소 신유년(1681, 숙종7) 4월 19일
辭職名及賞典疏 辛酉四月十九日

삼가 아룁니다. 신은 초야의 천한 몸이고 땅강아지처럼 미천한 목숨으로 외람되이 살려 주시는 크나큰 은혜를 입었고 게다가 신의 병통을 감춰 주고 흠을 덮어 주어 성심을 다하여 신의를 이루시니, 의리는 비록 군신간이지만 정은 실로 부자간이라 하겠습니다. 또 정사를 의논하는 즈음에 우활한 신의 의견을 많이 채택해서 은택이 백성에게까지 미치게 하려고 하셨으니, 군신간의 만남은 밝고 화평하며 시대의 만남은 천년에 한 번 있을 일이라 할 만합니다. 비록 암혈에서 고상하게 지내는 선비일지라도 또한 대궐 아래에서 지내다가 죽기를 원할 것입니다. 하물며 신은 세 조정의 융숭한 은덕을 흡족하게 받았으니, 참으로 이른바 "선제(先帝)의 특별한 대우를 추모하여 이를 폐하께 갚으려고 한다."[4]라는 것입니다. 신은 이 말을 욀 때마다 눈물이 넘치지 않은 적이 없고 목이 메지 않은 적이 없었으며, 간혹 한밤중에 일어나 날이 샐 때까지 잠을 이루지 못하기도 하였습니다.

또 지금의 시세는 실로 국가의 존망이 달린 위급한 때입니다. 하늘은 위에서 노여워하여 인정(人情)이 의심하고 두려워하며, 백성들은 아래에서 원망하여 나라의 근본이 위태로우니, 만일 뜻밖의 사변이라도 생긴다면 누구에게 난리를 막을 재주가 있겠으며 누구에게 의리를 위하여 죽을 절의가 있겠습니까. 필부가 난리를 일으켰을 때에 만백성이

4 선제(先帝)의……한다 : 〈출사표(出師表)〉에 나오는 제갈량의 말이다.

이 기회에 원한을 풀려 한다면 지혜로운 사람이 있어도 평정을 도모할 수 없고 용감한 사람이 있어도 과감하게 제압할 수 없을 것이니, 이는 참으로 "빠른 천둥이 치면 귀를 막을 겨를이 없다."라는 격입니다. 국가의 형세가 이 지경에 이르렀으니, 이 어찌 신하가 나라를 떠나갈 날이겠습니까.

그러나 신은 늙고 병들어 죽음이 눈앞에 닥쳤기 때문에 조정에 있더라도 도움이 되는 바가 없는데도 공연히 은권(恩眷)을 더해 주시니, 은권이 더해질수록 부끄러움과 두려움이 더욱 깊어집니다. 이러한 까닭으로 하사하신 봉름(俸廩) 또한 감히 관례대로 받아 쓰지 못하고 죽음을 면할 정도만 사용한 뒤에 그 나머지는 해당 관청에 도로 가져가기를 청하였습니다. 이처럼 자질구레한 일은 비록 통인(通人)과 달사(達士)에게 비웃음을 사겠지만 신의 고집스럽고 좁은 소견으로는 이것이 오히려 두려워하고 조심하며 분수를 헤아리는 처사가 되어 함부로 녹봉을 받는 혐의를 조금이나마 피하고 노년에 재물을 탐하지 말라는 경계[5]를 대략 지키는 것이라고 생각합니다.

신이 서울에 있을 때에 늘 마음속으로 스스로 말하기를 '젊어서 사우(師友)를 따라 강론하고 절차탁마한 것은 장차 무엇을 하려는 것이었던가. 배운 것을 반드시 실행하려고 했던 것이 아니던가.'라고 하였습니다. 지금 옛 가르침의 큰 한도[6]를 넘고 신하의 큰 절도를 범하여

5 노년에……경계 : 공자가 군자를 경계하기를 "군자에게 세 가지 경계할 것이 있으니,……늙어서는 혈기가 쇠한지라 경계할 것이 탐하는 데에 있다."라고 하였다. 《論語 季氏》

6 옛……한도 : 70세에 벼슬을 그만두는 것을 말한다. 《예기》 〈곡례 상(曲禮上)〉에 "40세가 되면 '강(强)'이라고 칭하니, 벼슬살이를 시작한다. 50세가 되면 '애(艾)'라고

예경(禮經)의 죄인이 되고 사우들의 깊은 비판을 불러들인다면 평소 스스로 지키던 것은 말할 것도 못 되지만, 쌀과 소금 같은 자질구레한 것 때문에 하루아침에 배운 바를 남김없이 무너뜨리게 되니, 이는 성인의 말씀을 업신여기는 것이 아니겠으며, 이는 한 삼태기의 흙 때문에 산을 쌓은 공이 무너지는 격이 아니겠으며, 이는 교만하고 인색하면 나머지는 볼 것이 없다는 것이 아니겠습니까.

찬찬히 또 스스로 다음과 같이 해명해 봅니다. 증자(曾子)가 말하기를 "군자는 사람을 덕으로 사랑한다."[7]라고 하였고, 이윤(伊尹)은 필부필부가 제자리를 얻지 못함을 부끄러워하였습니다.[8] 하물며 우리 성상께서는 위육(位育)[9]의 큰 책무를 맡아 새, 짐승, 물고기, 자라조차도 모두 순조롭게 자라도록 하려 하시니, 어찌 유독 이 미천한 신으로 하여금 넘어지고 낭패하여 살아서는 염치를 잃은 사람이 되고 죽어서는 부끄러움을 품은 귀신이 되게 하시겠습니까. 신이 밝은 성상을 우러러 믿은 것이 진실로 이와 같았거늘, 이미 물러난 뒤에 불러들여 돌아

칭하니, 국정에 참여한다.……70세가 되면 '노(老)'라고 칭하니 집안일을 자손에게 넘겨준다.……대부는 70세가 되면 벼슬을 그만둔다."라고 하였다.

7 군자는……사랑한다 : 증자가 말하기를 "군자는 사람을 덕으로 사랑하고, 소인은 사람을 고식적으로 사랑한다."라고 하였다. 《禮記 檀弓上》

8 이윤(伊尹)은……부끄러워하였습니다 : 이윤이 말하기를 "내가 임금을 요순 같은 성군이 되게 하지 못하면 마음에 부끄러워 시장에서 종아리를 맞는 듯하였으며, 한 사람이라도 제자리를 얻지 못하는 백성이 있으면 이는 나의 잘못이다."라고 하였다. 《書經 說命下》

9 위육(位育) : 자사(子思)가 말하기를 "중(中)과 화(和)를 지극히 하면 천지가 제자리를 편안히 여기고 만물이 잘 길러질 것이다.〔致中和, 天地位焉, 萬物育焉.〕"라고 하였다. 《中庸章句 第1章》

오기를 재촉함이 갈수록 더욱 지엄해져서 언제나 신으로 하여금 위엄과 죄가 두려워서 아침에 조심하고 저녁에 겁먹으며 마치 곤궁한 사람이 돌아갈 곳이 없는 것처럼 하게 하실 줄을 어찌 알았겠습니까. 이것이 어찌 만물이 각각 제자리를 얻게 하는 대성인(大聖人)의 뜻이겠습니까.

돌아보건대 못난 신의 나이는 결코 새벽종이 울도록 밤늦게 다닐 때가 아닙니다. 지금 세도(世道)가 더욱 낮아져서 물욕이 제멋대로 넘쳐흐르며 예의를 범하고 수치를 참고서 현능한 사람들의 앞길을 방해하는 자들이 온 세상에 가득하니, 신이 비록 변변치 못하지만 실로 차마 이 한 몸을 이러한 부류의 숫자를 채워서 사람들로 하여금 입방아거리로 삼게 할 수는 없습니다. 이와 같다면 미천한 신이 세도에 해를 끼침이 적지 않을 것이니, 이 어찌 열성조께서 절의를 배양한 기풍을 욕되게 하지 않겠으며 어찌 밝은 성상께서 돌보고 대우하신 뜻을 그르치지 않겠습니까. 삼가 바라건대 밝은 성상께서는 특별히 살펴 주셔서 신의 직명을 체차하여 편안한 마음으로 초야에서 죽게 해 주소서. 그리하신다면 실로 자애로운 성상께서 처음부터 끝까지 생성해 주시는 은혜일 것입니다.

아, 신이 어찌 감히 밥 한 끼 먹는 사이에도 밝은 성상을 잊겠습니까. 죽기 전에 다시 성상의 용안을 뵐 수 있기를 매양 원하지만 신은 노쇠하고 질병이 들어 죽을 날이 머지않았으니, 대궐을 바라보며 서글피 오열하는 마음만 간절할 뿐입니다. 신은 너무나도 간절하고 연모하는 마음을 견디지 못하겠습니다.

상소문이 이루어진 뒤에 삼가 국장(國葬)의 상전(賞典)이 외람되이 천신(賤臣)에게 미쳤다는 소식을 듣고는 신이 너무도 부끄럽고 황송한 마음을 견디지 못하겠습니다. 아침저녁 쉬지 않고 분주히 직무를 수행하는 것은 또한 신하의 본분입니다. 더구나 신이 말예(末藝)인 문장으로 성비(聖妃 인경왕후(仁敬王后))의 성대한 덕을 찬미한 것은 붓으로 천지의 조화를 묘사하는 것과 같아 만의 하나도 형용할 수 없었기에 언제나 마음속으로 자책하고 있었습니다. 그런데 지금 도리어 은사(恩賜)를 받은 것이 분주히 직무를 수행한 사람들과 똑같으니, 어찌 매우 외람된 일이 아니겠습니까. 삼가 바라건대 밝은 성상께서는 속히 은명을 거두어들여서 신의 분수를 편안하게 해 주소서. 그리해 주신다면 매우 다행이겠습니다.

신이 삼가 보건대 하사를 받은 신하들이 으레 사면을 청하고 으레 윤허를 받지 못하고 있으니, 지금 신도 이와 같이 한다면 사람들이 반드시 어설프게 흉내 낸다고 할 것입니다. 그러나 신의 말은 실로 진정에서 나온 것이지 감히 그릇되게 꾸며서 밝은 성상을 속이려는 것이 아니니, 다시 바라건대 헤아려 주소서.

월름을 사양하는 상소 신유년(1681, 숙종7) 5월 20일

辭月廩疏 辛酉五月二十日

삼가 아룁니다. 신이 물러나 엎드려 있는 몸으로 은혜로운 초식(稍食)을 무릅쓰고 받는 것은 몹시 이유가 없는 것이기 때문에 감히 공장(公狀)으로 도신을 통하여 말씀을 아뢰었더니, 다시 실어 보내라는 명을 지금 받게 되었습니다. 신은 자애로운 성상께서 위로하고 길러 주는 지극한 덕을 모르지 않지만 신이 가만히 스스로를 헤아려 보건대 참으로 정자(程子)가 말한 천지간의 한 마리 좀 벌레입니다. 대저 하는 일 없이 앉아서 농부가 고생스럽게 생산한 곡식만 먹더라도 한 마리 좀 벌레가 되는 결과를 면하지 못하거늘, 하물며 지금 과외의 하사품을 함부로 받아 집안을 좋게 한다면 이치를 어기고 의리를 손상함을 어찌 말로 다 할 수 있겠습니까.

옛날에 구휼해 주면 그것을 받는 도리가 진실로 있었습니다. 그러나 그 경우에는 반드시 아침에 먹지 못하고 저녁에 먹지 못하여 대문과 방문을 나가지 못하는 지경이 된 연후에 받았습니다. 지금 신은 그렇지 않아 일찍이 명위(名位)를 몰래 차지하였고 또 기로(耆老)의 나이가 되었기 때문에 고을원의 공급이 반드시 서민들보다 앞서고 또 식구가 많아 남들이 말〔斗〕을 얻으면 신은 섬〔斛〕을 얻어 결코 굶주려서 문을 나오지 못하는 날이 없습니다. 게다가 지금은 거듭 흉년을 겪은 뒤라서 보리와 밀이 타고 말라 백성들이 굶주림과 괴로움으로 탄식하는 소리가 차마 들을 수 없는 정도이거늘, 신이 홀로 어떤 마음이기에 차마 목으로 음식을 넘길 수 있겠습니까. 저 굶주리고 괴로워하는 백성들이 전하께서 천신(賤臣)를 이처럼 편애하여 후대하시는 것을 본다면 원망하고 한스러워하는 마음이 없을 수 있겠습니까.

옛날에 제(齊)나라 임금이 굶주린 노인을 보고 그에게 음식을 주니, 노인이 사양하며 말하기를 "천하의 굶주린 사람에게 주시기를 원합니다."라고 하였고, 정숙자(程叔子 정이(程頤))가 당시 재상의 좋은 비단을 받지 않으며 말하기를 "천하에 추위에 떠는 사람이 많다."라고 하였습니다. 지금 이 은혜로운 하사품은 비록 영광과 감사가 뼛속까지 사무치지만 신의 분수로 헤아려 보면 감히 무릅쓰고 받을 수 없는 이유가 있고, 측은해하는 마음을 미루어 보면 또 차마 먹지 못할 점이 있으니, 삼가 바라건대 밝은 성상께서는 내리신 명을 거두어들여서 한결같이 재용을 절약하고 백성을 사랑하는 데 마음을 기울이소서.

또 신은 금년의 나이가 이미 팔십에 가까워져서 질병이 침범하는 것은 일상적인 일이거늘, 신이 죽게 될까 염려하여 멀리 태의(太醫)를 보내고 약물을 가져다 치료해 주시는 성상의 은혜를 지나치게 받게 되니, 원근에서 소식을 듣고 감동하지 않는 사람들이 없습니다. 더구나 몸소 이러한 일을 만난 신은 어떠한 마음이겠습니까. 단지 분골쇄신하여 보답하기를 생각할 뿐입니다.

신은 학술이 얕으며 지려(智慮)가 거칠기 때문에 재앙을 만나 도움을 구하는 날을 당해서도 또한 속마음을 다해 득실을 논하여 성상의 뜻을 충족시키지 못해서 성상의 덕을 조금도 돕지 못하고 있으니, 부끄러움과 한스러움을 말로 다 할 수가 없습니다. 오직 바라건대 밝은 성상께서는 "나에게 노여워하는 하늘을 어떻게 할 수 없다."[10]라고 여기

10 나에게……없다 : 《송자대전수차(宋子大全隨箚)》 권2에 "옛말에 '나에게 노여워

지 말아서 근심하는 마음을 풀어놓지 말고 더욱 닦고 살피시어 반드시 하늘이 기뻐하는 데에 이르기를 스스로 기약하소서. 신은 조만간 세상을 떠나서 더 이상 맑고 한가한 날에 성상을 모실 수 없을 것이니, 궁궐을 바라보며 다만 서글피 오열할 뿐입니다. 신은 은혜에 감격하고 덕을 그리워하며 너무도 황공하고 간절한 마음을 견디지 못하겠습니다.

하는 하늘은 그래도 어떻게 할 수 있지만 나를 버려 버린 하늘은 어떻게 할 수 없다.'라고 하였으니, 이는 하늘이 진노하여 견책해 주고 견책하여 고치지 않으면 끊어 버리고 뒤집어서 망하게 함을 이르는 것이다."라고 하였다.

경계할 일을 아뢰는 상소 신유년(1681, 숙종7) 5월

陳戒疏 辛酉五月

…… 신이 또 가만히 생각건대 전날 사관(史官)이 왔을 때에 신이 어리석고 미천하여 아는 바가 없어 단지 성학(聖學)에 힘쓰고 백성과 화합하시라는 등의 적료(寂寥)한 몇 가지 말로 하문하신 뜻에 삼가 답하였으니, 이는 실로 깊지 않은 진부한 이야기이며 죽은 법이기 때문에 신은 진실로 성상의 마음에 부합하지 않을 줄로 압니다. 그러나 신은 달리 배운 바가 없으니 억지로 알지 못하는 설을 올려 자신을 속이고 전하를 속일 수는 없습니다. 그러나 주자(朱子)가 일찍이 말하기를 "진부한 이야기 속에 실로 오묘한 이치가 있고 죽은 법 속에 실로 살아 있는 법이 있다."라고 하였으니, 신은 청컨대 그 설을 다시 아뢰겠습니다.

이른바 성인의 학문은 그 요체가 극기(克己) 두 글자보다 큰 것이 없기 때문에 공자가 안연(顏淵)에게 고해 준 것이 이것이었고 나머지 제자들은 들을 수 없었던 것입니다. 안자(顏子)는 청명하고 순수하여 극복해야 할 사욕이 없었을 터인데도 공자가 오히려 이것을 고해 준 것은 어쩌면 안자가 큰 현인이긴 하지만 오히려 다 극복하지 못한 것이 있었기 때문이 아니겠습니까.

신이 삼가 보건대, 성상께서는 자질이 밝고 고명하여 마음속의 찌꺼기가 전혀 없기 때문에 물욕이 몸과 마음에 행해지지 않고 잘못된 정치가 시행하는 일에 끊어져 없습니다. 개와 말을 기르거나 음성(淫聲)과 미색(美色)을 구하거나 유람하고 사냥하거나 오만하고 희롱하는 것들로 말하면, 이는 모두 제왕의 공통된 병통이지만 전하께서 이 중에 하나라도 있다는 말을 듣지 못하였으니, 진실로 극복해야 할 사욕이 없다고 할 만합니다. 그러나 마음속에 하나라도 치우친 생각이 있다면 이는 비록 부정한 생각이나 나쁜 생각과 차이는 있지만 천리를 해치는 바는 큽니다. 이는 밖으로 발현되기를 기다리지 않더라도 온갖 일과 여러 가지 행위가 이미 그 좋지 않은 영향을 받기 때문에 임금은 자질의 아름다움만 믿고서 성찰(省察)하며 극치(克治)하는 공부를 소홀히 해서는 안 되는 것입니다.

그렇다면 임금이 반드시 크게 덕을 잃은 뒤에 하늘이 재앙을 내리는 것이 아니고, 한 생각만 어긋나더라도 곧 그 호응이 있는 것입니다. 지금 전하께서 궁궐에 한가하게 지내시는 중이나 은미하여 혼자만 아시는 때에 그 마음을 보존하고 생각을 쌓는 것은 외인(外人)이 비록 감히 알지 못하지만, 거기에 상응하는 마음이 밖으로 드러난 것으로 말하면 조정이 존엄하지 못하고 풍속이 아름답지 못하고 간사한 일이 횡행하고 의론이 갈라지는 것이 오늘날과 같은 적이 없었습니다. 이것으로 보면 전하께서 마음을 바르게 하고 뜻을 정성스럽게 하는 공부가 옛날의 성왕(聖王)에게 미치지 못하는 듯하니, 신이 전하께서 말을 받아들이는 한 가지 일로 한번 말씀드리겠습니다.

전하께서 무릇 한만(閑漫)한 일에는 마치 메아리처럼 수응하시지만 궁위(宮闈) 혹은 공주(公主)의 일과 관련되었을 때에는 으레 남의 말을 듣기를 즐겨 하지 않으시며, 마지못해 억지로 따르는 것조차도 강한 쇠뇌를 당기듯이 힘겨워하십니다. 예컨대 공주의 일의 경우, 신은 이것이 자성(慈聖)의 뜻을 따른 것이고 또한 대순(大舜)이 상(象)을 부유하게 해 주었던 뜻[11]에서 나온 것임을 잘 압니다. 그러나 정당한 도리로 말하면, 지급하는 제택(第宅)과 토전(土田)은 조종(祖宗)께서 정한 제도가 따로 있어 지금 한결같이 정해진 제도를 따르더라도 가난하거나 검소하지 않을 것입니다. 더구나 수시로 은혜로운 하사가 있게 되면 또한 그를 부유하고 즐겁게 할 수 있을 텐데, 어찌 굳이 조종께서 정한 제도를 뛰어넘게 할 필요가 있겠습니까. 대저 조종께서 마음과 생각을 다하여 없어지지 않을 제도를 제정해 놓았는데도 주상께서 이를 훼손하고 버리신다면, 신하들이 서로 본받아 각각 분수를 넘게 됨으로써 나라가 나라답지 못할 것입니다.

또 삼가 생각건대, 자전(慈殿) 전하는 성덕(聖德)이 실로 태임(太妊)과 태사(太姒)[12]와 같으셔서 진실로 사(私) 자의 폐해가 이처럼 큰 줄을 아실 터이니, 어찌 한 명의 공주 때문에 조종께서 이루어 놓은 법을 훼손하려 하시겠습니까. 진실로 이와 같다면 신하 중에 누가 감히 정백(精白)하고 순수한 마음으로 아름다운 덕을 받들지 않고 감히 사리(私利)를 위하여 백성을 해치는 일을 하겠습니까. 그렇다면 성학에 힘쓰는 것이 실로 백성들과 화합하는 근본이 되니, 이 두 가지 일은 단지 하나의 일일 뿐입니다.

대저 사람의 마음은 각각 사리를 추구하는 바가 있어 비록 가르치고 인도하지 않더라도 스스로 금지하거나 제어할 수 없거늘, 하물며 임금

11 대순(大舜)이……뜻 : 맹자가 말하기를 "어진 사람은 아우에 대하여 노여움을 감추지 아니하며, 원망을 묵혀 두지 아니하고, 그를 친애할 뿐이다. 그를 친히 한다면 그가 귀하게 되기를 바랄 것이고, 그를 사랑한다면 그가 부유해지기를 바랄 것이니, 상(象)을 유비(有庳) 땅에 봉하신 것은 그를 부귀하게 하신 것이다."라고 하였다. 《孟子 萬章上》 상(象)은 순(舜)의 이복동생이다.

12 태임(太妊)과 태사(太姒) : 태임은 주(周)나라 왕계(王季)의 부인이자 문왕(文王)의 어머니이고, 태사는 문왕의 비(妃)이자 무왕(武王)의 어머니이다.

이 먼저 몸소 보여 주는 데 있어서이겠습니까. 지금 전하의 뜻은 필시 '이 일은 오늘에 시작된 것도 아니고 이는 또 하나의 작은 일일 뿐이거늘, 어찌 재물을 손상하고 백성을 해치는 데에 이르겠는가. 그 말류의 폐해가 여기에 이른다는 것을 알지 못하겠노라.'라고 하실 것입니다. 전하의 뜻은 또 필시 '권세를 가진 신하들도 제도를 뛰어넘어 사리를 도모한 것이 많거늘, 내가 동기(同氣)를 위하여 어찌 홀로 그렇게 하지 못하겠는가.'라고 하실 것입니다. 이는 또 그렇지 않은 점이 있으니, 신하로서 윗사람을 본받는 경우는 있어도 윗사람이 도리어 아랫사람의 소행을 본받는 경우는 없습니다.

대개 그 근원을 따져 보면 실로 하나의 사 자를 이기지 못하였기 때문이니, 부류에 따라 적용해 보면 나머지는 모두 알 수가 있습니다. 그렇다면 극기 두 글자는 어찌 성학에 있어 지극히 긴절하고 중요한 말이 아니겠습니까. 더구나 사사로이 덮어 줌도 없고 사사로이 실어 줌도 없는 것이 실로 하늘과 땅의 마음입니다. 하늘과 땅이 이미 이 마음으로 성상의 몸을 탄생시켜서 백성의 주인이 되게 하였는데, 전하께서 털끝만치라도 사사로운 뜻을 갖는다면 이 어찌 하늘과 땅의 마음을 어기게 되지 않겠습니까. 부모가 자식에 대하여 지극히 친하고 지극히 사랑하는데 자식이 부모의 마음과 같지 못하면 부모의 마음이 곧 즐겁지 못할 것이니, 전하께서는 이에 대해 정밀히 살피시어 속히 되돌아올 바를 생각하지 않을 수 있겠습니까.

신은 조만간 세상을 떠나서 더 이상 맑고 한가한 날에 성상을 모실 수 없을 것이니, 궁궐을 바라보며 다만 서글피 오열할 뿐입니다. 그러나 신으로 하여금 대궐 뜰에 이르게 하시더라도 말씀드릴 것은 이와 같은 데에 지나지 않으니, 혹 전하께서 애처롭고 가엾게 여기어 조금이라도 살펴 주신다면 노신(老臣)은 눈을 감아도 여한이 없을 것입니다. 신은 근심으로 탄식하며 너무도 두려운 마음을 견디지 못하겠습니다.

월름을 사양하는 상소 신유년(1681, 숙종7) 8월 21일

辭月廩疏 辛酉八月二十一日

삼가 아룁니다. 신은 금년 6월에 황간현(黃澗縣) 경내에서 병들어 엎드려 지내다가 월름을 추후에 지급하라는 명을 삼가 듣게 되었습니다. 신의 생각에 이는 비록 서울에 있을 때 받지 못한 것이기는 하지만 이미 고향 집으로 돌아가는 중이라 받아들일 명분이 없다고 여겼으므로 죽음을 무릅쓰고 사양하기를 청했습니다. 그런데 성상의 비답에 사양하는 청을 윤허하지 않으시니, 신의 미천한 일로 인하여 성상의 귀를 자주 더럽히는 것 또한 감히 하지 못할 바이기 때문에 끝내 삼가 받고 말았습니다.

지난 7월 초에 황간의 현관(縣官)이 또 쌀 4섬과 조(租) 2섬 등의 물건을 실어 보냈습니다. 신의 생각에 이는 필시 현관이 매달 응당 받아야 할 의례적인 물건으로 잘못 알아 사사로이 보낸 것이라고 여겼기 때문에 감히 받지 않았는데, 이때 마침 신이 고향으로 돌아오게 되었습니다.

또 지난달 그믐 사이에 거처하는 곳의 현관이 또 실어 보내오니, 신이 현리(縣吏)에게 묻기를 "은명(恩命)에서 나온 것인지의 여부를 반드시 알아낸 뒤라야 사양하든지 받아들이든지 결정할 수 있으니, 지금은 감히 불분명한 상태로 성급히 받을 수 없다."라고 하였습니다. 이처럼 서로 버티며 오고 가는 사이에 또 도신(道臣)의 장계로 인하여 이렇게 다시 실어 보내라는 명이 있게 된 것입니다. 구구하고 미천한 신이 월름을 사양하고 받는 일 때문에 성상께서 하교를 이처럼 여러 번 내리시도록까지 하였으니, 신은 황공하고 두려워서 몸 둘 바를 모르겠습니다.

또 삼가 현리가 고지한 문서를 보니, 신이 도로 내주었다는 말이 있었습니다. 비록 지방의 이민(吏民)이 문자의 경중을 몰라서 한 말이기는 하지만 말을 구사함이 이처럼 공손하지 못하였으니, 신이 놀랍고 황공하여 죽으려 하나 죽지 못하는 정상을 드러내어 아뢸 길이 없습니다. 또 신이 만약 7월 이후의 일이 은명에서 나온 것임을 애초에 알았다면 어찌 감히 사직을 청하는 소장에 언급하지 않고 무단히 사양하기를 청하였겠습니까.

이어서 삼가 생각건대 신은 비록 서울에 있던 날에도 받은 늠식(廩食)이 혹 여유가 있으면 그다음 달에 감히 다시 받지 않았던 때도 있었으니, 이는 하는 일 없이 녹을 먹는 것은 본래 스스로 편안할 수 없었기 때문입니다. 하물며 지금 고향으로 돌아와서 농사지어 먹는 날에 다시 감히 무릅쓰고 받아 맹자의 "감히 하지 못하는 것이다."[13]라는 가르침을 범하겠습니까. 이는 비록 자애로운 성상께서 위로하고 길러 주시는 지극한 뜻에서 나온 것이기는 하지만 신의 천한 분수에는 끝내 감히 어리석음을 무릅쓰고 받을 수 없는 사정이 있으니, 삼가 바라건대 밝은 성상께서는 이러한 사리를 살피시어 이미 내린 명을 거두어들임으로써 신의 분수를 편안하게 해 주소서. 그리해 주신다면 매우 다행이겠습니다. 신은 숨을 죽이고 아뢰며 너무도 두려운 마음을 견디지 못하겠습니다.

13 감히……것이다 : 만장(萬章)이 말하기를 "구휼해 주면 받고 하사해 주면 받지 않는 것은 어째서입니까?"라고 하니, 맹자가 말하기를 "감히 하지 못하는 것이다."라고 하였다. 《孟子 萬章下》

《심경석의》를 올릴 때의 차자 신유년(1681, 숙종7) 9월

進心經釋疑箚 辛酉九月

삼가 아룁니다. 신이 외람되이 《심경석의》를 교정하라는 성상의 밝은 명을 받았으니, 이는 비록 작은 일이지만 관계된 바는 매우 큽니다. 주자(朱子)가 일찍이 말하기를 "한 글자가 분명하지 않음으로 인한 재앙이 매우 크다."라고 하였으니, 한번 《심경》을 가지고 말해 보겠습니다. 맹자가 말한 과욕(寡欲)[14]의 욕(欲)은 바로 순(舜) 임금이 말한 인심(人心)[15]입니다. 맹자의 뜻은 대개 "이는 비록 사람에게 없을 수 없는 것이기는 하나 욕심이 많은데도 절제함이 없으면 또한 마음을 기르는 데에 해가 된다."라는 것입니다. 이 글을 읽는 사람이 만약 주자(周子)의 설[16]에 의거하여 이 욕 자를 인욕(人欲)의 욕으로 여겨서 이에

14 맹자가 말한 과욕(寡欲) : 맹자가 말하기를 "마음을 기르는 데에는 욕심을 적게 하는 것보다 좋은 것이 없으니, 그 사람됨이 욕심이 적으면 비록 보존되지 못함이 있더라도 보존되지 못함이 적을 것이고, 그 사람됨이 욕심이 많으면 비록 보존됨이 있더라도 보존된 것이 적을 것이다."라고 하였다. 《孟子 盡心下》

15 순(舜)……인심(人心) : 순 임금이 우(禹)에게 천하를 물려주며 말하기를 "인심은 위태하고 도심(道心)은 은미하니, 정밀하고 한결같아야 진실로 그 중도를 잡으리라."라고 하였다. 《書經 大禹謨》

16 주자(周子)의 설 : 주돈이(周敦頤)가 말하기를 "마음을 기름은 욕심을 적게 하여 욕심이 남아 있는 데에 그칠 뿐만이 아니라, 욕심을 적게 하여 욕심이 없음에 이르러야 하니, 욕심이 없으면 성(誠)이 확립되고 밝음이 통한다."라고 하였다. 《心經附註 卷4 養心說》《송자대전수차》 권2에 "이는 바로 과욕(寡欲)의 욕(欲)을 인욕(人欲)으로 본 것이다."라고 하였다.

단지 욕심을 적게 하기만 생각할 뿐, 욕심을 깨끗이 다 제거할 방법을 생각하지 않는다면 어찌 이치에 크게 해가 되지 않겠습니까. 부류에 따라 적용해 보면 그 밖의 것도 알 수 있습니다. 그러므로 《중용》에 이미 박학(博學)을 말하고 반드시 신사(愼思)와 명변(明辨)을 이어서 말한 것[17]은 까닭이 있는 것입니다.

문순공(文純公) 이황(李滉)은 평소에 이 《심경》을 높이고 믿었기 때문에 강론하는 사이에 털끝만 한 것까지 분석하여 한 글자라도 혹 잘못되거나 한 의리라도 밝혀지지 못할까 두려워하였습니다. 그래서 문인들이 그가 논설한 말을 기록한 것조차 가져다가 교정하여 반드시 시정되기를 기약한 뒤에 그만두었으니, 그 마음을 쓴 것이 지극하다고 할 만합니다. 그러나 기록한 이가 한두 사람이 아니어서 잘잘못이 사람에 따라 다르기 때문에 비록 밝은 선생의 자세한 교정을 거쳤지만 오히려 산만하거나 소루한 병통을 면하지 못하였습니다. 너무나 다행스럽게도 성상의 학문이 높고 밝아 이와 같은 실정을 간파하시어 교정하라는 오늘의 명이 있게 되었습니다. 신은 감히 명을 받들 수 없음을 잘 압니다마는 젊어서부터 사우(師友)와 종유하면서 대략 들은 바가 있어 또한 감히 성상께 숨길 수 없기 때문에 삼가 두세 명의 벗들과 함께 약간의 수정과 윤색을 더하였습니다. 대개 주로 번잡한 것을 깎아 내고 간결함을 취하여 성상께서 열람하시기 편하도록 하였고, 소루(疏漏)한 곳은 또한 예전에 들었던 것으로 한두 군데 보완하였습니다. 그러나

17 중용에……것 : 공자가 말하기를 "널리 배우며 자세히 물으며 신중히 생각하며 밝게 분변하며 돈독히 행하여야 한다.〔博學之, 審問之, 愼思之, 明辯之, 篤行之.〕"라고 하였다. 《中庸章句 第20章》

원본에는 감히 손을 대지 않고 별도로 신본(新本)을 만들어 연신(筵臣)의 취사와 성상의 처결을 기다립니다.

대개 원본이 번다해도 줄이지 않았던 것은 당시에 특별히 초학의 선비를 위하여 그 간곡하고 반복하는 뜻을 다하려던 것이었습니다만 오늘에 있어서는 번잡함을 간추리고 요점을 취하여 단지 본서의 뜻만 밝히지 않을 수 없습니다. 옛날 호 문정(胡文定)이 명도(明道)의 글 수십 자를 삭제하니 주자가 이를 크게 잘못된 것이라 하였습니다[18]마는 주자가 스스로 《근사록(近思錄)》을 편집할 때에 또한 수십 자를 삭제하였으니,[19] 이는 선배를 존숭하고 경외하는 일과 후학에게 은혜를 끼치는 일이 함께 행해져서 모순되지 않는 것입니다.

또 주자가 《대학》을 진강할 때 강의한 말은 또 《대학혹문(大學或問)》의 문답보다 간략하였으니, 임금에게 아뢰는 것은 후학을 가르치는 것과 차이가 있는 것입니다. 이는 임금에게 아뢰는 것은 간략함을 위주로 하지만 후학을 가르치는 것은 상세함을 싫어하지 않기 때문입니다. 오늘날 이 요점만 취한 책을 보는 사람들이 만약 이러한 뜻을 알아준다면 오늘 참람하게 간추린 죄를 혹 용서받을 수 있겠지만, 신처럼 고루(孤陋)한 사람이 명을 받든 죄는 어찌 요행으로 면할 수 있겠습

18 옛날……하였습니다 : 문정(文定)은 북송의 학자 호안국(胡安國)의 시호이고, 명도는 북송의 학자 정호(程顥)의 호이다. 호안국은 정호의 제자로 그가 편찬한 《이정문집(二程文集)》을 호문정본(胡文定本)이라고 한다. 주희가 호안국이 문집을 편찬하면서 산삭한 내용을 비판한 글이 《회암집(晦庵集)》 권37 〈여유공보(與劉共父)〉에 상세히 실려 있다.

19 주자가 스스로……삭제하였으니 : 《송자대전수차》 권2에 "명도(明道)의 〈정성서(定性書)〉를 가리킨다."라고 하였다.

니까. 이는 신이 달갑게 받아들이고 감히 사양하지 못할 바입니다.

인하여 삼가 생각건대, 제왕의 학문은 포의(布衣)의 학문과 같지 않지만, 마음을 다스리고 몸을 닦는 데에 간략함으로 번잡함을 다스리고 정(靜)으로 동(動)을 제재하는 것은 다름이 없습니다. 《심경》에 실려 있는 내용도 그 시말을 궁구해 보면 여기에서 벗어나지 않기 때문에 성조(聖祖 효종)와 신고(神考 현종)께서 모두 존상(尊尙)하였습니다. 삼가 바라건대 전하께서는 단지 강설만 하지 말고 반드시 마음으로 체득하고 몸으로 체험하시어 평상시 일이 없으면 반드시 경(敬)으로 이 마음을 존양(存養)하여 맑고 허명(虛明)한 마음의 본체가 혹시라도 물욕에 동요되지 않게 하소서. 생각이 싹터서 움직일 때에는 반드시 경으로 그 기미를 정미하게 살펴서 그것이 과연 천리이면 온 마음으로 확충하여 반드시 국가를 다스려 천하에까지 미치기를 기필하시고, 그것이 과연 인욕이면 힘써 극복하여 조금이라도 남아 있지 말게 하소서. 이렇게 하면 청명한 기운이 몸에 있고 지기(志氣)가 신(神)과 같아져서 명을 내리고 사물을 응접하는 것이 각각 마땅하게 되어 만백성이 열복할 것이니, 이것이 공자가 말한 "천하 사람이 인(仁)을 허여한다."[20]라는 것입니다. 그러나 먼저 이치를 밝히지 않으면 인욕을 천리로 여기는 경우가 많으니, 도적을 자식으로 여기는 폐해가 필시 국가를 전복하고 종묘사직을 망하게 하는 데에 이를 것입니다. 이 때문에 주자가 임금에게 아뢴 말에는 반드시 독서와 궁리를 우선으로 하였습니다.

20 천하……허여한다 : 안연(顔淵)이 인(仁)에 대하여 묻자, 공자가 말하기를 "자기의 사욕을 이겨 예법으로 돌아감이 인을 행하는 것이니, 하루라도 사욕을 이겨서 예법으로 돌아가면 천하가 인을 허여할 것이다."라고 하였다. 《論語 顔淵》

그 설이 주자가 갑인년(1194)에 행궁(行宮)에서 올린 두 번째 주차(奏箚)[21]에 상세히 실려 있습니다. 신이 일찍이 이 차자를 성조(聖祖)의 앞에 적어 올리자 성조께서 매우 탄상(歎賞)을 더하셨으니, 삼가 바라건대 전하께서도 한가하실 때에 함께 가져다가 유념해 보소서. 신은 구구하고 보잘것없는 충정을 견딜 수 없어 어리석음을 무릅쓰고 번거롭게 말씀드리니, 삼가 바라건대 신의 죄를 용서하시고 이 말씀을 잘 살펴 주소서.

21 갑인년에……주차(奏箚) : 《회암집》 권14에 실려 있는 〈갑인행궁편전주차(甲寅行宮便殿奏箚) 2〉를 가리킨다.

국상에 달려가지 못하여 중도에서 대죄하는 상소 신유년 (1681, 숙종7) 10월 22일

未赴國祥中路待罪疏 辛酉十月二十二日

삼가 아룁니다. 신이 전후로 받은 은혜로운 하유(下諭)는 간절하고 측달할 뿐만이 아니었습니다. 더구나 세월이 쉬이 흘러 전(前) 성비(聖妃 인경왕후(仁敬王后))의 상기(祥期)가 이미 닥쳐와서 신하의 슬퍼하고 그리워하는 정이 이에 더욱 새로워지는 데이겠습니까. 마침 이달 이래로 날씨가 온화하여 계속 날씨가 이렇게 좋다면 엉금엉금 길을 나서 사정(私情)을 펼칠 수 있을 것이라고 생각하였기 때문에 병을 무릅쓰고 길에 올라서 가기도 하고 쉬기도 하였습니다. 겨우 경기 지역에 이르렀을 때 추위가 갑자기 심해져서 옛날의 증세가 다시 극심해지고 새로운 병까지 생겼습니다. 길가의 집에 몸을 의탁하였는데 몸이 점점 위중해지고 있으니, 앞으로 나아갈 방도도 없을뿐더러 물러나 돌아갈 길을 찾는 것도 더 이상 어떻게 할 수가 없는 상황입니다. 한 몸이 죽고 사는 것이야 말할 겨를이 없지만 융성한 은혜를 저버린 죄는 실로 용서받을 길이 없으니, 삼가 바라건대 애련하게 여기시어 너그럽게 헤아려 주소서. 신은 아픔과 괴로움에 신음하여 말이 두서를 이루지 못하였으니, 아울러 긍휼히 여기고 살펴 주신다면 천만다행이겠습니다. 신은 숨죽인 채 너무나도 두려운 마음을 견디지 못하겠습니다.

문묘의 종사를 논하는 상소 신유년(1681, 숙종7) 12월 6일
論文廟從祀疏 辛酉十二月六日

삼가 아룁니다. 신은 죽을병이 몸을 휘감아 조만간 죽게 될 처지입니다. 마침 이러한 때에 예조의 낭관이 문묘의 종사에 관한 일로 명을 받들고 와서 물었습니다. 고루(孤陋)한 신으로서는 진실로 감히 우러러 대답할 수 없는 데다가 가물거리는 정신으로 어찌 만분의 일이라도 언급할 수 있겠습니까. 또 삼가 중신(重臣)이 올린 차본(箚本)[22]을 보니 이는 변통하는 일[23]에 관계된 것이었습니다. 이 일은 체면이 지극히 중대하기 때문에 조금이라도 공의(公議)에 합당하지 않거나 이치에 어긋나는 점이 있으면 천하 후세에 큰 죄를 얻게 되니, 이에 더욱 신이 감히 말할 수 없는 것입니다. 이 때문에 병으로 신음하며 정신이 어두운 중에도 밤낮 골똘히 생각하다가 끝내 '성상께서는 지금 요순(堯舜)이 전한 심학(心學)에 뜻을 다하여 날로 고명하고 광대한 경지에 이르셨으니 성현의 통서(統緖)에 대하여 필시 이미 환히 밝으실 것이다. 이러한 때에 어리석은 의견이나마 진달하여 헤아려 바로잡으시기를 기다리지 않는다면 사문(斯文)이 언제 의탁할 곳이 있게 되고 성현의 통서가 언제 바르게 되겠는가.'라고 생각하였습니다. 그러므로 감히

22 중신(重臣)이 올린 차본(箚本) : 《송자대전》 부록 〈연보〉에 "청성부원군(淸城府院君) 김석주(金錫冑) 공이 오현(五賢)의 종사와 관련하여 종사된 분 중에 외람히 참여된 이를 빼 버리기를 청하였기 때문에 선생이 맨 먼저 논하였다."라고 하였다.

23 변통하는 일 : 문묘의 제도를 바꾸려는 의논을 말한다.

죽음을 무릅쓰고 논설하여 외람되이 성상의 귀를 더럽히니, 삼가 바라건대 밝은 성상께서는 유념하여 헤아려 주소서.

신이 삼가 보건대, 중신들이 종사(從祀)하던 선현의 일부를 빼 버리려고 하는 것은 중조(中朝 중국)에서 이미 시행한 일일 뿐만 아니라 빼 버려야 한다는 의논에는 모두 실제의 이유가 있으니, 비록 깨뜨릴 수 없는 이론이라 하더라도 괜찮을 것입니다. 신은 감히 당시에 존봉(尊奉)한 것은 어떤 설에 의한 것이며 역대에 계속 존봉하여 온 것은 어떤 뜻에서였는지는 알 수 없으나 이렇게 뺄 만한 것을 모두 이미 빼 버린다면 비록 양무(兩廡)에 새로 합사(合祀)하더라도 절로 협소할 걱정은 없으므로 옥제(屋制)의 변경은 이제 굳이 논하지 않아도 될 것입니다.

또 우리나라로 말하면 신라로부터 본조(本朝)에 이르기까지 문묘에 종사한 분이 8인이나 되지만 이분들이 모두 순수하게 도(道)를 지킨 분들인지는 보장할 수 없기 때문에 선비들이 사적으로 의논하여 마음에 흡족하게 여기지 않는 경우가 없지 않았습니다. 신은 매양 처음에 분명하게 살피지 못하여 뒤에 의심을 일으키기보다는 차라리 처음에 상세히 관찰하여 뒷날에 칭찬의 말이 있게 하는 것이 낫다고 생각하였습니다. 그러나 지역이 외지고 기상이 좁으니, 큰 안목과 큰 역량을 지닌 사람이 나와서 바로잡지 않는다면 고식적으로 옛것을 답습하다가 백세 뒤의 교정을 기다릴 수밖에 없습니다.

송나라의 삼현(三賢)[24]에 이르러서는 또한 말할 만한 점이 없지 않습

24 송나라의 삼현(三賢) : 정자(程子)의 제자인 구산(龜山) 양시(楊時)와 양시의 제자인 중소(仲素) 나종언(羅從彦)과 나종언의 제자인 연평(延平) 이동(李侗)을 가리킨다.

니다. 주자(朱子)가 일찍이 말하기를 "연평(延平)이 나중소(羅仲素)가 하락(河洛 정자(程子))의 학문을 구산(龜山)에게 얻었다는 말을 듣고 드디어 가서 배웠다."라고 하였고, 또 연평이 죽었을 때에 말하기를 "구산이 정 부자(程夫子)에게 들어서 나공(羅公)에게 전수한 학문이 이에 이르러 전수할 곳을 잃었다."라고 하였으니, 그렇다면 연원이 흘러온 것이 분명하다고 할 만합니다. 그런데도 주자가 창주정사(滄洲精舍)[25]에 연평만 제향하고 양구산과 나중소는 제외하였으니, 이는 어찌 그렇게 한 까닭이 없겠습니까.

대개 구산의 학문에 대한 흠결을 주자가 여러 번 말하였으니, 그중에 "구산은 먼저 《장자(莊子)》와 《열자(列子)》를 보았기 때문에 비록 이천(伊川)을 만났으나 이 생각이 굳어 때때로 밖으로 드러났고, 나중소 또한 이러한 뜻이 있었다."라고 한 말이 있습니다. 이러한 말들은 수없이 많으나 끝내 말하기를 "구산이 장황하게 불교를 말한 형세는 마치 이업(李鄴)이 금(金)나라 오랑캐에 대하여 장황하게 말한 것[26]과 같다."라고 하였고, 또 말하기를 "근래 구산의 《열자》에 관한 설을 읽어 보건대 사람으로 하여금 황공하게 만드니, 무엇 때문에 이처럼 스승과

25 창주정사(滄洲精舍) : 주자가 강학하던 정사로, 1194년에 창주정사를 짓고 공자에게 석채례(釋菜禮)를 올렸는데, 안자(顔子), 증자(曾子), 자사(子思), 맹자(孟子)를 배향하고, 주돈이(周敦頤), 정호(程顥), 정이(程頤), 소옹(邵雍), 장재(張載), 사마광(司馬光), 이동(李侗)을 종사하였다. 《朱子年譜》

26 이업(李鄴)이……것 : 송 휘종(宋徽宗) 때 급사(給事) 이업이 금나라에 사신 갔다가 돌아와서 말하기를 "금나라 사람은 말을 타는 것이 용과 같고 걸음을 걷는 것이 호랑이 같고 물을 건너는 것이 물개 같고 성을 오르는 것이 원숭이 같다."라고 하여 오랑캐의 형세를 너무 과장하여 말하니, 당시 사람들이 사여급사(四如給事)라고 하였다. 《星湖僿說 卷23 四如給事》

배치되는지 모르겠다."라고 하였습니다. 그의 출처를 논해서는 "유하혜(柳下惠)는 만류하여 머물게 하면 머문다."[27]라는 것에 비유하기도 하였지만 또한 "구산은 사람됨이 구차스럽다. 이때에 녹사(祿仕)하지 않을 수 없었기 때문에 어지러이 벼슬에 나간 것이다."라고 하였으니, 이는 채경(蔡京)[28]에게 나간 것을 말합니다. 주자의 의론은 그 억양(抑揚)이 이와 같으니, 창주의 사당에 두 사람을 배향하지 않은 것도 이런 취지에서 나온 것이 아니겠습니까.

그러나 중조에서 이미 구산을 성묘(聖廟)에 제향하면서 나중소는 또 참여시키지 않았으니, 여기에는 반드시 뜻이 있을 것입니다마는 만력(萬曆) 갑술년(1574, 선조7)에 일을 주관하는 사람이 질정관(質正官) 조헌(趙憲)에게 답한 것은 또한 신발 위로 가려운 곳을 긁는 것과 같아 정론이 되지 못할 듯합니다. 신의 생각에 지금 삼현의 종사 문제는 성급히 결정할 수 없지만 그 도덕의 순수함과 흠결 및 주자의 평가에 대해서는 성상께서 마땅히 아셔야 할 뿐만 아니라 선비들도 더욱 그 까닭을 정밀히 살피지 않을 수 없는 것입니다.

어떤 사람이 따져 묻기를 "그대가 양구산과 나중소에 대해서는 이와 같이 논하면서 문성공(文成公) 이이(李珥)에 대해서는 어찌 이와 같이 논하지 않는가?"라고 하였습니다. 신이 삼가 답하기를 "주자가 '먼저

27 유하혜(柳下惠)는……머문다 : 유하혜는 춘추 시대 노(魯)나라 사람이다. 맹자가 말하기를 "유하혜는 나쁜 임금 섬기는 것을 부끄럽게 여기지 않았고 하찮은 벼슬을 비천하게 여기지 않았으며……끌어당겨 만류하면 머문다."라고 하였다. 《孟子 公孫丑上》

28 채경(蔡京) : 송 철종(宋哲宗) 때의 간신으로, 왕안석의 신법을 복구하고 동문관옥(同文館獄)을 조작하여 유현(儒賢)인 사마광(司馬光), 유지(劉摯), 양도(梁燾), 여대방(呂大防) 등을 축출하였다. 《宋史 刑法2》

치유되었다가 나중에 병든 경우와 먼저 병들었다가 나중에 치유된 경우'를 분변함이 있었는데, 양씨는 먼저이든 나중이든 끝내 치유되지 않은 사람이고, 문성공은 먼저 병들었다가 나중에 치유된 사람이다. 더구나 절에서 선학(禪學)을 탐구할 때는 20세 전이었으니 더욱 누(累)가 될 수 없다. 주자가 '장횡거(張橫渠)는 만년에 노불(老佛)에서 도망하여 나왔으나 공맹(孔孟)의 계통을 계승하는 데에는 해가 되지 않는다.' 하였다.[29]"라고 하였습니다.

어떤 사람이 또 말하기를 "구산이 이단에 빠진 것이 어찌 문성공이 입산한 것과 같겠는가."라고 하므로, 신이 또 답하기를 "어찌 반드시 구산뿐이겠는가. 주자도 일찍이 스스로 말하기를 '내가 일찍이 그 사람을 스승으로 삼은 적이 있다.'라고 하였으니, 그 사람은 바로 고승(高僧) 도겸(道謙)이다. 연평이 일찍이 말하기를 '원회(元晦 주희)가 처음에 겸개선(謙開善)의 처소에서 공부하였다.'라고 하였는데, 이른바 겸(謙)은 바로 도겸이고 개선(開善)은 바로 도겸이 거처하던 절 이름이다. 대저 이미 '겸개선의 처소에서'라고 하였으니, 개선을 출입하고 왕래하였음을 알 수 있다. 그렇다면 문성공이 잠시 산사에서 노닌 것이 또한 주자의 초년과 어찌 다르겠는가."라고 하였습니다.

신은 매양 주자는 광명정대하기 때문에 자신의 초년을 스스로 말한 것이 이와 같았고 연평은 성실함을 마음에 보존하였기 때문에 주자를

29 주자가……하였다 : 《송자대전수차》 권2에 "횡거 행장(橫渠行狀)에 '여러 노불의 책을 찾아 여래 해 동안 그 설을 다 연구하였으나 얻는 바가 없음을 알고 돌아와서 육경(六經)에서 찾았다.'라고 하였기 때문에 주자의 찬사가 이와 같은 것이다."라고 하였다.

일컬을 때에 비호하거나 숨기지 않았다고 생각하였습니다. 다만 주자의 문인들이 개선을 출입하고 왕래한 연월을 기록하지 않아 마치 숨길 일이 있는 듯이 하였으니, 이것이 어찌 주자의 마음을 안 것이겠습니까. 아니면 기록할 만한 것이 못 된다고 여겨서 기록하지 않은 것입니까? 예전에 문순공(文純公) 이황(李滉) 또한 이이가 전날의 일을 숨기지 않은 것은 이 또한 연평과 같은 뜻이라고 하였습니다.

어떤 사람이 또 말하기를 "구산이 어찌 이이처럼 모습을 바꾼 적이 있었는가."라고 하므로, 신이 또 대답하기를 "그 마음이 이미 빠져 버렸다면 모습을 바꾸었는지의 여부는 논할 바가 아니다. 그러나 문성공이 모습을 바꾸지 않은 것은 문충공(文忠公) 장유(張維)의 변증(辨證)에 자세히 갖추어져 있다. 더구나 문성공이 입산하였을 때의 시서(詩序)를 보면 더욱 곧바로 분변할 수 있다. 문성공이 고승과 문답할 때에 고승이 반드시 문성공을 조대(措大)라고 칭했으니, 조대는 곧 선비를 일컫는 말이다. 만약 이미 모습을 바꾸었다면 의당 승려의 무리로 칭해야 할 것이니, 어찌 기꺼이 조대라고 하였겠는가. 그렇다면 문성공을 굳이 구산과 견줄 필요가 없고, 비록 장횡거와 주자의 일을 가지고 말하더라도 현격하게 다른 점이 보이지 않는다."라고 하였습니다.

중신이 차자에서 말한 변통의 설에 이르러서는 중조에서 이미 시행한 바가 있고 또 선정(先正) 조헌(趙憲)의 의론이 있으니, 무릇 성문(聖門)에 죄를 얻어 도통에 합당하지 않은 사람을 빼 버리는 것이야 무슨 의심할 것이 있겠습니까. 다만 마땅히 빼 버려야 하는데도 빼 버리지 못한 사람이 없지 않으니, 원(元)나라의 허형(許衡)[30]이 바로

30 허형(許衡) : 원나라 초기의 저명한 학자이다. 자는 중평(仲平), 호는 노재(魯齋),

그 사람입니다. 문성공이 일찍이 "허형이 원나라에 벼슬한 것은 비록 절개를 잃은 것은 아니지만 이는 처신을 잃은 것이다."라고 하였으니, 이는 대개 중화를 중히 여기고 오랑캐를 가벼이 여기는 춘추대의에 입각한 말입니다. 신이 일찍이 이것을 성조(聖祖)께 아뢰었더니, 성조께서 정당한 의논이라 하셨습니다마는 사람들의 이목을 번거롭게 할 수 있기 때문에 비밀히 근시를 시켜서 몹시 편치 않다는 뜻으로 신에게 효유하셨습니다. 지금 배향하고 배향하지 않는 일을 통하여 범연히 척거(斥去)를 행한다면 별다른 문제가 없을 듯합니다. 삼가 바라건대 다시 선비와 대신들로 하여금 함께 더 상의하게 하소서.

이어서 가만히 생각건대 안자(顔子), 증자(曾子), 자사(子思) 부자의 위치는 천리와 인정으로 헤아려 보면 실로 미안한 점이 있습니다. 만약 중조의 예에 따라 계성사(啓聖祠)를 짓고 안로(顔路), 증석(曾晳), 공리(孔鯉), 맹손(孟孫), 정향(程向), 주송(朱松), 채원정(蔡元定)을 숙량흘(叔梁紇)[31]에 배향한다면 명분이 정당하고 이치에도 맞아 사체가 완전히 갖추어질 것이니, 삼가 바라건대 아울러 의정(議定)하도록 명하소서.

또 가만히 생각건대 주돈이(周敦頤), 정호(程顥), 장재(張載), 소옹(邵雍)으로부터 주자에 이르기까지는 실로 공맹의 정통을 계승하여

시호는 문정(文正)이다. 국자 좨주(國子祭酒) 등을 역임하면서 국자학의 기초와 정주학의 확산에 크게 공헌하였다.

31 안로(顔路)……숙량흘(叔梁紇) : 안로는 안연(顔淵)의 아버지이고, 증석은 증삼(曾參)의 아버지이다. 공리는 공급(孔伋)의 아버지이고, 맹손(孟孫)은 맹자의 아버지이다. 정향은 정자의 아버지이고, 주송은 주자의 아버지이다. 채원정은 채침(蔡沉)의 아버지이고, 숙량흘은 공자의 아버지이다.

그 도가 지극히 크고 그 공이 지극히 높으니 십철(十哲)의 반열에 놓더라도 오히려 낮다고 할 텐데, 아직까지 양무에서 외람되이 최치원(崔致遠) 등과 서로 나란히 있으니, 이는 대단히 옳지 않은 일입니다. 이 때문에 주자가 죽림정사(竹林精舍)[32]에 단지 주돈이와 정호 이하 칠현[33]만 곧바로 공맹과 접하게 하고 나머지 사람은 제외했던 것이니, 그 뜻을 알 수 있습니다. 더구나 주자는 또 여러 선유(先儒)를 집대성하여 그 공이 공자에 버금가는 분인 데이겠습니까. 주자는 의당 전내(殿內)로 올려 모시어 그 통서의 소재를 밝혀야 할 것입니다.

그러나 칠현 중에 또한 논의해 볼 만한 사람이 없지 않습니다. 어떤 사람이 말하기를 "소자(邵子 소옹)의 학문은 성인의 도에 순일하지 못하기 때문에 주자가 일찍이 이를 논한 바가 있었다. 그래서 그의 말을 《근사록(近思錄)》에 편입하지 않았고 그의 전(傳)을 《연원록(淵源錄)》에 열거하지 않았다."라고 하였으니, 이는 진실로 사실에 맞는 말입니다. 그러나 대역(大易)의 이치는 실로 만세 도학의 큰 근원입니다. 소자가 천만년 뒤에 태어나서 제가(諸家)의 비루한 설을 쓸어버리고 곧바로 복희씨(伏羲氏)의 심법을 계도하였기 때문에 주자가 《역학계몽(易學啓蒙)》을 지을 때에 한결같이 그의 설을 채용하였으니, 그 공로는 무엇이 이보다 크겠습니까. 다만 사마 온공(司馬溫公 사마광(司馬光))에 대해서는 주자가 그 공은 인정하면서도 그 학문은 인정하지

32 죽림정사(竹林精舍) : 《송자대전수차》 권2에 "바로 창주정사이니, 고정(考亭)에 있다. 주자가 만년에 복거(卜居)한 곳이다."라고 하였다.

33 칠현 : 《송자대전수차》 권2에 "주돈이, 정호, 정이, 장재, 소옹, 사마광, 이동(李侗)이다."라고 하였다.

않았습니다. 또 한(漢)을 내치고 위(魏)를 천자로 인정한 글은 춘추대의에 크게 어긋나서 혹 후세에 참란(僭亂)한 자의 구실이 될 수 있기 때문에 주자가 세상에 노중련(魯仲連)이 없음을 개탄하였으니,[34] 그 뜻을 알 수 있습니다.

연평은 지적할 만한 흠결이 없으나 그 도는 그다지 드러나지 않았습니다. 이 두 현인은 정자, 주자와 같은 조목으로 함께 승격할 수 없을 듯하니, 삼가 바라건대 아울러 의정하게 하소서. 그러나 이 말들은 모두 주자의 설에 근본을 둔 것이지 감히 스스로 옳다고 여기며 억측으로 판단하여 '옳지 못한 일을 한 죄〔不韙之罪〕'를 범하려는 것이 아닙니다.

또 가만히 생각건대, 면재 황씨(勉齋黃氏 황간(黃榦))는 실로 주자의 적전(嫡傳)으로, 주고받은 서찰에서 확인할 수 있듯이 주자가 부탁한 뜻이 명백하고도 엄중하였습니다. 또 그가 편집한 《통해속서(通解續書)》는 성인의 도와 크게 관계가 있으니, 그 공로가 채침(蔡沈)의 《서집전(書集傳)》보다 못하지 않은데도 유독 구봉 채씨(九峯蔡氏 채침)와 함께 제향되지 못한 것은 어찌 사문의 흠전(欠典)이 아니겠습니까. 삼가 바라건대 아울러 의정하도록 명하소서. 무릇 이것은 유학을 높이

34 노중련(魯仲連)이 없음을 개탄하였으니 : 정통을 높일 줄 아는 사람이 없다는 탄식이다. 노중련은 전국 시대 제(齊)나라의 고사(高士)이다. 그가 조(趙)나라에 가 있을 때 진(秦)나라 군대가 조나라의 서울 한단(邯鄲)을 포위하였다. 이때 위(魏)나라가 장군 신원연(新垣衍)을 보내어 진나라 임금을 황제로 섬기면 포위를 풀 것이라고 하자, 노중련이 "진나라가 방자하게 황제를 칭하고 죄악으로 천하에 정치를 행한다면, 나는 차라리 동해에 빠져 죽을지언정 진나라 백성이 되지 않을 것이다."라고 하였다. 《史記 魯仲連列傳》

고 도를 중시하는 큰 일일 뿐 아니라, 실로 전하께서 격물치지(格物致知)하여 성학을 밝히고 일통(一統)을 중시하는 도와 관련이 있기 때문에 감히 죽음을 무릅쓰고 아뢰는 것입니다.

신은 인하여 말씀드릴 것이 있습니다. 주자가 경서와 사서(史書)는 정리하여 바로잡지 않은 것이 없었으나 유독 예서(禮書)는 만년에야 비로소 뜻을 두었습니다. 그래서 위에 청하여 비성(秘省)과 태상(太常)의 여러 책을 빌리고 학도를 빈 관사(官舍)에 초치하도록 요구하였고 또 지찰(紙札), 유촉(油燭), 전미(錢米), 사수(寫手) 등을 요구하고는 이런 일들이 마무리되기를 기다렸다가 수공(手功)에 대한 비용을 지급하려고 하였습니다. 경서를 해석할 때에는 이러한 청이 없었으나 유독 이 책에 대해서만 이와 같이 한 것은 진실로 예법이 잘 다스려지면 나라가 잘 다스려지고 예법이 어지러우면 나라가 어지러워지기 때문이었습니다. 예법이 천하 국가에 관계된 것이 이와 같기 때문에 번거롭고 외람됨을 혐의하지 않았던 것입니다. 그러나 주자가 갑자기 서울을 떠났기 때문에 그 주문(奏文)을 결국 올리지 못하였지만, 사적으로 학자들과 의논하여 정정하다가 일을 반도 이루지 못하고 세상을 떠났습니다. 세상을 떠나기 전에 황면재(黃勉齋)에게 그 일을 부탁하여 황면재가 뒤를 이어 완성시켰습니다. 완성된 것 중에는 진실로 품의(稟議)하여 정정한 것도 있고 또한 미처 품의하여 정정하지 못한 것도 있었으니, 이는 바로 주자가 말한 "마침내 천고의 한이 될 것이다."라는 것입니다.

이 때문에 고(故) 문원공(文元公) 김장생(金長生)이 정주(程朱)의 학문을 문성공 이이에게서 배웠는데, 그 설을 모두 배우고 나서 마음으로 징험하고 몸으로 체득한 뒤에 주자가 한스러워한 바를 개탄하여 만년에 예서에다 뜻을 다한 것이니, 이는 황면재의 책에 오히려 유감스러운 바가 있어 다시 상량할 점이 없지 않았기 때문입니다. 그가 편찬한 《상례비요(喪禮備要)》, 《가례집람(家禮輯覽)》, 《의례문해(疑禮問解)》, 《예기기의(禮記記疑)》 등의 책은 털끝만 한 것까지 분석하여 물 샐 틈이 없도록 하여 국가의 전장(典章)과 사가(私家)의 경변(經變 경례와 변례)도 모두 절충할 곳이 있게 하였고, 한결같이 정주의 설을 위주로 하였기 때문에 추향이 다른 집안일지라도 준용하지 않는 이가 없었으니, 그 공로가 성대하다고 할 만합니다.

저 정중(鄭衆)[35] 등의 제유(諸儒)는 단지 《주례(周禮)》의 글을 주석하였을 뿐인데도 오히려 성무(聖廡)의 제향에 참여하였거늘, 하물며 문원공은 우리나라 예가(禮家)를 집대성한 사람인 데이겠습니까. 연전에 선비들 중에 신에게 말하는 자가 있어 이르기를 "문원공은 사문(斯文)에 공이 있는데도 종사(從祀)에 대한 의논이 아직까지 적막하니, 이는 어찌 그만둘 수 없는 일이 아니겠습니까."라고 하였습니다. 신이 저지하며 말하기를 "이 말이 비록 공적인 마음에서 나온 것이기는 하나 반드시 거국적인 동의가 있은 뒤에라야 백세토록 의혹이 없을 것이다. 게다가 또 양현(兩賢)에 대한 청[36]이 아직 마무리되지 않았으니, 또한 모름지기 일의 순서가 있어야 할 것이다."라고 하여 그 의논이 드디어 중지되었습니다.

이번에 양신(兩臣)의 종사는 이미 윤허를 얻었고 또 신이 외람되게

35 정중(鄭衆) : 후한(後漢)의 경학가(經學家)이다.

36 양현(兩賢)에 대한 청 : 우계(牛溪) 성혼(成渾)과 율곡(栗谷) 이이(李珥)를 문묘에 배향하자는 청을 말한다.

도 통변(通變)에 대한 하문을 받았습니다. 만약 이때에 아첨한다는 혐의만 돌아보고 끝내 전하를 위하여 한 말씀을 올려 공의를 기다리지 않는다면 신이 전일에 중지시킨 것이 사림의 끝없는 한이 되지 않을 줄 어찌 알겠습니까. 이 때문에 신이 감히 만번의 죽음을 무릅쓰고 말씀드리는 것이니, 삼가 바라건대 밝은 성상께서는 아울러 헤아려 살펴 주소서. 그러나 신의 소청은 또한 감히 성상께서 위에서 독단하시기를 바라는 것이 아니니, 반드시 진신(搢紳)과 관학(館學)에 널리 의논하고 또 지방의 선비들에게도 널리 물어서 이설이 없기를 기다린 뒤에 또 고의(古義)를 참작하여 시행하는 것이 옳을 듯합니다. 과연 논의가 합치하지 않는다면 비록 시행되지 못하더라도 또한 무엇이 한스럽겠습니까. 장차 백세의 장래를 기다릴 것입니다.

또한 신은 중신의 차자에서 깊이 느낀 바가 있습니다. 지난 기해년(1659, 효종10) 이후로 조정의 신하들이 '큰일을 해야 한다.'라는 설로 성지(聖志)를 돕지 못하였기 때문에 그럭저럭 세월만 보내다 성고(聖考 현종)의 15, 6년 재위 기간이 문득 지나 버렸으니, 뜻있는 선비들의 통한이 이에 절절하였습니다. 이로부터 제일의(第一義)의 의논을 다시 벼슬아치나 선비들 사이에서 들을 수 없었으니, 이렇게 되면 얼마 지나지 않아 점차 짐승이나 다름없는 오랑캐의 지경으로 들어가지 않겠습니까. 지금 중신의 차자에 제하(諸夏) 운운한 여덟 글자는 바로 주자가 말한 "비록 벙어리, 귀머거리, 절름발이, 앉은뱅이일지라도 또한 백배의 기운을 더할 것이다."라는 것이니, 전하에게 바라는 바가 또한 깊고도 큽니다.

삼가 바라건대 전하께서는 더욱 성학에 힘쓰고 더욱 천리를 밝혀서 세도가 더욱 높아지고 민생이 더욱 이루어지도록 하시어 성조(聖祖

효종)와 신고(神考)의 큰 뜻과 큰 업을 완성하도록 하소서. 이렇게 하면 참으로 유학을 높이고 도를 중시하는 실효를 거둘 수 있을 테지만, 그렇게 하지 않으면 지금 이 일이 비록 일대(一代)의 이목을 새롭게 하더라도 하나의 형식적인 겉치레에 지나지 않아 도를 길이 천하에 소용없게 하는 것에 불행히 가깝게 될 테니, 어찌 애석하지 않겠습니까. 신은 간절히 바라는 지극한 마음을 견딜 수 없습니다.

신은 병으로 생각이 쇠락하여 뒷말을 잃고 앞말을 잊어 말에 조리가 없으니, 혹시라도 가려서 말씀드렸으나 정밀하지 못하다면 신이 지은 죄가 더욱 클 것입니다. 삼가 바라건대 전하께서는 깊이 유념하여 살펴 주소서.

양신의 종사에 대하여 신이 일찍이 성조의 하문을 받은 적이 있습니다. 신이 대답하기를 "신은 학식이 변변찮아서 감히 망녕되이 논할 수는 없지만 무함을 당한 것만은 분변하지 않을 수 없기 때문에 일찍이 김수항(金壽恒) 등과 상의하여 상소문을 지었습니다. 그러나 그때 밝은 성상께서 시기하는 자들의 정상(情狀)을 통찰하셨기 때문에 그 상소문은 결국 올리지 않았습니다."라고 하였습니다. 그 당시 영남에서는 비답을 위조하는 변고[37]가 일어났고 또 인하여 문간공(文簡公) 성혼(成渾)을 헐뜯고 배척하면서 아울러 주자의 설까지 배척하였기 때문에 성조께서 매우 분한 마음을 품으셨던 것입니다.

37 비답을 위조하는 변고 : 《송자대전수차》 권2에 "이도장(李道長)의 무리가 유직(柳樱) 등을 사주하여 율곡과 우계를 무욕(誣辱)할 적에 추종하는 자들이 적을까 염려하여 드디어 거짓 비답을 위조하여 차마 듣지 못할 말로 양현(兩賢)을 배척하였다. 이 일이 탄로 나자 한 사람은 자살하고 한 사람은 복주(伏誅)되었다."라고 하였다.

지금 삼가 듣건대 다시 일번인(一番人)[38]의 소장이 뭇사람의 귀를 현혹한다고 하니, 당일의 소본(疏本)을 찾아서 혹 한번 살펴보신다면 전후의 곡절을 빠짐없이 아실 수 있을 것입니다.

오늘의 소본에는 남의 이목을 번거롭게 할 듯한 약간의 말이 있기 때문에 현(縣)과 도(道)를 통하여 올리지 않고 감히 이렇게 직접 상달하니, 법식에 어긋난 듯하여 황공함을 견디지 못하겠습니다.

38 일번인(一番人) : 당파나 이념을 달리하는 쪽의 사람들을 직접 가리키고자 하지 않을 때 쓰는 말이다.

주자(朱子) 죽림사(竹林祠) 석전도(釋奠圖) 죽림은 뒤에 창주(滄洲)로 개칭하였다.

선성(先聖 공자(孔子))

화상(化像)

		지패(紙牌)	안씨(顔氏 안자(顔子))
		지패	증씨(曾氏 증자(曾子))
		지패	공씨(孔氏 자사(子思))
		지패	맹씨(孟氏 맹자(孟子))
명도(明道 정호(程顥))	지패	지패	염계(濂溪 주돈이(周敦頤))
강절(康節 소옹(邵雍))	지패	지패	이천(伊川 정이(程頤))
횡거(橫渠 장재(張載))	지패	지패	온공(溫公 사마광(司馬光))
		지패	연평(延平 이동(李侗))

병 때문에 소명에 달려가지 못하여 사정을 진달하는 상소

임술년(1682, 숙종8) 3월

病未赴召陳情疏 壬戌三月

삼가 아룁니다. 신은 매양 신하가 병을 이유로 사직 상소를 올리느라 병증을 낱낱이 진술하여 임금의 귀를 번거롭게 하는 것을 그릇된 일이라고 여겼으니, 이는 임금이 수만 가지 정무를 돌보면서 어느 겨를에 이를 살필 수 있겠느냐는 이유에서였습니다. 이 때문에 신이 그동안 올린 소장에 일찍이 실상대로 진달하지 않았던 것이니, 신의 사정을 살펴서 윤허해 주시는 은혜를 받지 못할 뿐만 아니라 오히려 병환이 이처럼 위급한 지경에 이르지는 않았다고 여기셔서 소환해 마지않는 것이 마땅하다고 하겠습니다. 신은 청컨대 죽음을 무릅쓰고 삼가 성상의 귀를 어지럽힙니다.

신은 노쇠한 나이에 어머니를 여의어 슬픔으로 거의 목숨을 잃을 뻔하였으나 외람되이 성조(聖祖)께서 불쌍히 여겨서 진념해 주시는 은혜를 입어 쇠잔한 목숨을 연장할 수 있었습니다. 그러나 음식을 싫어하는 증세가 이로부터 뿌리가 되어 틈이 나면 발작하여 약이 효과를 내지 못하였고, 또 6, 7년 이래로 담(痰)이 흉격(胸膈)에 쌓여 그 형세를 돕고 있습니다. 지난겨울 이후로는 갑절로 더 극심해져서 지금 앓고 있는 것은 단지 위장이 음식물을 받아들이지 않는 것이니, 딱딱한 음식 같은 것은 안에서부터 거부하여 억지로 삼키기라도 하면 곧바로 토하게 됩니다. 그래서 단지 약물과 술로 요기하며 구차히 지내다 보니 기력이 날로 소모되고 근육이 날로 줄어들어, 비록 콕 집어 찌르듯이 아픈 곳은 없으나 신음하는 소리가 자신도 모르게 입에서 나옵니다. 이와 같으면 으레 부기(浮氣)가 생기고 부기가 생기면 육맥(六脈)이 끊어지는 것은 이제부터 차례로 일어나게 될 일입니다.

신이 일전에는 오히려 만에 하나의 가망이 없지 않았지만 이제는 비록 정고(程高)와 편작(扁鵲)[39] 같은 명의가 있어 날마다 신단(神丹)과 묘약(妙藥)을 투여하더라도 소용이 없을 것입니다. 신은 속히 태어난 곳의 묘소에 나아가서 혼백에 의지하여 눈을 감기를 기다려야 할 것이니, 인생이 여기에 이르렀는데 오히려 다시 무슨 말을 하겠습니까. 용안을 다시 뵐 기약이 영원히 없으니, 마음에 잊지 못하는 것은 단지 성학이 날로 진전하며 성덕이 날로 성취되는 것일 뿐입니다.

지금 또 의약품을 하사하시는 큰 은혜를 입게 되니, 눈물을 흘리며 오열하는 지극한 심정을 더욱 견디지 못하겠습니다. 신은 기운이 부족하고 숨이 가빠 말이 마음대로 나오지 않아 남의 손을 빌려서 대신 적어 삼가 죽음을 무릅쓰고 아룁니다.

39 정고(程高)와 편작(扁鵲) : 정고는 한나라 화제(和帝) 때의 대의승(大醫丞)이고 편작은 전국 시대의 명의이다.

소명에 달려가다 길에서 사정을 진달하는 상소 임술년(1682, 숙종8) 9월

赴召在道陳情疏 壬戌九月

삼가 아룁니다. 신이 7월 8월 사이의 전후 18일 내에 세 번 소명(召命)를 받들게 되었으니, 가까이서 모시는 신하가 빨리 오가며 도로에서 분주하게 명을 전하였습니다. 이와 같은 은수(恩數)는 이전에 듣지 못한 것이니, 미천한 신하의 입장에서는 어찌 감히 신발을 신기를 기다린 뒤에야 달려가겠습니까. 그러나 실로 신의 병이 지속되어 즉시 출발하지 못하고 꾸물거리며 지체한 것이 이미 석 달이 되었으니, 명을 어긴 죄는 비록 죽더라도 속죄하기 어렵습니다. 이 때문에 걱정으로 애타는 마음은 마치 불로 기름을 태우는 듯합니다. 가만히 생각건대 이렇게 있기보다는 차라리 도로에서 죽는 편이 낫다고 여겨서 드디어 이달 17일에 죽음을 참고 길에 올라, 가기도 하고 그치기도 하며 혹 배를 타기도 하고 말을 타기도 하여 닷새 만에 겨우 60리 되는 지역에 이르렀으나 근력이 고갈되어 더 이상 자력으로 올라갈 형편이 못 됩니다. 지금 신의 나이가 여든에 가까우니 이치와 형세로 보아 그럴 수밖에 없습니다.

신이 지난겨울에는 중도에 병이 나서 성비(聖妃 인경왕후(仁敬王后))의 상에 상제(祥除)[40]하는 날에 궁중에 모여 곡하는 예법을 펼치지 못하여 지금까지 한을 머금어 음식이 목에 걸려 있는 듯하건만 지금 다시

40 상제(祥除) : 대상(大祥)의 기간이 다 차서 상복을 벗는 것을 말한다.

이와 같으니, 이는 비록 노쇠하여 생긴 일이기는 하나 죄송하여 움츠리는 마음은 어찌 그 끝이 있겠습니까. 그러나 신의 오늘 행차는 실로 다른 까닭이 있는 것이 아니라, 단지 한번 대궐 뜰에 올라 밝은 성상께서 죽음이 드리워진 신의 모습을 가련하게 보시도록 하여 물러나 돌아가려는 청을 윤허받으려는 것입니다. 그렇게 되면 곧 도랑에 뒹굴다가 죽어도 마음이 편안하고 이치도 얻는 것이기 때문에 뒷일을 헤아리지 않고 목숨을 버릴 각오로 기어왔다가 이러한 낭패를 이루었으니, 마음속으로 가만히 슬퍼할뿐더러 남에게도 비웃음을 살 것입니다. 처음의 계획이 신중하지 못했으니 후회한들 무슨 소용이 있겠습니까.

그러나 신의 처음 소원은 동쪽으로 흘러가는 강물과 같아 감히 이곳에서 되돌아갈 생각을 하지 못하고 길가의 고요한 집을 찾아 문을 닫고 조리하고 있습니다. 만일 요행으로 기혈이 조금 되살아나면 삼가 한 걸음이라도 병든 몸을 이끌고 죽을 각오로 나아가려고 하지만 기약할 날이 없어 다시 명을 어기는 죄를 초래할까 두렵습니다. 만일 밝은 성상께서 신의 정성을 굽어살피시어 비록 시일을 지체하는 죄가 있더라도 실정을 살펴서 용서해 주는 은혜를 내리신다면 진실로 죽는 날이 태어난 날처럼 감사하게 될 것입니다. 신은 너무나도 두렵고 애달프고 절박하고 황공한 마음을 견디지 못하겠습니다.

이현석의 상소[41]로 인하여 물러날 때 남긴 차자 임술년(1682, 숙종8) 10월 16일

因李玄錫疏退出時留箚 壬戌十月十六日

삼가 아룁니다. 신은 어제 외람되이 사대(賜對)의 은혜를 입어 용안을 뵙고는 분의(分義)를 대략 펼쳤고 정성을 이미 드러내었는데, 돌아가 초야에서 죽는 것이 본래 처음의 마음이고 감히 오래도록 머물 작정을 하지 않았습니다. 홀연히 진신(搢紳)들 사이에 전하는 말을 들으니 더욱 놀랍고 두려워서 올라온 일이 후회됩니다.

대개 못나고 변변찮은 신은 닿는 곳마다 문제를 일으켜서 경기 부근에 들어오자마자 시끄러운 단서가 이미 싹텄고, 무릎이 자리에 붙기도 전에 조정의 불화가 점점 생겨나 안정되고 화평하던 조정이 어지럽게 다투는 장소가 되어 버렸습니다. 신이 염치를 무릅쓰고 들어온 죄가 여기에 이르러 더욱 커지게 됩니다. 이에 감히 조금도 지체하지 못하고 허겁지겁 엎어지며 도성 문을 다시 나와서 대궐과 영원히 멀어지게 되었으니, 미천한 신의 마음은 마치 목에 음식물이 맺힌 듯하여 삼가 짧은 차자를 남겨 성상의 귀를 어지럽힙니다.

41 이현석(李玄錫)의 상소 : 이현석이 상소하기를 "신이 일찍이 송모(宋某)를 논죄하는 계사에 참여하였습니다. 지금 성상께서 그를 존대(尊待)하는 때를 당하여 신이 해방승지(該房承旨)의 직책으로 송모를 예대(禮待)하는 등의 일을 봉행하게 되니, 마음에 편치 않은 것이 있습니다."라고 하였다. 《宋子大全 附錄 卷8 年譜》

치사하기를 청하는 상소 임술년(1682, 숙종8) 10월

乞致仕疏 壬戌十月

삼가 아룁니다. 70세에 치사(致仕)하는 것은 예경(禮經)의 명백한 가르침이고 신하의 큰 예법입니다. 옛날 성왕(聖王)이 이러한 예법을 제정한 것은 대개 인생이 50세에 쇠퇴하기 시작하고 또 20년이 지나 70세에 이르면 근골과 이목이 모두 노쇠하여 죽을 시기가 이미 닥치기 때문입니다. 대저 이와 같은 이유로 옛날 성왕은 정사(政事)를 그만두기를 허락하여 그로 하여금 보양(保養)하고 휴식하면서 여생을 마치도록 하였습니다. 이는 늙은 사람을 편안하게 하려는 방도가 그러할 뿐 아니라, 또한 염치를 배양함으로써 노쇠한 얼굴과 구부정한 모습으로 이록(利祿)의 사이에서 굽실거리느라 남들의 웃음거리가 되지 않도록 하는 것이니, 자상하고 측달(惻怛)하며 위로하고 자애하는 뜻이 지극하다고 할 만합니다.

삼대(三代) 이후로 이 의리가 없어졌으나 송(宋)나라에 이르러서는 충후(忠厚)를 기반으로 나라를 세워서 예법으로 신하를 부렸기 때문에 명신(名臣)과 거경(巨卿)들은 으레 대부분 치사하였습니다. 주자로 말하자면, 69세가 되자 문자(文字)와 항용(恒用)하는 식례(式例)를 다 갖추어 미리 경사(京師)에 올려보내 놓았다가 이듬해 1월 초에 즉시 사직 상소를 올리도록 하였으니, 벼슬을 그만둘 나이가 되면 사직을 하루도 늦출 수 없는 것이 이와 같았습니다. 대개 하루를 머뭇거리면 하루 동안 예경에 죄를 얻고 한 달을 미루면 한 달 동안 신하의 큰 예법에 어긋나게 되니, 이는 작은 일이 아닙니다.

신이 태어난 해가 만력 정미년(1607, 선조40)이니, 우리 성상 2년(1676)인 병진년은 실로 신이 치사할 연한인 70세였습니다만 당시에 신이 귀양살이 중이라서 차질을 빚었습니다. 그러다가 지난해에 은명(恩命)을 받고 외람되이 조정에 나아가서 비로소 나이를 이유로 사직을 청하였으나 윤허를 받지 못하였습니다. 당시 왕대비를 잃은 슬픔이 한창 크셨기 때문에 감히 굳이 청하지 못하고 돌아왔습니다.

오늘 올라온 것은 직접 뵙고 충정(衷情)을 진술하여 성상께서 신의 노쇠함을 보고 불쌍히 여겨 치사를 허락해 주시리라 기대해서였는데 뜻밖에 분쟁의 단서가 갑자가 발생하여 창황히 서울을 나옴으로써 또 결말을 짓지 못하였으니, 신은 가만히 개탄합니다. 그러나 신이 탑전에서 진실로 물러나야 하는 정세(情勢)를 모두 진달하였기 때문에 지금 감히 문자를 올려 전날의 간청을 거듭 아뢰는 것이니, 삼가 바라건대 자애로운 성상께서는 굽어살펴 속히 윤허해 주소서.

지금의 시세(時勢)는 몹시 어렵고 위태로워서 모두가 아침에 저녁 일을 헤아릴 수 없을 정도로 두려워하고 있습니다. 그러나 성상의 간절한 뜻이 또 이렇게 지극하시니, 밤 깊도록 생각하다가 자신도 모르게 눈물이 흐릅니다. 신이 비록 사적(仕籍)에서 벗어나 한가로운 몸이 되더라도 어찌 차마 서울을 멀리 떠나 전야(田野)에서 편안히 있을 수 있겠습니까. 삼가 경기 지방에서 엎드려 지내며 행인들의 말을 통하여 성후(聖候)를 가만히 듣고는 조금이라도 견마(犬馬)의 정성을 펼칠 것이고, 계절마다의 경축절에 비록 반열에 참여하는 일이라도 또한 피하는 바가 없을 것입니다. 만약 그렇지 않아 끝내 청을 들어주지 않으신다면 '경기 지방을 배회하며 등용되기를 꾀한다.'라고 한 것은 진실로 지난날에 신을 논죄하는 좋은 제목이었으니, 오늘날 사람이 지난날의 사람과 같지 않을 줄을 어찌 알겠습니까. 신은 형세상 마침내 심산(深山)으로 돌아가서 혐의를 멀리하고 명을 어긴 죄를 공손히 기다려 할 것이니, 다시 바라건대 밝은 성상께서는 가련하게 여겨 살펴 주소서.

승정원의 신하[42]가 이미 지나간 일을 제기한 것에 대해 말씀드리자면, 그가 비록 "그만둘 수 있는데도 그만두지 않았다."라고는 하였지만 반드시 깊은 뜻이 있었던 것은 아닌데 논죄가 과중하여 조정에서 밤낮 애쓰는 신하로 하여금 퇴척(退斥)하는 벌을 받게 하였으니, 이 또한 신이 한번 외람되이 서울에 들어온 소치입니다. 신은 실로 몸 둘 곳이 없으니, 아울러 성상께서는 유의하여 밝게 살펴 주소서. 신은 너무도 두렵고 떨리는 마음을 견디지 못하겠습니다.

42 승정원의 신하 : 우승지 이현석(李玄錫)을 가리킨다.

두 번째 상소 임술년(1682, 숙종8) 10월

二疏 壬戌十月

삼가 아룁니다. "임금은 예법으로 신하를 부리고 신하는 충성으로 임금을 섬긴다."라는 것은 《논어》의 큰 가르침입니다. 대저 군신간의 의리는 《소학》에서부터 시작하여 30년이나 기르니, 그사이에 가르치는 것이 예법이 아닌 것이 없습니다. 40세가 되면서부터 정사를 맡겨서 30년의 장구한 세월에 이르게 되니, 그사이에 대우하는 것은 또한 예법이 아닌 것이 없습니다. 70세에 이르게 되면 벼슬을 그만두고 쉬도록 하니 이것도 예경(禮經)의 큰 법도입니다. 신하만 이를 어기고 구차하게 머물러서는 안 될 뿐 아니라, 임금 또한 이를 어기고 억지로 머물게 해서도 안 되는 것입니다.

상고 시대에 예경이 아직 나오지 않았을 때에도 이윤(伊尹)이 벌써 늙음을 이유로 벼슬을 그만두고 떠날 때에 청한 일[43]이 있고 주공(周公)이 다시 농사일을 밝히겠다고 한 말[44]이 있습니다. 이 두 공(公)이 은(殷)나라와 주(周)나라에서 차지하는 비중이 과연 어떠하였습니까. 그런데도 감히 그렇게 하지 않을 수 없었던 것은 진실로 예법은 하늘의

43 이윤(伊尹)이……일 : 이윤은 은나라 탕왕(湯王)의 어진 신하이다. 《서경》 〈함유일덕(咸有一德)〉에 "이윤이 이미 임금에게 정사를 되돌려 주고 장차 고하여 돌아가려고 할 때에 마침내 덕으로 경계하는 말을 올렸다."라고 하였다.

44 주공(周公)이……말 : 주나라 주공이 벼슬을 그만두고 떠날 때에 성왕(成王)에게 아뢰기를 "왕께서는 낙읍에 가서 공경하소서. 나는 물러나 농사일을 밝힐 것입니다."라고 하였다. 《書經 洛誥》

이치이기 때문입니다. 이치가 예나 지금이나 다르지 않은데, 사람이 만약 예법을 따르지 않는다면 사람이라 할 수도 없거늘 오히려 임금을 섬길 수 있겠습니까. 더구나 신은 초야의 미천한 신하로 오래도록 전야(田野)에 묻혀 있었습니다. 또 일찍부터 외람되이 대부(大夫)의 말석을 차지하고 있었으나 재주와 식견이 보잘것없어 털끝만큼도 조정의 정사에 보탬이 없었으니, 참으로 "하찮은 오리와 기러기는 본래 강호(江湖)에 아무런 영향을 주지 못한다."라는 격입니다. 지금 공연히 풀옷을 입고 사슴을 벗하는 사람의 몸에 직명(職名)을 걸어 둔 꼴이니, 국가의 명기(名器)를 매우 욕되게 하는 것입니다.

또 이 중추부의 벼슬은 한가한 관서라고 하지만 실제로는 대신이 실직(實職)을 떠났을 때 옮겨 가는 자리이고 때때로 국정에 참여하기도 하니, 그 직책이 가볍지 않고 중한 것이 분명합니다. 어찌 신처럼 천한 사람으로 하여금 외람되게 그 일을 맡게 할 수 있겠습니까. 예전에 외람되이 차지한 것도 오히려 안 될 일이었거늘, 더구나 지금은 연로하고 쇠약하여 예법상 응당 오래전에 벼슬을 그만두었어야 합니다. 어찌 다시 머뭇거리는 태도를 취하다가 늙은 봉황새와 굶주린 까마귀 같다는 기롱[45]을 불러들일 수 있겠습니까. 신이 지난번 상소문에서 속마음을 남김없이 다 아뢰었으나 윤허받지 못하고 도리어 위로하는

45 늙은……기롱 : 송나라의 증공량(曾公亮)이 오랫동안 중서성에 재직하며 막강한 권세를 부려도 비판하는 자가 없었다. 이에 이복규(李復圭)가 "늙은 봉황새는 연못가에서 웅크린 채 떠나지 않고, 굶주린 까마귀는 어사대 위에서 입 다문 채 울지 않네.〔老鳳池邊蹲不去, 飢烏臺上噤無聲.〕"라는 시를 지어 기롱하자, 증공량은 어쩔 수 없이 관직을 사양하였다. 《三朝名臣言行錄 卷6》 중서성이 봉황지 옆에 있어 봉각(鳳閣)이라 칭하고 어사대를 오대(烏臺)라 칭하기 때문에 이렇게 비유한 것이다.

비답만 받았기 때문에 지금 감히 죽음을 무릅쓰고 다시 아뢰는 것입니다. 삼가 바라건대 자애로운 성상께서는 이 사리(事理)를 살펴 속히 사직하는 청을 윤허하심으로써 신의 분수를 편안하게 하여 자유롭게 노닐며 여생을 마칠 수 있도록 해 주소서. 그리해 주신다면 천만다행이겠습니다. 신은 성상 계신 곳을 바라보며 간절히 바라는 마음을 견디지 못하겠습니다.

상소문이 작성된 뒤에 삼가 듣건대, 나라에 변고[46]가 있어 성상께서 놀랍고 의아한 나머지 장신(將臣)으로 하여금 궁성(宮城)을 엄하게 경계하도록 하셨다고 합니다. 신은 의리상 마땅히 창황히 달려가서 위로해야 하지만 질병이 위독하여 길을 나설 방도가 없습니다. 신하의 직분이 땅을 쓴 듯이 없어졌으니 황공한 마음으로 처벌을 기다리는 심정을 견디지 못하겠습니다.

46 변고 : 김환(金煥)이 허새(許壐)와 허영(許瑛)이 역모를 꾸미고 있다고 고변한 사건을 말한다.

세 번째 상소 임술년(1682, 숙종8) 10월

三疏 壬戌十月

삼가 아룁니다. 예로부터 신하가 경전에 근거하여 벼슬을 그만두는 일을 반드시 이루고야 마는 까닭은 진실로 엄정한 예법은 삼가지 않을 수 없고 이미 쇠퇴한 기력은 다시 강건해질 수 없기 때문입니다. 그중에 혹 일이 국가의 존망과 관련되거나 정신과 근력이 오히려 부지할 수 있는 자의 경우에는 간혹 억지로 반열에 나아가더라도 사람들이 또한 심하게 비난하지는 않았습니다.

그러나 지금 신은 본래 한 치의 장점도 없고 또한 많은 사달에 관련되어 한 발짝만 움직여도 으레 소란거리를 만들어 내기 때문에 세상에 무익하고 시사에 해만 끼치고 있습니다. 비록 벼슬에 힘쓸 젊은 나이라 하더라도 응당 종적을 거두어 물러나야 하거늘, 더구나 지금은 정신이 쇠락하고 근력이 시들어 자손과 동복의 이름조차 간혹 잊어버리고 뜰에서 걸을 때에 일곱 번 넘어지고 여덟 번 자빠지니, 이른바 늙은 소는 채찍질하여도 일어나지 못한다는 것은 오히려 느슨한 말일 것입니다.

대저 이처럼 쓸 만한 점이 없고 이처럼 문제점이 많은 데다가 또 이처럼 노쇠합니다. 이와 같은데 또 예법까지 범한다면 온 평생을 모두 내팽개치는 것입니다. 이 때문에 신의 마음은 이 구구한 염치나마 지키고 싶을 뿐이거늘, 밝은 성상의 천지처럼 높고 두터운 은덕으로도 어찌 이 한 번의 윤허를 아끼시어 끝내 신으로 하여금 성인의 가르침에 죄를 얻고 여러 사람에게 비난을 받게 하신단 말입니까.

신은 성상의 귀를 자주 어지럽히는 것이 큰 죄가 되는 줄을 잘 알지만 그래도 스스로 그만두지 못하는 것은 그만둘 수 있는데도 그만두지 않는 것이 결코 아닙니다. 삼가 바라건대 전하께서는 덮어 주고 실어 주는 천지의 마음을 본받고 해와 달처럼 밝게 살피시어, 벼슬을 그만두려는 신의 청을 속히 윤허하심으로써 편안한 마음으로 여생을 마치도록 해 주소서. 그리해 주신다면 매우 다행이겠습니다. 신은 너무나도 황공하고 절박한 마음을 견디지 못하겠습니다.

한강 가에 이르러 돌아가기를 고하는 상소 임술년(1682, 숙종8) 11월

到江上告歸疏 壬戌十一月

삼가 아룁니다. 신이 죽음을 무릅쓰고 벼슬을 그만두기를 청하였지만 윤허는 받지 못하고 외람되이 은수(恩數)를 받음은 갈수록 더욱 융성해지니, 밤낮 불안하고 두려워서 감히 다시 머물 수가 없습니다. 그러나 모른 채 돌아가는 것 또한 신의 마음에 감히 편안한 바가 아니기 때문에 죽음을 참고 기어가서 한강 가에 이르러 삼가 백번 절한 뒤에 머리를 조아리고 공경히 화봉(華封)의 축수[47]를 올리고 떠나갑니다. 신은 성상이 계신 대궐을 바라보며 너무나도 절박하고 황공한 마음을 견디지 못하겠습니다.

47 화봉(華封)의 축수 : 임금에게 장수와 부귀, 다산(多産) 등을 누리라고 송축(頌祝)하는 것을 말한다.

또 치사하기를 청하는 상소 임술년(1682, 숙종8) 11월

又乞致仕疏 壬戌十一月

삼가 아룁니다. 신은 삼가 승지 조지겸(趙持謙)이 선유(宣諭)한 상소의 비답을 받고 또 승지가 받들고 온 성상의 하교를 삼가 보았습니다. 이에 신이 감히 청하는 말씀을 다시 올리지 못하겠습니다. 가만히 생각건대, 하늘은 높고 엄하기 때문에 무릇 생명을 가진 부류라면 경외할 줄 모르는 자가 없을 것입니다. 군부(君父) 또한 하나의 하늘입니다. 혹 군부에게 죄를 지으면 발꿈치를 돌릴 틈도 없이 몸에 벌을 받게 되니, 이는 또 하늘이 높고 멀어 아득하기만 한 것과는 같지 않습니다.

지금 신은 일개 미천한 사람으로 감히 개인적인 일 때문에 존엄한 성상의 귀를 여러 번 어지럽혔으니, 그 죄가 극에 달하였습니다. 신은 만번 죽어도 속죄하기 어려운 줄을 잘 알면서도 오히려 어리석음을 무릅쓰고 번거롭게 아뢰었고, 윤허한다는 소식이 아득해질수록 애달픈 호소가 더욱 간절한 것은 진실로 예경(禮經)의 가르침을 어길 수 없기 때문입니다. 대저 군부에게 죄를 얻으면 오히려 불쌍히 여겨서 너그럽게 참작해 주는 방도가 있지만 예경에 죄를 얻으면 장차 천하와 후세에 스스로 해명할 수가 없습니다. 그렇다면 군부가 하늘보다 더 두렵지만 예경을 범하기 어려움에 이르러서는 비록 군부의 명이 있더라도 감히 받들 수 없는 점이 있습니다.

대개 예경은 하늘의 이치입니다. 존재 가치를 따질 것도 없는 신이기는 하지만 이를 어기는 일이 있으면 곧 이치를 벗어난 사람일 것입니다. 이 때문에 삼대(三代)의 융성한 시대에 군신과 상하가 모두 이를 삼갔으니, 명분이 바르고 의리가 밝아 믿음을 행하고 순리를 통하게 됨은 모두 이것이 있었기 때문입니다.

대저 나이 일흔이 되어 치사하는 것은 예경에 있어 실로 큰 절목이고 작은 절목이 아닙니다. 말세가 된 이래로 영리(榮利)가 사람의 본심을 빼앗아 머뭇거리며 떠나가지 못함으로써 벼슬길에 들어선 사람들에게 외면당하고 고상한 선비들에게 조소를 받게 되니, 이는 욕됨이 자신의 몸에 그칠 뿐만 아니라 조정을 낮게 만들고 당세를 부끄럽게 하는 것입니다. 이런 까닭으로 벼슬을 그만둘 나이에 이미 이르게 되면 아랫사람은 물러가지 않을 수 없고 윗사람은 허락하지 않을 수 없는 것은 그 관계된 바가 위에서 진술한 바와 같기 때문입니다.

또 하나의 설이 있습니다. 옛날 문성공(文成公) 이이(李珥)가 조정을 떠날 때에 시무(時務)를 묻는 자에게 대답하기를 "위로 삼공으로부터 아래로 참봉에 이르기까지 모두 벼슬을 떠나가려는 마음을 갖는다면 나랏일은 해 볼 만할 것이다."라고 하였습니다. 일상의 인정으로 말하면, 대신과 소관(小官)이 모두 하직하고 떠나가기를 생각한다면 군상(君上)은 누구와 함께 정치를 하겠습니까. 그러나 이이의 말이 이와 같았던 까닭은 아마 대소의 신하들이 모두 떠나가려는 마음을 먹으면 결코 이록(利祿)를 탐하여 위로 군상을 속이거나 아래로 이서(吏胥)를 사용(私用)하는 데에 이르지 않고 오직 맡은 일에 마음을 다하기만을 생각할 것이기 때문입니다.

범연히 논하더라도 오히려 이와 같거늘, 하물며 노쇠한 신의 입장에서는 사리상 더욱 각별한 데이겠습니까. 공자가 말하기를 "늙음에 이르러서는 이른바 혈기가 이미 쇠퇴한지라, 경계할 것이 탐하는 데에 있다."라고 하였습니다. 대저 사람이 젊었을 때에는 이른바 혈기가 두텁기 때문에 오히려 의리를 보면 행할 수 있지만, 혈기가 소모되어 줄어들게 되면 달리 좋아하는 것이 없고 오직 구복(口腹)을 위한 계책만 간절하고 처자에 대한 생각만 깊어져서 오직 탐하는 데만 힘써 죽은 뒤라야 그만둡니다. 그러므로 세도(世道)가 날로 낮아지고 국사가 날로 그릇되는 것이니, 어찌 한심한 일이 아니겠습니까. 이 때문에 비록 송조(宋朝)의 인후함으로도 오히려 물리치려고 해도 물리칠 수 없다는 탄식[48]이 있었던 것은 진실로 이 때문이었습니다.

지금 신은 옛날을 거울삼고 오늘날을 징계하여 반드시 물러나기를 기약하느라 성상의 위엄을 범하는 것이 만번 죽을죄임을 알면서도 그만두지 못하는 것입니다. 삼가 바라건대 밝은 성상께서는 멀리 옛일을 보고 아래로 간절한 심정을 살펴 마침내 치사를 윤허하시어 벗겨진 신발[49]이라도 되게 함으로써 옛 성인의 수훈(垂訓)이 한갓 쓸모없는 빈말로 돌아가지 않게 하소서. 그리하신다면 매우 다행이겠습니다.

지금 종묘사직의 어렵고 위태로운 상황은 신이 비록 우매하지만 또한 성상의 하교를 기다리지 않아도 잘 알고 있습니다. 이런 까닭으로 경기 지역에서 배회하며 차마 멀리 떠나지 못한 채 공경히 상유(上游)

48 송조(宋朝)의……탄식 : 《송자대전수차》 권2에 "송제(宋帝)가 말하기를 '왕모(王某) 이외의 나머지 사람들은 미루어 떠나가게 하여도 떠나가지 않는다.' 하였다."라고 하였다.

49 벗겨진 신발 : 오래도록 함께 지낸 물건이나 사람을 비유하는 말이다. 초(楚)나라 소왕(昭王)이 오(吳)나라와 싸웠는데 초나라 군대가 패하였다. 이에 소왕이 달아나다가 신이 터지는 바람에 잃어버렸는데 30리를 가다가 다시 돌아와 신을 찾았다. 좌우의 신하들이 묻기를 "어찌 그리 신 한 짝을 아끼십니까?"라고 하니, 소왕이 말하기를 "초나라가 비록 가난하나 어찌 신 한 짝을 아끼겠는가. 함께 나왔다가 함께 돌아가지 못하는 것을 싫어해서이다."라고 하였다. 《太平御覽 卷697》

에 엎드려서 무성한 능침의 잣나무를 아침저녁으로 바라보며 선왕(先王)을 잃은 애통한 심정을 깃들이고 있습니다. 이는 벼슬을 그만두려는 청을 윤허하셨다고 하여 감히 지금과 다르지 않을 것이니, 아울러 바라건대 밝은 성상께서 분명하게 살펴 주소서. 신은 너무나도 황공한 마음으로 죄를 기다리는 심정을 견디지 못하겠습니다.

여강에서 동호에 이르러 다시 치사를 청하는 상소 계해년(1683, 숙종9) 1월
自驪江到東湖復乞致仕疏 癸亥正月

삼가 아룁니다. 신이 지난번에 승지가 장계(狀啓)할 때에 외람되이 "무릅쓰고 성 밖으로 나아간다."라고 말하였으니, 바야흐로 벼슬을 그만두기를 청하다가 '무릅쓰고 나아간다.'라고 말한 것은 어찌 몹시 앞뒤가 맞지 않은 것이 아니겠습니까. 그러나 감히 이처럼 하지 않을 수 없었던 것은 진실로 은명(恩命)을 끝내 어길 수 없으며 신의 간청도 끝내 그만둘 수 없기 때문이었습니다.

또 생각건대 좌우에서 가까이 모시는 신하가 욕되게 먼 시골의 황촌(荒村)에 머무는 것은 이미 마땅한 바가 아니고, 또 숙식을 마련하느라 기민(飢民)을 분주하게 하여 그 폐단이 적지 않은데도 오직 성상의 하교를 직접 받았다는 이유로 굳게 지키며 떠나가지 않았습니다. 신이 이에 심정이 위축되고 형세가 곤궁하여 또한 짐짓 목전의 계책을 내지 않을 수 없었으니, '무릅쓰고 나아간다.〔冒進〕'라는 두 글자는 실로 만부득이한 데서 나온 것입니다. 그러나 이미 이러한 말을 위로 아뢰었으니, 비록 도로에서 죽게 되더라도 어찌 감히 다시 머뭇거리는 태도를 취할 수 있겠습니까.

또 가만히 생각건대, 지난해 초가을부터 은혜가 거듭 내릴 때마다 감히 명을 어기고 지체하며 오늘에 이르렀지만 아직도 살펴 주시는 은혜를 받지 못하였으니, 신은 이렇게 오래도록 버티다가 또 세월이 흘러가 버리면 신의 죄가 더욱 커져서 죽어도 속죄하지 못할까 적이 두려웠습니다. 가만히 스스로 생각건대, 멀리 지방에서 실정을 아뢰며 예전처럼 버티기보다는 차라리 대궐 가까운 곳으로 가서 죽을 각오로 애달프게 호소함으로써 가련하게 여겨서 윤허하시도록 하는 편이 낫다고 생각했기 때문에 병을 무릅쓰고 엉금엉금 기어와서 다행히 죽지는 않게 되었습니다. 신의 마음을 헤아리지 못하는 사람들은 필시 이미 나아갔다가 물러나기를 구한다고 하며 이를 비판하기 좋은 제목으로 삼겠지만 신은 또한 이를 돌아볼 겨를이 없습니다.

신이 그동안 간청한 글에서 이미 속마음을 다 토로하였기 때문에 다시 감히 성상의 귀를 어지럽게 하지 못합니다. 삼가 바라건대 밝은 성상께서는 신의 간절한 심정을 헤아려서 특별히 윤허의 말씀을 내리시어 신으로 하여금 대궐에 들어가서 용안을 뵙고 난 뒤에 조용히 물러가게 해 주소서. 그리하신다면 매우 다행이겠습니다. 신은 대궐을 우러러보며 간청하는 지극한 마음을 견디지 못하겠습니다.

대궐 밖에 이르러 앞의 청을 다시 아뢰는 상소 계해년(1683, 숙종9) 1월

進詣闕外更申前請疏 癸亥正月

삼가 아뢰니다. 신은 어제 상소의 비답에서 삼가 "대면하여 속마음을 진달하고 조용히 거취를 정하도록 하라."라는 하교를 받들게 되었습니다. 이는 신이 이미 밝은 성상께서 신의 곡진한 마음을 살펴서 지극한 소원을 이루도록 하신 은혜를 입은 것이니, 신은 기뻐서 손뼉 치며 자축하는 마음을 견디지 못하여 밤새도록 잠을 이루지 못하고 공경히 대궐 밖으로 달려왔습니다. 그러나 오히려 시원스레 윤허한다는 한마디 말씀을 받들지 못하였으니, 도로의 사람들이 그 누가 신의 사정을 알겠습니까. 필시 신을 두고 흰머리 주름진 얼굴로 부끄러움도 없이 함부로 들어온 사람이라고 할 것입니다. 이 때문에 사람을 만나면 문득 부끄러워져서 얼굴이 붉어지고 땀이 납니다. 도로 위에서도 오히려 이와 같거늘 하물며 대궐 뜰에 들어가면 대궐 뜰의 사람들이 좌우에서 손가락질하며 웃을 텐데 이는 벼슬아치들만 그러할 뿐 아니라 천한 이서(吏胥)와 복례(僕隷)조차 누군들 이와 같지 않겠습니까. 온갖 사람들이 손가락질해 대면 장차 자신도 모르게 물러나서 달아날 것이니, 이것이 어찌 성세(聖世)의 괴이한 일이 아니겠습니까. 삼가 바라건대 밝은 성상께서는 속히 한마디 말씀을 내리셔서 신이 편안한 마음으로 얼굴을 들고 한번 대궐에 올라 남은 정성을 다 펼 수 있도록 해 주소서.

음식물을 사양하는 차자 계해년(1683, 숙종9) 1월

辭食物箚 癸亥正月

삼가 아룁니다. 신이 벼슬을 그만두기를 청하는 구구한 일 때문에 여러 번 성상의 귀를 번거롭게 하였으니, 만번 죽을죄에 해당합니다. 어제 사대(賜對)에서 자애로운 성상께서 병들고 노쇠한 신을 가련하게 여겨 신의 지극한 소원을 거의 윤허하실 뻔했습니다. 비록 연신(筵臣)들이 합사(合辭)하여 반대함으로 인하여 즉시 윤허의 유음(兪音)을 내리지는 못하셨으나 성상의 뜻을 우러러 알 수 있어 자신도 모르게 감격의 눈물이 턱을 타고 내렸습니다. 신은 마땅히 교외로 나와서 엎드려 공경히 성명(成命)을 기다렸다가 나아가거나 물러날 계획을 해야 하지만 "당일 우선 머물도록 하라."라는 하교를 차마 끝내 저버릴 수 없어 아직 이렇게 지체하고 있으니, 이 사정을 모르는 사람은 필시 의심하고 괴이하게 여길 것입니다.

이러한 때에 호조의 낭관이 계하(啓下)한 음식물의 물목을 가져와서 보였는데, 신이 한창 이렇게 벼슬을 그만두기를 청하면서 이 은혜로운 하사품을 받는 것은 의리상 감히 하지 못할 바입니다. 게다가 또 이달 초 상유(上游)에 엎드려 있던 날에 도신이 이미 성상의 은명(恩命)으로 본주(本州)로 하여금 실어 보내게 한 물품이 있었습니다. 지금 또 이를 받는다면 이익을 독차지하는 자에 가깝지 않겠습니까. 더구나 지금 기민(飢民)이 눈에 넘쳐 나고 도적이 산에 가득합니다. 이러한 때에는 한 자의 베와 한 말의 곡식도 일체 아껴서 만의 하나라도 구휼하는 데에 보태야 하거늘, 도리어 변변찮은 천한 신하에게 지나치게 후대하는 것이 있으니, 어찌 조정에서 마땅히 행할 바이겠습니까. 이를 받는다면 또 신은 바로 한 마리 좀 벌레가 될 것이니, 더욱 나라의 곡식을 소비할 수 없습니다. 삼가 바라건대 밝은 성상께서는 신의 간절한 심정을 헤아리셔서 특별히 사면(辭免)하는 일을 윤허해 주소서. 그리하신다면 매우 다행이겠습니다.

시정을 조목조목 진달하는 차자 계해년(1683, 숙종9) 1월
條陳時政箚 癸亥正月

삼가 아룁니다. 근래에 성상의 아름다운 계책과 좋은 정사가 나날이 쌓이고 더해져서 나라 안의 백성들이 모두 기뻐하고 용동(聳動)하고 있습니다. 그러나 시작은 누구에게나 있지만 유종의 미를 거두는 사람은 적은 법입니다. 삼가 바라건대 전하께서는 성학(聖學)에 더욱 힘쓰고 성덕(聖德)을 더욱 닦아 털끝만 한 사의(私意)도 심목(心目)을 어지럽히는 일이 없게 하시기를, 성탕(成湯)이 날마다 새롭게 하고 또 날마다 새롭게 한 것[50]과 주공(周公)이 앉아서 아침을 기다린 것[51]처럼 하소서. 그리하여 오로지 하늘의 뜻을 감동시켜 돌아오게 하고 민생을 생각하여 보호하는 것으로 마음을 삼으소서. 오늘날 마땅히 해야 할 일을 하나하나 아래에 적으니, 삼가 바라건대 헤아려 살피소서.

1. 백성을 편안하게 하는 요체는 수령의 선발보다 긴요한 것이 없으니, 삼가 바라건대 특별히 해당 조(曹)에 경계하여 일일이 잘 살펴서 선발하게 하소서.

1. 인조조에는 별도로 청백리를 선발하여 조신(朝臣)을 면려하였으니, 삼가 바라건대 속히 선왕의 아름다운 법을 준행하소서.

50 성탕(成湯)이……것 : 탕 임금의 반명(盤銘)에 "진실로 하루라도 새로워질 수 있거든 날마다 새롭게 하고 또 날마다 새롭게 하라."라고 하였다. 《大學章句 傳2章》

51 주공(周公)이……것 : 《맹자》 〈이루 하(離婁下)〉에 "주공은 세 왕의 덕을 겸비하여 네 가지 일을 시행하기를 생각하되 부합하지 않는 것이 있으면 우러러 생각하여 밤으로써 낮을 이었고 다행히 터득하면 앉아서 아침이 되기를 기다렸다." 하였다.

1. 효종조에 해당 조로 하여금 별도로 수령 중에 치적이 현저한 자를 선발하도록 하여 특별히 권장하는 유지(諭旨)를 내리고 인하여 승진시키기도 하고 자급(資級)을 올리기도 하였으니, 이는 마땅히 본받아야 할 법입니다.

1. 효종조에 한해(旱害)를 우려하여 연경(燕京)에서 수차(水車)의 제도를 도입하여 각 고을로 하여금 민간에 반포하게 하였으나 봉행하는 수령이 하나도 없었기 때문에 백성들이 은덕을 입지 못하였습니다. 삼가 바라건대 전하께서는 특별히 수교(手敎)를 내려 더욱 엄히 신칙하소서. 일찍이 《주자대전(朱子大全)》에 차(車)로 물을 실어 나른다는 설이 있는 것을 보았는데, 더구나 수차가 편리한 데야 말할 것이 있겠습니까.

1. 부리(府吏)와 서도(胥徒)는 실로 나라를 시들게 하는 큰 좀 벌레이니, 태거(汰去)하여 그 수를 줄이지 않을 수 없습니다. 지금 병조판서 남구만(南九萬)이 태거한 서리가 근 100명입니다. 떼를 지어 일어나 무함하고 비방합니다만 태거한 이익은 이미 적지 않습니다. 삼가 바라건대 속히 모든 조(曹)에 명하시어 일례(一例)로 태거하게 하소서. 속담에 이르기를 "천지를 뒤흔드는 세도가도 손을 댈 수가 없다."라고 하였으니, 이는 시정(市井)의 이서(吏胥)를 두고 하는 말입니다. 이 무리들이 궁중과 내통하여 실제 화복의 권한을 쥐고 있다는 사실을 몰라서는 안 될 것입니다.

1. 신은 전배(前輩)들을 보았고 그 말도 들었는데 "조정의 벼슬아치들이 시정의 이서들과 결탁하게 되면 곧 청망(淸望)이 막히게 된다." 라고 하였습니다. 오늘날 조정의 신하는 봉록이 적어서 이들과 결탁하지 않으면 생계를 꾸릴 수 없기 때문에 스스로 퇴폐한 습속에서

벗어나는 사람이 드뭅니다. 이 때문에 이들이 일단 죄에 걸리면 청탁이 사방에서 밀려드니, 매우 한심한 일입니다. 순(舜) 임금이 우(禹)에게 경계하기를 "인심은 위태롭다."라고 하였으니, 이는 인심으로 말미암아 인욕(人欲)으로 흘러간 소치입니다. 삼가 바라건대 특별히 양사(兩司)에 명하여 규핵(糾劾)하게 하소서.

1. 옛말에 이르기를 "사치의 해독은 천재(天災)보다 더 심하다."라고 하였습니다. 오늘날 이 폐단이 극도에 달하였으니, 삼가 바라건대 속히 해당 관사에 명하여 엄중히 금단하게 하소서.

1. 광주 수어사(廣州守禦使)를 변통하는 일은 실로 관방(關防)의 이해(利害)와 크게 관련된 것이니, 속히 대신과 비변사로 하여금 의논하여 조처하게 하소서.

1. 아조(我朝)의 성대한 시기로는 중종 기묘년(1519, 중종14)만 한 때가 없었습니다. 뒷날 기묘명현(己卯名賢)을 논하는 자들은 맨 먼저 구채전(丘債錢)[52]을 집에 들이지 않았던 것을 으뜸으로 삼으니, 이는 대개 의리를 숭상하고 이익을 숭상하지 않았던 중요한 단서입니다. 지금은 그렇지 않아 구채전의 다과(多寡)로써 조관(朝官)이 나아가고 피하는 큰 관건으로 삼고 있으니 매우 추하다고 할 만합니다. 삼가 바라건대 속히 대신으로 하여금 변통하게 하여 이익의 근원을 끊어 사풍(士風)을 가다듬게 하소서.

1. 사치하는 것 중에 혼인에 드는 비용이 적지 않습니다. 신부 집에서는 울며 빚을 내어 신랑 집을 기쁘게 하고, 신랑 집에서는 눈을 치켜뜨고 신부 집에 마련하기를 요구합니다. 한없는 욕심을 채울

52 구채전(丘債錢) : 관원이 녹봉 외에 사사로 부리는 하인의 급료로 받는 돈이다.

수 없어 딸을 저당 잡히는 일도 마다하지 않기 때문에 조정의 벼슬아치들이 모두 수령이나 곤수(閫帥)에게 도움을 청함으로써 조정의 기강을 무너뜨리고 있습니다. 삼가 바라건대 법부에 신칙하여 이러한 일로 발각되는 자가 있으면 더욱 통렬히 징치하게 하소서.

1. 면포(綿布)의 새〔升〕와 길이〔尺〕는 한결같이 《대전(大典)》에 의하여 다섯 새 35자로 하고 있습니다. 이는 신이 과거에 시행하기를 청하였으나 끝내 시행되지 않은 것으로, 몹시 개탄할 만합니다. 송(宋)나라의 제현(諸賢)이 말하기를 "요순(堯舜)을 본받고자 하면 의당 조종(祖宗)을 본받아야 한다."라고 하였으니, 이는 어찌 격언이며 지론이 아니겠습니까. 삼가 바라건대 다시 대신으로 하여금 의논하여 조처하게 하소서.

1. 이렇게 천재(天災)와 시변(時變)과 백성의 곤궁과 간사함이 치성한 때를 당하여 비록 황급히 구제하여도 오히려 잘되지 못할까 두렵습니다. 더구나 음주를 숭상하는 것이 풍습을 이루어 날마다 술에 젖어 지내며 사무를 도외시하고 있으니, 몹시 한심합니다. 삼가 바라건대 크게 윤음(綸音)을 내려 일체 금단하게 하소서.

1. 우역(牛疫)으로 살아남은 소가 거의 없는데도 도살을 그만두지 않고 있습니다. 우리나라의 풍습은 쇠고기를 최고의 맛으로 여겨서 이를 먹지 않으면 살 수 없을 듯이 여기기 때문에 비록 엄한 금령이 있을지라도 돌아보지 않습니다. 삼가 바라건대 특별히 법령을 만들어 금단을 엄하게 행하소서. 정자(程子)가 "흉년이 드는 것은 소를 잡아먹기 때문이다."라고 하였습니다. 사람이 소의 힘으로 먹고살면서 그 소까지 도살하니, 어찌 화기(和氣)를 손상하는 원통한 기운이 없겠습니까. 삼가 바라건대 유의하여 통렬히 금단하소서.

또 치사하기를 청하는 차자 계해년(1683, 숙종9) 2월 6일
又乞致仕箚 癸亥二月六日

삼가 아룁니다. 신이 일찍이 탑전에서 성상의 하교를 직접 받들 때에 벼슬을 그만두기를 청한 일은 응당 박세채(朴世采)가 들어오기를 기다렸다가 상의하여 윤허하시리라고 생각하였습니다. 지금 박세채가 이미 어제저녁에 특별히 사대(賜對)의 은혜를 입었기 때문에 신이 귀를 기울이고 우두커니 기다리며 '거의 오늘에야 청을 이루게 될 것이다.'라고 생각하였습니다. 그래서 속히 탑전의 얘기를 수소문해 보았지만 이에 관한 일은 시종 들을 수 없었으니, 신은 정신이 멍하고 놀라서 몸 둘 곳을 모르겠습니다. 아니면 전하께서 박세채에게 물어보셨고 박세채 또한 대답한 바가 있었는데도 사관이 누락해서 기록하지 않았는지 모르겠습니다. 신이 종일토록 아무 말도 하지 않고 밤새도록 이처럼 방황하면서도 오히려 성상의 위엄을 두려워하여 끝내 다시 군부의 앞에 아뢰지 못한다면 신이 자애로운 성상을 스스로 외면하여 끝내 벼슬을 그만둘 날이 없게 될 것입니다. 이 때문에 감히 만번 죽음을 무릅쓰고 다시 절박한 심정을 다 아뢰는 것이니, 삼가 바라건대 자애로운 성상께서는 너그럽게 헤아리고 긍휼히 여겨서 윤허해 주소서.

무지개의 변고에 경계할 일을 아뢰는 차자 계해년(1683, 숙종9) 2월 10일

虹變陳戒箚 癸亥二月十日

삼가 아룁니다. 어제 음란한 무지개가 뜬 변고는 감히 손가락으로 가리킬 수도 없고 또한 차마 말로 할 수도 없으니, 아, 이는 어떠한 광경이란 말입니까. 신의 걱정과 두려움은 단지 오늘뿐만이 아닙니다. 지난해 임술년(1682) 겨울부터 빠른 우레의 변고가 달마다 생겨났으니, 이는 참으로 주자(朱子)가 말한 "내년이 걱정이다."[53]라는 것입니다. 주자가 이에 대해 간곡히 반복하여 누차 말하고 한 번만 말하지 않았으니, 이는 점술가의 예언 같은 것에 견줄 바가 아닙니다. 이치가 밝고 마음이 순수하여 지극한 정성으로 앞일을 미리 알았던 것[54]이니, 단지 믿을 만한 시책(蓍策)[55]일 뿐만이 아니었습니다. 지금 이렇게 새해가 되어 다시 이 흉한 변고가 생겨서 인심이 두려워하여 안정될 길이 없으니, 어떠한 재앙이 사람들이 까마득히 모르는 가운데에 또 양성될지 모르겠습니다.

아, 변고가 공연히 생기지 않는 것은 옛날에 그에 관한 설이 있으니,

53 내년이 걱정이다 : 주희가 말하기를 "지금 성문(星文)이 이미 물러났으나 굶주린 백성이 현재 떠돌아다니고 겨울 우레로 내년이 걱정이니, 삼가 바라건대 성상의 뜻을 결단하여 조속히 시행하도록 하소서."라고 하였다. 《晦庵集 卷13 延和奏札1》

54 지극한……것 : 자사(子思)가 말하기를 "지성(至誠)의 도는 앞날의 일을 미리 알 수 있다."라고 하였다. 《中庸章句 第24章》

55 시책(蓍策) : 점칠 때 사용하는 시초(蓍草)를 말한다.

귀로 듣고 눈으로 본 것을 통하여 징험해 보면 참으로 허무맹랑한 설은 아닙니다.

기억하건대, 예전 천계(天啓) 갑자년(1624, 인조2) 정월 초하루에 흰 무지개가 해를 꿰뚫는 변고가 있었습니다. 그 당시 조정에 가득한 신하들은 부귀에 마음이 빠져서 걱정할 만한 일인 줄도 몰랐으나 유신(儒臣) 정경세(鄭經世)만은 홀로 두려워할 만한 변고라고 극언하였는데, 얼마 있지 않아 역적 이괄(李适)의 반서(反書)가 갑자기 이르렀습니다. 또 숭정(崇禎) 을해년(1635) 늦겨울에 그 변고가 또 생기자 다음해 늦겨울에 남한산성이 포위되는 급박한 일이 있었습니다. 대저 일에 앞서서 말하면 사람들이 믿지 않고 일이 닥쳐서 말하면 형세가 미치지 못하니, 오늘의 일은 어렵다고 할 만합니다. 더구나 지난해에 있었던 바람의 변고는 또한 괴이하였습니다. 을해년 7월 13일에 나무가 꺾이고 집이 뽑히고 모래와 돌이 날리더니, 그다음 해 병자년(1636)의 재앙이 어떠하였습니까. 지난해의 변고는 달과 날이 또 그때와 같으니, 더욱 괴이한 일입니다.

신은 또 듣건대 만력(萬曆) 신묘년(1591, 선조24)의 바람 변고는 또 7월에 있었는데, 그다음 해 임진년(1592)에 종묘사직이 폐허가 되었습니다. 그렇다면 금년은 실로 임진년의 전해인 신묘년에 해당하고 병자년의 전해인 을해년에 해당하여 그 걱정은 이미 말로 다 할 수 없거늘 지금의 변고가 또 이처럼 발생하였으니, 아, 어떻게 해야겠습니까.

전하께서 오늘날 시행하시는 일로 살펴보면 어진 마음과 어질다는 소문이 있기 때문에 의당 위로 천심을 감동시키고 아래로 인심을 위로할 수 있을 것입니다. 그러나 하늘의 재앙이 이처럼 거듭 일어나니, 이는 전하께서 한가하게 지내시거나 홀로 계시는 가운데에 천리가 순수하지 못한 것이 있고 인욕이 다하지 않은 것이 있어 이러한 일을 초래한 것이 아니겠습니까. 궁궐 안의 일은 은밀하여 신이 감히 알지 못하지만 오직 밖으로 징험되는 것으로 말해 보면, 조정에서는 대부분 느긋하고 답답하며 고식적이고 태만하여 급급하고 황황하게 하늘의 경계에 호응하여 백성을 구제하는 실제적인 일을 도모하는 자가 없으니, 이는 실로 전하의 잘못된 한 생각이 이것을 초래한 것입니다.

옛사람이 이르기를 "한 생각이 좋으면 경성(景星)과 경운(卿雲)[56]이 나타나고 한 생각이 나쁘면 돌풍이 불고 빠른 우레가 친다."라고 하였으니, 나쁜 징조가 위에 나타나기를 기다린 뒤에 변고가 생기는 것은 아닙니다. 대저 아랫사람은 윗사람을 대할 때에 윗사람의 명을 따르지 않고 윗사람이 좋아하는 바를 따르는 법이니, 전하께서 만약 대순(大舜)이 조심하고 두려워한 것[57]과 대우(大禹)가 밥 한 끼를 먹는 동안에도 열 번 일어난 것[58]과 문왕(文王)이 밥 먹을 겨를이 없었던 것[59]과 주공(周公)이 앉아서 아침을 기다렸던 것[60]을 유념하신다면 신하가 어

56 경성(景星)과 경운(卿雲) : 경성은 상스러운 별이고, 경운은 경사스러운 구름이다.

57 대순(大舜)이……것 : 고요(皐陶)가 우(禹)에게 말하기를 "안일함과 욕심으로 제후들을 가르치지 말아서 조심하고 두려워하소서. 하루 이틀 사이에도 기미가 만 가지나 됩니다."라고 하였다. 《書經 皐陶謨》

58 대우(大禹)가……것 : 《회남자(淮南子)》 〈범론훈(氾論訓)〉에 "우 임금은 어진 사람을 맞이하기 위하여 한 번 식사하는 동안 열 번이나 일어나고 한 번 목욕하는 동안 세 번이나 감던 머리카락을 움켜쥐고 나옴으로써 천하의 백성을 위로할 수 있었다."라고 하였다.

59 문왕(文王)이……것 : 《서경》 〈무일(無逸)〉에 문왕의 덕을 찬양하기를 "해가 중천에 뜨고 다시 서쪽으로 기울 때까지 한가하게 식사할 겨를이 없이 노력하여 만백성을 모두 화합하게 하였다."라고 하였다.

찌 감히 태만하고 편안함을 일삼겠습니까.

삼가 바라건대 전하께서는 성심(聖心)을 순일(純一)하게 하여 쉬지 않는 공부를 견지하시어 신하들로 하여금 보고서 본받을 수 있게 하소서. 신은 어전에 나아가 소회를 모두 아뢰고 싶은 마음이 간절하지만 질병이 몹시 심하여 자력으로 나아갈 길이 없으므로 문자로 말씀드리지 않을 수 없으니, 그 죄는 만번 죽어도 마땅할 것입니다.

60 주공(周公)이……것 : 523쪽 주51 참조.

일을 논하는 차자 계해년(1683, 숙종9) 2월 12일

論事箚 癸亥二月十二日

삼가 아뢰옵니다. 신이 방금 조보(朝報)에서 전라 감사의 장계를 보니, 부안(扶安)의 사인(士人) 신종제(申宗濟)가 굶주림을 참지 못하여 얼음을 깨고 투신하였다고 하였습니다. 이에 신은 자신도 모르게 목 놓아 부르짖게 되고 오열하며 눈물이 넘쳐 나서 몸 둘 바를 모르겠습니다. 어둡고 완고한 신도 오히려 이와 같거늘, 지극히 어질고 지극히 불인(不忍)한 성상의 뜻에 있어서야 장차 어떻게 마음을 가누실지 모르겠습니다.

아, 전하의 어진 명성과 어진 소문이 원근에 넘쳐흐르는데도 아래에 있는 사람들이 성실히 봉행하지 못한 까닭에 갓난아이를 보호하듯이 백성을 보호하지 않고 다친 사람 보살피듯이 백성을 돌보지 않아 이와 같은 지경에 이른 것입니다. 그렇다면 감사와 수령이 어떻게 그 책벌(責罰)을 면할 수 있겠습니까. 이러한 때에 감사는 비록 바꿀 수 없다 하더라도 본 고을의 수령은 속히 논죄하여 신종제의 원혼을 위로해야 합니다. 그러나 기억하건대, 옛날 적신(賊臣) 허적(許積)이 국정을 담당하였을 때, 흉년이 들어 백성들이 굶주린다는 말을 듣기 싫어하였기 때문에 감사는 허적의 뜻을 거스를까 두려워하고 수령은 감사의 뜻을 거스를까 두려워하여 사람이 죽으면 그때마다 마을 사람들을 시켜 즉시 은밀한 곳에 끌어다 버리곤 하였습니다. 당시 죽은 백성이 몇만 명인지 모를 정도였지만 성상께 보고될 수가 없었으니, 지금 그 일을 언급함에 아픈 마음을 견딜 수 없습니다. 이는 신이 눈으로 직접 본 바라서 감히 속일 수 없는 사실입니다.

이제는 그렇지 않아 본 고을은 감사에게 보고하고 감사는 조정에 보고하여 스스로를 책망하니, 어찌 성상의 측은해하는 마음이 아랫사람에게 믿음을 얻어서 그러한 것이 아니겠습니까. 그렇다면 감사와 수령은 그 허물을 대속(代贖)할 수 있으니, 조정으로 하여금 성상께 여쭈어 처리하게 하소서.

신이 또 삼가 보건대, 전하께서 "주자(朱子)가 구황(救荒)할 때에 병거와 군졸 수를 줄이고 깊은 산 궁벽한 골짜기까지 이르지 않은 곳이 없었다."라고 인용하신 말씀은 실로 구황 정책의 급선무입니다. 그러나 수령은 관아에 앉아서 재물의 유무만 헤아리려고 할 뿐 찾아가서 백성의 실정을 묻지 않기 때문에 비록 신종제와 같은 일이 있어도 알 수 없었던 것이니, 통탄하는 마음을 견딜 수 있겠습니까. 삼가 바라건대 이 한 가지 사항을 특별히 묘당(廟堂)으로 하여금 신칙하게 하시고 인하여 수령으로 하여금 이런 때를 당하여 모든 것을 제쳐 놓고 진휼하는 일에만 전념하게 하소서. 또 조정에서도 모든 일을 놓아두고 긴급한 공무가 아니면 절대로 외방에 분부하지 말아서 수령으로 하여금 다른 곳에 신경을 쓰지 말고 진휼하는 일에만 전념하게 하소서.

신이 또 듣건대 기내(畿內)에서는 오히려 대출미(貸出米)의 상환을 독책한다고 하니, 이는 실로 마땅한 일이 아닙니다. 속히 조정으로 하여금 상의하여 정지하게 하시면 매우 다행이겠습니다. 신은 질병이 고질이 되어 어전에 나아갈 방도가 없어 문득 속마음을 지묵(紙墨)에 드러내었으니 황공하고 두려운 마음을 견디지 못하겠습니다.

효종대왕의 묘당을 세실[61]로 삼을 것을 청하는 상소 계해년(1683, 숙종9) 2월 21일

請以孝宗大王廟爲世室疏 癸亥二月二十一日

삼가 아룁니다. 《서경》에 "하늘이 펼쳐서 법을 두시니, 우리 오전(五典 오륜(五倫))을 바로잡아 다섯 가지를 두텁게 하소서."라고 하였으니, 요순(堯舜)으로부터 주공(周公)에 이르기까지 서로 수수(授受)하여 닦아 밝힌 것은 이 오전이 아닌 것이 없습니다. 주자(朱子)가 또 그 설을 부연하기를 "하늘은 높고 땅은 낮은데 사람은 그 가운데에 자리하고 있다. 하늘의 도는 음양에서 벗어나지 않고 땅의 도는 강유(剛柔)에서 벗어나지 않으니, 이렇다면 인(仁)과 의(義)를 버리면 또한 사람의 도를 세울 수 없는 것이다. 그러나 인은 부자(父子)보다 더 큰 것이 없고 의는 군신(君臣)보다 더 큰 것이 없으니, 이를 삼강(三綱)의 요체이자 오상(五常)의 근본이라 하는 것이다. 인륜은 천리의 지극함이므로 천지의 사이에 피할 곳이 없다."라고 하였습니다. 아, 주자의 이 설은 '천지에 세워 놓아도 어그러지지 않으며 백세에 성인을 기다려도 의혹되지 않을 것'이라고 할 만하지 않겠습니까. 그러나 《서경》에서 말한 '오전'은 절로 펼쳐질 수 없고 주자가 말한 '사람의 도'는 절로 확립될 수 없습니다. 그러므로 하늘이 또 반드시 펼쳐 내고 확립시킬

61 세실(世室) : 영구히 신주를 모시는 종묘의 신실(神室)을 가리킨다. 5세가 된 신주는 종묘에서 영녕전(永寧殿)으로 옮기는 것이 예법이지만, 큰 공덕이 있는 임금은 그 신주를 옮기지 않고 따로 신실을 만들어 봉안하고 영원히 제사를 올린다.

사람을 낳아서 이와 같은 큰 책임을 맡기는 것이니, 요순 이하 여러 성인이 이러한 분들이고, 그 이하로 주돈이(周敦頤), 정호(程顥)·정이(程頤), 장재(張載), 주희(朱熹) 같은 대현(大賢)이 모두 이러한 사람들입니다.

하늘이 바다 모퉁이의 우리나라를 돌보아 기자(箕子)가 동쪽으로 와서 〈홍범(洪範)〉의 도(道)로써 팔조(八條)의 교훈을 펼치니,[62] 오랑캐가 변하여 중국이 되고 우리나라가 동쪽의 주(周)나라가 되었습니다.

아조(我朝)에 이르러서는 성왕(聖王)이 대대로 계승하여 공렬이 높고도 찬란하였습니다. 그러나 예악을 제작한 것이 성주(成周)[63]처럼 융성하던 때는 세종대왕의 성대한 시대와 같은 적이 없었습니다. 불행하게도 선조(宣祖)께서 중흥한 뒤에는 계승이 제대로 되지 못하고 간신들이 악행을 부려서 이륜(彝倫)을 무너뜨리고 생민을 해침으로써 종묘사직이 깃술이 흔들리듯이 위태롭게 되었습니다. 인조대왕께서는 하늘에 호응하고 민심에 순응하여 혼란을 다스려 반정(反正)하셨으니, 탕왕(湯王)과 무왕(武王)과 나란히 할 수 있는 분입니다. 그 나머지 열성(列聖) 중에 공이 있고 덕이 있어 세상을 떠나도 잊을 수 없는 분이 있으면 삼종(三宗)[64]과 아울러 모두 조천(祧遷)하지 않는 세실이 되는 것이니, 아, 이에 대해서는 진실로 이론이 없습니다.

마침 국운이 중간에 비색(否塞)해졌을 때 병자년(1636, 인조14)과

62 홍범(洪範)의……펼치니 : 〈홍범〉은 《서경》의 편명이고, 팔조의 교훈은 기자의 팔조법금(八條法禁)을 가리킨다.

63 성주(成周) : 주공(周公)이 성왕(成王)을 보필하였던 성대한 시대를 가리킨다.

64 삼종(三宗) : 세종, 선조, 인조를 가리킨다.

정축년(1637)의 변란을 당하여 천지가 뒤집어지고 의리가 깜깜하게 막혀서 사람의 도가 금수와 같아졌습니다. 그래서 우리나라 수천 리 땅이 온통 혼란의 도가니로 빠져들었으나 구제할 길이 없었습니다. 거룩하신 우리 효종대왕께서는 상성(上聖)의 자질로 보위에 오르셨는데, 규모가 광대하고 계책이 원대하여 방역(邦域)을 삼가 잘 지켰을 뿐만 아니라, 일찍이 이르기를 "나는 진실로 인의의 도로써 천리를 밝히고 인심을 바로잡아 우리의 오전을 바로잡겠으나 성패와 화복은 내가 예견할 수 있는 바가 아니다."라고 하셨으니, 이 뜻은 우뚝하기가 바로 푸른 하늘의 흰 해와 같았습니다. 이 때문에 고(故) 문정공(文正公) 김상헌(金尙憲)은 몸소 강상(綱常)의 책임을 맡아 이름이 화이(華夷)에 알려졌으나 고향에 은거하여 세상의 태산북두(泰山北斗)가 되었고, 문경공(文敬公) 김집(金集)은 가문의 정학(正學)을 이어받아 도를 강론하고 덕을 기르면서 동강(東岡)[65]을 굳게 지키며 자득한 마음으로 스스로 즐거워하였으나, 두 사람 모두 선뜻 마음을 고쳐먹고 부름에 응하여 조정의 모범이 되어 국가의 계책을 도왔습니다. 그 나머지 암혈에 은거하던 선비들도 모두 성대하게 대궐 아래에 모여들었습니다. 그래서 비록 벙어리, 귀머거리, 절뚝발이, 앉은뱅이 같은 사람일지라도 백배의 기운을 내었던 것이니, 당시의 기상을 또한 알 수가 있습니다.

효종대왕께서 일찍이 대신(大臣) 이경여(李敬輿)의 상소에 비답하기를 "지극한 아픔이 마음속에 있거늘, 날은 저물고 갈 길은 멀도다."라

65 동강(東岡) : 동쪽의 언덕이라는 뜻으로 벼슬에 나가지 않고 은거하는 곳을 이른다. 《후한서(後漢書)》 〈주섭열전(周燮列傳)〉에 "선세(先世) 이래로 나라의 공훈과 임금의 은총이 대를 이어 왔거늘, 그대만 어찌 동강의 언덕을 지키려고 하는가."라고 하였다.

고 하셨고, 또 일찍이 만수전(萬壽殿)을 착공하는 날에 몸소 봉심한다고 칭탁하시고 유독 말할 만한 신하들과 당폐(堂陛)를 벗어나 비밀히 얘기하여 성지(聖志)가 어디에 있는지를 분명하게 드러내 보이셨습니다. 비록 아랫사람 중에 성심(聖心)에 합당하고 성지(聖志)에 수응할 수 있는 사람이 없어 끝내 공업을 우뚝이 이루어 내지는 못하셨으나 만약 성수(聖壽)가 길게 이어졌다면 그대로 그만두지는 않으셨을 것이 분명합니다.

아, 하늘이 어질지 못하여 갑자기 승하하시고 말았으니, 지금 돌이켜 생각해 보면 누군들 낙담하고 가슴을 치며 천하를 위하여 통한해하지 않겠습니까. 그러나 이렇게 하셨던 까닭은 인의의 도로써 천리를 밝히고 인심을 바로잡아 하늘이 펼친 오전을 두텁게 하려는 것에 불과할 뿐입니다. 이 때문에 우리 현종대왕께서는 몸소 대법(大法)을 계승하여 그 뜻과 일을 드러내기를 생각하시어 이에 김상헌, 김집을 효종의 묘정(廟庭)에 배향한 것이니, 마치 해와 별처럼 그 뜻이 더욱 밝아졌습니다.

아, 요순으로부터 탕무(湯武), 탕무로부터 주공(周孔), 주공으로부터 정주(程朱)에 이르기까지 대훈(大訓)을 세워서 만세에 전한 것이 만일 우리 효종대왕이 없었다면 모두 쓸데없는 빈말이 되고 말았을 것입니다. 지금 우리나라 사람들이 모두 군신, 부자, 부부, 형제, 사우(師友)의 도를 알게 된 것은 그 누구의 공이겠습니까. 그러나 형세에 눌려 사람들이 감히 공공연히 말하지 못하였기 때문에 그 규획(規劃)과 계도(計度)를 사람들이 혹 알 수 없었던 것입니다. 그러나 인심은 속일 수 없는 것이라서 자연히 감동하기 때문에 무릇 혈기가 있는 사람이라면 효종을 높이고 친애하는 마음이 절로 천지와 부모를 높이고 친애하는 마음과 같을 것입니다. 백세에 모범이 될 수 있는 지극한 성품과 순수한 행실은 지금까지 사람의 이목을 비추어 국사(國史)에 드러나 있습니다. 만일 그중의 한두 가지를 말하려고 하더라도 오랫동안 이야기한다고 해서 다 할 수 있는 것이 아닙니다. 이 때문에 승하하신 날에 깊은 산골의 사람들도 모두 달려와서 슬피 울부짖지 않는 자가 없었고, 흠위(廞衛)[66]가 출발할 때에는 남녀노소가 물결치듯 길을 다투어 달려와서 산과 들을 가득 채우고 마치 부모의 상에 곡하듯이 통곡하였으니, 이는 누가 그렇게 시킨 것이겠습니까. 자연히 그렇게 된 것에 지나지 않습니다.

옛날 공자가 《춘추》를 지어 공언(空言)[67]으로 왕법(王法)을 전하니, 맹자가 그 공을 우(禹) 임금이 홍수를 억제하고 무왕이 이적(夷狄)을 겸병하고 주공(周公)이 맹수를 몰아낸 공과 나란하게 보고서 한번 다스려진 시대에 해당시켰습니다.[68] 이는 진실로 난신적자(亂臣賊子)를 두렵게 하여 주실(周室)을 높이고 이적을 물리친 공이 세 성인이 행사(行事)에 시행한 공보다 뒤지지 않았기 때문입니다.

66 흠위(廞衛) : 임금이나 왕후의 장례(葬禮) 때 행렬에 쓰던 기구(器具)를 말하는데, 여기서는 장례를 가리킨다.

67 공언(空言) : 시비를 포폄할 뿐 당세에 쓰이지 않는 언론을 말한다. 공자가 일찍이 이르기를 "내가 공언을 남기려고 할진댄 집정자들의 행사에 부쳐서 깊고 간절하게 드러내어 밝히는 것만 못하리라."라고 하고는 마침내 《춘추》를 지었다고 한다. 《史記 太史公自序》

68 옛날……해당시켰습니다 : 맹자가 말하기를 "옛날 우 임금이 홍수를 억제하자 천하가 평안해졌고, 주공이 이적을 겸병하고 맹수를 몰아내자 백성이 편안하였고, 공자가 《춘추》를 완성하자 난신적자들이 두려워하였다."라고 하였다. 《孟子 滕文公下》 어지러운 시대에 성인이 태어나서 다스려지는 시대를 만들었다는 것이다.

지금 우리 효종대왕은 그 덕을 논하면 이미 흠잡을 것이 없고 그 공을 거론하면 인의의 도를 세워서 천리가 밝아지고 인심이 발라져서 천서(天敍)가 바로잡히고 오전이 두텁게 되도록 하셨습니다. 그렇다면 그 깊고 간절하며 드러나고 분명하여 천지의 조화를 본받은 것이 어찌 《춘추》보다 못하겠습니까. 이에 마땅히 추숭(追崇)하고 존상(尊尙)하여 아름다운 덕을 형용하고 묘의(廟儀)를 더욱 융숭하게 하여 백세토록 불천(不遷)하는 조종(祖宗)으로 삼아 한 시대의 이목을 새롭게 해야 할 것입니다. 그리하여 인의가 항상 행해져서 천리가 항상 밝고 인심이 항상 바르게 되어 끝내 오전이 항상 두텁게 된다면, 뒷날 성왕(聖王)이 비록 갑자기 효종의 뜻과 사업을 성취하는 것은 보장할 수 없더라도 또한 중음(重陰)의 끝에 양덕(陽德)이 밝게 드러나서 끝내 반드시 '7일의 회복'[69]이 있게 될 것입니다. 그렇다면 국세가 높아지고 안정되며 국운이 영묘하고 장구해지는 것이 어찌 여기에서 비롯되지 않겠습니까.

옛날 한 경제(漢景帝)가 즉위한 원년에 승상 신도가(申屠嘉)가 진언하기를 "공은 고황제(高皇帝)보다 크신 분이 없으니, 마땅히 제왕의 태조묘(太祖廟)가 되어야 하고, 덕은 효문황제(孝文皇帝)보다 성대한 분이 없으니 마땅히 제왕의 태종묘(太宗廟)가 되어야 합니다."라고 하였습니다. 더구나 우리 효종대왕의 덕은 실로 한 문제(漢文帝)에 견줄 정도가 아닙니다. 천서를 보존한 공을 말한다면 어찌 다만 고황제가 천하를 평정한 것에 견줄 정도이겠습니까. 아, 《대학》에 이르기를 "성

69 7일의 회복 : 《주역》 〈복괘(復卦)〉의 괘사(卦辭)에 "그 도를 반복하여 7일 만에 회복한다.〔反復其道, 七日來復.〕"라고 하였다.

대한 덕과 지극한 선을 백성들이 잊지 못한다."라고 하였고, 《서경》에 이르기를 "칠세(七世)의 묘(廟)에서 덕을 살펴볼 수 있다."라고 하였습니다.

백세토록 불천하는 일은 그 예법이 없으면 어쩔 수 없겠지만, 만일 그 예법이 있다면 우리 효종대왕이 아니고 그 누가 해당하겠습니까. 신은 효종께서 승하하신 뒤로 즉시 이를 선대왕(先大王 현종)께 청하고자 하였으나 사체가 중대하여 감히 경솔히 의논할 수 없었기 때문에 머뭇거리는 태도를 취하다가 오늘에 이르렀습니다. 지금은 노쇠한 병이 고질이 되어 조만간 죽을 텐데 만약 끝내 말하지 않고 죽는다면 망극한 죄를 짓게 되어 황하수로도 씻어 낼 수 없을 것입니다. 마침 밝은 성상께서 큰 뜻을 분발하시어 유현(儒賢)을 초치하여 함께 의논하는 것이 춘추대의에 벗어나지 않는 때를 만났기 때문에 감히 만번의 죽음을 무릅쓰고 피눈물을 흘리며 말씀드리는 것입니다. 삼가 바라건대 전하께서는 대신(大臣) 이하 관학(館學)의 장보(章甫)들에게까지 하문하소서. 만약 한 사람이라도 신의 말을 망녕되다고 여기는 이가 있으면 전하를 기만한 죄를 받을 것이니, 비록 성상께서 참작하여 용서하실지라도 신으로서는 감히 죄를 피할 수 없습니다. 신은 간절히 바라는 마음을 견딜 수 없어 삼가 죽음을 무릅쓰고 아룁니다.

인책하고 치사를 청하는 차자 계해년(1683, 숙종9) 2월 27일

引咎仍乞致仕箚 癸亥二月二十七日

삼가 아룁니다. 신의 질병이 위독하여 외람되이 성상께 염려를 끼치는 바람에 의원과 문병하는 사람이 길을 오가고 약물도 빈번하게 받게 되었으니, 신은 은혜에 감격하여 눈물이 마를 날이 없습니다. 신은 자취가 대궐과 막혀 있고 죽을 날이 닥쳐오니, 다시 전하의 청광(淸光)을 가까이할 수 없을 듯하여 대궐을 바라보며 슬피 오열합니다. 그러나 견마(犬馬)의 마음만은 갖고 있으니, 신이 비록 목숨이 다해 가는 처지에 있지만 어찌 감히 국사를 잊겠습니까. 현재 민사(民事) 이외에는 기강을 진작하고 풍속을 변화시키는 것이 가장 긴급한 일입니다.

옛날 중종대왕께서는 문정공(文正公) 조광조(趙光祖)를 급히 발탁하여 풍헌(風憲)의 장관(長官)[70]에 임명하고 전적으로 위임하셨기 때문에 당시의 기강과 풍속은 오늘날이 미칠 수 있는 바가 아니었습니다. 지금도 모름지기 헌장(憲長)을 잘 선발한 뒤에 위임하여 효과를 이루기를 독책하신다면 민사의 이익과 손해 또한 그 속에 달려 있을 것입니다. 그러나 지금은 인심이 편벽되고 어긋나기 때문에 유언비어가 들끓어 여항(閭巷)으로부터 중외(中外)에까지 뻗쳐서 사람으로 하여금 왼쪽을 돌아보고 오른쪽을 염려하게 하고 손을 움츠리고 입을 다물게 하는 형편이니, 이것이 실로 현재의 첫째가는 큰 폐단입니다.

70 풍헌(風憲)의 장관(長官) : 관원의 풍기를 단속하는 사헌부의 우두머리, 즉 대사헌을 말한다.

옛날 문성공(文成公) 이이(李珥)는 속론(俗論)을 두고 일을 해치는 큰 것이라고 하였습니다. 지금은 유언비어까지 더해지고 있으니, 유언비어의 폐해는 속론보다 더 심한 점이 있습니다. 신이 겪었던 일로 말씀드리자면, 신은 엄명에 마음이 급박하여 끝내 감히 굳게 누워 있지 못하고 올라왔으니, 이는 면대하여 사직하기를 청하려는 것일 뿐이고 실로 다른 생각이 없었습니다. 그러나 신이 서울에 들어오기도 전에 신을 두고 김익훈(金益勳)[71]을 구제하러 오는 것이라고 하였고, 이미 들어오고 나서는 또 전화(錢貨)의 통행을 혁파하려고 한다고 하였습니다. 전화의 통행은 실로 남녀가 생산하는 곡식과 포백(布帛)의 통용을 수월하게 하는 것이니, 공사 간에 크게 유익한 바가 있습니다. 그러므로 신은 항상 혁파될까 두려워하였거늘, 어찌 혁파할 마음이 있었겠습니까. 그런데도 이런 말을 지어내어 시장의 백성으로 하여금 그 이익을 갑자기 잃게 하니, 굶주린 백성에게 끼치는 폐해가 무엇이 이보다 심하겠습니까.

근년에 이르러 경외(京外)가 모두 양돈(養豚)을 업으로 삼고 있으니, 신은 이로 인하여 소를 도살하는 폐단이 점차로 사라질 것이라고 여겨서 실로 기뻐하였습니다. 그런데 지금 반대로 말하기를, 신이 상소하여 양돈의 금지를 청하였기 때문에 양서(兩西) 지방의 돼지 상인들이 중간에서 낭패를 당하여 본전과 이자를 잃고 돌아갔다고 하였습니

71 김익훈(金益勳) : 1619~1689. 본관은 광산(光山), 자는 무숙(懋叔)이다. 사계 김장생의 손자이고 참판 김반(金槃)의 아들이다. 1680년 복창군(福昌君), 복선군(福善君), 복평군(福平君) 등이 허견(許堅)과 반역을 꾀한다는 고변으로 경신대출척에 적극 참여하여 김석주(金錫胄)와 함께 남인들을 몰아내는 데 주도적인 역할을 하였고 그 공으로 보사 공신(保社功臣) 2등에 녹훈되고 광남군(光南君)에 봉해졌다.

다. 그것이 사실이라면 양서 백성들의 식생활에 얼마나 해가 되겠습니까. 국얼(麴孼)과 화여(華輿)[72]를 금지하는 것은 진실로 모두 법령상 당연히 신칙해야 하는 것입니다. 그래서 본래 신의 의론에서 나온 것이 아닌데도 국얼을 묻거나 화여를 불사르는 자들이 모두 신을 지척하며 차마 듣지 못할 정도로 비방하고 원망합니다.

김익훈의 일에 이르러서는 더욱 사실과 다릅니다. 김익훈은 신의 스승의 자손이기 때문에 신과는 실로 형제의 의리가 있으니, 주자(朱子)가 유평(劉玶)과 이신보(李信甫)를 대한 것[73]을 보면 그 의리를 알 수 있습니다. 그러나 신은 김익훈에 대하여 끝내 구제하려는 말을 한마디도 하지 않고 단지 전날에 조목(趙穆)의 일을 대략 거론하며 스스로 인책하였을 뿐이니,[74] 이는 진실로 대계(臺啓)가 떠들썩한 때에 감히 반론을 제기함으로써 시끄러운 단서를 야기하고 싶지 않았기 때문입니다. 비록 일을 맡은 대신이 그 곡절을 잘 알고 있을지라도 감히 실상을 밝힐 수 없는 것이거늘, 더구나 신같이 노쇠한 사람으로서야 어찌 감히

72 국얼(麴蘖)과 화여(華轝) : 국얼은 술이고 화여는 화려하게 장식한 교자(轎子)이다.

73 주자(朱子)가……것 : 유평은 주희의 스승인 병산(屛山) 유자휘(劉子翬)의 아들이고, 이신보는 주희의 스승인 연평(延平) 이동(李侗)의 아들이다. 주희가 이들이 스승의 자제라는 이유로 여러 번 편지를 보내어 이들을 면계(勉戒)하였다.

74 조목(趙穆)의……뿐이니 : 《송자대전》 부록 권9 〈연보〉에 "이전에 문순공(文純公) 이황(李滉)에게 조목이라는 제자가 있었습니다. 이황이 죽은 뒤에 조목이 그 자손들을 동기간처럼 여겨서 지성으로 경계하고 신칙하여 과실을 면하게 하였으므로 당시에 모두 조목이 스승을 위하여 정성을 다한다고 칭찬하였습니다. 지금 신이 젊어서 김장생을 스승으로 섬겼습니다. 그의 손자 김익훈이 여론에 죄를 얻어 장차 죽게 되었는데도 신은 조목이 이황의 자손을 규계한 것처럼 하지 못하였으니 신은 바로 조목의 죄인입니다."라고 하였다.

기력을 내어 남을 구제할 수 있겠습니까. 그러나 지금 도리어 신에게 김익훈을 구제하려고 여력을 남기지 않는다고 하니, 이는 실로 신이 감히 알 수 있는 바가 아닙니다. 신처럼 불초한 사람이야 참으로 말할 것도 못 되지만, 유림의 중망을 지닌 박세채(朴世采) 같은 사람으로서도 오히려 또 유언비어를 면하지 못하고 있습니다. 박세채가 김익훈의 의논에 대하여 또한 일찍이 과중함을 우려하여 진정되기를 절실히 원하였으니, 돌아보건대 어찌 준열하게 격동시킨 뜻이 있었겠습니까. 그러나 대론(臺論)을 도왔다는 설이 있으니, 금일의 유언비어가 어찌 이렇게도 심하단 말입니까.

이와 같이 하기를 그만두지 않는다면 전하께서 박세채 등에게 위임하여 이루기를 독책하고자 하시더라도 또한 자신들의 소신을 펼칠 수 없을까 두렵습니다. 신은 이에 진실로 깊은 걱정과 과도한 염려를 견딜 수가 없으니, 전하께서는 이 점을 아시기를 바랍니다.

공물(貢物)을 변통하게 한 일은 비록 부득이한 조처이지만 실은 《주역》의 "많은 데에서 취하여 적은 데에 더해 주어 물건을 저울질하여 베풂을 공평하게 한다."라는 뜻입니다. 신은 효종대왕 때부터 일찍이 이에 대한 명을 받았으나 다만 한두 가지 일을 시험해 보다가 갑자기 승하하시는 슬픔을 당하였습니다. 선대왕(先大王 현종) 때에 이르러서는 또 지금의 좌상 민정중(閔鼎重)과 다시 이 일을 의논하였으나 이서(吏胥)의 원망이 일시에 떼 지어 일어났고 유언비어가 또 잇달아 발생하였습니다. 이에 간흉들이 기회를 틈타서 꾀를 부렸기 때문에 신 또한 이로 인하여 축출당하여 일이 끝내 이루어지지 못하였으니, 이것이 신이 일찍이 통한(痛恨)해하던 바입니다. 그러나 오늘날에 이르러서는 신이 알 수 있는 바가 아닌데도 원망과 비방이 신의 몸에 오로지 몰려드니, 금일의 유언비어가 다시 지난날의 일과 같지 않을지 어떻게 알겠습니까.

지난날 흉인 이태서(李台瑞)[75]가 영동(嶺東)의 고을원이 되었을 때, 승도(僧徒)들이 모여 있는 속에서 소리 높여 말하기를 "송시열이 장차 너희를 해변에 몰아넣고 환속하라고 타이르다가 불응하면 모두 바다에 던져 버릴 것이다."라고 하였으니, 이는 승도들과 분노와 증오를 함께 하려는 모의였습니다. 신이 구설수를 만난 것이 본래 이와 같으니, 신은 가만히 스스로 슬퍼하며 또한 말세의 풍속에 거짓이 많음을 한탄하였습니다. 《시경》 〈소아(小雅)〉의 난리를 걱정하는 시[76]에 "아, 나의 형제와 나라의 여러 벗이여. 아무도 난리를 염려하는 이가 없으니, 누군들 부모가 없겠는가."라고 하였고, 이어서 "백성들의 유언비어를 어찌 징계하는 이가 없는가."라고 하였으니, 이는 바로 오늘날을 두고 한 말입니다. 그러나 신이 당한 몇몇 일은 모두 평소의 행실이 믿음을 받지 못해서 생긴 것이니, 누구를 다시 탓하겠습니까. 《논어》에 "나이 마흔이 되어서도 남에게 미움을 받으면 그대로 끝나고 말 것이다."라고 하였습니다. 지금 신은 이미 나이가 마흔의 두 배에 임박했는데도 이렇게까지 미움을 받으니, 다시 무슨 가망이 있겠습니까. 신이 지금부터 허물을 고쳐서 자신을 새롭게 하려고 하지만 위 무공(衛武公)과 거백

75 이태서(李台瑞) : 《송자대전수차》 권2에 "이태서는 본관이 성주(星州)이다. 문과에 급제하여 벼슬이 사예(司藝)에 이르렀다. 문재(文才)가 제법 있었으나 사람됨이 요망하고 간악하였다. 선대의 결점 때문에 버림을 받자 출세할 길을 찾으려고 복창군(福昌君) 이정(李楨), 복선군(福善君) 이남(李柟) 및 허견(許堅)에게 붙었다가 경신년(1680)에 정형(正刑)을 당하였다."라고 하였다.

76 난리를 걱정하는 시 : 《시경》 〈소아(小雅) 면수(沔水)〉를 가리킨다.

옥(蘧伯玉)[77]의 공부와 역량을 어떻게 얻을 수 있겠습니까. 의당 물러나서 노쇠한 몸을 보전하며 여생을 마치는 것이 가장 좋을 듯합니다.

또 신이 깊이 스스로 생각건대, 무릇 사람이 예법에 따라 처신하면 비록 과오가 있더라도 남들이 흰 종이 속의 검은 점처럼 보아서 심하게 비난하지 않습니다. 그러나 진실로 예법에 따라 처신하지 않으면 비록 좋은 일을 하더라도 남들이 검은 종이 속의 흰 점처럼 보아서 그의 좋은 부분까지 함께 무시해 버립니다.

지금 신의 나이가 여든에 임박하였고 질병으로 죽을 지경인데도 아직 관함(官銜)을 띠고 경저(京邸)에서 신음하고 있습니다. 이미 하류에 처하였으니 몰려오는 악명을 어찌 사양하겠습니까.[78] 그러나 이는 실로 신의 본뜻이 아니니, 괴로운 말과 슬픈 간청으로 성상을 번거롭게 한 것이 몇 번인지 모를 정도인데 성상께서 윤허하지 않으시어 오늘에까지 이르렀습니다. 삼가 바라건대 전하께서는 불쌍히 여기고 살펴 벼슬을 그만두려는 청을 특별히 윤허하셔서 죽기 전에 지극한 소원을 이룰 수 있게 하소서. 그렇게 하신다면 신이 하루아침에 눈을 감더라도 더 이상 여한이 없을 것입니다. 신은 너무도 황공한 마음을 견딜 수 없습니다.

77 위 무공(衛武公)과 거백옥(蘧伯玉) : 위 무공은 춘추 시대 위나라 임금으로, 나이 90이 넘어서도 스스로를 경계하는 억시(抑詩)를 지었다. 거백옥은 춘추 시대 위나라 영공(靈公) 때의 어진 대부로, "나이 50에 비로소 49년간의 잘못을 깨달았다."라고 하였다. 《淮南子 原道訓》

78 하류에……사양하겠습니까 : 자공(子貢)이 주왕(紂王)의 불선을 언급하며 사람들에게 경계하도록 한 말이다. 《論語 子張》

치사하기를 청하는 차자 계해년(1683, 숙종9) 2월 29일
乞致仕箚 癸亥二月二十九日

삼가 아룁니다. 신의 비천함은 땅강아지의 비천함과 같고 거취는 오리나 기러기의 거취와 마찬가지입니다. 매양 땅강아지처럼 비천한 몸으로 오리나 기러기의 거취 문제를 어지럽게 아뢰었지만 성상께서는 넓은 도량으로 포용하여 으레 따뜻한 비답을 내려 주셨으니, 신은 성상의 뜻을 받들어 힘써 가만히 엎드려 있어야 함을 모르는 것이 아닙니다. 그러나 질병이 점점 심해져서 회생할 가망이 없으니, 혹시라도 직명을 띠고서 갑자기 죽게 된다면 처음 먹었던 마음이 매몰되어 부끄러움을 씻기 어려울 것입니다. 삼가 바라건대 자애로운 성상께서는 신의 정성을 헤아려서 속히 애달픈 간청을 윤허하심으로써 '치사'라는 두 글자를 깃발에 적어서 돌아가게 해 주소서. 그리하신다면 매우 다행이겠습니다.

두 번째 차자 계해년(1683, 숙종9) 3월 2일

二箚 癸亥三月二日

삼가 아룁니다. 신은 병세가 위독해졌으나 의원이 머잖아 나을 것이라고 하였기 때문에 또한 요행을 바라는 마음이 없지 않았습니다. 홀연히 어제 증세가 갑자기 극심해지니, 신은 이로부터 끝내 어떻게 할 수 없음을 분명 알았습니다. 그러나 이는 곧 몸의 병이고, 오직 벼슬을 그만두는 한 가지 일은 마음 가운데에 쌓이고 맺혀서 밤낮 불이 기름을 태우듯 마음을 괴롭히니, 이는 곧 마음의 병입니다. 대저 쇠퇴한 몸도 본래 지탱하기 어려운데 두 가지 병이 서로 더해졌으니, 어찌 즉시 꺾이고 시들지 않겠습니까.

만약 자애로운 성상의 특별한 윤허라도 받게 된다면 심신(心神)이 희열에 차서 아마 병세가 조금 물러가게 되어 혹 살아날 길이 생길 것입니다. 번거롭게 아뢰는 것이 큰 죄인 줄 신이 잘 알면서도 스스로 그만두지 못하는 것은 또한 죽음의 그림자가 드리워져서 이성을 잃었기 때문인 듯합니다. 삼가 바라건대 자애로운 성상께서는 가련히 여겨서 살펴 주소서.

세 번째 차자 계해년(1683, 숙종9) 3월 3일

三箚 癸亥三月三日

삼가 아뢰니다. 신은 성상의 말씀을 받들어 묵묵히 칩거하면서 죽을 날을 기다리고 싶습니다마는 오직 평소에 먹었던 마음이 이루어지지 않아 자나 깨나 잊지 못하고 있으니, 비록 스스로 그만두려 해도 어떻게 할 수가 없습니다. 곁에 있는 사람들이 좌우에서 위로하며 일깨워 주지만 또한 귀에 들어오지 않고 번민으로 마음이 답답하게 막혀서 마치 장님이 눈 뜨기를 구하는 것과 같습니다. 이러한 날이 하루하루 반복되어 얼음이 얼고 불이 타오르는 것 같으니, 이와 같은 상태가 그치지 않는다면 얼마 지나지 않아 광질(狂疾)이 발작하여 죽지 않겠습니까. 그렇다면 신의 묵은 병이 비록 몹시 위독할지라도 또한 주된 병증이 아닐 것입니다. 삼가 바라건대 자애로운 성상께서는 가련하고 불쌍히 여기시어 특별히 애달픈 간청을 윤허해 주소서. 신이 연일 어지럽게 아뢰는 것은 만번 죽을죄에 해당하니, 너무나도 황공하고 송구한 마음을 견디지 못하겠습니다.

네 번째 차자 계해년(1683, 숙종9) 3월 5일

四箚 癸亥三月五日

삼가 아뢰니다. 신의 정세는 위독하다고 할 만하니, 신병(身病)이 날로 악화되어 몸을 옆으로 돌릴 때에도 남의 도움을 받고 있습니다. 고향을 그리워하는 마음이 비록 간절하지만 또한 기어서라도 남쪽으로 돌아갈 가망이 없으니, 다만 벼슬을 그만두는 한 가지 일을 혹 윤허받게 된다면 처음 먹은 마음에 대략 부응할 것입니다. 그러나 일전에 여러 번 어지럽게 아뢴 것도 죄가 이미 용서받기 어려우니, 비록 다시 한 번 애달프게 말씀드리고 싶어도 말씀드릴 수가 없습니다.

아, 신의 병세는 단지 어제 경하하는 반열에 참여하지 못한 것만으로도 알 수 있습니다. 신이 반열에 나가고 싶은 마음이야 어찌 남들보다 뒤지겠습니까마는 끝내 감히 마음을 내지 못하고 종일토록 슬프게 울어 눈물 자국이 베개에 남았으니, 이것은 빈말이 아닙니다. 신이 한 가닥 숨이 아직 남아 있기에 다시 스스로 다음과 같이 생각해 봅니다. 군부의 존귀함은 절대적인 하늘과 같지만 날마다 아래를 살펴보아 왕래하거나 방종하거나 알지 못하는 바가 없으시니, 그 친함 또한 비할 바가 없습니다. 그렇다면 또한 어찌 감히 스스로 외면하여 슬프게 호소하는 일을 성급히 그만두겠습니까. 그러므로 감히 죽음을 참고 부르짖어 다시 지엄한 성상을 귀찮게 합니다. 삼가 바라건대 끝내 윤허를 내려 주시고 그 번다함을 피하지 않은 죄는 속히 담당 관사에 명하여 처벌하게 하소서. 신은 너무나도 두렵고 떨리는 마음을 견디지 못하겠습니다.

두려웠습니다. 가만히 스스로 생각건대, 만약 지방에서 천정을 아뢰며 예전처럼 머뭇거리기보다는 차라리 [illegible] 애달프게 고소함으로써 가엾게 여기시어 윤허하시도록 하는 것이 낫다고 생각했기 때문에 병을 무릅쓰고 [illegible] 않게 되었습니다. 신의 마음을 헤아리지 [illegible] 나아갔다가 물러나기를 구한다고 [illegible] 살폈지만 신은 또한 이를 돌아볼 겨를이 없습니다.

신이 그동안 간청한 글에서 이미 정성을 다 토로하였기 때문에 다시 감히 성상의 귀를 어지럽게 하지 못합니다. 삼가 바라건대 밝은 성상께서는 신의 간절한 사정을 헤아리시어 특별히 윤허의 명을 내리시어 신으로 하여금 대궐에 들어가서 은혜를 [illegible] 조용히 물러가게 해 주소서. 그리하신다면 매우 다행이겠습니다. 신은 대궐을 우러러보며 간절하는 지극한 마음을 견디지 못하겠습니다.

지은이 **송시열(宋時烈)**

1607(선조40)~1689(숙종15). 자는 영보(英甫), 호는 우암(尤菴)·우재(尤齋)·파옹(巴翁)·화양동주(華陽洞主) 등이며, 시호는 문정(文正), 본관은 은진(恩津)이다. 부친은 송갑조(宋甲祚)이고, 모친은 선산 곽씨(善山郭氏)이다. 사계(沙溪) 김장생(金長生)과 신독재(愼獨齋) 김집(金集)을 사사하여 기호학파의 종장(宗匠)이자 노론의 영수로 활동하면서 조선 후기 학문과 정치에 큰 발자취를 남겼다. 효종의 즉위 이후 청나라에 대한 복수설치(復讎雪恥)를 역설한 〈기축봉사(己丑封事)〉를 올려 북벌론을 제시하였고, 학문적으로는 주자성리학을 정통으로 삼아 남인 학자인 윤휴(尹鑴)와 대립하였다. 이후 남인, 소론과 갈등이 깊어지다가 효종의 천릉(遷陵), 왕실 복제를 둘러싼 예송(禮訟)으로 논핵을 받아 삭탈관직되고 덕원(德源), 장기(長鬐), 거제도(巨濟島)에서 유배 생활을 하였다. 1689년 원자 책봉 문제로 제주(濟州)에 유배되었다가 서울로 압송되던 중 정읍(井邑)에서 사사(賜死)되었다. 1756년(영조32) 문묘(文廟)에 배향되고 영의정에 추증되었다. 저서로 《송자대전》, 《주자대전차의(朱子大全箚疑)》, 《정서분류(程書分類)》, 《주자어류소분(朱子語類小分)》, 《논맹혹문정의통고(論孟或問精義通考)》 등이 있다.

선역

김동주(金東柱)

강재(剛齋) 이기완(李起完) 선생과 추연(秋淵) 권용현(權龍鉉) 선생에게 수학하였다. 국사편찬위원회, 민족문화추진회, 한국정신문화연구원 등에서 근무하였고, 현재 전통문화연구회 이사이다. 번역서로 《목민심서》, 《청장관전서》, 《상촌집》, 《임하필기》(이상 공역), 《상서정의》 등이 있다.

정태현(鄭太鉉)

지산(止山) 임성무(林聖武) 선생과 봉서(鳳西) 오우선(吳禹善) 선생에게 사사(師事)하였다. 민족문화추진회 국역연수원을 졸업하고 국역부장, 국역연수원 교수를 지냈으며, 현재 전통문화연구회 고문이다. 2012년 고전의 교육과 번역 및 현대화에 이바지한 공로를 인정받아 국민훈장 모란장을 받았다. 번역서로 《춘추좌씨전》, 《당송팔대가문초 한유》, 《동춘당집》, 《한수재집》(공역), 《고봉집》(공역) 등이 있다.

옮긴이

정문채(鄭文采)

부산대학교 국어국문학과를 졸업하고 서울대학교 국어국문학과 석사과정을 수료하였으며 한국고전번역원 부설 고전번역교육원 연수과정을 졸업하였다. 현재 한국고전번역원 고전문헌번역실 교점번역위원이다.

박대현(朴大鉉)

영남대학교 중문학과를 졸업하고 동 대학원 한문학과에서 박사 학위를 받았다. 민족문화추진회 국역연수원 상임연구부를 졸업하였고, 민족문화추진회 전문위원과 한국고전번역원 교수를 역임하였다. 번역서로 《추강집》, 《도산제현유묵》, 《포은집》, 《대산집》(공역), 《구사당집》(공역) 등이 있고, 저서로 《한문서찰의 격식과 용어》가 있다.

송자대전 4

송시열 지음 | 정문채 박대현 옮김

2021년 12월 31일 초판 1쇄 발행

발행인 신승운 | 발행처 한국고전번역원
등록 2008. 3. 12. 제25100-2018-000049호
주소 (03310) 서울시 은평구 진관1로 85
전화 02-350-4800 | 팩스 02-350-4994 | 홈페이지 www.itkc.or.kr

번역 정문채(제11권~제15권) 박대현(제16권~제17권)
연구총괄 양기정 | 연구기획 김지민 | 자문 정선용

책임편집 하현주 | 편집진행 김태훈 신진호 김지수
교정 서세영 송숙희 | 조판 김지현 | 제작 김형석
디자인 씨디자인 | 인쇄 ㈜대유기획인쇄

ⓒ 한국고전번역원, 2021
Institute for the Translation of Korean Classics

값 20,000원
ISBN 978-89-284-0872-6 94810
978-89-284-0619-7 (세트)